시민교육 탐구

한국문화사 시민교육 시리즈

시민교육 탐구

추병완 · 김병환 · 이경무 · 이영문 · 정창우 · 추정완
박보람 · 변순용 · 류지한 · 이범웅 · 김진선 지음

한국문화사

» **머리말**

  좋은 시민을 양성하는 것은 민주주의의 존속과 발전을 위해 학교가 담당해야 할 대표적인 역할 가운데 하나다. 하지만 좋은 시민이 무엇인지, 좋은 시민을 양성하기 위한 효과적인 방법은 무엇인지에 대해서는 시대마다 그리고 학자들마다 의견이 다르다. 그 어느 때보다 정치적 양극화가 심해진 우리 사회에서 좋은 시민의 모습은 무엇이고, 그런 시민을 길러내기 위해서는 학교가 무엇을 어떻게 해야 하는지에 대한 학문적 고민은 시민교육 연구자들이 피할 수 없는 시대적 난제이다. 이 책은 바로 이러한 난제를 다룬다. 이 책은 동서양의 주요 학자들의 시민교육 사상을 살펴보고, 그것이 우리의 시민교육에 주는 시사점이 무엇인지를 밝히는 데 초점을 맞추었다. 시민교육에 관한 많은 저서가 시중에 나와 있지만, 정작 주요 학자의 시민교육 사상을 소개하는 책이 한 권도 없는 것이 우리의 학문적 현주소이다. 이에 이 책은 고대부터 현대까지 그리고 동서양을 모두 포함하여 시민교육에 관심을 가졌던 대표적인 학자들이 생각하는 좋은 시민의 모습과 시민교육의 방법을 탐구하였다. 이 책의 내용을 간략하게 소개하면 다음과 같다.

  1장에서 김병환 교수는 기존 군자 시민론 연구의 한계를 지적하면서 논의를 시작한다. 군자는 본래 혈통 귀족을 지시하는 용어라서 세계시민교육의 시민상으로 내세우기는 어렵다. 그는 군자 시민을 대신할 새로운 개념으로 사대부를 제안한다. 김 교수는 동아시아 '근세'의 주역인 문인 사대부를 '리터라띠(literati) 시민상'으로 제시하고, '문인-시민'이라 지칭하는 새로운 시각을 제시한다. '문인-시민'의 근대적 성격은 오늘날의 세계 시민적 시민상과 부합한다. 또, 김 교수는 '문인-시민'론이 확립되려면 서구 중심의 근대성 담론에서 벗어나야 한다고 설명하면서, 우리 시민교육론에 만연한 오리엔탈리즘을 축출한다.

이 책의 2장은 공자가 주장한 군자의 유덕함이 시민교육에 대해 가지는 시사점을 새롭게 제기되는 생태 시민성을 중심으로 고찰한다. 이경무 교수는 유교 교육의 교수·학습 체계 특히 그 목적을 중심에 놓고, 군자의 인격과 유덕함이 시민교육에 대해 가지는 시사점을 생태 시민성을 중심으로 다룬다. 이를 위해 먼저 공자가 창시한 유가 사상 및 유교 교육과 군자의 유덕함은 『논어』와 육경에 더하여 사서까지를 근간으로 이해되어야 함을 논하고, 공자가 제기한 군자의 인격은 성인의 이상을 지향하면서도 당시 공자가 군자의 유덕함을 설한 대상은 선비[士] 계층이었다는 점에서 군자와 성인의 관계 및 군자와 선비의 관계를 종합적으로 조망한다. 이어 선비[士]와 군자의 유덕함을 민본 덕치와 천인합덕의 맥락으로 나누어 살펴보고 군자의 유덕함이 주는 시민교육적 함의를 생태 시민의 역량을 중심으로 살펴본 다음, 그 의의와 한계를 약술한다.

3장에서 이영문 교수는 '소크라테스의 시민교육'을 주제로 연구하여 이를 수업 시간에 교사가 쉽게 활용할 수 있도록 시민적 문제의 해결을 위한 수업 절차를 예시와 함께 제공한다. 소크라테스가 추구하고 시도하는 시민교육은 영혼의 돌봄을 특징으로 하는데 그것은 오늘날의 사회와 학교에서 발생할 수 있는 수많은 문제들을 예방함은 물론 시민 사회에서 흔히 발생하는 제반 문제들을 효과적으로 해결할 수 있는 방법을 제공한다.

4장에서 정창우 교수는 아리스토텔레스 '시민적 우정'의 의미와 도덕교육적 중요성 및 함의를 탐구한다. 아리스토텔레스의 시민적 우정은 바람직한 시민의 성향과 태도를 핵심에 둔다는 점에서 현대 자유민주주의 정치공동체 내의 화합을 촉진하기 위한 실질적이고 의미 있는 기반을 제공하며, 따라서 도덕과 시민교육의 중요한 주제가 된다. 문제는 시민적 우정 관련 교육의 목표를 어떻게 설정하느냐는 것이다. 아리스토텔레스가 말하는 우정에서 완전한 형태가 가지는 지향성을 고려할 때, 시민적 우정에 있어서도 '덕에 근거한 시민적 우정'은 관련된 논의에서 큰 중요성을 갖는다. 하지만 그 현실 가능성에 대한 회의가 존재하는 만큼 정 교수는 '덕에 근거한 온건한 시민적 우정'을 도덕교육의 한 목표로 제안하고, 이를 바탕으로 실질적인 실천 전략에 대해 논의한다.

5장 '스토아 사상과 시민교육'에서 추정완 교수는 스토아 사상의 역사와 주요 저술, 스토아철학의 핵심 개념 그리고 스토아 사상의 시민교육적 시사점을 제시하고 있다. 특히 그는 스토아 사상의 바탕을 이루는 철학적 개념을 설명한 후, 스토아 사상이 지닌 시민교육적 시사점을 다섯 가지로 밝히고 있다. 그것은 스토아 사상이 첫째, 공정성에 기초한 윤리학적 태도를 강조하고 있으며, 둘째 이성과 감성을 포괄한 시민성 향상의 관점을 제공하며, 셋째, 공동체에 이바지하는 시민을 이상적인 인간으로 규정하고, 넷째, 신중하고 겸손한 태도를 유지하는 시민의 자세를 중시하고, 다섯째, 공동체 발전을 위해 실천하는 시민의 역할을 강조하고 있다는 점이다.

6장에서 박보람 교수는 프랑스의 사회학자이며 도덕 사회학자였던 에밀 뒤르케임이 자신의 저서 『직업윤리와 시민도덕』에서 논의한 '시민도덕(civic morals)'의 내용을 분석하여 시민교육을 위한 도덕교육의 중요성과 역할을 살펴본다. 뒤르케임의 '시민도덕'은 개인과 개인에게 제재를 행사하는 정치 집단인 국가와 개인 사이에 존재하는 도덕 규칙이다. 박보람 교수는 도덕을 사회의 근본으로 보는 뒤르케임의 논의를 부각함으로써 사회에서 시민도덕의 기능이 갖는 중요성을 확인한다.

7장에서 변순용 교수는 요나스의 시민교육 사상을 다룬다. 요나스의 철학은 생태윤리적 물음에서 시작하여 현대 과학 기술에 대한 인간의 책임을 강조하고 있다. 생태윤리의 물음들이 유럽에서 본격적으로 제기되기 시작한 70~80년대에 생태윤리적 담론의 핵심이 되는 책임 개념에 대하여 과거지향적 책임 개념을 포함하면서도 미래지향적 책임 개념을 포함한 책임윤리의 이론을 제시함으로써 생태윤리적 담론에서 인간의 책임에 대한 논의의 지평을 열었고, 여기에서 더 나아가 과학기술의 변화에 따른 인간의 힘의 증대에 따른 책임의 요청이 필요함을 제시하고 과학 기술에 대한 근본적인 반성의 계기를 마련한 철학자가 바로 요나스다. 생태시민성 뿐만 아니라 과학기술시대의 새로운 시민성의 핵심 개념이 바로 책임이므로, 이러한 책임윤리는 미래사회의 시민교육에서 매우 중요한 의미를 가진다.

8장에서 류지한 교수는 헤어의 시민교육을 다루고 있다. 헤어의 시민교육은 단순히 정보를 전달하는 '기술적 교육'이 아니라 시민으로서의 바람직한 행동을 지도하고, 삶의 선택을 안내하는 '규정적 교육'의 일종이다. 시민교육이 규범을 교육하는 규정적 교육이라는 점에서 규정적 화행의 논리와 규정적 사유의 본질에 대한 이론을 제시하고 있는 헤어의 윤리 이론과 도덕 교육론은 시민교육에 대해서도 많은 이론적·실천적 함의를 지닌다. 특히, 도덕교육론은 시민교육의 목표, 내용, 방법에 대하여 많은 시사점을 주며, 시민교육이 지향해야 할 방향에 대하여 성찰해야 할 바를 제시한다.

9장에서 이범웅 교수는 40년 동안 '정의'라는 한 주제만을 파고든 20세기 위대한 정치철학자 중 한명인 롤스(John Bordley Rawls)의 정의론과 시민성의 내용을 분석하여 시민교육에 대한 기본적인 관점을 살펴본다. 롤스가 규범적 주장의 정당화를 위한 참신한 철학적 논변을 제시했을 뿐만 아니라, 사회의 주요 제도, 법, 정책의 공동 기능을 평가할 수 있는 일련의 실질적인 정의의 원칙을 전개했음을 이범웅 교수는 강조하여 설명한다. 롤스는 헌법의 권리, 개인의 권리, 양심의 자유, 생각의 자유, 결사의 자유에 대한 확신을 갖고 있었으며, 이를 바탕으로 존립 가능한 민주주의에 대해서도 매우 강력한 신뢰를 가졌다. 그러나 롤스는 강한 의미나 적극적인 의미에서의 시민정치론이나 시민교육을 인정하지 않는다는 점을 이 교수는 강조한다.

10장에서 김진선 박사는 아인 랜드의 객관주의의 인간상을 중심으로 시민 개념을 탐색한다. 객관주의와 그것의 인간 이해에 기반이 되는 개념 가운데 주요한 가치와 덕을 살피고 객관주의를 행복주의의 측면에서 고찰한다. 또한 자유주의에 영향을 미친 객관주의의 독특한 권리 개념을 조명한다. 이를 바탕으로 객관주의가 그리는 이상적인 인간상을 아인 랜드의 주요 소설 작품인 『파운틴헤드』와 『아틀라스』를 통해 살핀 후 그것을 시민상과 연결하고 있다.

11장에서 추병완 교수는 20세기에 가장 유명하고 영향력 있는 급진적인 교육 이론가 중 한 사람이었던 프레이리의 시민교육 사상을 설명한다. 그는 프레이리의 저술이 주로 비공식적인 성인교육에 관한 것이지만, 그의 아이디어는 공식적인 학교 교육의 이론과 실천에도 많은 도움을 준다고 주장한다. 그는 프레이리 시민교육 사상에서 핵심 개념인 의식화(conscientization), 대화(dialogue), 프락시스(praxis), 은행식 교육(banking education), 문제 제기 교육(problem-posing education)의 함의를 설명하였다. 그는 프레이리의 핵심 개념을 바탕으로 시민교육, 시민 참여, 학교 민주주의를 연결하는 생태계를 발전시키는 것이 중요함을 역설하였다.

끝으로, 이 책의 집필을 위한 재정 지원을 해 준 춘천교육대학교 시민교육역량강화사업단과 우리의 연구 성과를 한 권의 책으로 만들어주신 한국문화사의 모든 관계자에게 깊이 감사드린다. 모쪼록 이 책이 우리나라 시민교육을 활성화하는 길잡이가 되길 기대한다.

2022년 10월
저자를 대표하여 추병완

» 차례

머리말 ··· 5

1장 동양 시민론: 동양의 시민·시민사회·시민교육 ············ 15

1. 들어가면서 ··· 15
2. 기존 군자 시민론의 문제 ·· 19
3. 사대부(士大夫), 문인 리터라띠(literati) 시민론 ············ 27
4. 기존 동아시아 시민사회론의 문제 ······························· 36
5. 동양적 시민교육 ··· 43
6. 나가면서 ·· 51

2장 공자의 군자와 시민교육 ·· 57

1. 생애와 저술 활동 ··· 57
2. 공자의 핵심 개념 ··· 64
3. 군자의 유덕함과 시민교육에 대한 시사점 ··················· 74
4. 의의와 한계 ··· 90

3장 소크라테스의 시민교육 ·· 97

1. 소크라테스 사상과 플라톤 사상의 공통점과 차이점 ······ 98
2. 소크라테스 교육론에서 개념과 사상의 진리 문제 ········ 105
3. 영혼 돌봄으로서의 시민교육 ······································ 108
4. 시민교육의 목표 ·· 113
5. 두 가지 정의 ··· 116
6. 시민교육의 효과적인 방법 ··· 124
7. 논의 및 결론 ··· 131

4장 아리스토텔레스의 '시민적 우정' ········· 139
1. 생애와 주요 저술 활동 ········· 143
2. 아리스토텔레스의 '시민적 우정' 개념 ········· 146
2. 도덕과에서 기존 접근의 한계와 시민적 우정의 중요성 ········· 166
4. 아리스토텔레스 '시민적 우정'의 도덕과 적용 방안 ········· 171
5. 결론 ········· 179

5장 스토아 사상과 시민교육 ········· 185
1. 스토아 사상의 역사와 주요 저술 ········· 185
2. 스토아 사상의 핵심 개념 ········· 188
3. 스토아 사상의 시민교육적 시사점 ········· 202

6장 뒤르케임의 시민교육 ········· 217
1. 생애와 주요 저술 활동 ········· 219
2. 뒤르케임의 핵심 개념 ········· 222
3. 시민교육에 대한 시사점 ········· 231
4. 의의 및 한계 ········· 240

7장 요나스의 책임윤리의 시민교육적 가능성 ········· 245
1. 생애와 주요 저술 활동 ········· 245
2. 요나스의 존재, 기술 그리고 책임 ········· 247
3. 책임의 존재론적 근거 ········· 249
4. 기술, 힘과 책임으로서의 윤리 ········· 255
5. 책임의 유형 ········· 261
6. 나오는 말: 책임윤리의 시민교육적 의미 ········· 269

8장 헤어의 시민교육 ····· 275

1. 생애와 주요 저술 활동 ····· 275
2. 헤어의 윤리 이론: 보편적 규정주의, 칸트적 공리주의, 도덕적 사유의 두 수준 이론 ····· 278
3. 도덕 교육 이론 ····· 296
4. 시민교육에 대한 시사점 ····· 312
5. 비판과 쟁점 ····· 322

9장 롤스의 시민교육 ····· 331

1. 롤스의 생애와 업적 ····· 332
2. 롤스의 정의론 ····· 336
3. 롤스의 인간관, 도덕성, 시민성 ····· 348
4. 롤스의 시민교육 ····· 363
5. 롤스의 정의론과 시민성 교육에 대한 평가 ····· 372
6. 결론 ····· 378

10장 아인 랜드의 객관주의적 인간 이해와 시민 ····· 383

1. 생애와 주요 저서 ····· 383
2. 객관주의의 주요 개념 ····· 386
3. 객관주의의 인간상 ····· 395
4. 객관주의의 이상과 시민 ····· 400
5. 마무리 ····· 406

11장 프레이리(Freire)의 시민교육 ·········· 411
  ① 생애와 주요 저술 활동 ·········· 411
  ② 프레이리의 핵심 개념 ·········· 414
  ③ 시민교육에 대한 시사점 ·········· 428
  ④ 프레이리의 교육 사상에 대한 주요 비판 ·········· 435
  ⑤ 결론 ·········· 439

찾아보기 ·········· 448
저자소개 ·········· 453

1장
동양 시민론: 동양의 시민 · 시민사회 · 시민교육

김병환(서울대학교)

① 들어가면서

제국주의 시대 이후 오랜 기간 서구권 국가들이 세계의 패권을 잡았다. 하지만 근래 다양한 지역에서 강력한 문화권들이 부상하고 있다. 문명 간 충돌(Huntington, 2016)이 일어나고, 이 충돌 속에서 다양한 세력들이 균형을 맞춰 가고 있다. 현대는 서구 중심의 일원화라는 기존 흐름에서 벗어나 지역의 다양성을 존중하는 다원화가 진행되고 있는 시기이다. 이미 이는 세계적 흐름이 되어 중동의 이슬람권이나 중국뿐만 아니라, 라틴 아메리카, 인도 등 다양한 지역에서 서양 중심주의가 퇴조하고 다원주의 문명론이 부상하고 있다. 이 중 라틴 아메리카는 더이상 브리티시 미국의 뒷마당이 아니며, 인도도 큰 영토와 올 연말이면 중국을 넘어서는 인구수로 지역 영향력을 급격히 확대하고 있다.

한국은 문호 개방과 일제강점기, 산업화를 거치며 세계를 장악한 서구의 각종 담론을 그 어떤 나라보다 빠르게 받아들였다. 서구의 자유민주주의 시민론을 활용했고, 이는 오늘날 민주 시민사회 형성에 큰 역할을 했다. 하지만 서구식 자유민주주의가 우리나라에서 순기능만 하는 것은 아니다. 서구식 자유민주주의는 공(公)과 사(私)를 구분하고, 이른바 '최소도덕'에 주력한다. 물론 '최대도덕'을 부정하지 않지만, 이들은 최대도덕의 몫을 공적 영역이 아닌 사적 영역으로 넘겨 버린다. 그런데 자신의 권리를 지키기 위해 서로의 권리를 침범하지 않으려고 노력하는 '최소도덕'에만 주력하다 보면, 어느덧 자신의 권리를 지키기 위해 결국 타인의 권리를 침해하는 지경에 이르기 쉽다. 결국 개인의 내적 성숙과 도덕적 인품 함양에는 소홀해진다. 권리론에 익숙해져 자신의 이익[私]만을 주장하며, 공동체의 일[公]에는 무관심하고 자신과 다른 견해를 가진 사람을 만나면 절대 양보하지 않는다. 최근 소위 'MZ 세대'의 많은 젊은이가 이러한 모습을 보여 자주 논란이 되고 있다. 논란이 되는 이들은 자유와 권리를 강하게 내세우고 타인을 비판하는 데 특화되어 있다. 반면, 이들은 타인에 대한 예절, 양보, 절제, 책임의 미덕이 부족하다. 그리고 무엇보다 혐오에 근거한 맹목적 비난으로, 극단적이고 소모적인 사회적 갈등을 일으키곤 한다. 또한, 자신의 이익이 조금이라도 침해당하면 견디지 못하고, 자신의 피해를 부풀려서 상대를 공격한다. 혐오와 비난은 일종의 놀이가 되는 수준이 되어 버렸다. 다른 세대만 이들을 비판하는 게 아니다. 해당 세대 내에서도 '이건 좀 아니지 않나?'라는 자성의 목소리도 나오고 있는 실정이다.[1]

---

[1] 문제가 되는 이들에게 예의를 지키고, 타인과 공동체를 배려하고, 사회적 시선을 어느 정도 신경 쓰라고 지적하면, 종종 '선비 납셨다.' '씹선비' '조선에서 왔냐?'라고 반박하는 모습을 볼 수 있다. 또한, 예절을 강조하고 사회적 시선

최소도덕 담론의 한계를 느낀 국내 시민론 및 시민교육 연구자들은 대안을 찾고자 노력해 왔다. 우리가 유교의 영향을 강하게 받아 왔기 때문에, 많은 연구자가 유교에 주목하여 동양적 시민이나 유교적 시민 개념을 정립하려고 한다. 그러나 기존의 시도에는 여러 난점이 발생한다. 첫째, 기존의 서구적 시민 담론에 유학적 가치를 결합하는 오리엔탈리즘적 시도를 하고 있다. 동아시아 역사는 시민 개념과 일정한 거리가 있음이 틀림없고, 한국에서는 독재 군부를 향한 저항기를 기점으로 비로소 시민사회가 성립된다. 그런데 서구에서 들여온 오리지널 시민론 자체에 문제가 생겨 서양의 정치철학, 시민교육 전공 학자들도 이런 문제점을 인지해 이를 논의하고 있다. 현 상황이 이러니 이제 동양의 유가적 전통 가치를 시민 개념에 접합하여, 동양적 시민상을 새롭게 창조해야 할 시점이다.

"시민이란 단어는 사실 서양의 전유물이며, '(서양적) 시민'과 비슷하게 보일 수 있는 요소들이 동양 역사에서 종종 발견될 뿐이다." 이런 생각을 하는 연구자는 동양의 역사에는 서양의 그것과는 다른 동양적 시민이나 동양적 민주주의가 이미 존재해 왔을 것이라는 생각을 하지 못한다. 동양 사상은 있었지만, 동양 시민은 없었다. 단적으로, 새로운 시민상 정립을 위해 "시민과 선비의 만남은 가능하지 않을 것인가?" "어떻게 시민이 선비정신과 만날 수 있을까?"라는 질문 자체가 선비정신은 본래 시민과 관계되는 개념이 아니라는 생각을 함축한다.(박병기, 2007: 344-352; 363-364; 2008a: 7; 2008b: 82; 2016: 9-10)² 이는 서양의 잣대로 동양을 분석하고서, 서양의

을 어느 정도 신경 쓰는 사람을 '유교 걸', '유교 보이'라고 긍정적으로 칭하기도 한다. 오늘날 한국의 사회 현상에서, 본고의 핵심 주제인 유가적 가치가 담긴 단어들이 쓰인다는 점은 상당히 흥미로우면서도 씁쓸하다. 이는 'MZ 세대' 의식 일면인 동시에 현대 한국인의 문화적 가치관을 보여주는 예이다.

2 물론 이는 다른 연구자들에게서도 보이는 문제이다.

시민이나 시민사회가 동양에는 없기에 서양의 그것에 동양을 끼워 맞추고 선, 정작 동양에 이미 존재해 온 고유 가치는 모르는 '셀프 오리엔탈리즘'이라 할 수 있다. 둘째, 다음 장에서 상술하는 것처럼 기존 연구자들은 서구적 시민의 대안으로 유가의 군자(君子)를 새로운 시민상으로 내세운다. 왜냐하면, 군자가 최대도덕의 전형이라고 생각하기 때문이다. 하지만 군자 개념을 현대 시민론에 적용하는 것은 타당하지 않다. 다음 장에서 상술하듯, 군자 개념과 현대 시민론에는 극복하기 어려운 근본적 차이가 있다.

이러한 문제의식 아래, 필자는 동아시아에도 이미 '동양적 시민'이 '동양적 시민사회'를 형성해 온 역사가 있으며, 이 시민이 단순히 군자가 아닌 사대부(士大夫) 즉 '문인-시민'임을 논하고자 한다. 먼저 2장에서는 그동안 많이 연구되어 온 기존 군자 시민론의 문제를 다룬다. 군자 개념은 신분제를 전제로 해서 성립되는 개념이다. 만민 평등을 지향하는 현대 시민 담론에 군자 개념을 활용하는 것은 분명한 한계가 있다. 필자는 이 한계를 극복하기 위한 대안으로 송 대의 문인 지식인 즉, 사대부를 제안한다. 3장에서는 송 대부터 발흥한 평민 출신 사대부의 다양한 특성들을 여러 측면에서 자세히 살핀다. 성리학(性理學)적 이상 가치로 무장한 문인 지식인 사대부가 공론(公論)을 형성하고 지역사회 경제 기반을 마련했으며, 귀족 세력을 넘어서고 왕권마저 사대부 계층으로 포섭하려는 대담한 시도를 했음을 설명한다. 4장에서는 기존 시민사회론의 문제를 다룬다. 일반적 편견과는 다르게, 동아시아에도 자율적으로 형성된 지역 사대부 집단이 중앙 권력과 긴장 관계를 유지하며 동양적 시민사회를 구축해 왔음을 논할 것이다. 그러나 필자는 여기서 더 나아가, 서양의 그것과는 다른 동양 자신의 길에 관해 강조하고자 한다. 이를 통해 기존 군자 시민론 논의가 전형적 오리엔탈리즘이라는 필자의 입장이 분명해진다. 마지막으로 5장에서는 기존 시민교육의 한계를 지적하고 동양적 가치가 내재하는 시민교육을 제안한다. 편견에 사로잡혀 유가의 정치사상을 경시하지 말고 이를 공정하게 다루어야 한다는 점, 최대도덕과 공적 영역에 관한 내용을 보완해야 한다는 점, 문인-시민의 특성을 활용한 수업이 가능하다는 점 등을 언급한다.

2 기존 군자 시민론의 문제

서구 시민론을 한국 사회에 적용했을 때 발생하는 문제점과 그 한계를 극복할 방안을 찾기 위해, 많은 연구자가 유교의 정치론에 주목한다. 왜냐하면, 유교는 삼국시대 이래로 특히 조선을 거치면서 정치·경제·사회·문화 방면에서 한반도에 사는 구성원들에게 심대한 영향을 끼쳐 왔기 때문이다. 그리고 이 연구자들은 일반적으로 유교의 이상적 인간상인 '군자'를 언급하며, 군자를 새로운 시민상으로 정립하자고 제안한다.

이들이 군자를 대안으로 내세우는 데는 이유가 있다. 최소도덕만을 지키는 것만으로는 한계가 있으므로, 이제 최대도덕까지 나아가야 하는데 최대도덕까지 실천하고자 하는 전형이 바로 군자라고 생각하기 때문이다(정인재·황경식, 1995: 1-13; 박병기, 2008a: 1-18). 최소도덕에서는 공과 사가 명확히 구분되어야 한다. 하지만 최대도덕을 주장하는 연구자들은 공과 사가 유기적으로 연결될 때 더 긍정적인 작용이 일어난다고 본다. 먼저 자신을 갈고닦으면서[修己] 건강한 내면을 갖게 된 군자라는 시민이 이후 사람들을 이끌고 다스린다면[安人], 그 사회는 진정으로 건전한 사회가 될 것이다. 군자는 자신의 사사로운 일뿐만 아니라 공동체 전체의 일에도 관심을 두고, 때로는 공동체의 번영을 자신의 안위보다 소중히 하면서까지 공동체의 문제에 적극적으로 참여한다. 또한, 욕심을 절제하고 자신의 선과 분수를 지키면서 필요시 상대방에게 자신의 몫을 양보하기도 한다. 물질 이기주의, 인간 소외, 정치적 무관심과 무책임 등의 문제를 안은 '병든 시민'은 올곧은 도덕적 주체인 군자로 탈바꿈해야 한다(안외순, 2004: 209-236).

그러나 군자 개념을 21세기 현대 시민론에 적용하는 것에는 상당한 무리가 따른다. 군자 개념에는 결코 무시할 수 없는 근본적인 한계가 있다. 그것은 바로 군자 개념이 혈연에 근거한 신분제 사회를 토대로 형성되었다는 점이다. 즉, 군자(君子)는 군주[君]의 자녀[子]라는 뜻으로 신분의 고하를 전제로 한다. 후대에 덕이 있는 사람[有德者]을 지칭하는 용례로 사용되었다 하더라도, 여전히 혈통적인 귀족을 의미하는 용례도 적지 않게 출현한다.

고전을 살펴보면, 사실 군자가 처음부터 '도덕적 인간상'을 의미하지는 않았다. 군자 개념은 갑골문에서는 찾아볼 수 없지만 『주역(周易)』, 『시경(詩經)』, 『서경(書經)』에서는 등장하는데, '인격자'로서의 의미는 시경의 일부 구절을 제외하면 찾기 어렵다(金秉岠, 2010: 64). 초기의 군자 개념은 분명 귀족 지배 계층(통치 계급)을 의미했다. 공자는 이러한 군자의 개념에 도덕적 의미를 결부시켰고, 이후 도덕적 인격자로서의 군자의 의미가 확립되었다(김병환, 2020: 47-71). 군자라는 용어는 『논어』에서 107번 등장해서 그 빈도수가 상당히 크다. 언급 횟수가 많다는 게 바로 그 개념의 중요도를 보여주는 것은 아닐 수 있지만, 『논어』에서 군자가 상당한 비중을 차지하는 내용 요소라는 점은 능히 추측할 수 있다. 군자보다 더 많이 언급된 용어는 인(仁) 정도에 불과하다. 빈도수로 보면 중요 용어들 가운데 인이 109번 출현해 제일 많으며, 그 다음이 군자이다. 이를 분석해 보면, 『논어』의 군자 개념은 여러 가지로 분류된다. 대표적으로 첫 번째는 전통적인 의미를 답습한 경우인데, 사회적 지위가 있는 사람을 지칭하는 경우로 10번 등장한다(金秉岠

, 2010: 65). 예를 들면 다음의 구절이다.

"군자의 덕은 바람이고, 소인의 덕은 풀이라 바람이 불면 풀은 눕는다."[3]

"군자가 도를 배우면 남을 사랑하고, 소인이 도를 배우면 부리기 쉬워진다.[4]

두 번째는 유덕자(有德者)를 가리키는 경우로 약 85회 등장해 용례의 다수를 차지한다(金秉恒, 2010: 65). 이는 유덕자의 개념이 공자에게 중시되었다는 것을 의미한다.[5]

"군자가 仁을 버리면 어찌 명예를 이루겠는가? 군자는 한시라도 인을 저버려선 안 된다. 군자는 밥 먹는 사이에서도 인을 떠나지 않으니, 아무리 급박한 상황이라도 반드시 [인을 지켜야 하고], 아무리 어렵더라도 반드시 [인에 머물러야] 한다."[6]

"군자는 의를 바탕으로 삼고, 예로써 행하며, 겸손함으로써 드러내며, 신의로 이루니, 이것이 [바로] 군자다."[7]

---

[3] 『論語』, 「顔淵」, "君子之德風, 小人之德草, 草上之風必偃"

[4] 『論語』, 「陽貨」, "君子學道則愛人, 小人學道則易使也"

[5] 필자는 군자가 등장하는 모든 구절을 일일이 검토하여 분류한 적이 있다. 유덕자의 경우는 지위를 겸하는 세 번째와 겹치는 부분이 있어서 '약'으로 표기한다. 또한, 세 번째 유형은 덕과 지위를 함께 겸비한 사람을 지칭하는 경우이며 마지막은 공자 자신을 지칭하는 경우이다. 이에 대해서는 金秉恒(2010), 「论孔孟荀之君子概念」, 『黑龙江社会科学』 2010 no.3 참조

[6] 『論語』, 「里仁」, "君子去仁, 惡乎成名？君子無終食之間違仁, 造次必於是, 顚沛必於是"

[7] 『論語』, 「衛靈公」, "君子義以爲質, 禮以行之, 孫以出之, 信以成之, 君子哉"

이를 보면 공자가 본래 신분을 나타내는 단어인 군자에 도덕성 혹은 인격성을 부여하였다는 점을 추론할 수 있다. 그 이유는 무엇일까? 바꿔 말하면, 왜 통치 계급이 유덕한 인격자가 되어야 하는가? 유교 가치에 근거하여 사회를 개혁하는 것, 이것이 바로 공자의 평생 염원이었다. 그런데 당시에 사회를 바꿀 만큼 실질적으로 정치적 힘을 행사할 수 있는 이들은 높은 지위를 가진 군자 층이었다. 그렇다면 사회 개혁을 일으킬 수 있는 가장 효과적인 방법은 이들 군자 계급을 유교의 도덕 품성을 갖춘 인격자로 만드는 일이다. 그래서 공자는 훌륭한 인격적 지도자가 될 자질이 있는 권력자를 찾는 일을 급선무로 여겼다. 자신의 말을 받아들이고 사회 체제를 바꾸고 바람직한 제도를 시행해 줄 지도자들을 찾아 공자는 제자들을 이끌고 약 13년 동안 힘겹게 주유천하(周遊天下)하였다. 그러면서 공자는 자신의 제자를 새로운 군자[新君子], 유덕하고 능력 있는 신군자로 양성하는 일에 진력했다(김병환, 2020: 43-46). 이는 그 시대에 공자가 할 수 있었던 최선이었다. 이렇게 보면 비록 공자가 군자 개념을 새롭게 해석하고 생명을 불어넣었다고 해도, 근본적으로 군자라는 용어가 신분제 사회에서 통용되는 용어라는 점을 부인하기 어렵다.

오늘날은 일부 국가를 제외하고 공식적으로 신분제가 폐지되었다. 법적으로 모든 국민은 일정한 정치 행위를 할 수 있다. 대한민국 국민 누구나 일정한 나이가 되면 투표권을 얻는다. 부유한 자도, 가난한 자도, 남성도, 여성도, 소수자로 불릴 수 있는 어떤 사람이라도 평등하게 한 표를 행사할 수 있다. 공자의 시대와는 다르게 권리를 행사할 수 있는, 정치력을 행사할 수 있는 사회 구성원의 범위가 확장되었다. 『논어』에서 공자가 자신을 군자로 지칭할 정도이니, 이런 사례만 봐도 당시 군자라 불리는 이들은 소수에 불과했다. 군자론이 다루는 정치적 주체의 범위는 아무래도 협소하다. 그래서 군자론의 범위는 현대 시민론의 큰 규모를 감당하기 어렵다.

　이런 맥락에서 특히 서구 시민론 연구자들이 군자란 결국 봉건적 군주정의 산물일 뿐이라며 매섭게 비판하는 점은 충분히 숙고해야만 한다. 물론 군자 시민론을 내세우는 일부 기존 연구자들도 어느 정도 이 점을 인지하고 있다(장현근, 1997: 347-369; 박미라, 2001: 215-239; 신정근, 2001: 257-285). 하지만 적절한 대안을 제시하지는 못하고 있다. 불평등한 귀족 사회에서 탄생한 군자 개념을 과연 평등한 현대 사회에 적용하는 게 타당할까? 굳이 군자 시민론을 주장한다면, 군자 개념 중 '유덕자'에 관한 정교한 논의를 통해 신분제적 요소를 빼고 도덕적 요소만 추출해야 할 것이다. 그러나 이런 정밀한 검토 없이 제시된 군자 시민론은 '유덕자'라는 제한된 시각에서 봐도 논란이 발생할 수 있다. 또한, 이는 군자라는 용어의 근본적 성립 조건을 애써 외면하고 논외로 하는 일이다. 게다가 후대에도 사회적 지위가 높은 자를 여전히 군자로 지칭하는 경우가 있어서, 이 또한 문제가 된다.

　그렇다면 군자 시민론이 가진 태생적 한계를 근본적인 차원에서 해결할 대안은 무엇인가? 다시 말해, 동양에서 내세울 수 있는 더 나은 이상적 시민상은 무엇인가? 신분에 의해서 사회적 지위가 결정되고 이에 따라 정치 참여가 정해지는 게 아니라, 저마다의 역량과 인격적 성숙에 의거해 자신의 역량만큼 정치 활동에 참여할 수 있는 문인(literati) 개념이 적절하다. 이런 문인 지식인[士], 사대부(士大夫)는 당송 교체기를 거치면서 역사의 전선에 처음으로 뚜렷하게 등장한다. 좁은 의미에서 송대의 사대부가 신분제 용어라는 시각이 있지만, 오늘날의 지식인을 뜻하는 '士' 또한 본래 지배 신분[卿士, 多士]을 지시하는 용어였다. 춘추전국 시대를 거치면서 사는 처음으로 비판적 지식인으로 자리매김한다(余英時, 2014: 173-182). 이들이 바로 평민 출신으로 제자학의 시대를 연 주역이다.

당나라나 오대(五代)의 혼란기에도 사가 존재했지만, 우리의 일반적 선입견과 다르게 송 대의 문인 지식인과 그 이전 시대의 사 계층은 사회적 대우나 정치적 역할이 매우 달랐다. 마단림(馬端臨, 1254-1323)의 다음 기록이 당 송 사이의 사 계층의 사회적 차이를 잘 보여준다.

"십방[지금의 사천성 德陽 지역]의 관리들은 유학자를 아주 좋아하지 않아서 반드시 욕을 보이고 중상모략을 일삼는다. 民은 이미 향리에서 평소 넉넉하고 편안하게 살아가서 녹봉이나 벼슬자리에 급급하지 않고 또한 관리의 일을 힘들게 생각한다. 그래서 유학을 업으로 삼거나 자기 옷을 유학자답게 입는 사람이 있었던 적이 없다. 학문을 매우 좋아하는 사람이라도 경전 하나만 전문으로 하거나 시가를 짓는 데서 머물고, 여유롭게 스스로를 양생하면서 향리의 어른이 되는 데 그칠 뿐이다. …… 나는 처음에는 진사(進士)가 스스로를 병들게 한다고 생각하여 싫어했고 그것이 영예가 될 수 있을 줄은 몰랐다. 정(亭)을 지어 이 일을 기념하자고 말했다."

"오대(五代) 때 분열하고 크게 무너졌으며 문물을 다 탕진했지만, 노(魯) 지방 유학자들은 오히려 경전을 품고 농촌에 숨어 있었으며 죽음을 각오하고 선한 도를 지켰다. 그러기를 50여 년이 되었으나 태도를 바꾸지 않았다. [송] 태조 황제께서 환란을 평정하자 …… 제생과 유학자들을 얻어서 그들과 더불어 태평을 의론하고자 했다. 그래서 노 지방 학자들은 비로소 차차 발분하여, 흰 두루마기를 입던 거자(擧子)들이 옷소매를 크게 하고 허리띠를 길게 하면서 무기를 든 군인들 사이 여기저기에서 나왔다. 마을 장로들이 보고 그들을 가리켜 기뻐하면서, '이들이 나왔으니 천하가 태평하게 될 것이다'라고 말했다. 바로 그때 사람들은 혼란에 염증을 냈고 정상 생활로 되돌아가기를 염원했기 때문에 사(士)들이 존귀해졌다. 명예와 복록이 그들에게 베풀어지지 않았음에도 불구하고 아래에서 다양한 사들이 출연했으니, 뜻만으로 이미 그들을 기뻐하고 편안하게 여겼던 것이다."[8]

    첫 번째 인용문은 사천 지방의 당시 상황을 기록한 것이고, 두 번째 인용문은 노 지역이라는 단어에서 보듯이 산동 지역의 실정을 기록한 것이다. 이 두 개의 기록은 송대 이전 당나라와 오대 시기에 사 계층이 사회적으로 경시되었음을 분명히 보여준다. "진사(進士)가 스스로를 병들게 한다고 생각하여 싫어했다." 혹은 "흰 두루마기를 입던 거자(擧子)들이 옷소매를 크게 하고 허리띠를 길게 하면서 무기를 든 군인들 사이 여기저기에서 나왔다. 마을 장로들이 보고 그들을 가리켜 기뻐하면서, '이들이 나왔으니 천하가 태평하게 될 것이다.'라고 말했다."라는 것은 송 대의 사회 분위기와 확연하게 다르다. 고위 관리가 되기 위해 꼭 필요한 진사 자격증을 싫어했다는 것은 송 대 문인 관료시대에서는 상상도 할 수 없는 일이다. 더구나 "民은 이미 향리에서 평소 넉넉하고 편안하게 살아가서 녹봉이나 벼슬자리에 급급하지 않고 또한 관리의 일을 힘들게 생각한다. 그래서 유학을 업으로 삼거나 자기 옷을 유학자답게 입는 사람이 있었던 적이 없다."라는 글귀는 중국과 한국에서 문인 지식인의 위치와 역할을 잘 알고 있는 우리가 믿기 어려울 정도이다. "무기를 든 군인들 사이 여기저기에서" 과거(科擧) 공부를 하는 유생들이 나왔다는 표현도 송 대의 문인 우대 현상과 대비되게 당과 오대 시기에는 무인들이 사회적으로 활발하게 활동했다는 사실을 잘 보여준다. 인용문의 후반부에서 마단림은 송 대 이전 사 계층이 "스스로 드러내

---

[8] 余英時(2015), 이원석 옮김, 『주희의 역사세계 상』(파주: 글항아리), pp. 302-304. 두 인용문은 하나의 인용문이다. 하지만 너무 길어서 편의상 두 인용문으로 나누어 필요 없는 부분을 생략하고, 표기를 일부 바꾸어 인용한다.

지 못하고 향촌에서 늙어 죽었다."고 말하는데, 이는 당시 사 계층이 처했던 처절한 곤경을 잘 보여준다. 이는 마치 조선 후기 양반 수가 늘어나면서, 새롭게 부상한 부상(富商)들로부터 도움을 받아 살다가 그것마저 어려우면 멸시 당하며 굶어 죽는 사 계층이 많았던 일과 유사하다.

필자는 제 역할을 하지 못한 송 대 이전의 사 계층이 아닌, 송 대에 등장한 문인 리터라띠 층을 군자를 대신하여 동아시아의 시민상으로 제안한다. 송 대를 논할 때, 우리에게 더 친숙한 표현은 사보다 사대부(士大夫)이다. 본래 사가 진사 자격을 얻어 사대부가 되는 것인데, 시간이 지나면서 점점 사와 사대부 간에 경계선이 흐려졌다. 그리고 후대로 갈수록 사, 사대부의 수가 폭발적으로 증가하면서 이들과 평민 간에 뚜렷했던 구분도 희미해졌다. 좁은 의미의 사대부는 관리를 의미하는 것이지만 넓게는 글을 읽을 줄 아는 문인 리터라띠를 의미한다. 그래서 관직에 나아가지 않았던 이들이나 향리에 은거하며 고전 공부를 하는 이들도 사대부라 불렸다. 사대부는 사회적 출신 성분이 다양했다. 그들은 "백성의 각 계층에서 나온 사람들이었다."(余英時, 2015: 320) 여영시는 흔히 사용하는 사대부라는 용어에는 사회계급적 내용이 없다고 주장한다.

이런 논의를 배경으로 필자는 사와 사대부를 함께 문인 리터라띠로 표기하고, 본고에서 이를 동아시아의 시민상을 논하는 용어로 사용한다. 다만 표기의 편의성을 위해, 그리고 송 대와 조선을 대표하는 사 계층이 사대부이므로 문인 리터라띠와 사대부를 혼용한다. 특히 송 대와 조선 시기를 설명하는 내용일 경우 독자에게 친숙한 사대부라는 표현을 사용한다. 하지만 본문에서 사대부·문인 리터라띠와 후반부에 등장하는 문인-시민은 같은 맥락이다.

3 사대부(士大夫), 문인 리터라띠(literati) 시민론

사대부의 가장 도드라지는 특성은 그들이 바로 문인 식자층이라는 점이다. 즉, 이들은 혈통 귀족이 아니라 평민 관료였다. 이 점이 군자 시민론을 주장한 기존 연구의 한계가 무엇인지 잘 보여준다. 본래 정치 권력은 군왕(君王)이나 귀족들의 손에 있었고, 사대부들이 정치 주체로 부상한 것은 송 대 이후였다. 10세기 이후부터 이미 세습 귀족이 아닌 평민 지식인이 사회의 주도층이 되었다는 점은 세계사적으로도 중요한 의미를 갖는 사건이다.

흔히 '나이토[內藤] 가설'(內藤湖南, 1922)[9] 혹은 '당송(唐宋) 변혁'으로 표현되는 이 시대적 전환의 원동력은 바로 성리학으로 무장한 신흥 문인 지식인층이다. 이들은 송의 개국 군주인 태조와 그의 동생 태종과 협력해 문벌 귀족 세력과 밀착된 불교와 도교를 타파하고, 새로운 정치 이데올로기로서 성리학을 내세웠다(김병환, 2021: 145-150; 153-161). 고전 유가 사상을 바탕으로 불교와 도가의 형이상학적 이론을 흡수한 성리학은 기존 귀족 세력과 대립하는 사대부층의 정치철학이다. 사대부들은 성리학적 교양 및 경전 해석으로 무장한 진정한 독서인(讀書人)이다.

성리학의 정치 이념으로 무장한 이들이 왕실과 동맹하여 기존 귀족 세력을 축출했다. 나이토 코난(內藤湖南, 1866-1934)에 의하면, 그 결과 북송 대

---

[9] 나이토 코난(內藤湖南)이 제기한 것으로 당 말부터 북송 초기까지가 중국 사회의 대변혁기라는 주장이다. 그의 주장은 지금도 받아들여지고 있는데, 그는 '근세(early modern period)'란 용어를 만들어 '중국 근세론'을 제기 했다. 「概括的唐宋時代觀」은 그의 선행작 『支那論』(文會堂書店, 1914) 제1장 '君主制か共和制か'의 내용을 기술한 것이다. 「概括的唐宋時代觀」 앞 부분에서 "송 대는 근세의 발단"이라고 명기하고 있다.

에는 '군주와 인민이 직접 상대하는 근세적 정치' 형태가 이미 출현했다. 기존 연구가 주목하지 못하고 있지만, 이 현상은 서양 근대의 시민계층이 왕권과 결탁해 귀족 세력을 타파했던 일과 유사하다. 그의 '중국 근세'론은 제자인 미야자키 이치사다(宮崎市定, 1901-1995)에 의해 '동양적 근세'[10]로 계승된다. 미야자키는 "유럽 근세의 개시가 대체로 서기 13·14세기라고 한다면, 동양의 근세는 서기 10·11세기의 송 대라고 해도 좋을 것"이라고 주장한다. 그는 근세 시기 동양의 "선진성"을 강조하고, 인류 문명사에서 송 대의 "지도성(指導性)"을 부각한다(宮崎市定, 1950: 134). 서구의 시민계층이 그랬듯, 이들 문인 지식인은 자신들의 정치적 이념에 따라 모든 법제나 의례를 사대부 중심으로 바꾸어 갔다. 과거 응시 자격이나 관리 선발제도에서 귀족의 권한을 빼앗음으로써, 한당 이래 문벌 귀족을 몰락시키고 평민 관료층을 가능케 한 게 단적인 예이다.[11] 고전에 관한 지식을 지닌 문인을 중심으로 한 식자층의 활동 범위가 확장되어, 이들은 지역은 물론 중앙에서도 정국의 주도 세력이 되었다.

더구나 이들은 여기서 나아가 왕권을 견제하고, 종국에는 문인 지식인이 주도하는 정치 체제를 세우려고 투쟁했다. 이 야심 찬 계획은 예법(禮法)에서 왕조례(王朝禮)를 사대부의 가례(家禮)에 통합시키려 한 대담한 시도에서 극명하게 표출된다. 오늘날 많은 사람이 제사 지내는 의례 정도로 오해하

---

10 宮崎市定, 『東洋的近世』(教育タイムス社, 1950). 후에 『東洋的近世』(中央公論新社, 1999)로 재출판되었다. 후자가 현재 통용되는 판본이다.

11 漢부터 송나라 이전까지 호족 지배가 지속되었고, 송 대에 이르러 왕조의 부침 속에서도 건재했던 이들 호족 지배가 처음으로 와해된다. David Johnson의 연구가 이를 잘 보여준다. 그는 The Medieval Chinese Oligarchy (Boulder: Westview, 1977)에서 당시의 문벌 호족을 'great clan'이라고 표기하고 있다. 또 『唐宋史論叢』(香港, 龍文書店, 1980)을 참조.

는 『주자가례(朱子家禮)』는 사대부의 이런 정치적 의도를 내포한 문헌이다. 시야를 넓혀서 보면, 이 연장선에서 조선의 예송 논쟁 또한 군주를 사대부의 일원으로 포섭하려는 정치 투쟁의 과정에서 벌어진 일이다. 효종이 둘째 아들이라서 장자의 예를 따를 수 없다는 서인의 견해는 왕실도 일반 사대부와 동등하게 취급하려는 군주의 사대부화를 뜻하기 때문이다. 즉, 왕권을 견제하고 평민 관리의 권한을 강화하려는 의도였다.[12] 군자로 불리는 혈연 귀족층을 와해시켰기에 다음 목표는 군주를 사대부화 하는 일이다. 왕도 사대부의 일원이라는 이 대담한 정치 프로젝트는 모든 이가 배워서 정치 주체인 사대부, 군자, 성인이 될 수 있다는 문화 프로젝트와 짝을 이룬다.[13] 왕을 평민 사대부와 같은 존재로 격하시켜 사대부의 세계를 만들려는 이 거대한 정치 실험이 성공하지 못했다 하더라도, 이는 군자와 사대부 간의 성향 차이를 보여주는 단적인 예다. 자신의 제자를 유덕한 신군자로 만들려고 한 공자도 군주의 사대부화는 꿈도 못 꾸었다. 무엇보다 이런 시도는 사대부의 정치적 지향성과 그들이 추구하는 정치적 자유, 자율성의 강도를 여실히 보여준다. 또한, 근대 이전 동양이 전제적 왕권의 통제하에 있었다는 헤겔식의 동양전제론이 얼마나 단순하고 피상적 시각인지 알려주기에 충분하다.

흔히 사대부를 관직이 있는 지식인이라고 생각한다. 하지만 모든 사대부가 관직을 가진 것도 아니었고, 모든 사대부가 관직에 뜻을 둔 것도 아니었다. 관리가 되려고 공부하는 사람도 있었지만, 애초부터 과거에 관심을 두

---

[12] 예송 논쟁은 양난 이후 정치 질서가 재정립될 때, 대지주인 양반지배층을 중심으로 사회 개혁을 할 것인지, 지주층의 이익을 누르면서 소농(小農) 중심의 사회 개혁을 할 것인지 하는 조선 후기의 사회 개혁 문제와 연결된다.
[13] 이런 토대 위에 17세기 초부터 200여 년간 동아시아에서 평화로운 공존이 가능했다. 비슷한 시기 서양의 전쟁 상황을 상기하라.

지 않았던 이들도 적지 않았다. 북송의 정호(程顥, 1032-1085)는 과거 공부가 자신을 위하는 공부[爲己工夫]가 아니라고 판단하여 염증을 느껴 중단했다. 비슷한 풍조는 조선에서도 보이는데, 평생 은거했던 남명 조식(曺植, 1501- 1572)이 대표적 사례이다. 정호나 조식처럼 관직에 뜻을 두지 않고 인격 수양에 힘써 자신이 머무는 지역의 발전에 이바지하는 사람도 사대부이다.

여영시의 설명처럼 이들은 기층 백성[民]에서 비롯되었기에, 본질적으로 이들은 일반 평민과 확실하게 구분되는 집단이 아니다. 그들은 평민 출신으로서 민권 의식의 담지자였다. 그러니 자연스럽게 민의의 대변인이자 안내자로서의 역할을 수행했다. 송 대를 지나면서 사대부의 수는 점진적으로 늘어났다. 과거 시험 응시자 수 통계를 보면 사대부의 급격한 증가를 파악할 수 있다. 예를 들면 977년에 약 5,200명이 성시(省試)에 응시하였고, 982년에는 응시생이 이미 10,000명이 넘었다. 992년에 이르자 17,300명이 성시에 응시했다. 아직 시험을 보지 않은 잠재적 수치까지 고려하면, 송 대에서 시간이 갈수록 얼마나 많은 문인 지식인이 등장했는지 알 수 있다(Chaffee, 1985: 192-193). 당 대 290년 동안 당나라에서 배출한 진사는 총 6,442명에 불과했고, 일 년에 약 20-30여 명 정도가 진사 직위를 얻었다. 이와 달리, 송 태종이 즉위한 976년부터 진종 3년, 1019년까지만 계산해도 송나라의 진사 합격자 수는 무려 9,323명에 달한다. 송 초 43년 동안 이미 당 대 진사 배출자 수를 능가한 것이다(Kracke, 1953: 57-59). 이 경향은 송 대 후반으로 갈수록 강해진다. 성리학 기본서인 사서(四書)가 과거 시험의 기본 교재가 되고, 주희(朱熹)의 『사서집주(四書集註)』가 사서의 표준 해설로 인정된 원(元) 대에 이르면 사대부의 대다수가 관직에 나아가지 않은 일반 평민 상태였다는 통계도 있다. 다시 말해, 일반인과의 신분적 차이가 점점 옅어져서, 원 나라에 이르면 평민과 차이가 없는 유사 계층으로 자리매김하게 되는 사대부 수가 대폭 늘어난다. 명청 시대에 이르면 이들은 향신(鄕紳)·신사(紳士) 등으로 불리며 인구의 증가와 함께 그 수가 더 늘어난다. 송 대와 다르게 명청 시기 동안 거인(擧人), 생원(生員) 등도 자신을 사대부라 스스로 칭할 정도로 사대부가 흔한 칭호가 되었다.

이들 문인 리터라띠는 역사와 사회에 대해 무한한 책임 의식을 지녔다. 그들이 새롭게 시대의 주역이 되면서 스스로 '사회에 대한 책임을 짊어졌기[自任]' 때문이다. '천하를 바로잡아 기층민을 도와야 한다.'라는 문인 리터라띠의 의무감, 즉 '천하의 일을 나의 책무로 삼는[以天下爲己任]' 모습은 천하가 자신들의 소유라고 여겼던 한당의 호족 지배층의 특권 의식과 극명하게 대조된다. 범중엄(范仲淹 989-1052)의 유명한 명언 "천하 사람들의 근심에 앞서서 근심하고, 천하 사람들이 즐거워한 후에 즐긴다[先天下之憂而憂, 後天下之樂而樂歟])"라는 구절이 이들의 정신을 잘 나타낸다. 송대의 문인 리터라띠는 기본적으로 평민 출신이다 보니 많은 이들이 성장하면서 극심한 고난을 겪은 이들이다. 범중엄 본인이 2살 때 부친을 여의고 재가한 모친 밑에서 성장한 사람이다. 자신의 이름과 성을 장성한 후에야 되찾을 수 있었을 정도로 그는 힘든 삶을 살았다. 사대부의 잠언(箴言)으로 지금도 회자되는 '선우후락(先憂後樂)'의 정신에는 그의 아픈 과거가 녹아있다. 생애 대부분을 지방 한직으로 떠돌았지만, 그는 가는 곳마다 향리인의 환영을 받았다. 타 임지로 발령이 나도 현 주민의 만류로 이임이 몇 년씩 지체되는 경우가 있었을 정도이니 그가 만인의 사랑을 받았다는 기록이 과장이 아니다. 한미한 집안에서 공부해 세상을 구제한다는 정신으로 무장한 이들의 대표적 인물이 바로 범중엄 같은 사대부이다.

이런 책임 의식이 불의에 저항하는 정신과 연결되었음은 분명하다. 크고 작은 봉기에 사대부 지도자가 늘 제 역할을 했다. 비록 오늘날 문제가 있다 하더라도, 이런 저항 정신을 이어받았기에 중국공산당은 밑으로부터의 혁명을 달성할 수 있었다. 모택동이 본래 호남대학에서 공부하다 북경대학으로 간 문인 리터라띠가 아닌가! 유사한 전통을 가진 우리나라에도 적합한 예시가 있다. 양난, 개항기의 외세 침입, 일제강점기와 같은 국가의 존립 위기가 있을 때마다 사대부들은 자신의 모든 것을 걸고 결연히 투쟁했다. 독재 시절에는 지식인인 대학생들이 졸업 후 노동자로 위장 취업해 활동하면서 힘을 키웠고, 이것이 오늘날의 촛불 시민사회를 만들었다.[14] 이렇게 보면, 동아시아의 이 사대부 정신은 깨어 있는 주체적·참여적 시민이 지켜야 할 정신적 자산이다.

사대부는 사회를 올바른 방향으로 이끌고자 정치 개혁에 관심을 갖고 정치 활동에 주동적으로 참여했다. 물론 그 바탕에는 도덕적 품성 함양[修身]을 중시하는 정신적 기풍이 있다. 사대부가 갖는 정치적 영향력의 정당성은 그들이 학통(學統)과 도통(道統)의 계승자라는 데서 나온다. 그들은 고전 이해에 근거한 실력[學統]으로 옳음[道]을 실천했다[道統]. 당시 사회에서 학통과 도통은 권력의 정당성[政統]에 버금가는 가치였다(余英時, 2015: 45-70). 이로 인해 그들은 대중의 정신적 의지처로서, 민의의 대변인으로서 자리 잡아 대중의 신뢰를 받았다. 그들은 도덕적 본성을 가진 존재로서 사람이 마땅히 어떻게 행동하고, 어떻게 타인에게 응대해야 하는지를 대중에게 안내하고 가르쳤다. 중앙 정계에 진출하지 않은 사대부들은 각 지역의 서원(書院)에서 강학 활동을 펼쳤고, 향리의 자치 시스템이 구축될 수 있도록 힘썼다.

---

14 물론 서구 자유민주주의로부터도 일정 부분 영향을 받았다.

한편 경제적 측면에서, 사대부는 향리의 자치 시스템을 돕기 위해 사창(社倉)법을 실시했다. 사창을 통한 빈민 구제 활동은 이들이 고안한 제도 중 가장 많이 언급되는 것 중 하나이다. 왕안석의 신법 중 청묘법과 종종 혼동되기도 하지만, 그 운영을 향촌의 민간인이 담당하고 관리에게 맡기지 않았다는 점에서 사창법은 청묘법과 구분된다. 또, 현을 단위로 하지 않고 이보다 작은 향촌을 단위로 한다는 점에서도 양자는 다르다. 구휼 활동으로서 곡물을 빌려주지 돈을 빌려주지 않는 점, 백성을 성심성의로 대하고 빚진 것을 갚으라고 독촉하지 말라는 규정이 있는 점 등도 다르다. 무엇보다 주희나 여조겸이 사창제를 실행했을 때 주로 관심을 가진 부분은 중앙이 아닌 지역 자체로 사창을 운영해야 한다는 데에 있다(Bol, 2010: 402-403).[15] 즉, 사창법이 국가에 의해서가 아니라 지방의 유지나 부상(富商)들의 자발적인 도움을 통해서 시행되었다는 점에 주목해야 한다. 이 과정에서 사대부뿐만 아니라 다른 부유한 직업군의 사람들이 점점 더 그 지역에서 중요한 역할을 했다. 이는 명청 대에 거대 상인 조직을 등장하게 한 근원 중 하나이다. 사창법의 실시는 송대에 등장하는 지역의 '향리공간' 형성과 밀접하게 연결되어 있다. 지역의 '향리공간'은 '민간공간'이라 해도 좋은 성격의 지역 자치 공간이다. 요컨대, 문인 리터라띠는 사창제도나 서원, 향약(鄕約) 등 자신들이 주도하는 지방의 자발적 공동체 형성에 관심이 많았고 일정한 성과를 거두었다. 게다가 이런 활동은 그들의 사상적 성숙에도 영향을 미쳤다(宮嶋博史, 2013: 328-331).[16]

---

[15] 농민들에게 그들이 살아가기 위한 지속 가능한 수단(a self sustaining means)을 제공해야 한다고 주희는 생각했다.

[16] 기노시타 데츠야(木下鐵失)는 사창법의 실시 경험과 주희 사상의 전후 변화 사이에 연계성이 있다는 지적을 한다.

문인-시민, 사대부는 지역 자치라는 민의 상달의 정치 구도를 형성하는 동시에 공론(公論)의 형성을 도모하는 역할도 수행했다. 오늘날 대의 민주주의에서 다수에 의한 합의를 정치의 근본 방향으로 삼다 보면, 여론이 대중의 독재로 전락할 위험이 있다. 이렇게 다수의 이익을 실현하기 위한 단순 합의는 문인-시민이 지향하던 공론이 아니다. 문인-시민이 지향하는 공론은 항상 올바름을 전제로 한다. 그들은 정치적 영향력을 행사할 때, 숫자상의 합의가 아닌 합당한 정의에 기초한 공론을 형성해야 한다고 주장한다. 이런 점은 최근의 '숙의민주주의'와도 연결될 수 있는 부분으로, 현 한국의 시민 사회에 대해 성찰할 기회를 제공한다.

사대부들이 사창제를 시행하거나 공론을 형성하는 과정에서 드러나는 정신은 나와 타인이 함께 조화로운 삶을 살아가야 한다는 연대의 가치이다. 문인-시민을 통해 알 수 있는 동양 시민성의 특성은 이익 추구에 목적을 두고 사회 정의나 옳음[義]을 규정하는 게 아닌, 연대감과 배려를 바탕으로 올바름을 규정한다는 점이다. 이런 복지 민주주의적 요소는 우리에게 귀중한 자산이다. 이는 동양의 시민성이 지향하는 사회 정의가 원자화된 개인들의 이익을 가능하게 하는 자유의 교집합으로는 적절히 설명될 수 없다는 사실을 시사한다. 다시 말해, 동양적 시민성이 도달하고자 했던 지향점은 개인주의적 권리관으로 정확히 포착할 수 없다. 문인-시민은 이러한 연대적 시민성을 구현한 정치적 주체였으며, 도덕 공동체의 이상을 실현하기 위해 적극적으로 사회 개혁에 참여한 이들이다. 사대부라는 유가적 시민상에서는 도덕적 개인과 정의로운 시민이 서로 동떨어진 별개의 개념이 아니다. 만약 도덕의 영역과 정치 영역이 분리된다면 오늘날의 자유민주주의가 만들어 낸 인간상과 유사하게 타인에게 무관심한 원자적 개인이 주변에 넘쳐날 수 있다. 이는 우리가 나아가야 할 방향이 아니다. 동양적 시민성 개념 발굴을 위해 우리가 탐색하는 길에는 타인과 '연대'하는 '도덕'적 문인-시민이 있다. 또 이 문인-시민은 '주체'적이고 '참여'적인 시민이다. 이런 문인-시민상은 '세계시민성'을 갖춘 것으로 볼 수 있다.

사대부는 어떤 고원한 이상 경지에 도달한 사람을 이르는 게 아니다. 그는 정치적 주체로서 사회가 지향할 바를 탐색하고, 자신을 연마했던 실천가이다. 중국 초기 근대에서 사대부는 피치자이면서 치자였다. 치자로서의 역할과 피치자로서의 성격을 함께 지녔던 그들의 모습은 오늘날 현대 민주주의 정치의 시민 통치를 떠오르게 한다. 오늘날의 시각으로 보면 이들 문인 리터라띠는 '시민'으로 자리매김될 수 있다. 이들은 오늘날 우리가 추구하는 바람직한 시민상이라 할만하다. 만약 초기 근대가 성숙하여 근대로 원만하게 이행되었다면, 즉 제국주의의 침략이 없었다면 사대부 집단이 갖는 이러한 특성은 치자이자 피치자인 근대 '동아시아 시민'을 탄생시켰을 수도 있다. 이 문인-시민은 주체·배려 의식의 함양을 강조하는 현대의 민주 시민과 적절히 어울린다.

필자가 제기한 사대부 문인 시민론은 많은 이에게 생소한 주장이다. 하지만 군자라는 용어가 가진 한계는 뚜렷하므로, 기존 연구처럼 군자 시민론을 동양적 시민론의 모델로 내세우는 건 타당하지 않다. 생소함이 친근함으로 바뀌려면 더 많은 논의가 필요하다. 이 글이 그런 계기가 되었으면 하는 바람이다. 시간이 걸리고 지난한 작업이라 하더라도, 성리학적 문인-시민 개념으로 군자를 대체할 것을 검토할 시점이다. 아울러 서양의 시민성 담론과는 다른 동아시아적 시민성 논의가 필요한 시기이다. 기존 연구는 이 논점을 간과하고 있다. 이를 통해 동양의 시민성 관념을 발굴하고 '동양 시민사회론'을 정립하는 작업이 가능하다. 다음 절에서 기존 시민사회론의 문제를 검토하면서, 이 작업의 의미가 분명해질 것이다.

4 기존 동아시아 시민사회론의 문제

지금까지 시민 즉 개인의 측면에 주목하여 논의를 진행했다. 이 시민들이 모여 시민사회를 이룬다. 특정 사회에 시민사회가 존재하는가 아닌가를 판가름할 수 있는 대표적인 기준은 '자신의 이익을 위해 자율적으로 모인 시민집단이 있는가?' 그리고 '이들 시민집단은 중앙 권력과 긴장 관계에 놓였는가? 자신의 이익을 위해 유사시 충돌하는가?'이다. 일반 대중이 정치 활동에 능동적으로 참여할 수 있었는지, 비지배적 자유를 향유하는 자율적인 개인이 해당 사회의 주체인지, 법치주의 유무 등 더 많은 기준이 존재한다. 하지만 본고에서 모든 기준을 하나하나 다루는 것이 불가하고 또한 다른 세부 기준들이 앞의 두 기준과 맞닿아 있기에, 여기에서는 위 두 기준을 중심으로 동아시아 특히, 중국과 한국에 시민사회가 존재하였는지를 분석한다.[17] 그리고 이 과정에서 시민론 연구자들이 갖는 서구 중심적 사고의 문제를 논한다.

역사적으로 중국과 한국에 '자신의 이익을 위해 중앙 권력으로 벗어나 자율적으로 모인 집단이 있었는가?' 대표적으로, 조혜인은 중국과 한국에 중앙 권력으로부터 상당히 벗어난 자율적인 지역사회가 존재했다고 주장한다. 그에 따르면 중국의 정치는 예치(禮治)의 토대 위에서 신하가 실질적으로 통치하는 입헌군주정과 유사한 형태로 발전하였다. 특히 송 대에 등

---

[17] 동아시아 시민사회를 논하려면, 당연히 일본을 언급해야 하고 센고쿠 시대를 지나 그 성격이 변하는 에도 시대 이래의 사무라이 계층에 대해 설명해야 한다. 무사 계층이라는 그 특수성에도 불구하고, 중국 및 한국과 유사하게 이들에게서도 충분히 근대 지향적 모습을 발견할 수 있다. 필자는 이들을 포함한 한자문화권의 시민, 시민사회 담론이 가능하다고 본다. 이에 대해서는 후속 연구를 기약한다.

장한 평민 문인 계층과 그 토대인 과거제도의 계층 개방적 성격은 사실상 귀족이 지배하던 한나라부터 당나라까지의 신분제를 붕괴시켰다. 10세기 이후 혈연 중심의 귀족 사회를 붕괴시키고 과거를 통해서 관직에 오른 사대부들은 향약의 보급, 사창제도 등 다양한 측면에서 지역사회의 자율성을 증진하고, 지방자치 역량을 키웠다. 정치적 패권 담론의 시각으로 보면, 주자학은 중앙의 권력에 대항하여 지방의 이익을 중요시하고 지역의 이익을 성취하고자 하는 성격을 갖는다. 북송시기 왕안석의 신법은 각 지역에 대한 중앙 권력의 통제력을 높이는 데 목적이 있었다. 주희의 사상적 스승인 정호(程顥) 정이(程頤) 형제는 왕안석의 신법이 지닌 의도에 강하게 맞서서 구법당의 영수로 활동했다. 정호와 정이의 사상을 계승한 주희는 여러 면에서 지역의 정치적 관심을 실현하는 데 진력했다. 같은 맥락에서, 조혜인은 조선의 사림(士林), 서원, 붕당(朋黨)과 같은 지방 사대부의 네트워크 조직들이 중앙정치에 대해 자율성을 추구했던 시민사회의 일환이라고 설명한다. 사회과학적 배경으로 연구를 진행한 그는 심지어 송대의 지역사회는 서구보다 먼저 자유주의적인 시민사회로 발전했다고 주장한다(Cho, 1997; 황태연, 2022).

다음으로 '이들 집단은 중앙 권력과 긴장 관계에 놓였는가? 자신의 이익을 위해 유사시 충돌하였는가?' 조혜인은 이를 긍정한다. 그리고 로우(W. Rowe)는 19세기와 20세기 초에 나타난 중국 내의 사회적 결사체들을 하버마스(J. Habermas)의 공론장(public sphere)과 유사한 시민사회로 볼 수 있다고 주장했다(Rowe, 1990: 318-325).

하지만 부정적으로 답하는 연구자들도 있다. 왜냐하면, 이들 집단이 기본적으로 중앙 권력의 영향하에 있었고, 결국 결정적 순간에 중앙 권력에 타협하고 순응하였다고 보기 때문이다. 메츠거(T. Metzger)는 중국의 전통에서 지방보다 중앙이 우선시 되어 왔음을 강조한다. 그에 따르면 중국의 지방 엘리트들은 기본적으로 중앙 정계 진출을 지향하였다. 메츠거가 보기에, 이들 지역 조직은 중앙을 향하여 견제와 비판을 가하는 상향식 접근 방식이 아닌 중앙에서 지역으로의 하향식 접근 방식으로 운용되었다(Metzger, 2004: 224-231). 사회학자 웨이크먼(F. Wakeman)은 로우가 제시한 결사체들이 하버마스의 공론장 개념과 동등한 수준의 '시민사회'로 불릴 만큼 자율성과 역량을 가지고 있지 않았다고 반박한다. 웨이크먼에 따르면 무엇보다도 그러한 결사체들은 중앙정부와 긴장 관계가 아닌 타협적 관계에 있었다(Wakeman, 1993: 133-134).[18] 스타인버그(David Steinberg)에 따르면 시민사회는 중앙관료제 외부에 존재해야만 한다. 그런데 조혜인이 조선의 시민사회를 주장하면서 근거로 제시하는 개념들은 근본적으로 중앙관료제로부터 완전히 자유롭지 않다. 그러므로 그가 보기에, 조선의 지역사회는 진정한 시민사회가 아니다(Steinberg, 1997: 145-165). 던컨(John Duncan)은 서유럽이라는 특수한 지역에서 발흥했던 시장경제(market economy)와 세계 역사에서 보편적으로 존재했던 상업경제(commercial economy)를 구분해야 하며, 시민사회는 서유럽의 자본주의적 시장경제의 출현 이후에 나타난 것이라고 지적한다. 그에 따르면 자본주의에 기초한 공(public)과 사(private)의 구분, 예컨대 정부와 시장경제, 국가와 사적 이익을 위해 자발적으로 모인 합리적인 개인의 구분이 서구적 '시민사회' 개념의 전제가 된다. 즉 시민사회는 근본적으로 공과 사, 국가와 개인, 중앙과 지방과 같은 이분

---

[18] 이러한 관점은 권리 개념 기반의 시민사회만을 근대적 시민 개념으로 보는 시각이라 할 수 있다. 서구의 자유주의적 권리 개념이 시민 개념을 논하는 데 있어서 필수적인지에 대해 회의적인 입장도 있다(Ihara, 2004: 21-26). Ihara의 이런 시각은 공자의 예에 대한 핑가렛(H. Fingarette)의 탁월한 풀이와 상통하는 면이 있다.

법적 갈등 속에 놓여있다는 것이다(Duncan, 2006: 38-42). 반면, 동양에는 일정 정도 이상의 긴장이 있어 보이지 않는다. 예컨대 조선의 서원을 구성하는 양반들은 관료가 아니더라도 양반 신분의 유지를 위해 국가와 커넥션을 가지고 있었다. 또 서원에 배향(配享)되는 인물의 선택 기준에서 관직 경력은 중요한 비중을 차지했다. 이런 점에서 서원은 지역 양반들이 국가에 대하여 자신들의 사적 이익을 보호하거나, 중앙 정부에 대항하는 공적 담론을 형성하기 위해 모인 서구적 의미의 시민사회라기보다, 본질적으로 중앙 정부와의 협력 관계를 형성하고 있는 지역 조직으로 봐야 한다(Duncan, 2006: 44-45). 결국 두 번째 조건에서 탈락했기에 중국과 한국에는 진정한 시민사회가 없다는 것이다. 물론 이들 사이에서 중간적인 입장을 취한 연구도 있다.

그런데 필자는 서원이나 사림 그리고 기존 연구에서 상세히 다루어지지 않은 명청 시대 각 지역의 상업조직이 지닌 이면에 주목하고자 한다. 역사를 보면 춘추전국 시대부터 양자강 이남의 지역 정치는 북방과 크게 달랐다. 초나라는 애초에 제후 봉호를 받지 못한 나라였지만, 각고의 노력 끝에 전국 7웅의 위치에 오른 패권 국가였다. 여기에는 지역의 자치 영역을 인정하는 초나라 특유의 정치 제도가 큰 역할을 했다. 북송이 멸망하고 남송이 양자강을 도강해 남쪽으로 천도했을 때도 이 지역은 여전히 자율적인 정치 기풍이 매우 강했던 지역이다. 사상적으로도 양자강 이남의 사상을 대표하는 노장 철학은 타인이나 중앙 권력의 간섭을 극히 경계하고 개인적이며 소요유(逍遙遊) 같은 자유분방한 삶을 대표한다. 사대부의 지방 자율적 정치체제 지향, 이를 통한 중앙 권력 견제의 전통은 이런 깊은 사상사적 뿌리를 배경으로 하고 있다. 자유롭게 각 지역을 넘나들며 거래하는 중국인의 상인 기질 또한 이런 뿌리를 가지고 있다(余英時, 1993).[19] 자유 무역을 위한 관세 폐지는 이미 춘추전국 시대에 주장된 일인데 이는 송대에 더 넓은 지역에서 실행되었다. 송대에서 시작된 농업·상업혁명은 명청 대에 이르러 각 지역마다 강한 상인 조직을 탄생시켰다. 이들은 상당한 정도의 자율적인 상인 조직이었고 서양의 상인 길드에 필적할만한 조직이다. 명청 시대에 상업 자본주의가 있었다고 주장하는 연구들은 나름의 타당성이 있다.

서원과 사림 세력은 어떤가? 송대에 시작된 서원 건립 운동은 중앙의 권력을 견제하기 위한 지역 사대부들의 정치적 행위로 보는 데에 무리가 없다. 성리학적 배경을 가진 지방 세력은 국가와 소농 사이에 중간 규모의 공론장을 만든다. 그리고 위로는 자신들의 의견을 중앙에 제시하고, 다른 한편 아래로는 사립 교육에 몰두했다. 교육이 가져올 자율적 인간의 탄생을 염원하면서 말이다. 잘 배우기만 한다면 모든 사람이 성인이 될 수 있다는 성리학의 주장은 모든 사람이 평등하다는 이념 없이 나올 수 없다. 이런 배경을 토대로 명대에 이르면, 양명(陽明)과 같은 사대부는 길거리의 모든 사람이 성인이라고 선언하였다. 우리의 주제로 바꿔 놓으면 '길거리의 모든 사람이 다 시민'이라는 뜻이다.[20] 이런 배경에서 양명좌파나 이탁오는 가치 전도를 외칠 수 있었다.

이들 동아시아의 지역 조직은 중앙 권력을 견제하고, 때론 중앙 권력과

---

[19] 휘상(徽商)이라 불리는 안휘지역 상인 집단은 지금도 주희를 추앙하고 그들의 경영철학은 유가사상에 기초한다. 중국 근대 시기의 상인 정신은 자본주의 맹아를 논할 때 자주 언급된다. 물론 여영시는 본서에서 베버(Weber)가 '현세금욕주의(innerwordly aesceticism)'를 기준으로 자본주의 맹아를 논한 주장을 반박한다.

[20] 필자가 신유학 강의에서 양명을 설명할 때 말미에서 "동양적 시민의 탄생"이라는 말을 쓴 이유는 이런 배경을 가지고 있다.

첨예하게 대립했다. 태평천국이나 동학혁명 운동이 그 예시이다. 태평천국의 난은 한때 남경을 점령하기도 하였다. 이보다 먼저 이미 송 대에 정이와 주희는 정치적 지방 세력의 주동자로서 위학(僞學)의 영수로 낙인찍혀 박해를 당했다. 고결함과 장엄한 기품의 대명사인 정이는 얼굴에 묵형을 당했으며, 주희는 목숨을 겨우 유지했지만 정치적 박해로 큰 고초를 겪었고, 그의 제자들 역시 핍박 받아 숨죽이며 흩어졌다. 그를 따르던 많은 사대부가 서원을 중심으로 활동하였던 지역 세력이다. 이처럼 이들은 당연히 중앙 권력과 긴장 관계에 있다.

하지만 필자가 제기하고 싶은 근본 논점은 다른 데에 있다. 필자는 서구의 시민과 시민사회에 대응하는 것으로 동아시아의 문인-시민과 서원, 향약 등을 제시하는 게 아니다. 이런 식의 접근은 오리엔탈리즘이라는 혐의가 짙다. 국가로부터 독립적인 지역사회의 존재 여부로써 시민사회의 형성과 발전 과정을 파악하는 서양 학자가 동양에도 유사한 지역사회가 존재했는지 묻는 것은 아무래도 자연스러운 일이다. 그들은 서양의 실제 경험을 바탕으로, 국가와 독립된 중간 지역 조직으로 구성된 자치 사회의 존재 여부를 근대적 시민 출현의 전제 조건으로 여기는 데 익숙하기 때문이다. 하지만 서구와 다른 길을 걸었던 동양의 근대적 시민을 논할 때도, 서양과 같거나 유사한 '시민사회'의 존재 여부를 묻고 이에 따라 시민의 탄생을 논하는 일이 과연 타당할까? 이런 식의 접근 방식은 많거나 적거나 오리엔탈리즘적 사유라는 비판에서 자유롭지 못하다. 역사적, 문화적 배경이 다른 두 문명권이 서로 앞서거니 뒤서거니 하면서 영향을 주고받다가, 19세기 중엽 이후 서구가 패권을 차지해 오늘에 이르렀다. 이미 세계화의 표준이 된 길을 중심으로 타 문명권에 유사한 경험이 있는지를 조사하고 이에 근거해 평가하면 당연히 서양 중심적 세계관에 매몰되지 않을 수 없다. 그런데 여전히 베버(M. Weber) 식의 '서구에서만 오직 서구에서'라는 슬로건이 미래 세대를 교육하는 우리 교육 현장에서 아직도 유행하는 실태는 반성할 일이다.

만일 역으로, 서구 전통에 사대부가 있었는지 묻는다거나 서원과 같은 기관이 존재했는지 질문한다면, 서양사에서 이에 대응하는 적절한 용어나 개념을 찾아낼 수 있을까? 아마도 신사(gentry)와 수도원에 부속된 도서관이나 연구 공간 정도가 각각에 대응할 텐데, 이들 사이에 차이가 있는 것은 당연하다. 이를 두고 문인 지식인층과 이들이 활동하던 서원이라는 공론장이 우리에게는 있는데, 그쪽에는 왜 없는지를 묻는다면 얼마나 우스운 일인가? 던컨, 스타인버그, 메쯔거의 논리대로라면, 근대 서구를 제외하고 다른 지역에 무슨 근대적 시민이 있을 수 있겠는가? 이는 애초에 없는 것을 뒤지는 일이다. 이런 관점에서 자문하는 것은 우리 자신을 깎아내리는 외길이다.

17세기에 동아시아의 국부는 전세계 부의 40%를 넘어섰다는 통계가 있다. 동아시아가 지금의 흐름대로 계속 부상하여 유럽을 능가하였던 17세기 전후 시기처럼 경제 역량을 더 쌓으면, 그때서야 어깨를 펴고 서양의 잣대를 우리에게 들이대지 말라고 외칠 것인가? 하지만 이미 한·중·일 삼국의 국부는 유럽에 뒤지지 않는다.

동서양의 역사와 전통이 각기 다른 길을 걸어왔다는 사실을 인정해야 한다. 서구의 성공한 길을 기준 삼아 동아시아, 중동, 인도, 라틴 아메리카 지역을 일방적으로 평가한다면, 이는 서양중심주의라는 패권 질서에 맹목적으로 동조하는 일이 될 수 있다. 이는 자신이 서양인이 되고 싶음을 인정하는 꼴이다. 이제는 '오직' 서구적 시민이 아니라, 인류 문명에서 서양의 시민사회 출현이 함축하는 역사적 의미와 전개가 동양 같은 다른 지역권에서는 어떤 양상으로 전개되었는지를 묻는 '세계시민'이 되어야 한다.

5 동양적 시민교육

교육과정은 그 당시 국가의 상황 및 국제 정세로부터 영향을 받아 구성되는 경향이 있다. 특히, 정치 교육은 그 교육 내용 자체가 정치와 관련된 것이므로 국가의 특성 및 국제 정세로부터 강한 영향력을 받는 편이다. 이러한 이유로, 서구가 세계의 패권을 장악한 이래 서구 자유 민주주의를 수용한 한국의 교육과정은 사실 서양적 시민교육의 짙은 그늘 속에 있는 것으로 판단된다. 이는 『윤리와 사상』, 『생활과 윤리』 교과서를 간단히 일별해 보는 것만으로도 알 수 있는 일이다.

먼저, 도덕윤리과의 시민교육의 내용을 고등학교 『윤리와 사상』, 『생활과 윤리』를 중심으로 살펴보고자 한다. 두 교과에서 추구하는 민주 시민교육의 목표와 내용 요소, 성취 기준을 표로 요약해 보면 다음과 같다.

	『생활과 윤리』, Ⅲ-사회와 윤리	『윤리와 사상』 Ⅳ-사회사상
목표	• 직업, 사회 정의, 국가와 시민의 윤리적 문제들을 개인의 행복과 공동체 번영의 관점에서 탐구하고, 행복한 삶과 정의로운 사회를 실현하기 위한 도덕적 공동체 의식을 함양한다.	• 국가, 시민, 민주주의와 자본주의, 평화 등의 주요 개념들을 중심으로 사회 사상의 의미와 필요성을 이해하고, 동·서양의 다양한 이상사회론을 조사·탐구함으로써 윤리적 삶을 위한 바람직한 이념적 시각은 어떠한 것인지 성찰한다.

내용	• 국가의 권위와 시민에 대한 의무 • 민주 시민의 참여와 시민 불복종	• 국가의 역할과 정당성에 대한 동서양 사상 • 시민적 자유와 권리의 근거 • 공동체와 공동선 및 시민적 덕성 • 근대 민주주의의 지향과 자유 민주주의 • 도덕적 자율성과 책임성 및 시민의 소통과 유대 (시민불복종 관련 내용 포함)
성취기준	• 국가의 권위와 의무, 시민의 권리와 의무를 동서양의 다양한 관점에서 설명하고, 민주시민의 자세인 참여의 필요성과 시민불복종의 조건 및 정당성을 제시할 수 있다.	• 개인과 공동체의 관계, 개인의 권리와 의무, 자유의 의미와 정치 참여에 대한 자유주의와 공화주의의 입장을 비교하여, 개인선과 공동선의 조화를 위한 대안을 모색할 수 있다. • 민주주의의 사상적 기원과 근대 자유민주주의를 탐구하고, 참여민주주의와 심의민주주의 등 현대 민주주의 사상들이 제시하는 가치 규범을 이해하여, 바람직한 민주시민의 자세에 대해 토론할 수 있다. • 국가의 개념과 존재근거에 대한 주요 사상가들의 주장을 탐구하여 다양한 국가관의 특징을 이해하고, 국가의 역할과 정당성에 대한 비판적이고 체계적인 관점을 제시할 수 있다.

윤리 교과에서 시민교육을 중점적으로 다루는 단원들의 내용을 보면, 표면적으로는 동서양의 입장을 다양한 시각에서 다루고자 시도한다. 국가의 기원, 국가의 권위 개념을 "동서양의 다양한 관점에서 설명하고", 자유·권

리와 책임·의무 그리고 개인과 공동체도 균형 있게 다루어야 한다. 하지만 제시된 교육과정의 내용과 이를 적용한 교과서의 서술을 깊이 들여다보면, 전반적인 분위기와 내용의 비중이 서구의 자유 민주주의, 서구적 시민에 초점이 맞추어져 있음을 알 수 있다.

민주주의의 기원과 발전, 시민의 권리와 책임을 서술하는 내용에 있어, 초반에는 동양에서도 그러한 개념들이 '민본(民本)'이라는 형태로 존재했다는 식의 간략한 서술이 간략히 등장한다. 그러나 뒤로 갈수록 시민 사회 발전의 역사를 서구 자유 민주주의의 전개에 초점을 두어 설명한다. 권리 쟁취를 위한 서구 시민 혁명의 역사를 '시민', '민주주의' 개념의 출발로 보며, 이를 바탕으로 한 시민의 역할과 권리 개념을 전개해 간다. 『윤리와 사상』 교과에서 '시민적 자유와 권리 개념'을 서술한 부분을 보면, 자유주의 관점, 공화주의 관점, 밀의 자유 개념이 소주제로 구성되어 있다. '민주주의의 기원과 원칙'을 서술하는 부분에서는 고대 그리스가 민주주의의 역사적 기원으로 소개되며, 사회계약론의 기반을 주로 다루고 있다. '현대 민주주의와 시민의 역할'을 서술하는 부분에서는 하버마스나 롤스와 같은 서양 정치학자들의 이론이 중점적으로 설명되며, 심의민주주의 속에서 시민들의 참여와 소통, 대화와 토론의 능력이 강조된다. 『생활과 윤리』 교과에서도 앞부분에서는 동서양의 관점을 함께 소개하고 있지만, 결국 시민의 권리와 역할, 참여 부분에서는 서양 정치학자들의 담론 윤리, 절차적 민주주의, 시민 불복종이 그 내용을 채우고 있다.

동양의 전통 속에 백성을 위하는 민본 정치와 시민의 참여를 가능하게 하는 제도들이 존재했다는 내용의 경우, 서구적 민주주의 및 시민 개념에 견줄 수 있는 것이 어느 정도 '미숙하게나마' 있었다는 식으로 기술되어 있다. 이렇게 서양 근대 시민 개념을 중심으로 놓고 동양에 유사한 내용이 있었다는 식으로 교과서를 기술하는 것은 본문의 논의에서 강조했듯이 저자들이 인지했든지 못했든지 간에 전형적인 오리엔탈리즘이라 하지 않을 수 없다. 학생들은 시민교육을 통해 시민 사회는 어떠해야 하고 어떤 시민성을 함양해야 하는지를 배운다. 한국의 현 시민교육 속에서 학생들은 서구적 사유 방식으로만 편향적으로 사고하기 쉽다. 서양 사회를 맹목적으로 찬미하고 비서구권 사회를 은연중에 무시하기 쉽다. 이는 오히려 어떤 측면에서는 비판적 사고, 개방적 사고, 균형적 사고, 문화적 주체성을 떨어뜨릴 수 있다. 우리의 주체성을 고양해야 할 학교 교육에서 이렇게 하는 게 과연 옳을까?

이제는 시민교육에도 균형을 위한 변화가 필요하다. 그리고 필자는 그 변화의 첫 단추로 교육과정에 동양의 시민론에 근거한 동양적 시민교육'도' 반영할 것을 제안한다. 한국에서 자라온 한국 학생들이 비교적 쉽게 받아들일 수 있는 비서구권 시민교육으로는 동양적 시민교육 특히, 유교적 시민교육이 아닐까 한다.[21] 물론, 이제껏 진행되어온 서구적 시민교육 중심 교육과정을 완전히 동양적으로 바꾸자는 것이 아니다. 이는 현실적으로 불가능하며, '우월'이 아니라 공정한 '균형'을 추구하는 본 글의 의도와도 맞지 않는다.

도덕·윤리과 시민교육 속에 유교 시민교육을 반영하기 위해서는 먼저, 서구 자유 민주주의를 기준으로 유교 정치사상을 낮게 평가하거나 축소하지 말고, 유교 정치사상의 특징과 강점을 균형 있게 구체적으로 제시해야 한다. 예를 들어, 『윤리와 사상』 교과서에서는 자유주의적 관점에서의 시민적 자유와 권리를 설명하며, 다음과 같이 기술하고 있다.

---

[21] 동양적 시민상은 논할 때, 꼭 유교적 가치관에 한정하여 논해야 하는 것은 아니다. 불교나 도가적 담론을 배경으로도 동양적 시민상을 논할 수 있다.

"개인의 자유가 무엇보다 소중한 가치라고 보는 자유주의는 개인의 자유와 권리의 근거를 자연권 사상에 두고 있다. …… 이러한 자연권은 홉스, 로크 등 근대의 사회 계약론자에 의해 계승되고 발전되었다. …… 이러한 자연권 사상은 중세 유럽과 르네상스 시대의 절대 왕권에 대항하면서 확립되었다는 점에서 근대 자유주의의 발전 과정과 밀접한 관계를 가진다. 자연권 사상은 영국의 명예혁명(1688), 미국의 독립 혁명(1776), 프랑스 혁명(1789) 등과 같은 근대 시민 혁명의 사상적 지도 이념이 됨으로써 개인의 자유가 근대 입헌 민주주의의 기본적 권리로 확립되는 데 기여하였다. 즉 자연권 사상을 바탕으로 개인의 자유를 보편적 가치로 인식하는 자유주의가 등장한 것이다."[22]

해당 교과서는 서구의 자연권 사상, 자유주의로부터 근대 민주주의가 나왔다고 말한다. 그리고 절대 왕권 시대 이후 서구권에서 벌어진 일련의 혁명 사건들을 나열하고 있다. 어디에도 동양이 언급되지 않는다. 오늘날 말하는 '민주주의'가 서양 고대가 아니라 서양 근대에서 시작되었다는 점을 지적한 교과서는 그래도 훌륭한 편이다. 주지하듯, 대부분의 개론서와 교과서는 고대 그리스의 정체가 직접 민주정의 원형인 듯 기술한다. 고대 그리스에 신분 질서가 존재했지만 말이다. 주지하듯 고대 그리스에는 분명 여성과 어린아이, 이방인이 배제된 백인 남성 위주의 강력한 신분적 서열이 존재했다. 하지만 이를 명시적으로 지적하지 않는 교과서가 대부분이다. 반면, 유교 정치 부분에서는 강압적 군주정의 단점이 상대적으로 도드라지는 편이다. 이는 헤겔의 동방전제론을 연상시키는 서술 방식이다. 이

---

[22] 정창우 외, 『윤리와 사상』, (서울: 미래엔), 182쪽.

제는 군주정에 가려져 왔던 유교 정치의 다른 긍정적 면모들을 객관적으로 제시할 필요가 있다. 예를 들어, 정자산(鄭子産)은 공자 시대 이전에 이미 입방정(立謗政)이라는 민회(民會)를 통해 공의를 반영하는 공공 여론 정치를 행했고, 성문법을 시행하는 파격적인 정치를 선보였다. 칼 포퍼(K. Popper)는 민주주의를 권력 투쟁 없는 정권 교체라고 간단하지만 명료하게 정의한 적이 있다. 이에 따른다면, 요임금에서 순임금으로 다시 우임금으로 정권이 평화적으로 교체된 일은 이미 이 시대에 민주주의의 정신이 실현된 사례라 해야 한다. 또한, 유교 정치가 내포하고 있는 강한 헌정주의[儒敎憲政主義] 라던가, 신분적 차별을 넘어 실력으로 동아시아 역사를 이끌었던 평민 사대부 같은 근대적 시민상에 관한 내용은 학생들에게 균형 잡힌 시각을 제공할 것이다.

다음으로, 사적 영역이나 최소도덕을 강조하는 기존의 문제를 보완하고자, 공적 영역과 최대도덕과 관련된 내용을 보완할 필요가 있다. 슘페터, 하버마스, 롤스 등의 정치 사상가들이 강조하고 있는 시민의 자질은 내면적 품성의 계발보다 공적 영역 안에서 이루어지는 정치적 기술과 기능을 함양하는 것에 무게를 둔다. 근대 서양의 정치철학은 마키아벨리를 시점으로 해서 공사의 분리를 강하게 주장하고 여전히 지금도 이를 계승한 많은 이들이 정치 영역과 사적인 영역을 분리해야 한다고 생각한다. 현행『윤리와 사상』교과서의 시민적 덕성을 설명하는 소단원에서도, 자유주의와 공화주의 시민관을 대표적으로 서술한 후 양 입장이 각각 '개인선'과 '공동선'이라는 상이한 지향점을 설정하고 있는 것으로 파악한다. 그리고 양자 사이의 조화를 모색한다. 현재 천재 교과서의 경우, '시민적 덕성'에 관한 소단원에서 자유주의와 공화주의적 시민성의 조화를 주장하는 데서 더 나아가, 애국심에 관한 내용을 제시한다. 이때 애국심에 관한 이론적 설명으로 민족주의(르낭), 공화주의(루소), 자유주의(하버마스의 헌법 애국주의) 세 가지가 등장한다. 하지만 해당 부분에 관한 서술 또한 근대 이후의 서양 철학자들의 입장만을 제시하고 있음을 확인할 수 있다(천재 교과서: 182-183).

혹자는 여전히 동양사상에서 공적인 정치 영역과 사적인 도덕 영역을 분리하지 못하고 있다고 지적한다. 그러나 현실적으로 인간의 삶에서 공과 사가 그들의 주장만큼 분명히 분리될 수 있는지는 의문이다. 사적 영역의 삶과 공적 영역의 삶은 많은 부분에서 중첩되며 서로 분리될 수 없다. 이 둘은 서로 밀접한 영향을 주고받으며 공진(共振)한다. 대표적으로 『대학』은 건강한 사적 영역이 건강한 공적 영역으로 확장된다고 주장한다. 먼저 자신을 수양함으로써[修身] 참된 지식과 바른 마음을 갖춘 준비된 사람만이 이후 사회, 국가, 세계를 리드할 수 있는 것이다[治國, 平天下]. 문인-시민이 되는 관문이었던 과거는 개인이 공적 영역에 참가할 수 있는지를 가늠하는 시험이다. 그리고 합격 여부는 바로 개인이 지닌 학술적 역량과 도덕적 인품이다. 사대부는 어려서부터 자신의 심신을 단련시키는 『소학(小學)』을 익히고, 커서는 드넓은 세상의 만물만사에 직접 부딪혀가며 이치를 깨닫는 『대학』공부를 한다. 즉, 작은 공간에서 거대한 세상 속으로 나아간다. 나를 중심으로 세계로 나아가는 사(私)와 공(公)의 공진화가 서양 근대와 다른 길이라고 해서 틀렸다고 할 수 있을까?

『윤리와 사상』, 『생활과 윤리』 모두에서 강조하고 있는 부분 중 하나가 시민의 권리와 역할의 행사이다. 사적인 권리를 얻고 행사하기 위해 타인을 설득하는 토론 기술, 불만이 생기면 표현하고 저항하는 방법이 상대적으로 강조되고 있다. 이는 '잘 싸우는 시민'을 길러내는 것이다. 하지만 서론에서 이미 언급하였듯, 우리는 어느덧 '권리 과잉 시대'에 살고 있다. 무리한 합리화를 해서라도 상대를 설복시키는 모습, 자신의 권리만 충족된다면 타인은 신경 쓰지 않는 모습은 우리 사회가 이미 권리 과잉 담론 사회가 되었다는 것을 보여준다.

예를 들어보자. 최근 모 대학의 어떤 학생 몇 명이 자신의 학습권을 청소노동자들의 경제적 생존권보다 우선시해서 이들을 고소했다. 학생들은 임금 인상과 인부 증원을 요구하는 노동자들의 외침을 자신들의 공부를 방해하고 트라우마를 줄 수 있는 소음으로 간주해, 이들을 고소하고 손해배상을 요구했다. 이런 권리 주장은 권리가 과잉된 우리 사회의 단적인 모습으로 씁쓸함을 자아낸다. 이를 올바른 권리 투쟁으로 간주하기는 아무래도 어렵다. 또 최근 극심한 가뭄을 두고서 '설령 가뭄이 지속된다고 해도, 내 돈내산(내 돈 주고 내가 산다)으로 하는 건데 물 수백 톤을 쓰든 수천 톤을 쓰든 무슨 상관이냐? 내가 직접 농부에게 해를 입히는 게 아닌데, 왜 그들을 생각해야 하느냐? 나 하나 물 아낀다고 세상이 달라지는 것도 아니다.'와 같이 생각하는 사람들이 있다. 이러한 사고에는 타인의 고통에 대한 연민[惻隱], 물을 쓰는 것에서조차 빈부 격차가 나는 현실을 보고 느끼는 답답함과 분노[羞惡], 굳이 필요하지 않다면 나의 것을 약자에게 내줄 줄 아는 사양지심(辭讓之心)이 보이지 않는다. 만약 우리가 이러한 덕성들을 보완적으로 함양할 수 있다면, 세상은 조금 더 살 만한 세상이 되지 않을까? 서로 각자 자신의 권리를 쟁취하려고 삭막하고 외롭게 발버둥칠 때는 얻을 수 없었던 것들을 얻을 수 있지 않을까? 이런 사대부 시민의 덕목을 교육과정에 포함시켜서 교과서에서 가르쳐야 권리 과잉 현상을 막고 학생들은 더 나은 세계시민이 될 수 있다.

마지막으로, 문인-시민인 사대부의 특징들을 반영한 새로운 교육 활동을 시도할 수 있다. 앞서 설명하였듯, 사대부는 이익이 아니라 경전에 근거한 가치에 근거해 움직인다. 구체적으로 이 가치를 실현하기 위해 자율적으로 집단을 이루어 공부하고, 이 가치에 근거하여 공론을 형성하고 중앙권력과 논쟁하였으며, 이 가치와 관련된 경제적 이익을 도모하고자 노력했다. 학생들 또한 동아리 활동이나 장기 프로젝트 학습을 통해, 이와 비슷한 시민 활동을 할 수 있다. 예를 들어 먼저, 학생들은 청소년이 볼 수 있는 유가 서적을 함께 공부한다. 특정한 유학적 주제로 스스로 공부하고 토론을 하고, 공부한 내용을 바탕으로 자신의 마음을 다잡고 서로의 선행을 격려할 수 있다. 다음으로, 자신들의 의견을 모아 학생 공론을 형성해 교사들이나 학생회 측에 전달하고 해당 내용을 토론한다. 자신들이 공부한 것에 비추어 봤을 때 교실과 학교에 개선해야 할 점이 있다고 생각되면, 유학적 가치나 다른 보편적 가치들을 근거로 하여 개선을 요구하는 편지글을 작성해 전달하거나 직접 당사자들이 모여 토론을 할 수 있다. 사대부들이 상소문을 올리고, 편전이나 궁궐 근처에서 목소리를 높여 주장을 외치던 것과 유사하게 말이다. 또한, 가능하다면 경제·금융 수업과 연결하여 간단한 수준에서 경제적 이익을 창출하고, 이 이익으로 주변의 약자들을 돕는 활동도 색다른 활동이 될 것이다.

6 나가면서

이제 필자가 군자 대신 문인−시민론으로서 사대부를 제안한 이유가 분명해졌다. 우리가 해야 할 연구 작업은 오리엔탈리즘에 빠져 서구 시민에 대응하는 군자 같은 개념을 찾아내는 게 아니다. 탈 서구중심적 시각으로 역사를 되짚어 보면, 10세기 사대부라는 평민 관리층의 등장은 기존 지배 귀족 세력을 넘어선 획기적인 일이었다. 이들은 지역의 이익을 대변하고, 공론에 근거해 민의를 숙의하면서 동아시아의 '근세' 혹은 근대라 할만한 특징적 역할을 수행했다. 이들이 민본에 기초해 백성을 보호했다는 기존 설명은 진부하다. 이런 풀이는 '민심이 곧 천심'이라는 맹자 방식의 민본에 안주하여, 이들이 이미 민본을 넘어 민권에 눈 떴다는 사실을 외면하고 있다. 관리의 자제가 농민의 아이를 말로 밟아 다치게 하였을 때, 주희는 주변의 만류를 물리치고 극력 농민을 변호했다. 소농 사회를 중시하던 성리학적 가치 지향을 따라 이미 농부의 권리를 대변했던 것이다. 사대부는 평민이며 동양적 근대를 시작하고 주도해 나간 문인-시민이다.

신분제 세습제에서 기원한 군자 개념보다 평민 리터라띠인 사대부, 문인-시민이 오늘날의 세계 시민적 요구에 더 잘 부합한다. 한 연구자로서 또 당대의 한 시민으로서 오늘날 '지금 여기'라는 현재성은 매우 중요하다. 이런 맥락에서 군자나 사대부라는 용어를 생각해 보면, 한문 세대가 아니라면 일견 고루해 보이는 표현이고 생소할 수도 있다. 이에 필자는 사대부보다 문인 리터라띠나 문인-시민을 사용하자고 제안한다. 필자가 기존 군자 시민론처럼 사대부 시민론이라 표기하지 않은 이유가 여기에 있다. 일부 독자는 이미 알아차렸겠지만, '오늘'이라는 당대의 가치관을 고려해서 용어를 정해야 MZ 같은 젊은 세대에게 더 호소력 있기 때문이다. 물론 문인 시민론이 군자 시민론 같은 용어보다 단순히 용어상의 세련성 때문에 좋다는 것이 아니다. 역사적으로 문인-시민은 동아시아의 '근세'를 준비한 주역이며 혈통이 아닌 자신의 능력으로 사회 계획에 참여한 주역이기 때문이다. 게다가 그 범위는 소수인 군자층보다 훨씬 폭이 넓다. 후대로 갈수록 그 포괄 범위가 다수의 일반인을 포함할 정도로 넓어진다.

또 문인-시민은 본문의 논의에서 잘 드러났듯이 유학적 가치로 무장한 문인 식자층이다. 이들은 교육에 종사하며 지역사회의 경제적 자립 기반을 마련해 사람들을 돕는다. 또, 정치적 공론을 형성하며 귀족 세력을 와해시켜 새로운 시대를 열었다. 그들의 최종 목표는 실질적으로 군자 권력을 제압하고 결국은 군주마저 문인-시민 계층으로 포섭하려는 것으로, 이는 대담한 정치 프로젝트였다. 요컨대, 서구를 표준으로 삼지 않고 우리 문화 전통 내에서 오늘날의 시민에 해당하는 역할을 한 개념을 찾으면 우리는 '문인-시민'을 만나게 된다.

그리고 동아시아 근대를 탈서구적으로 설명하기 위해서는 근대를 논할 때 서구 근대만 존재한다는 생각을 이제 버려야 한다. 근대성 문제를 서구라는 단선 도로로 여기고 다른 지역은 그 뒤를 주행해야 한다는 편협된 시각은 연구자를 잘못된 길[서구에서, 오직 서구에서만]로 안내한다. 만약 근대성의 기준으로 서구 근대만이 채택된다면 다른 지역은 모두 전 근대에 머물게 된다. 이는 전형적인 오리엔탈리즘이다. 서양 근대를 중심에 놓고 생각하는 모든 이들은 이런 논리적 덫에 빠질수 밖에 없다. 이 점을 부인할 수 없다면, 우리는 단선적인 서구 근대성만이 아니라 복수의 근대라는 개념을 세워야 한다. 예를 들어 우드사이드(Woodside, 2006)는 중국, 베트남 조선이 잃어버린 근대성을 논하고 있다. 김상준(2006)이 제기한 중층 근대성도 이와 유사한 논의이다. 필자는 지구상이 어떤 문명권이든 '원형 근대성'을 보유한다는 김상준의 입장은 논의가 필요하다고 본다. 하지만 서양 근대 형성에 큰 영향을 준 '이슬람 근대성' 등 다양한 근대성이 가능하다는 최근 연구에 공감한다. 마찬가지 논리를 동아시아 시민론에 적용할 수 있다. 물론 이는 복수 근대성의 문제를 어떻게 처리할 것인가 하는 거대 담론을 헤쳐나가야 하는 지난한 작업이다. 필자는 이 문제를 후속 작업으로 다루어 동양적 시민, 시민성, 시민사회에 대한 이론적 발판을 제공하고자 한다. 필자는 이제 우리 스스로 우리를 비하하는 오리엔탈리즘적 시민교육 논의를 넘어서기를 소망하며, 그때를 기다리고자 한다.

참고문헌

김상준(2016),『맹자의 땀 성왕의 피』, (서울: 아카넷).
김병환(2021),『김병환 교수의 신유학 강의』, (서울: 휴먼북스).
김병환(2020),『공자와 한 시간』, (서울: 한울).
변순용 외(2019),『윤리와 사상』, (서울: 천재).
정창우 외(2019),『윤리와 사상』, (서울: 미래엔).
황태연(2022),『공자의 충격과 서구 자유·평등사회의 탄생』1-3, (서울: 공감의힘).
余英時(1993), 정인재 옮김,『중국 근대종교윤리와 상인정신』, (서울: 대한교과서).
余英時(2014), 김병환 옮김,『동양문화 다시 읽기』, (파주: 교육과학사).
余英時(2015), 이원석 옮김,『주희의 역사세계 상』, (파주: 글항아리).
屈萬里(1983),『先秦文史資料考辨』, (台北: 聯經出版事業公司).
蕭公權(1994),『中國政治思想史』, 上, (台北: 中國文化大學出版社).
赵起彬(1974),『论语新探』, (北京: 人民出版社).
鍾肇鵬(1983),『孔子研究』, (北京: 中國社會科學出版社).
蔡尙思(1982),『孔子思想体系』, (上海: 上海人民出版社).
夏承燾(1980),『唐宋史論叢』, (香港: 龍文書店).
宮嶋博史(2013),『나의 한국사 공부』, (서울: 너머북스).
宮崎市定(1950),『東洋的近世』, (東京: 教育タイムス社).
內藤湖南(1922),「概括的唐宋時代觀」,『歷史と地理』9, no. 5.
內藤湖南(1914),『支那論』, (東京: 文會堂書店).
Peter K. Bol(2010), 김영민 옮김,『역사 속의 성리학』, (서울: 예문서원)
Samuel Huntington(2016), 이희재 옮김,『문명의 충돌』, (파주: 김영사)
金秉岠(2010),「论孔孟荀之君子概念」,『黑龙江社会科学』2010 no.3, pp. 64-69.
余英時(1987),「儒家君子的理想」, 劉述先編『儒家倫理研討会论文集』(싱가폴: 东亚哲学
　　研究所).
박미라(2001),「중국 유교의 이상 인간형-성인과 군자를 중심으로-」,『종교와 문화』
　　7, pp. 215-239.
박병기(2007),「보살과 선비, 그리고 우리 시대의 시민」,『윤리연구』65, pp. 343-
　　368.
박병기(2008a),「도덕교육의 목표로서의 군자(君子)와 시민」,『윤리교육연구』15, pp.
　　1-18.
박병기(2008b),「선비정신과 시민윤리」,『선비문화』13, pp. 76-83.
박병기(2016),「압축성장의 신화와 선비정신」,『선비문화』29, pp. 2-10.
신정근(2001),「유교 지식인의'사회'개선의 의의 -선진시대에서 송대까지 유교 지식
　　인을 중심으로-」,『동양철학연구』26(0), pp.257-285.
안외순(2004),「군자와 시민, 그리고 "시민의 군자화"」,『동방학』10, pp. 209-236.
장현근(1997),「군자와 세계시민」,『유럽연구』5, pp. 347-369.

정인재 · 황경식(1995), 「군자와 시민」, 『철학연구』 37, pp. 1-13.
Alexander Woodside(2006), *Late Modernities: China, Vietnam, Korea, and the Hazards of World History*, Cambridge: Harvard Univ. Press.
A. Kracke(1953), *Civil Service in early Sung China*, Cambridge: Harvard Univ. Press.
Canglong Wang(2021), "Confucianism and citizenship revisitied", *The Routledge Handbook of Chinese Citizenship* ed., Zhonghua Guo, London: Taylor & Francis Group.
Cring K. Ihara(2004), "Are Individual Rights Necessary?" *A Confucian Perspective, Confucian Ethics*, Cambridge: Cambridge University Press.
David Johnson(1977), *The Medieval Chinese Oligarchy*, Boulder: Westview.
David Steinberg(1997), "Civil Society and Human Rights in Korea." *Korea Journal* 37, No.3, pp. 145-165.
Fredric Wakeman(1993), "The Civil Society and Public Sphere Debate: Western Reflection on Chinese Political Culture." *Modern China* 19(2), pp. 108-138.
Henry Rosemont, Jr.(2004), "Whose Denoracy? Which Right?: a Confucian Critique of Modern western Liberalism" *A Confucian Perspective, Confucian Ethics*, Cambridge: Cambridge University Press.
Huaigao Qi and Dingli Shen(2021), "Chinese traditional world citizenship thought", *The Routledge Handbook of Chinese Citizenship* ed., Zhonghua Guo, London: Taylor & Francis Group.
Thomas Janoski(2021), "Comparing Chinese Citizenship Rights with the East and West", *The Routledge Handbook of Chinese Citizenship* ed., Zhonghua Guo, London: Taylor & Francis Group.
Thomas A. Metzger(2004), "The Western Concept of the Civil Society in the Context of Chinese History.", *Civil Society: History and Possibilities*, Cambridge: Cambridge University press.
Hein Cho(1997), "The Historical Origin of Cvil Society in Korea", *Korea journal* 37(2), The Academy of Korean Studies. pp. 24-41.
John Duncan(2006), "The problematic modernity of Confucianism: the question of 'civil society' in Choson Dynasty Korea.", *Korean Society: Civil Society, Democracy and the State*, London: Routledge.
John W. Chaffee(1985), *The Thorny Gates of Learning in Sung China: A Social History of Examinations*, Cambridge: Cambridge Univ. Press.
William T. Rowe(1990), "The Public Sphere in Modern China" *Modern China* 16(3), pp. 309-329.

2장
공자의 군자와 시민교육

이경무(춘천교육대학교)

1 생애와 저술 활동

사마천(司馬遷, B.C. 145? ~ B.C. 86?)은 『사기(史記)』「공자세가(孔子世家)」에서 공자(孔子, B.C. 551 ~ B.C. 479)의 출생과 청년 시절(30세 이전), 장년 시절의 교육 활동과 주유천하(30세~68세), 만년의 저술 활동과 학문 세계(68세 이후), 사후 영향과 자손 후계 등을 기술한 다음 마지막으로, 공자를 이렇게 논평한다.

『시경』에 '높은 산을 우러르고, 큰길을 따라간다'라는 구절이 있다. (나는) 비록 그런 경지에 이르지 못했으나 마음으로 그러고자 하였다. 나는 공자의 저술을 읽고 그 사람됨을 알고자 하였다. …(중략)… 천하에 많은 군왕과 현인이 있었지만, 살아서 영광을 누릴 뿐 죽고 나면 그만이었다. 공자는 베옷 입은 선비였음에도, 십여 세대를 이어가며 학자들이 종사로 모시고, 천자와 왕후로부터 시작하여 중국에서 육예를 말하는 사람이 선생님으로 받드니, 지극한 성인(聖人)이다!¹

이는 공자 사후 380여 년이 지난 시기, 즉 한(漢) 나라 무제(武帝, B.C. 156 ~ B.C. 87, 재위 B.C. 141 ~ B.C. 87)가 춘추 공양학자 동중서(董仲舒, B.C. 170? ~ B.C. 120?)를 등용하고 오경박사(五經博士)를 두어 유교(儒敎)²의 국교화를 단행한 이후의 논평이다. 그런데 사마천 당시 공자의 권위는 이미 '지성(至聖)'으로까지 높여져 있었고³, 그래서 「공자세가」의 기술과 논평은 상당한 윤색을 담고 있을 수 있다. 그러나 공자는 주(周) 나라 말기의 정치 사회적 혼란 속에서 백성을 근본[民本]으로 하는 도덕 정치[德治]를 실현하기 위해, '유교무류(有敎無類)'의 가르침을 베풀고 천하를 주유했던 사상가이고 교육자이자 정치가였다. 특히 공자는 춘추전국(春秋戰國) 시기 유가(儒家)⁴ 사상

---

1 「孔子世家」: 太史公曰 詩有之「高山仰止 景行行止」雖不能至 然心鄉往之 余讀孔氏書 想見其爲人 適魯 觀仲尼廟堂車服礼器 諸生以時習礼其家 余祇迴留之不能去云 天下君王至于賢人衆矣 當時則栄 没則已焉 孔子布衣 傳十余世学者宗之 自天子王侯 中国言六藝者折中於夫子 可謂至聖矣

2 儒敎는 일반적으로 儒家, 儒學과 구별 없이 쓰이지만, 내포가 다르다. 儒家는 春秋戰國 시기 공자의 가르침을 따르는 학자를 道家, 墨家 등과 구별하여 지칭하는 말이다. 儒敎는 儒家의 '가르침[敎]'을 강조하는 점에서 '배움[學]'을 강조하는 儒學과 차이가 있으나, 敎와 學의 내용이 서로 다른 것은 아니다. 한편 儒敎와 儒學의 '敎'와 '學'을 각각 '종교(religion)'와 '학문(science)'의 의미로 이해하기도 하지만, 이는 주의를 필요로 한다.

3 『史記』에서 제후가 아니었던 공자를 제후들과 나란히 '世家'로 분류하고, 「仲尼弟子列傳」을 예외적으로 둔 것은 이를 실증한다.

4 儒家의 '家'는 사제 관계를 중심으로 이루어진 하나의 유파를 지칭한다. 春秋戰國 시대에 활동했던 사상가와 유파를 통틀어 諸子百家라 한다. '春秋戰國'은 『春秋』와 『戰國策』의 書名에서 유래한 말이다. 春秋戰國 시대는 東周 시대를 말

의 창시자로, 유교의 교육과 교수·학습의 체계는 근본적으로 그 사상과 가르침에서 기원한다.

『논어(論語)』는 공자와 제자들의 언행을 기록한 책이다. 따라서 공자가 창

한다. 周 나라(B.C. 1050 ~ B.C. 256) 왕실이 犬戎의 침공을 받아 서쪽(鎬京)에서 동쪽(洛邑)으로 遷都한 이후(B.C. 770)부터 秦始皇이 六國을 통일하기(B.C. 221)까지의 시기이다. 東周 시대는 다시 春秋 시대와 戰國 시대로 구분한다. 일반적으로 春秋 시대는 遷都 이후부터 春秋 五霸 중 가장 강력했던 晉 나라가 韓, 魏, 趙의 세 나라로 분열된 시기(B.C. 453)까지를, 戰國 시대는 그 이후 시기(B.C. 453 ~ B.C. 221)를 말한다. 春秋戰國 시대는 周 나라의 宗法 封建 질서가 무너져 내린 정치 사회적 일대의 혼란기였다. 春秋 五霸는 그래도 尊王攘夷의 명분을 최소한이나마 지켰으나, 戰國 七雄은 명분마저도 무시하고 富國强兵을 위한 전쟁으로 치달아 갔다. 諸子百家의 '子'는 경칭으로 학문과 인격이 훌륭한 사상가나 스승을 높여 부르고, '家'는 어떤 학술 분야에서 성취를 이룬 사상가와 유파를 일컫는 말이다. '諸子百家'라는 용어는 劉歆(B.C. 53? ~ 25)이 劉向(B.C. 77 ~ B.C. 6)의 업적을 이어 중국 최초의 체계적인 서적 목록인 『七略』을 편찬하면서 '諸子略'을 설정하고, 당시까지의 사상가를 '九流'로 분류하고 '諸子百家' 또는 '百家九流'로 총칭한 데서 기인했다. 『七略』은 현재 전하지 않고 있다. 『漢書』 「藝文志」 '諸子略'은 '諸子'를 '十家' 즉 儒家, 道家, 陰陽家, 法家, 名家, 墨家, 從橫家, 雜家, 農家, 小說家로 분류하고 있다. 『七略』 '諸子略'의 '百家九流'에 小說家를 더한 것이다. 『漢書』는 後漢의 班固(32 ~ 92)가 저술한 紀傳體의 역사서로서 전체를 '八志'로 나누고 있다. 그 중 「藝文志」는 『七略』의 분류를 따른 것으로, 당시 존재했던 38種 569家 13269卷의 전적 목록을 六藝略, 諸子略, 詩賦略, 兵書略, 數述略, 方技略의 '六略'으로 수록하고 있다. (「藝文志」의 전적 목록에는 僞書가 많이 섞여 있어 諸子百家의 참모습을 그대로 드러내고 있다고 하기 어렵고, 漢 대 이후 小說家를 대신하고 있는 兵家도 빠져 있다. '569家'의 '家'도 '학파'가 아니라 '학자'의 의미인데, 지금까지 전하는 전적은 그리 많지 않다.) 그러나 諸子百家의 분류는 이미 司馬談(?~B.C.110)의 『論六家要旨』에서부터 이루어지고 있다. 또 司馬遷(B.C. 145? ~ B.C. 86?)도 『史記』 「太史公自序」에서 '百家의 術'을 논하면서, 『論六家要旨』를 인용하여 陰陽, 儒, 墨, 名, 法, 道德 등 六家의 要旨를 설명하고 있다. (諸子에 대한 논의는 더욱 일찍이 『莊子』 「天下」, 『荀子』 「非十二子」, 『韓非子』 「顯學」 등 諸子에 대한 분석과 비판에서부터 시작되고, '百家'라는 명칭 또한 『莊子』와 『荀子』에서 이미 '백가의 지식'이나 '백가의 학설' 등으로 쓰이고 있다.) 諸子百家는 '百花齊放'이나 '百家爭鳴'으로 대변되듯 학술 사상 문화의 융성을 상징한다.

시한 유가 사상 및 유교 교육, 특히 교수·학습의 목적과 내용은 발생적으로 『논어』를 근간으로 이해해야 한다. 그런데 사마천은 벌써 「공자세가」에서 "공자는 시(詩)·서(書)·예(禮)·악(樂)을 가르쳤다. 제자가 대략 삼천 명이고, 육예(六藝)를 통달한 자가 72명[5]이었다.[6]"라고 서술하고, 시·서·예·악을 모두 공자가 산정했다고 주장한다.

공자 당시 주 나라 왕실이 약해져, 예와 악이 무너지고 시와 서가 온전하지 못했다. (공자는) 하은주 삼대에 남겨진 예의 차례와 서의 기록을 더듬어, 위로는 요순의 당우 시대로부터 아래로는 진 목공까지의 순서를 다듬었다. …(중략)… 그러므로 서전[7]과 예기[8]는 공자에게서 나왔다.[9]

옛날에는 시가 삼천여 편이었다. 공자가 중복된 것을 빼고 예의에 맞는

---

[5] 『論語』와 『孔子家語』 그리고 『史記』 「仲尼弟子 列傳」에 나오는 제자의 숫자와 대략 일치한다. 『孔子家語』는 공자의 언행 및 공자와 문인(門人)과의 논의(論議)를 수록한 책이다. 『漢書』 「藝文誌」에 '공자가어 27권'이라고 기록하고 있으나, 失傳되어 저자의 이름도 전하지 않는다. 기록되어 있지 않다. 현재 전하는 44편은 魏의 王肅이 孔安國의 이름을 빌려 『左傳』, 『國語』, 『孟子』, 『荀子』, 『大戴禮』, 『禮記』, 『史記』, 『說苑』, 『晏子』, 『列子』, 『韓非子』, 『呂覽』 등에서 공자에 관한 기록을 모아 수록한 僞書다.

[6] 「孔子世家」: 孔子以詩書礼樂教 弟子蓋三千焉 身通六藝者七十有二人

[7] 書는 문서 형식으로 다루어진 행정(역사) 기록이다. 漢 대에 上古의 책으로 崇尙해야 한다는 뜻에서 '尙書'라 칭했다. '書傳'은 今文, 古文처럼 書의 기록이나 판본이 전해진 것[傳]을 가리킨다.

[8] 『周禮』, 『儀禮』와 함께 三禮라 한다. '禮經'이 아니고 '禮記'라 한 것은 禮에 관한 경전을 補完하고 註釋하였다는 뜻이다. 현재의 『禮記』 49編은 孔子와 그 제자로부터 漢 대에 이르기까지 禮에 관한 여러 사람의 저작을 편찬 정리한 것이다.

[9] 「孔子世家」: 孔子之時 周室微而礼樂廢詩書欠 追跡三代之礼序書傳 上紀唐虞之際 下至秦繆 編次其事 …(중략)… 故書傳禮記自孔氏

것만을 취해, 위로는 설과 후직에 관한 것을 뽑고, 중간으로는 은과 주의 번성함에 관한 것을 잇고, 아래로는 유왕과 여왕의 부족함에 관한 것을 담았다. …(중략)… 305편의 시는 공자가 모두 가락을 붙임으로써 소·무·아·송의 음악과 일치하였다.[10]

나아가 사마천은 시·서·예·악에 더하여 『춘추(春秋)』와 『주역(周易)』의 전(傳)[11]까지도 공자가 산정했다고 주장한다.

(공자는) 역사 기록에 근거하여 춘추를 짓고, 위로 은공에까지 이르고 아래로 애공 14년까지 이르는 (노나라) 열두 군주의 역사를 썼다.[12]

---

10 「孔子世家」: 古者詩三千余篇 及至孔子 去其重取可施於礼義 上采契后稷 中述殷周之盛 至幽厲之欠 …(중략)… 三百五篇孔子皆弦歌之 以求合韶武雅頌之音

11 『周易』은 周 나라 易을 말한다. 『易經』, 『易』으로도 칭한다. 『周易』은 經과 傳으로 나누어진다. 經은 각각 여섯 개의 爻로 이루어진 64괘와 명칭, 각 卦의 본질을 정의하고 길흉화복을 판단하는 卦辭, 각 卦를 이루는 여섯 개의 爻를 각각 설명하고 길흉화복을 판단하는 爻辭로 이루어져 있다. 傳은 64괘의 卦辭와 爻辭를 이해하기 위한 열 개의 날개라는 뜻에서 十翼이라고 한다. 彖 上·下, 象 上·下, 文言, 繫辭 上·下, 說卦, 序卦, 雜卦의 7종 10편으로 이루어져 있다. 彖, 象, 文言은 卦辭와 爻辭를 직접 풀이하고, 繫辭, 說卦, 雜卦는 주역의 전반적인 문제를 체계적으로 설명한다. 『周易』은 十翼의 傳이 갖추어짐으로써 경전으로서 지위를 갖게 되었다.

12 「孔子世家」: 乃因史記作春秋 上至隱公 下訖哀公十四年 十二公 拠魯親周故殷 運之三代 約其文辞而指博 『孟子』『離婁 下』(: 孟子曰 王者之跡熄而詩亡 詩亡然後春秋作 晉之乘楚之檮杌魯之春秋一也)에 따르면, 春秋 時代의 列國은 晉의 '乘', 楚의 '檮杌', 魯의 '春秋' 등처럼 각각 史官을 두어 事跡을 정리했다고 한다. 이에 따라 지금의 『春秋』는 孔子가 魯의 역사서인 '春秋'를 자신의 역사의식과 가치관에 따라 새롭게 編修한 것으로 본다.

공자는 만년에 역을 좋아하여 단·계·상·설괘·문언의 서문을 썼다.[13]

「공자세가」의 기록에 따르면, 공자가 창시한 사상과 교수·학습의 내용은 사마천 당시에 이미 『논어』에 더하여 시·서·예·악·역·춘추의 육경(六經)까지를 근간으로 하는 것으로 이해되고 있다. 그리고 이러한 이해는 사마천 이후 『대학(大學)』과 『중용(中庸)』이 『맹자(孟子)』에 더하여 사서(四書)로 정립되기까지 유교의 전통을 이루었다.

육경을 근간으로 하고 사서로 이어지는 공자의 가르침과 교수-학습의 체계 및 내용은 군자(君子)의 유덕함을 목적으로 한다. 이는 공자가 『논어』 각 편에서 군자의 유덕함을 논하면서, 여러 차례에 걸쳐 군자의 인격과 소인(小人)의 인격을 대조하여 논한 데에서 잘 드러난다. 공자는 "덕으로써 정치를 하는 것은, 비유하면 북극성이 제자리에 있는데 모든 별이 그것을 향하는 것과 같다."라면서, "군자는 다른 사람의 좋은 점을 이루게 하고 나쁜 점을 이루게 하지 않지만, 소인은 그 반대다."라거나 "군자의 덕은 바람이요 소인의 덕은 풀과 같아, 풀 위로 부는 바람이 풀을 누인다."라고 주장한다. 또한 "군자는 덕을 생각하지만, 소인은 재산을 생각한다."거나 "군자는 의리에 밝고 소인은 잇속에 밝다."라고도 주장한다. 공자는 군자와 소인을 각각 유덕한 인간상과 이해타산적인 인간상으로 드러낸다. 군자는 도덕과 정의를 중시하지만, 소인은 자기 이익에만 몰두한다는 것이다.

공자가 제기한 군자가 유덕한 인간상을 표상한다는 점에서, 군자는 오늘

---

13 「孔子世家」: 孔子晚而喜易 序彖繫象說卦文言. 오늘날 十翼은 대략 戰國 중기부터 漢 나라 초기에 걸쳐 이루어진 것으로 추정한다. 그러나 전통적으로 十翼은 孔子가 文王, 周公 등 옛 聖人의 뜻을 올바르게 전하기 위해 지은 것으로 알려져 왔고, 그래서 孔子 사상의 연장으로 간주되어왔다. 詩, 書, 禮, 樂의 산정도 그러하다.

날 모든 시민이 지향해야 하는 바람직한 인간상으로 이해될 수 있다. 군자와 시민과의 비교 논의(황경식·정인재, 1996; 장현근, 1997; 안외순, 2004; 최연식, 2015; 양일모, 2017; 김형찬, 2019), 군자에 대한 도덕/전인/인성 교육적 접근(박병기, 2008; 황수영, 2016; 문기영 이인영, 2017) 등은 이러한 이해에 따른 것이다. 그런가 하면 군자는 현재에도 선비가 지향해야 할 인격으로 고려되는 점에서, 선비와 시민의 관계(정용화, 2001; 전세영, 2006; 박병기, 2007, 2008; 김일환, 2013; 박병기·지준호·김철호, 2013; 이치억, 2021)나 선비와 민주주의 관계(나종석, 2013; 신정근, 2014/2016) 등에 관한 논의가 이루어지기도 한다.

군자의 인간상과 인격에 대한 현대적 논의와 접근은 그 프리즘이 다면적이고 다층적이다. 그런데 유교의 교수·학습 체계 특히 그 목적을 중심에 놓고 보면, 군자에 관한 시민 교육적 접근이 시의적절한 탐구 주제로 다가온다. 이에 다음에서는 시민 교육의 맥락에서, 군자의 유덕함과 그 시사점을 시민의 역량이나 능력(competence)으로서 시민성(citizenship) 특히 오늘날 새롭게 제기되고 있는 생태 시민성(eco-citizenship, ecological citizenship)[14]을 중심으로 살펴보고자 한다.

---

[14] 'eco-citizenship'은 생태주의(ecologism)가 아닌 생태중심주의(eco-centrism)를 지향한다는 점을 드러내기 위한 것이고, 'ecological citizenship'은 지구 전체가 하나의 생태계(ecological system)요 생태 공동체(ecologic community)를 이룬다는 점을 중시한다.(이경무, 2021:58, 주) 62, 참조) 이때 'eco-citizenship'이 생태주의(ecologism)가 아닌 생태중심주의(eco-centrism)를 지향한다고 한 것은 인본주의(humanism)와 인간중심주의(anthropocentricism)의 구별에 대응하기 위한 것이다. 'ecological citizenship'이 중시한다고 하는 생태계(ecological system)나 생태 공동체(ecologic community)는 개념적으로 생태(ecology)와 생태학(ecology)의 구분 및 생태 소양(eco-literacy)과 생태학적 소양(ecological literacy)의 구분을 넘어선다.(:27, 주) 21; 52, 주) 52, 참조)

2 공자의 핵심 개념

 공자가 제기한 군자의 유덕함은 『논어』로부터 육경에 이르기까지, 이에 더하여 『맹자(孟子)』와 『대학』 그리고 『중용』까지를 포함하여, 매우 광범위하고 다양하게 논의된다. 그런데 당시 공자가 군자의 유덕함을 설한 주된 대상은 경(卿)이나 대부(大夫) 등의 직위를 수행하던 사(士) 계층의 제자들이다. 그런가 하면 유교의 전통에서 실제로 군자의 유덕함을 실현하고자 한 존재는 일반적으로 사 계층이고, 공자 이후 유교의 전개 과정에서도 군자는 현실적으로 사 계층이 지향해야 하는 인격으로 논의된다. 그런데도 오늘날 '사'라는 용어는 쓰이지 않고, '선비'로 통칭한다. 게다가 주지하듯이 군자는 성인을 궁극적인 이상으로 지향한다. 따라서 군자의 유덕함을 논하기 위해서는 '군자'와 '선비'의 의미를 분명하게 규명해야 하는바, 이를 위해서는 군자와 성인의 관계, 군자와 선비의 관계를 종합적으로 파악할 필요가 있다.

1) 군자와 성인

 군자는 본래 군주를 지칭하는 '군(君)'과 아들을 뜻하는 '자(子)'를 합성한 말이다. 그래서 군자는 발생적으로 통치자의 정치적 신분을 나타내는 개념이다. 글자 그대로 군주의 아들을 가리킨다. 공자 당시 주 나라의 봉건 군주제에 따르면, 다음 대 군주의 지위를 세습할 수 있는 자격과 권한을 가진 존재가 바로 군자다. 그런데 공자는 통치자 계급인 군자가 군주의 지위를 세습하고 권한을 행사하기 위해서는 도덕적 인격을 갖추어야 한다고 주장한다. 공자는 정치적 '유위자(有位者)'인 군자에게 도덕적 '유덕자(有德者)'의 자격을 부여하고 또 요구한 것이다. 『표준국어대사전』은 '군자'를 ① "행실이 점잖고 어질며 덕과 학식이 높은 사람", ② "예전에, 높은 벼슬에 있던 사람을 이르던 말", ③ "예전에, 아내가 자기 남편을 이르던 말"이라 정의한다. ①은 정치적 유위자로서 군자의 의미는 사라지고 공자가 제기한 도덕적 유덕자로서 군자의 의미가 남아 현재에 이른 것이다.

공자는 군자의 유덕함을 『논어』 각 편에서 직접적이고 구체적으로 주장한다. 그런데 공자는 "성인은 만날 수 없으니, 군자를 만날 수 있으면 좋겠다."[15]라거나 "성인과 어진 이를 말한다면, 내 어찌 감당할 수 있겠는가[16]"라고 함으로써 유덕자로서 군자가 지향해야 하는 이상을 성인으로 제시한다. 공자는 자공(子貢)과의 담론에서 성인의 경지를 이렇게 논한다.

> 자공 : 백성에게 널리 베풀고 민중을 제도할 수 있다면, 어떤 사람입니까? 어진 사람이라 할 수 있습니까?
> 공자 : 어찌 어진 사람일 뿐이겠는가? 성인이라고 해야 할 것이다. 요와 순도 오히려 이를 근심하였다. 어진 사람은 자기가 나서고 싶으면 남도 나서게 하고, 자기가 하고 싶으면 남도 하게 한다. 가까운 데에 비추어 행하는 것이 인을 실천하는 방법이라 할 수 있다.[17]

공자는 백성[民]에게 널리 베풀고[博施] 대중을 제도[濟衆]하는 사람의 인격에 관한 자공의 질문에 대해, 그런 사람은 어짊[仁]의 경지를 넘어서 성스러움[聖]의 경지에 있다고 보아야 한다면서, 요(堯)와 순(舜)도 오히려 이를 근심하였다고 설명한다. 공자의 설명은 얼핏 보면, 요와 순이 성인의 경

---

15 『述而』: 子曰 聖人吾不得而見之矣 得見君子者斯可矣(7-26)
16 『述而』: 若聖與仁 則吾豈敢 抑爲之不厭 誨人不倦 則可謂云爾已矣(7-34)
17 『雍也』: 子貢曰 如有博施於民而能濟衆 何如 可謂仁乎 子曰 何事於仁 必也聖乎 堯舜其猶病諸 夫仁者 己欲立而立人 己欲達而達人 能近取譬 可謂仁之方也已(6-30)

지에 미치지 못했다는 것을 말하고 있는 것으로 이해될 수 있다. 게다가 『논어』 전편에서 '성'과 '성인'은 각각 3곳에서 4차례씩 언급[18]되고 있을 뿐이다. 하지만 공자는 "위대하도다! 요(堯)의 임금 됨이여. 숭고하도다! 오직 하늘만이 위대하거늘, 오직 요임금만이 이를 본받았도다."[19]라고 칭송하듯, 실제로는 군자가 지향해야 하는 성인의 전형을 요와 순으로 표방한다. 또한 공자는 '중니(仲尼)는 요와 순의 업적을 조종으로 삼아 서술하고, 문과 무의 법도를 모범으로 삼아 정비했다.[20]'고 하는 것처럼, 『논어』 각 편에서 성인의 도통(道統)이 요와 순으로부터 시작하여 우(禹)와 탕(湯)을 거쳐 문(文)·무(武)로 이어지는 것으로 언급한다.[21]

공자가 제기한 군자의 유덕함은 이념적으로 당우(唐虞) 삼대(三代)의 성인에 대한 공자의 인식에서 기원한다. 이와 관련하여 이경무(2009)[22]는 '공자의 이상적 인간상'을 다루면서 공자가 제기한 군자에 대해 이렇게 주장한다. "『논어』 전 편에서 '군자'라는 말은 모두 85곳에 걸쳐 107차례 나타난다.[23] 이 가운데 격언 등을 인용하여 사회적 신분을 나타낸 9차례의 예외적인 사례를 제외하면,[24] 대부분이 도덕적 인격을 가리키고[25] 있다."(:105) "그런데 공자는 도덕적 인격을 '군자' 외에 '성인'이나 '현인(賢人)' 등으로 지칭

18　『論語引得』, 『十三經引得1』, 南嶽出版社, 142-143, 참조.

19　『泰伯』: 大哉 堯之爲君也 巍巍乎 唯天爲大 唯堯則之(8-19)

20　『中庸』: 仲尼 祖述堯舜 憲章文武 上律天時 下襲水土(30-1)

21　이경무, 「儒學의 道統과 學的 傳統」, 『哲學研究』 第92輯, 大韓哲學會, 2004, 244, 주)10 참조.

22　이경무, 「'군자(君子)'와 공자의 이상적 인간상」, 『동서철학연구』 제54호, 한국동서철학회, 2009.12, 103-124.

23　『論語引得』, 『十三經引得1』, 南嶽出版社, 127, 참조.

24　김승혜, 「유교의 뿌리를 찾아서」, 지식의 풍경, 2001, 124, 주28) 참조.

25　진대제, 안종수 옮김, 「공자의 학설」, 이론과 실천, 1996, 339-370, 참조.

하기도 하고, '큰 사람[大人]', '완성된 사람[成人]', '착한 사람[善者]', '어진 사람[仁者]' 등으로 언급하기도 한다. 게다가 공자는 여러 차례에 걸쳐 군자와 소인을 대조시켜 설명하면서도, '군자'를 항상 행위 주체, 실제 상황, 대화 상대 등에 따라 각각의 도덕적 규범 또는 덕목의 실천과 관련지어 언급한다."(:105) "공자의 이러한 관점은 상고 이래로 춘추 시기까지 전승되어 온 왕의 이상형으로서 성(聖), 철(哲)의 개념과 그러한 성왕(聖王), 철왕(哲王)의 이상을 확대한 성인의 개념을 수용하고 보편화하는 한편, 동주(東周) 시기에 성립된 관료 귀족을 위한 새로운 인간상으로 출현한 현(賢), 현인의 의미를 수용하고 확대하여, 성인을 모든 인간이 추구해야 할 최고의 인간상으로 제시[26]함으로써 가능하였다."(:113)

공자가 제기한 군자의 유덕함과 그 이상으로서 성인은 『맹자』는 물론이고 『대학』과 『중용』의 전통으로까지 이어진다.[27] 그런데 『주역』 전(傳)도 논리적으로는 성인을 이상으로 하여 군자의 유덕함을 주장하고, 공자의 설명을 인용함으로써 입론한다. 그리고 앞으로 밝히겠지만, 군자와 성인의 관계에 대한 『주역』 전의 언급은 『중용』과 관점을 같이한다. 따라서 군자의 유덕함에 관한 『논어』와 『맹자』의 언급뿐만 아니라 『주역』 전과 『중용』의 언급 또한 공자가 인식한 성인의 도통을 기초로 한다. 그런데 『주역』 전과 『중용』은 군자가 지향하는 성인의 경지를 『논어』나 『맹자』와는 다른 맥락에서 논한다. 『주역』 전의 언급은 이렇다.

> 성인이 역의 괘를 세워 형상을 관찰하고 설명을 덧붙임으로써 길흉이 드러난다. (양의) 강과 (음의) 부드러움이 서로 갈마들어 변화가 일어난다.

---

26 김승혜, 앞의 책, 119, 참조.
27 앞의 책, 244, 주)10; 247-248, 주)27, 주)28, 주)29 참조.

…(중략)… (그러므로) 군자가 기거함에 평안할 수 있는 것은 역의 질서이고, 즐김에 음미해야 하는 것은 효에 대한 설명이다. 이런 까닭에 군자는 기거할 때는 그 형상을 보고 그 설명을 음미하고, 행동할 때는 그 변화를 보고 그 점괘를 음미한다.[28]

역에는 네 가지 성인의 도가 있다. 말을 하려는 경우에는 그 설명을 받들고, 행위를 하려는 경우에는 그 변화를 받들고, 기구를 만들려는 경우에는 그 형상을 받들고, 길흉을 알아보려는 경우에는 그 점괘를 높인다. 그러므로 군자에게는 실행하고자 하는 일이 있고, 실행해야 하는 일이 있다.[29]

『주역』 64괘(卦) 384효(爻)의 길흉화복은 명시적으로건 묵시적으로건 군자를 주체로 한다. 예컨대 건위천(乾爲天) 괘의 구삼(九三) 효사(爻辭)[30], 곤위지(坤爲地) 괘의 괘사(卦辭)[31], 지산겸(地山謙) 괘의 괘사("겸손하면 (막힘없이) 통한다. (그러므로) 군자에게 유종의 미가 있다.")[32]와 초육(初六) 효사("겸손하고 겸손한 군자는 큰물을 건널 수 있다.")[33] 등은 군자가 그 주체임을 명시적으로 드러낸다. 그런가 하면 건위천 괘의 괘사("하늘은 크고 통하고 이롭고 바르

---

28 「繫辭上」: 聖人設卦 觀象繫辭焉 而明吉凶 剛柔相推而生變化 …(중략)… 是故 君子所居而安者易之序也 所樂而玩者爻之辭也 是故 君子居則觀其象而玩其辭 動則觀其變而玩其占 是以自天佑之吉無不利

29 「繫辭上」: 易有聖人之道四焉 以言者尙其辭 以動者尙其變 以制器者尙其象 以卜筮者尙其占 是以 君子 將有爲也 將有行也

30 「乾爲天」九三 : 君子終日乾乾 夕惕若 厲無咎

31 「坤爲地」: 君子攸往 先迷後得 主利

32 「地山謙」: 謙亨 君子有終

33 「地山謙」初六 : 謙謙君子 用涉大川

다.")³⁴와 초구(初九) 효사("물속에 있는 용은 쓰지 않아야 한다.")³⁵가 그러하듯, 모든 괘사와 효사의 길흉화복(吉凶禍福)은 군자를 명기하지 않은 경우라도 하나같이 군자를 주체로 하여 판단한다. 그런데 『주역』의 길흉화복은 근원적으로 대인(大人) 또는 성인이 밝힌 역(易)의 도(道)에서 비롯한다. 『주역』의 경은 천수송(天水訟) 괘의 괘사, 건위천 괘 구이(九二)와 구오(九五)의 효사를 비롯하여 여러 괘사와 효사에서 '이견대인(利見大人)'을 길흉화복의 판단 근거로 제시함으로써 군자의 유덕함이 대인(大人)으로부터 비롯됨을 분명히 한다. 그리고 『주역』의 전은 군자의 인격³⁶이 역의 도를 체현[德]한, 즉 천인합일을 이룬 대인³⁷ 또는 성인³⁸을 그 이상으로 지향하거나 전제하고 있음을 논하고, 공자의 주장을 인용하는 방식을 빌어 설명한다. 따라서 군자와 성인의 관계에 관한 『논어』와 『주역』 전의 언급을 종합해 보면, 공자가 제기한 군자의 유덕함은 민본 덕치의 맥락과 천인합덕(天人合德)의 맥락을 동시에 아우른다.

공자가 군자에게 유덕함의 자격을 요구한 것은 현실적으로 군자가 민본 덕치의 주체이기 때문이다. 이를 위해 공자는 군자가 지향해야 할 도덕 정치의 연원을 당우 삼대의 성왕이 이룬 선양(禪讓)과 방벌(放伐) 그리고 세습

---

34 「乾爲天」: 乾 元亨利貞

35 「乾爲天」 初九 : 潛龍 勿用

36 「乾卦 象傳」: 天行健 君子以自强不息; 「坤卦 象傳」: 地勢坤 君子厚德載物; 「乾卦 文言傳」: 君子行此四德者 故曰 乾 元亨利貞; 「坤卦 文言傳」: 君子 黃中通理 正位居體 美在其中 而暢於四支 發於事業 美之至也

37 「乾卦 文言」: 大人者 與天地合其德 與日月合其明 與四時合其序 與鬼神合其吉凶

38 「說卦傳」: 聖人之作易也 幽贊於神明而生蓍 參天地而倚數 觀變於陰陽而立卦 發揮於剛柔而生爻 和順於道德而理於義 窮理盡性以至於命 ; 「說卦傳」: 昔者 聖人之作易也 將以順性命之理 是以立天地之道曰陰與陽 立地之道曰柔與剛 立人之道曰仁與義 兼三才而兩之 故易六畫而成卦 分陰分陽迭用柔剛 故易六位而成章

의 전통에서 찾고, 요순 등의 성왕(聖王)이 갖춘 인격을 그 이상으로 제시한다. 그런데 성왕이 요순 등이 갖춘 인격과 통치자의 지위를 동시에 지칭한다면, 성인은 성왕이 갖춘 도덕적 인격을 표상한 것이다. 그리고 공자가 당우 삼대의 성왕을 표준으로 삼아 도덕 정치의 이념을 제시하고, 정치적 유위자인 군자에게 도덕적 유덕자의 자격을 부여할 때, 군자의 유덕함은 근본적으로 성인의 도, 즉 성인이 밝힌 천지자연의 변화와 그 길흉화복의 판단에 근거한 실천, 즉 덕(德)으로써 이루어진다. 따라서 공자가 제기한 군자는 민본 덕치의 주체일 뿐 아니라 천인합덕의 주체이어야 한다.

2) 군자와 선비

공자는 군자의 유덕함을 제기하면서도, 군자의 인격을 갖추어야 하는 존재가 누구인지를 분명하게 밝히지 않고 있다. 주 나라의 봉건제에 따르면, 공자가 군주의 지위를 세습할 권한을 가진 군주의 아들에게 유덕함의 인격을 갖추기를 요구한 것이 확실하다. 그런 점에서 공자가 유덕함을 요구한 대상은 일차로는 천자(天子)로부터 공(公)·후(侯)·백(伯)·자(子)·남(男)에 이르는 군주와 그 아들이다. 그런데 주나라의 봉건적 신분 질서와 그에 따른 급부 체계에 따르면, 공자는 천자와 공·후·백·자·남 등 군주와 그 아들뿐만 아니라 경과 대부 그리고 사 계층도 유덕함의 인격을 갖추어야 한다고 주장한 것이 분명하다. 이와 관련하여 맹자는 공자보다 후대이기는 하지만 주나라 작록(爵祿)에 관한 북궁의(北宮錡)의 질문에 이렇게 답한다.

북궁의 : 주나라 왕실이 나눈 신분 질서와 급부 체계는 어떤 것입니까?
맹자 : 그 자세한 것은 듣지 못하였다. 제후들이 자기에게 해가 되는 것이
        싫어하여 그 기록을 없애버렸다. 하지만 나는 그 대략을 들은 적이

있다. (신분 질서는) 천자가 하나의 지위이고, 공이 하나의 지위이고, 후가 하나의 지위이고, 백이 하나의 지위이고, 자와 남이 같이 하나의 지위로서, 모두 다섯 등급이다. (급부 체계는) 군이 하나의 지위이고, 경이 하나의 지위이고, 대부가 하나의 지위이고, 상사가 하나의 지위이고, 중사가 하나의 지위이고, 하사가 하나의 지위로서, 모두 여섯 등급이다. (신분 질서에 따른 통치 영역은) 천자가 통제하는 땅이 사방이 천 리고, 공과 후는 사방이 백 리고, 백은 사방이 칠십 리고, 자와 남은 사방이 오십 리로, 모두 네 등급이다. 사방이 오십 리가 안 되는 영역은 천자에 통괄되지 못하고 제후에게 부속되기에, 부용이라고 한다. (급부 체계에 따른 생산 영역은) 천자에게 받은 땅이 경은 제후와 맞먹고, 대부는 백과 맞먹고, 원사는 자와 남과 맞먹는다. 사방 백 리인 대국의 군주(공후)는 급부 받은 땅이 경의 열 배고, 경은 대부의 네 배고, 대부는 상사의 두 배고, 상사는 중사의 두 배고, 중사는 하사의 두 배인데, 하사는 관직에 있는 서민과 급부가 같아 경작을 대신하여 급부를 받는다. 사방 칠십 리인 중국의 군주(백)는 급부 받은 땅이 경의 열 배고, 경은 대부의 세 배고, 대부는 상사의 두 배고, 상사는 중사의 세 배고, 중사는 하사의 두 배인데, 하사는 관직에 있는 서민과 급부가 같아 경작을 대신하여 급부는 받는다. 사방 오십 리인 소국의 군주(자, 남)는 급부 받은 땅이 경의 열 배고, 경은 대부의 두 배고, 대부는 상사의 두 배고, 상사는 중사의 두 배고, 중사는 하사의 두 배인데, 하사는 관직에 있는 서민과 급부가 같아 경작을 대신하여 급부는 받는다. 경작하는 사람에게 주어지는 땅은 한 농부당 백모인데, 백모를 농사지어 상급 농부는 아홉을 부양하고 그 아래는 여덟을 부양하며, 중급 농부는 일곱을 부양하고 그 아래는 여섯을 부양하며, 하급 농부는 다섯을 부양한다. 관직에 있는 서민의 급부는 이를 기준으로 차등을 둔다.[39]

작록은 작과 녹의 합성어이다. 그런데 맹자의 설명에 따르면 작과 녹은 개념의 범주가 서로 다르다. 작은 통치 권력과 통치 영역의 차이에 따른 신분 질서를 구별한 것이고, 녹은 경제 수준과 생산 영역의 차이에 따른 급부 체계를 구별한 것이다. 주나라는 작의 신분 질서를 통치 권력의 차이에 따라 천자 → 공 → 후 → 백 → 자·남의 다섯 등급으로 나뉘는데, 이 다섯 등급은 다시 통치 영역의 차이에 따라 천자의 천하(天下), 공과 후의 대국(大國), 백의 중국(中國), 자와 남의 소국(小國) 등 네 등급으로 나뉜다. 녹의 급부 체계는 경제 수준의 차이에 따라 천자의 천하는 천자 → 경 → 대부 → 원사(元士)의 네 등급으로, 제후의 대국과 중국과 소국은 각각 군 → 경 → 대부 → 상사(上士) → 중사(中士) → 하사(下士)의 여섯 등급으로 나뉜다. 천자 아래에 있는 경, 대부, 원사는 록의 생산 영역이 각각 공후의 대국, 백의 중국, 자나 남의 소국과 맞먹는다. 제후 아래의 급부 체계는 대국과 중국과

---

[39] 「萬章下」: 北宮錡問曰 周室班爵祿也 如之何 孟子曰 其詳不可得而聞也 諸侯惡其害己也而皆去其籍 然而軻也嘗聞其略也 天子一位 公(爵:君)一位 侯(爵:君)一位 伯(爵:君)一位 子男(爵:君)同一位 凡五等也 君一位 卿(祿)一位 大夫(祿)一位 上士(祿)一位 中士(祿)一位 下士(祿)一位 凡六等 天子之制 地方千里 公侯(爵:君)皆方百里 伯(爵:君)七十里 子男(爵:君)五十里 凡四等也 不能五十里 不達於天子 附於諸侯 曰 附庸 天子之卿(祿) 受地視候 大夫(祿)受地視伯 元士(祿)受地視子男 大國 地方百里 君(公侯)十卿祿 卿祿四大夫 大夫倍上士 上士倍中士 中士倍下士 下士與庶人在官者同祿 祿足以代其耕也 次國 地方七十里 君(伯)十卿祿 卿祿三大夫 大夫倍上士 上士倍中士 中士倍下士 下士與庶人在官者同祿 祿足以代其耕也 小國 地方五十里 君(子男)十卿祿 卿祿二大夫 大夫倍上士 上士倍中士 中士倍下士 下士與庶人在官者同祿 祿足以代其耕也 耕者之所獲 一夫百畝 百畝之糞 上農夫食九人 上次食八人 中食七人 中次食六人 下食五人 庶人在官者其祿 以是爲差(10-2)

소국의 통치 영역과 군의 신분 질서에 따라 경의 생산 영역이 대부의 네 배, 백의 경은 대부의 세 배, 자와 남의 경은 대부 두 배로 차등화되는데, 상사와 중사와 하사의 록은 군의 신분 차이와 상관없이 모두 똑같다.

천자 아래에서 정치적 통치자의 지위를 갖는 공·후·백·자·남의 군주와 그의 지위를 세습할 수 있는 아들이 유덕자로서 군자가 되어야 한다는 점은 분명하다. 그런데 천자는 지방 천(千) 리의 영역을 경·대부·원사를 두어 관리하고 공·후·백·자·남의 군주는 지방 백(百) 리 영역의 대국, 지방 칠십(七十) 리 영역의 중국 그리고 지방 오십(五十) 리 영역의 소국을 경·대부와 상사·중사·하사를 두어 경영 관리한다. 그리고 이때 천자의 원사와 제후의 대국과 중국과 소국의 상사·중사·하사는 관리 영역의 등급은 다르지만, 모두가 통치 영역의 생산 경제를 관리하기 위한 사의 신분이다. 그런데 주 나라의 봉건제에서 통치 영역의 차이는 물론이고 생산 영역의 차이 또한 통치 권력의 신분 질서로 귀결한다. 따라서 사는 지위와 직능이 한정적이기는 하지만, 군주의 통치 행위를 대행할 수밖에 없다. 사는 현실 정치 질서의 주체가 되지 않을 수 없는 만큼, 군자의 유덕함의 인격을 갖추어야 한다.

'사'는 오늘날 '선비'로 통칭한다. 물론 선비는 사와 개념의 범주나 발생 배경이 다르다. 『표준국어대사전』에 따르면, '사(士)'는 "조선 시대에, 양반 계층인 선비를 이르던 말", "중국 주나라 때에, 사민(四民:士農工商)의 위이며 대부(大夫)의 아래에 있던 신분(을 나타내는 말)"이다. 반면 '선비'는 (1) "예전에, 학식은 있으나 벼슬하지 않은 사람을 이르던 말", (2) "'학문을 닦은 사람'의 예스럽게 이르던 말", (3) "학식이 있고 행동과 예절이 바르며 의리와 원칙을 지키고 관직과 재물을 탐내지 않는 고결한 인품을 지닌 사람을 이르는 말", (4) "품성이 얌전하기만 하고 현실에 어두운 사람을 비유적으로 이르는 말"이다. 사는 전 근대적 정치 사회 체제의 신분 계층을 지칭하는 개념이지만, 선비는 사의 전 근대적 신분 계층보다 그들이 갖춘 역량을 더 중시한다. 또 사는 전 근대적 개념으로 한정되지만, 선비 개념은 전변되어 특히 그 역량이 현대적 맥락에서도 강조된다.

역사적으로 사 계층 또한 군자의 인격을 갖추어야 하는 주체로 논의되었던 만큼, 전 근대적 개념인 사는 '선비'라는 개념으로 일반화되어야 한다.[40] 그리고 그런 경우 선비[士]가 모든 인간을 지칭하는 개념으로 일반화된다는 점에서, 군자의 유덕함은 현대 시민이 정치 사회 공동체 구성원으로서 갖추어야 하는 역량이나 능력으로 이해될 수 있다. 현대의 시민이라면 누구라도 (3)의 맥락에서 요구되는 선비의 '학식'과 '인품'을 갖춤으로써 ①의 맥락에서 요구되는 유덕함을 담보하고자 노력해야 한다는 것이다.

3 군자의 유덕함과 시민교육에 대한 시사점

군자는 오늘날 모든 시민이 지향해야 할 바람직한 인간상으로 이해될 수 있다는 점에서, 유교의 교수·학습 체계 특히 그 목적을 중심으로 공자가 제기한 군자 인격의 시민 교육적 함의를 탐색하는 일이 유의미하다. 그런데 공자가 제기한 군자의 유덕함은 종법적 봉건 질서에 근거한 것으로서, (공자가 산정했다는) 육경 또는 오경에서 비롯하여 『논어』에서 구체화하고 『맹자』로 이어진다. 그런가 하면 송명(宋明) 유학은 공자가 제기한 군자의 유덕함을 목적으로 하고 성인의 이상을 지향하면서도, 사서를 중시하고 『대학』과 『중용』을 『논어』로부터 『맹자』까지 이어지는 사상 계열의 기본 경전으로

---

40 이하에서 '士'는 '선비'로 풀어쓰고, 원전과 연계를 밝힐 필요가 있는 경우, 한자로 표기하거나 [ ] 안에 한자를 명기한다.

간주함으로써, 오경을 기본으로 하는 선진(先秦) 유학과 차이를 드러낸다. 따라서 유교의 학적 전통에서 보면, 공자가 제기한 군자의 유덕함은 『논어』의 '수기(修己)', '안인(安人)', '안백성(安百姓)'처럼 민본 덕치를 중시하는 경우는 물론이고, 『중용』의 '성기성물(成己成物)'처럼 '사람의 도(人之道)' '하늘의 도(天之道)'의 일치 즉 천인합덕을 지향하는 경우 모두에서 핵심으로 자리한다. 이에 다음에서는 선비[士]와 군자의 유덕함을 『논어』와 『중용』을 연계하여 전체적이고 종합적으로 조망한 다음, 군자의 유덕함이 시민교육에 대해 가지는 시사점을 시민의 역량 특히 생태 시민성을 중심으로 음미하고자 한다.

1) 선비[士]와 군자의 유덕함

공자는 군자의 유덕함과 별개로 선비[士]의 유덕함을 논한다. 『논어』에서 선비[士]는 12곳에서 16회 언급된다.[41] 이들 언급은 편의상 선비[士]의 인품, 책무, 자세로 나누어 볼 수 있다. 선비[士]의 인품에 대해 공자는 제자와 이렇게 담론한다.

> 자공 : 어떤 사람을 선비라 할 수 있습니까?
> 공자 : 제멋대로 행한 것을 부끄러워하고 밖으로 파견 나가 군주의 명령을 욕되게 하지 않는 사람이면 선비라 할 수 있다.
> 자공 : 그 아래는 어떤 사람입니까?
> 공자 : 가문에서 효자라 칭찬받고 마을에서 공손하다 칭찬받는 사람이다.
> 자공 : 그 아래는 어떤 사람입니까?

---

41 「論語引得」,『十三經引得1』, 南嶽出版社, 59, 참조.

공자 : 말한 것을 믿을 수 있고 행동하는 것이 과단성이 있으면, 융통성 없는 소인일지라도, 그 아래라고 할 수 있다.

자공 : 오늘날 정무에 종사하는 사람은 어떤 사람입니까?

공자 : 글쎄. 도량이 좁은 사람을 무얼 하려 생각하겠는가?[42]

자로 : 어떤 사람을 선비라 할 수 있습니까?

공자 : 바로잡도록 충고하고, 화목해 하는 사람을 선비라 할 수 있다. 친구는 바로잡도록 충고하고, 형제는 화목해야 한다.[43]

선비[士]에 관한 공자와 제자의 담론은 한편으로는 작의 신분 질서와 록의 급부 체계에 관한 맹자의 설명을 배경으로 하고, 다른 한편으로는 민본 덕치에 관한 공자의 주장을 바탕으로 한다. 경·대부 등의 직능을 맡아야 하는 선비[士]는 군주의 명령을 수행할 수 있어야 하고 바람직한 인간관계를 가질 수 있어야 한다는 것이다.

공자는 선비[士]의 책무를 이렇게 설명한다.

선비는 도에 뜻을 두어야 함에도, 허름한 옷과 성긴 밥을 부끄러워한다면, 함께 일을 논하기에 부족하다.[44]

---

42 「子路」: 子貢問曰 何如斯可謂之士矣 子曰 行己有恥 使於四方不辱君命 可謂士矣 曰 敢問其次 曰 宗族稱孝焉 鄕黨稱弟焉 曰 敢問其次 曰 言必信 行必果 硜硜然 小人哉 抑亦可以爲次矣 曰 今之從政者何如 子曰 噫 斗筲之人 何足算也(13-20)

43 「子路」: 子路問曰 何如斯可謂之士矣 子曰 切切偲偲 怡怡如也 可謂士矣 朋友切切偲偲 兄弟怡怡(13-28)

44 「里仁」: 子曰 士志於道 而恥惡衣惡食者 未足與議也(4-9)

선비의 도량이 크고 굳세지 않으면 안 되는 것은 임무가 막중하고 갈 길이 멀기 때문이다. 어짊의 실천을 자기의 임무로 해야 하니 어찌 막중하지 않고, 죽고 나서야 할 일이 끝나니 어찌 멀지 않겠는가?[45]

선비[士]는 '(성인과 군자의) 도에 뜻을 두어야 하고', '어짊[仁]의 실천을 임무'로 삼아야 한다는 것이다.

공자는 선비[士]에게 요구되는 태도나 자세를 최대 도덕의 수준에서 이렇게 주장한다.

뜻 있는 선비와 어진 사람이 (구차하게) 살고자 어짊을 해한 경우는 없고, 자신을 희생하면서 어짊을 실천한 경우는 있다.[46]

선비가 위험을 보면 목숨까지도 바치고자 하고 이득이 되는 것을 보면 옳은가를 생각하고, 제사를 지낼 때는 공경할 것을 생각하고 상을 치를 때는 애도할 것을 생각한다면, 그것으로 충분하다.[47]

선비[士]는 자신의 책무를 다하기 위해 항상 '견득사의(見得思義)'해야 하고, 최대로는 '살신성인(殺身成仁)'하고 '견위치명(見危致命)'까지 할 수 있어야 한다는 것이다.

공자 당시 선비[士]는 군주의 통치 행위를 실질적으로 대행하는 신분 계

---

45 「泰伯」: 曾子曰 士不可以不弘毅 任重而道遠 仁以爲己任不亦重乎 死而後已不亦遠乎(8-7)
46 「衛靈公」: 子曰 志士仁人 無求生以害仁 有殺身以成仁(15-9)
47 「子張」: 子張曰 士 見危致命 見得思義 祭思敬 喪思哀 其可已矣(19-1)

층이다. 따라서 공자가 담론한 선비[士]의 인품, 책무, 태도 등은 모두 군자가 민본 덕치의 주체로서 갖추어야 할 유덕함에 포괄된다. 그런데 공자는 군자의 인격에 관한 자로와 담론에서 박시(博施)·제중(濟衆)에 관한 자공과 담론에서 그러한 것처럼, 군자의 유덕함을 요순의 경지와 연계하여 설명한다.

> 자로 : 군자는 어떤 사람입니까?
> 공자 : 자신을 다스리고 예의를 갖추는 사람이다.
> 자료 : 그것뿐입니까?
> 공자 : 자신을 다스리고 (예의를 갖추어) 사람을 편안하게 하는 사람이다.
> 자로 : 그것뿐입니까?
> 공자 : 자신을 다스리고 (예의를 갖추어 사람을 편안하게 하고) 백성을 편안하게 하는 사람이다. 자신을 다스려 백성을 편안하게 하는 것은 요와 순도 오히려 어려워했다.[48]

군자의 인격에 관한 자로의 물음에 대해 공자는 '자신을 다스리는 것[修己]', '사람을 편안하게 하는 것[安人]', '백성을 편안하게 하는 것[安百姓]'의 세 단계로 나누어 설명하고, 안백성은 요와 순도 오히려 어려워했다고 설명한다. 이를 보면, 공자는 군자의 유덕함을 한편으로는 민본 덕치의 맥락에서 구체화하면서, 다른 한편으로는 성인의 경지로까지 이상화하여 설명한다. 이와 관련하여 이경무(2009)는 '군자의 의미'를 이렇게 설명한다. "군자에 관한 공자의 언급을 검토해 보면, 전체적으로 하나의 특징이 두드러

---

48 「憲問」: 子路問 君子 子曰 修己以敬 曰 如斯而已乎 曰 修己以安人 曰 如斯而已乎 曰 修己以安百姓 修己以安百姓 堯舜其猶病諸(14-42)

진다. 그것은 공자가 군자를 실천적 맥락에서 언급하고 있을 뿐, 어디에서도 군자의 의미를 직접 풀이하거나 설명하지 않고 있다는 점이다. 이것은 군자에 관한 공자 언급이 하나같이 '군자란 어떤 사람인가'를 설명하기보다 '군자가 되어야 한다'라는 것과 '어떻게 하면 군자가 될 수 있는가'를 주장하는 데 초점이 맞추어져 있음을 보여준다. 그런 점에서 군자에 관한 공자의 언급을 실천적 맥락에서 검토해 보면, 공자가 주장하는 군자의 의미를 다음과 같이 세 측면에서 이해할 수 있다."(:105) "첫째, 군자는 개인의 인격 완성이나 자아실현을 추구하면서, 이를 위한 실천과 수양[修己]에 힘쓰는 사람이다."(:105-106) "둘째, 군자는 자신의 인격 완성으로부터 나아가 조화로운 인간관계[安人] 및 공동체의 건강성[安百姓]을 실현 또는 증진하고자 하며, 이를 위한 구체적이고 실천적인 자세와 태도를 확립하는 사람이다."(:108) "셋째, 군자는 우주 자연에 대한 체득을 지향하고 자연과 하나가 되는 조화[天人合一]를 추구하면서, 인간과 자연·초월적 존재와의 관계를 올바로 이해하고자 하는 사람이다."(:110) '수기'와 '안인 및 안백성'은 군자가 민본 덕치의 주체로서 갖추어야 하는 역량이요 능력이라면, '천인합일'은 군자가 천인합덕의 주체로서 지향해야 하는 역량이요 능력이다.

군자에 관한 공자의 언급은 민본 덕치의 주체로서 군자가 수기와 안인 및 안백성의 맥락에서 갖추어야 하는 유덕함을 중시한 것은 분명하다. 수기와 관련한 유덕함에 대한 공자의 언급은 이렇다.

군자는 식사함에 배부르기를 추구하지 않고 거주함에 안락하기를 추구하지 않으며 일함에 민첩하면서도 말함에 신중하고, 인생의 이치에 비추어

잘못을 바로잡을 수 있어야만, 배움을 좋아한다고 할 수 있다.⁴⁹

군자가 생각해야 하는 것 아홉 가지가 있으니, 볼 때는 분명함을 생각하고, 들을 때는 총명함을 생각하고, 낯빛은 온화함을 생각하고, 용모는 공손함을 생각하고, 언행은 충실함을 생각하고, 일 처리는 성실함을 생각하고, 의심날 때는 문제점을 생각하고, 분할 때는 난처함을 생각하고, 이득을 보면 마땅함을 생각한다.⁵⁰

군자는 올바름을 바탕으로 삼고, 규범에 맞게 행동하고, 겸손함을 갖춰 나아가고, 믿음으로써 이루어 간다. 그래야 군자다.⁵¹

안인 및 안백성과 관련한 군자의 유덕함을 공자는 이렇게 주장한다.

군자의 행위 원칙은 네 가지다. 자신의 행동거지를 공손히 하고, 윗사람을 공경으로 섬기고, 백성을 은혜롭게 보살피며, 백성을 마땅하게 부린다.⁵²

군자는 긍지를 갖되 사익을 위해 다투지 아니하고, 화목하게 더불어 지

---

49 「學而」: 君子 食無求飽 居無求安 敏於事而信於言 就有道而正焉 可謂好學也已(1-14)
50 「季氏」: 君子有九思 視思明 聽思聰 色思溫 貌思恭 言思忠 事思敬 疑思問 忿思難 見得思義(16-10)
51 「衛靈公」: 君子 義以爲質 禮以行之 孫以出之 信以成之 君子哉(15-18)
52 「公冶長」: 有君子之道四焉 其行己也恭 其事上也敬 其養民也惠 其使民也義(5-16)

내면서도 무리 지어 당파를 이루지 않는다.[53]

군자는 천하의 모든 일에 대해 무조건 허락하지 않고 무조건 금하지도 않으며, 올바른 것을 따른다.[54]

민본 덕치의 주체로서 군자가 수기와 안인 및 안백성의 맥락에서 갖추어야 하는 유덕함은 추가적인 설명이 필요하지 않을 만큼 분명하다. 그러나 천인합덕의 주체로서 군자가 천인합일의 차원에서 갖추어야 하는 유덕함은 공자의 주장에서 단서를 찾을 수는 있으나, 논거가 충분치 않다. 단서는 이렇다.

군자가 두려워하는 세 가지가 있다. 하늘의 명령을 두려워하고, 대인을 두려워하고, 성인의 말씀을 두려워한다. 소인은 하늘의 명령을 알지 못하니 두려워하지 않고, 대인을 깔보고, 성인의 말씀을 업신여긴다.[55]

하늘의 명령을 알지 못하면 군자가 될 수 없다.[56]

공자가 말한 '하늘의 명령[天命]'이 인간과 자연·초월적 존재와의 관계를 전제하는 것은 분명하다. 하지만 '하늘의 명령'과 '군자'에 관한 이들 언급만

---

53 「衛靈公」: 君子 矜而不爭 群而不黨(15-22)
54 「里仁」: 君子之於天下也 無適也 無莫也 義之與比(4-10)
55 「季氏」: 孔子曰 君子有三畏 畏天命 畏大人 畏聖人之言 小人不知天命而不畏也 狎大人 侮聖人之言(16-8)
56 「堯曰」: 不知命 無以爲君子也(20-3)

으로는 공자가 천인합덕의 주체로서 군자의 유덕함을 주장하고 있다고 보기 어렵다. 그런데 앞서 공자가 인식한 성인의 도통을 『주역』전과 『중용』의 관점까지 확장하면, 공자가 제기한 군자는 '우주 자연에 대한 체득을 지향하고 자연과 하나가 되는 조화[天人合一]를 추구하면서, 인간과 자연·초월적 존재와의 관계를 올바로 이해하고자 하는 사람'으로까지 이해된다. 그리고 그런 경우 성인의 '참됨[誠]'과 군자의 '참되고자 함[誠之]' 즉 '하늘의 도[天之道]'와 '사람의 도[人之道]'와의 일치[天人合德]에 관한 『맹자』와 『중용』 등의 언급[57]이 밝히듯, '자연과 하나가 되는 조화'는 천인합덕의 주체로서 군자가 지향해야 하는 유덕함으로 드러난다. 『중용』의 언급은 이렇다.

참됨은 하늘의 도고, 참 되고자 함은 사람의 도다. 참된 사람은 애쓰지 않아도 (하늘의 도에) 들어맞고 애써 생각하지 않아도 (하늘의 도를) 얻게 되어, (하늘의) 도에 맞게 나아가고 받아들이니, 성인이다. 참 되고자 하는 사람은 정당한 것을 가리어 지켜가는 사람이다.[58]

참됨은 저절로 이루어지는 것이니, (하늘의) 도는 스스로 이루어진다. 참

---

57 김병환, 『김병환 교수의 동양윤리사상 강의』 '10장 고전(古典)에서 성(誠)의 의미와 전개', 새문사, 2017, 198-213, 참조. '誠'은 『論語』에서 「顏淵」(12-10)과 「子路」(13-11)에 1차례씩 나타나는데, 모두 어조사로 쓰였다. 『孟子』에는 21차례 나타나는데, 14차례는 어조사로 쓰이고, 「離婁上」 7차례, 「盡心上」 1차례 등 8차례는 도덕적 의미로 쓰였다. 「離婁上」(12-2)의 7차례 중 4차례(是故 誠者天之道也 思誠者人之道也 至誠而不動者未之有也 不誠未有能動者也)는 하늘의 도[誠]와 사람의 도[思誠]의 관계를 문제 삼는다. 『大學』은 八條目의 하나인 '誠其意'를 여러 차례 걸쳐 언급하는데, 이는 『孟子』와 『中庸』에서 말하는 '사람의 도'를 '하늘의 도'와 별개로 다룬 것이다.

58 『中庸』: 誠者天之道也 誠之者人之道也 誠者不勉而中 不思而得 從容中道 聖人也 誠之者擇善而固執之者也(20-17)

됨은 만물의 끝이요 시작이니, 참됨이 아니면 만물도 없다. 그러므로 군자는 참 되고자 함을 중시한다. 참된 사람은 스스로 자기를 완성할 뿐만 아니라 만물을 완성한다. 자기를 완성하는 것은 어짊이고, 만물을 완성하는 것은 지혜로움이다. (어짊과 지혜로움은) 본성의 덕으로서 내외의 도를 (즉 하늘의 도와 사람의 도를) 합일한 것이다.[59]

『중용』은 하늘의 도와 사람의 도와의 일치를 성인의 '참됨'과 군자의 '참 되고자 함'의 관계로써 드러내어 직접적이고 구체적으로 논한다. 군자는 성인의 '참됨' 이상으로 하여 '참 되고자' 노력해야 하는데, 성인의 '참됨'은 하늘의 도를 받아들여 완성한 사람의 도이자 덕, 즉 천인합일의 도·덕이라는 것이다. 따라서 공자가 제기한 군자의 인격은 현실적으로 민본 덕치를 위한 어짊의 도이자 덕으로서 수기와 안백성의 시·종으로써 이루어지는데, 안백성은 궁극적으로 성기와 성물의 도·덕으로서 참 되고자 하는 사람의 도·덕이 스스로 참된 하늘의 도·덕과 내·외로써 합일한 것과 다름이 아니다. 즉 안백성은 성기성물의 이상을 구체화한 것으로, 바로 이것이 요와 순도 오히려 어려워했다는 경지이고, 군자가 궁극적으로 지향해야 하는 이념이다.

2) 군자의 유덕함과 시민의 역량

공자가 제기한 군자는 현실적으로 민본 덕치의 주체라는 점에서, 군자의 유덕함은 우리의 국가 교육이 시민 교육을 통해 함양하고자 민주시민성의

---

[59] 『中庸』: 誠者自成也 而道自道也 誠者物之終始 不誠無物 是故 君子誠之爲貴 誠者非自成己而已也 所以成物也 成己仁也 成物知(智)也 性之德也 合內外之道也 故時措之宜也(25-1)

하위 영역 또는 구성요소와 연계하여 이해할 수 있다. 또한 군자는 이념적으로 천인합덕의 주체이어야 한다는 점에서, 군자의 유덕함은 최근 새롭게 논의되고 있는 시민성 특히 생태 시민성의 하위 영역 또는 구성요소와 연계하여 이해될 수 있다. 그런데 그간, 시민 교육과 시민성에 대해 군자의 유덕함이 가진 시사점은 민주 시민 교육의 차원에서 민주시민성 즉 국가 시민이 국가나 사회 공동체 구성원으로서 갖추어야 하는 역량을 중심으로 논의될 뿐이다. 앞서 말한 '군자와 시민과의 비교 논의', '군자에 대한 시민/전인/인성 교육적 접근', 그리고 '선비와 시민 관계'나 '선비와 민주주의의 관계' 등에 관한 현대적 논의 등이 하나같이 그러하다. 물론 세부적인 내용을 보면, 그간의 논의나 접근도 군자의 유덕함을 세계시민의 맥락(장현근 1997; 최연식, 2015)이나 다문화의 맥락(장현근, 2013; 이종우, 2013; 안외순 2018)에서 다룬 경우가 더러 있다. 그런가 하면 그간에도 동양 사상을 생태 (김세정, 2004, 2012, 2016; 이상호, 2007; 홍원식, 2007; 서유석, 2008; 최일범, 2010; 김영주, 2011; 이철승, 2013; 이영문·추병완·차미란·황인표·이경무, 2020; 추병완·이경무·김병환·류지한·김명식·추정완·장유정, 2021)나 환경(조용훈, 2001; 김양현, 2002; 전병술, 2003; 최일범, 2008; 이광모, 2008; 김미덕, 2009; 지준호 2010) 또는 세계시민(장현근, 1995; 김현주, 2021)과 연계하여 접근해간 연구가 많이 있었다. 그러나 선비나 군자의 유덕함을 시민교육과 생태 시민성, 즉 시민이 생태 공동체 구성원으로서 갖추어야 하는 역량이나 능력을 중심으로 다룬 경우는 찾아보기 어렵다.

시민교육은 공동체의 구성원으로서 시민이 갖추어야 하는 역량이나 능력, 즉 시민성을 함양하는 데 그 목적이 있다. 그런데 시민의 능력이나 역량을 함양하기 위해서는 논리적으로나 절차적으로나 시민성을 그 하위 영역(역량) 또는 구성요소와 영역별 세부 내용으로 구체화해야 한다. 이와 관련하여 최효식·추병완·이경무·은지용·이기훈(2020)은 민주시민성의 측정하기 위해, 민주 시민 교육을 '민주적 공동체의 구성원인 시민에게 요구되는 지식, 가치 및 태도, 실천 행동 등에 해당하는 자질을 함양시키는 교육'으로, 민주시민성을 '민주 시민 교육이 지향하는 목표인 동시에 민주사회의 구성원인 시민이 갖추어야 할 자질로서 민주주의의 의미를 이해하고, 민주사회의 유지 및 발전에 필요한 가치 및 태도의 중요성을 인식하며, 이를 일상생활에서 행동으로 실천하는 의지를 포괄하는 개념'으로 정의(:80-81)한 다음, 민주 시민 교육과 민주시민성 개념에 대한 정의에 따라 민주시민성의 하위 영역을 '민주주의와 민주 시민에 대한 지식' '민주 시민으로서 기능', '민주적 가치 및 태도', '민주적 실천 및 행동 의지'로 제시하고, 하위 영역별 세부 요소를 구체화한다(:98-99).

생태 시민성도 기본적으로 시민이 갖추어야 할 역량과 능력이다. 그리고 민주 시민성과 마찬가지로 시민 교육을 통해 함양해야 한다. 그런데 생태 시민성은 민주 시민성과는 다른 유형의 시민성이다. 지구 시민성이나 세계 시민성, 디지털 시민성, 다문화 시민성 등이 그러하듯, 시민성 개념이 다양하게 논의되는 과정에서 새롭게 제기된 시민성이다. 그런데 김병연(2015)은 생태 시민성을 '세계화와 책임의 개인화라는 담론 환경의 변화 속에서 환경과 시민성의 관계를 다룰 때 새롭게 요구되는 시민성(:9)'으로 규정한다. "생태 시민성은 자신이 속해 있는 가까운 지역뿐만 아니라 먼 세계에서 발생하고 있는 다양한 환경문제에 관심을 가지고 그 문제의 원인이 나와 무관하지 않고 직접적인 관련이 있음을 인식하고 그러한 인식에 따라 행동을 할 때 책임감과 의무감을 가지고 행할 수 있는 능력으로서 새로운 유형의 시민성이라고 할 수 있다(:14)."는 것이다. 그러나 생태 시민성은 지구 단위 생태 공동체와 지구 시민에 관한 인식이 심화함에 따라 시민성을 생태와 연계한 개념이다. 그리고 이때 생태는 넓게는 지구 세계 전체를 하나의 생태계요 공동체로 지칭한다. '환경 및 생태에 관한 최근의 논의가 기후 위기 문제를 중요한 주제로 다루어(추병완·이경무·김병환·류지한·김명식·추정완·장유정, 2021:13)' 감에 따라, '환경 교육과 시민교육에 관한 최근의 논의가 생태 시민과 생태 시민성을 새로운 주제로 다루어 간(:41)' 것인데, 이는 '기후변화에 따른 기후 위기 상황이 환경 위기나 생태 위기의 본령이라는 진단(:14)'과 그에 따른 인식과 성찰을 배경으로 한다. '지구 생태 전체가 하나의 생태 단위이자 공동체 즉 생태 공동체(:41)'임을 인식하고 '기후 위기가 생태 공동체 위기의 핵심(:41)'임을 성찰함으로써 생태 공동체 구성원으로서 생태 시민이 갖추어야 하는 시민성을 요구하게 된 것이다. 따라서 생태 시민성은 '생태 공동체 기후 위기를 해결하기 위해, 생태 시민이 (생태 공동체 구성원으로서) 가져야 하는 역량이나 능력'이라고 해야 한다.

생태 시민성은 민주시민성이 그러하듯, 하위 영역 또는 구성요소와 영역별 세부 내용으로 구체화한다. 추병완·이경무·김병환·류지한·김명식·추정완·장유정(2021:66)은 생태 시민성을 '(생태 공동체 위기를 해결하기 위해) 지구 생태 공동체 구성원으로서 생태 시민이 갖추어야 하는 자연과 사회와 인간에 대한 자질과 역량'으로 정의하고, 역량별 하위 영역(구성요소)을 '지구 생태동체와 생태 시민에 대한 지식과 이해, 생태 시민으로서 기능과 기술, (지구 생태동체의) 지속 가능한 발전에 대한 신념과 태도, 생태 시민으로서 책임 있는 행동 실천 및 실천 의지'로 그리고 영역(요소)별 세부 내용을 '생태 지식, 사회 정치적 지식, 환경 쟁점 지식', '인지적 기술, 환경 전략 지식', '정서, 환경 감수성, 환경 태도', '환경 책임감, 책임 있는 환경 행동'으로 제시한다. 이는 최효식·추병완·이경무·은지용·이기훈(2020:43, 55)의 논의를 종합한 것으로, 생태 시민이 갖추어야 할 지식과 이해, 신념과 태도 그리고 기능과 기술, 행동 실천 등을 아우른다.

생태 시민성의 개념 정의와 구성요소 그리고 구성 요소별 세부 내용에 관한 최근의 논의는 생태 시민성의 하위 영역 또는 구성요소 가운데 생태 공동체에 관한 지식·이해와 기능·기술을 경제적·사회적·환경적 영역에서 조망하는 데 초점을 맞추고 있다. 지속 가능한 발전 또는 개발과 관련한 일련의 연구들이 그러하듯, 인류가 처한 작금의 생태 공동체 위기 상황에서 그 원인을 현실적이고 제도적으로 진단하고 그에 대한 적절한 처방을 마련하고 실행하는 일이 중요하고도 시급하다는 점은 더 말할 필요가 없다. 지속가능성(sustainability) 개념이 사전적으로는 어떤 시간 주기 동안에 어떤 것이 감소하지 않은 채 계속 유지될 수 있는 능력(추정완·김병환·이청호·양해성·추정완, 2020:143)을 의미하지만, 이는 과학적 맥락에서 무엇이 지속되어야 하는지, 어느 정도 주기 시간 동안 지속되어야 하는지, 어떤 사회적 과정을 통해 지속되어야 하는지, 여타의 바람직한 사회적 목표를 희생하는 가운데 지속되어야 하는지 등의 문제(:143)를 내포하기 때문이다. 하지만 지속 가능한 발전 또는 개발의 대상은 자체로 가치를 지니고 또 여타의 존재가 지닌 가치에 우선하는 가치를 지니게 됨으로써 가치의 위계화가 이루어지기 때문에, 지속가능성 개념은 지속 가능한 발전 또는 개발의 대상에 대한 가치 판단, 세계관, 합의 등에 의한 지식의 복합적 조합까지를 통합(:143)하고 아우른다. 따라서 "지속 가능한 발전을 근본적인 차원에서 실현하기 위해서는 진정한 의식의 전환이 필수적으로 이루어져야 하듯(:79)", 생태 공동체의 위기 상황을 보다 근본적인 차원에서 해결하기 위해서는 생태 공동체에 대한 공동체 구성원의 관심과 노력이 외적 차원에만 머물러서는 안 된다. "환경적이고 사회 정의의 차원에서 인류의 복지와 발전을 꾀하는 노력과 함께 인류 중심적인 시각에서 벗어나 인류와 지구를 균등하게 통합하는 가치의 함양과 제도적 노력이 동시적으로 이루어지는 보다 장기적 차원에서 의식의 전환이 이루어져야 하는(79)" 만큼, 지구 생태동체의 지속 가능한 발전 또는 개발에 대한 신념/태도 그리고 그에 따른 실천/의지가 생태 시민의 내적 역량으로써 확립되어야 한다.

군자가 민본 덕치의 주체로서 갖추어야 하는 유덕함은 오늘날 우리의 국가 교육이 시민교육을 통해 함양하고자 민주 시민의 내적 역량, 즉 민주시민성의 하위 영역 또는 구성요소 중 '민주적 가치 및 태도' 및 '민주적 실천 및 행동 의지'와 별개가 아니다. 앞서 군자와 시민과의 비교 논의, 군자에 대한 도덕/전인/인성 교육적 접근, 선비와 시민의 관계, 선비와 민주주의 관계 등에 관한 연구나 동양사상을 생태나 환경 또는 세계시민과 연계하여 접근해간 연구에 관한 연구는 모두 직접적으로건 간접적으로건 이를 다룬다. 물론 군자와 시민, 민본 덕치와 민주 정치는 각각 군주주의와 민주주의 정체 체제를 토대로 하거나 지향하는 점에서 발생 배경이나 이상이 다르다. 그러나 민본 덕치의 이념과 그에 따른 수기와 안인 및 안백성의 목적 그리고 군자가 민본 덕치의 주체로서 갖추어야 하는 유덕함은 군주주의라는 발생 배경과 상관없이 현재의 민주주의 정치 체제에서도 공동체 구성원이 지향해야 할 이상적 가치를 지닌다. 그리고 그런 경우 군자가 수기 그리고 안인 및 안백성의 맥락에서 갖추어야 하는 유덕함은 현재의 민주 시민이 갖추어야 하는 역량이나 능력으로 이해되기에 충분하다. 예컨대 군자가 수기의 맥락에서 '배움을 좋아한 것[好學]'이나 '아홉 가지를 생각한 것[九思]' 등은 개인의 행동거지의 유덕함이라는 점에서 민주공동체의 행위 주체로서 민주 시민이 갖추어야 하는 역량과 능력에 해당한다. 또 군자가 안인 및 안백성의 맥락에서 지켜야 하는 '행위 원칙 네 가지[四道]'이나 '다투지 않고[不爭] 당파를 이루지 않는 것[不黨]' 등은 공동체의 안녕을 위한 유덕함이라는 점에서 민주공동체 구성원인 민주 시민이 그 공동체 즉 국민국가와 시민사회에 대해 갖추어야 하는 역량이나 능력에 해당한다.

군자가 천인합덕의 주체로서 갖추어야 하는 유덕함은 오늘날 우리 시민교육에서 새롭게 제기되는 생태 시민성, 즉 생태 시민에게 요구되는 내적 역량으로 이해할 수 있다. 물론 군자가 지향하는 성인의 경지와 천인합일의 도-덕은 지구 세계 전체를 하나의 생태계요 공동체로 보거나 지속 가능한 발전 또는 개발을 고려하는 것도 아니고, 생태 공동체 위기 상황과 기후 위기 문제를 해결하려는 것도 아니다. 그러나 천인합덕의 이념과 그에 따른 성기성물의 도-덕 그리고 군자가 천인합덕의 주체로서 지향해야 하는 유덕함은 논의와 접근 맥락의 차이에도 불구하고, 현재의 생태 시민이 지구 생태 공동체의 구성원으로서 갖추어야 하는 역량이나 능력으로 고려되기에 충분하다. 그리고 그런 경우 군자가 천인합덕의 주체로서 지향해야 하는 성기성물의 유덕함은 민본 덕치의 주체로서 갖추어야 하는 안백성의 유덕함을 포괄하는 점에서, 오늘날 새롭게 제기되는 생태 시민의 내적 역량 특히 생태 시민이 생태 공동체 구성원으로서 진정한 의식의 전환을 이루는 데 시사하는 바가 크다. 참 되고자 하는 사람의 도·덕은 스스로 참된 하늘의 도·덕과 합일을 이룬다는 점에서 생태 공동체의 지속 가능한 발전 또는 개발에 대한 신념·태도 그리고 그에 따른 실천·의지의 토대를 이룰 수 있기 때문이다. 군자가 지향해야 하는 '안백성으로부터 성기성물까지의 도·덕'과 이를 위한 '사람의 도·덕과 하늘의 도·덕과의 일치'는 생태 시민이 갖추어야 할 '(지구 생태 공동체의) 지속 가능한 발전에 대한 신념과 태도'를 함양하는 데 유의미하다. 그리고 성인의 '참됨'과 이에 따른 군자의 '참 되고자 함'은 '생태 시민으로서 책임 있는 행동 실천 및 실천 의지'를 함양

하는데 적실성을 가진다.[60]

4 의의와 한계

    교육은 바람직한 인간을 기르려는 목적 지향적 활동과 선행한 교육의 결과로써 드러난 문제의 원인을 진단하고 해결하려는 처방 지향적 활동을 동시에 수행한다. 그래서 모든 교육은 교수·학습의 활동에 앞서 달성하려는 목적이 무엇인지를 구체화하고, 제기된 문제의 원인 진단과 그에 대한 해결 방안을 제시해야 한다. 물론 교수·학습 과정에서 목적을 달성하려는 활동과 문제를 해결하려는 활동은 상보적이고 순환적으로 이루어진다. 그러나 그러한 상보적 순환 과정 속에서도 교육의 목적 지향적 활동과 처방 지향적 활동은 그 위상과 역할을 달리한다. 예컨대 우리나라 2015 개정 시기 교육과정의 경우, 총론의 '추구하는 인간상'과 '핵심 역량' 그리고 각 교과의 '내용 체계 및 성취 기준' 등이 교육의 목적을 체계화하는 데 초점을 둔다면, 총론의 '교육과정 구성의 중점'과 각 교과의 '성격'이나 '목표' 그리고 '교

---

[60] 앞서 「계사전(繫辭傳)」의 언급은 성인이 '괘를 세운 것[設卦]'과 성인의 '도 네 가지[四道]'를 설명함으로써 군자가 지향해야 할 경지를 집약적으로 드러낼 뿐이고, 『중용』의 언급은 이에 대한 단서를 '참됨[誠]'으로써 시사하는 것에서 그친다. 그러나 『주역』의 경과 전은 하나같이 공자가 인식한 대인 또는 성인의 도를 이상으로 하고, 천인합덕의 주체로서 군자의 유덕함을 길흉화복의 판단과 함께 논한다. '건위천(乾爲天)', '곤위지(坤爲地)', '지산겸(地山謙)'을 비롯한 모든 괘의 괘사와 효사가 그러하고, 「건괘 상전(乾卦 象傳)」과 「곤괘 상전(坤卦 象傳)」, 「건괘 문언전(乾卦 文言傳)」과 「곤괘 문언전(坤卦 文言傳)」을 비롯한 십익이 모두 그러하다. 따라서 천인합덕의 주체로서 군자의 유덕함이 시민 교육 특히 생태 시민의 역량이나 능력을 함양하는 데 가지는 시사점을 음미하기 위해서는 『주역』 경과 전을 전체적이고 종합적으로 고찰할 필요가 있다. 그러나 여기서는 이것으로 논의를 마무리한다.

수·학습 및 평가의 방향' 등은 진단에 따른 처방의 내용을 반영하고 있다.

'공동체 구성원으로서 시민이 갖추어야 하는 역량이나 능력' 즉 '시민성'을 함양고자 하는 시민교육의 목적은 목적 지향적 활동과 처방 지향적 활동이 상보적으로 이루어지는 순환 과정에서도 불변적일 수 있다. 그러나 공동체의 범주나 그 구성원으로서 시민의 자격 그리고 시민이 갖추어야 하는 역량은 불변적인 것이 아니다. 오늘날 시민이 가진 자격이나 시민이 갖추어야 하는 역량은 한편으로 디지털, 다문화, 지구 생태 등의 공동체에 대한 여러 맥락의 논의와 맞닿고 다른 한편으로 국가나 세계 등 공동체 교육의 필요성과 맞물려 변해 간다. 인터넷을 비롯한 과학 정보통신 기술의 발전에 따라 세계화 과정이 가속하고 지구 세계가 하나의 '촌락 공동체'를 넘어서 디지털, 다문화, 생태 등 다양한 공동체 양상을 보임에 따라 새로운 시민과 시민성 개념이 지구 공동체에 관한 여러 수준의 논의와 맞물려 제기된다. 그리고 그에 따라 새로운 시민성을 함양해야 할 교육의 필요성이 국가 수준과 국제 수준 모두에서 제기되고 논의된다.

시민교육의 관점에서 보면, 생태 시민과 생태 시민성이 새로운 시민과 시민성으로 제기되는 데에는 공동체에 관한 여러 수준의 논의가 배경으로 자리하고, 국가 및 국제 수준의 교육 활동과 다양한 방식으로 연계되어 있고, 지구 환경과 생태 그리고 지속가능개발 등의 문제 제기와 그에 대한 환경 교육이나 생태교육 그리고 지속가능개발 교육 등의 필요성이 그 중심에 놓여 있다. 따라서 다양한 학문적 관점과 논의가 환경생태 문제와 환경생태교육을 둘러싸고 전개되고 있다는 점에서 보면, 환경 문제에 대한 인식과 교육의 필요성에 대한 논의, 지속가능개발 문제에 대한 인식과 교육의 필요성에 대한 논의, 생태 위기 및 기후 위기 문제에 대한 인식과 교육의 필요성에 대한 논의를 구분할 필요가 있다. 그러나 환경 문제, 지속가능개발과 생태 문제 그리고 그에 따른 환경 교육, 지속가능개발 교육과 생태교육은 생태 시민성을 함양하는 것이 목적이다. 그리고 이때 생태 시민성은 '(생태 공동체의 위기를 해결하기 위해) 지구 생태 공동체의 구성원으로서 생태 시민이 갖추어야 하는 자연과 사회와 인간에 대한 자질과 역량'을 말한다.

시민교육의 맥락에서 생태 시민성을 함양하고자 하는 경우, 선행한 교육의 결과에 더하여 생태 시민성의 하위 영역 또는 구성요소를 인과적으로 진단하고 처방하는 일이 필수다. 생태 시민성은 결국 생태 시민성의 네 가지 하위 영역 또는 구성요소 중 '생태 시민으로서 책임 있는 행동 실천 및 실천 의지' 즉 기후 위기나 생태 위기 상황을 해결하거나 초래하지 않도록 행동하고 실천할 수 있는 능력으로 귀결하는데, 이는 기후 위기나 생태 위기라는 결과를 초래한 원인을 진단하고 그에 대한 해결 방안을 처방함으로써 가능한 것이고, 또 이러한 인과적 진단과 처방은 생태 시민성의 하위 영역 또는 구성요소 즉 지구 생태 공동체에 대한 생태 시민의 '지식과 이해', '기능과 기술', '신념과 태도' 중 무엇을 중시하느냐에 따라 달라질 수 있기 때문이다. 따라서 공자가 제기한 군자의 유덕함은 생태 시민성의 하위 영역 또는 구성요소에 대한 인과적 진단 및 처방과 관련하여 생태 공동체에 대해 첫째는 생태 시민이 갖추어야 하는 '신념과 태도'를, 그리고 둘째는 '지식과 이해'를 담보한다는 점에서 우리 시민교육에 시사하는 바가 크다. 그리고 이때 시민이 갖추어야 하는 생태 공동체에 대한 신념과 태도 및 지식과 이해는 전통적인 국가공동체에 더하여 다문화 공동체 디지털 공동체와도 연계할 수 있다는 점에서 또 다른 의미를 지닌다. 그러나 오늘날 책임 있는 환경 행동을 위한 필수 조건으로 기능과 기술, 예컨대 '인지적 기술, 환경 전략 지식' 등의 요소를 중시하거나, 지속 가능한 발전 또는 개발과 관련한 최근의 논의들이 경제적·사회적·환경적 영역을 통합적으로 조망하는 점에서 보면, 공자가 제기한 군자의 유덕함이 시민 교육에 시사하는 점은 민주시민성으로부터 생태 시민성에 이르기까지 모든 맥락에서 제한적이다. 군자에 관한 공자의 논의는 민본 덕치의 주체로서건 천인합덕의 주체로서건 하나같이 도덕성으로 한정되기 때문이다. 따라서 공자가 제기한 군자의 유덕함은 시민이 갖추어야 하는 생태 공동체에 대한 '기능과 기술' 및 '지식·이해' 등과 관련하여 경제적·사회적·환경적 영역에서 제시되고 있는 실제적·실증적 조망과 함께 상관적이고 상보적으로 연계되고 통합되어야 한다.

참고문헌

김미덕(2009), 「노자와 스피노자의 자연관에 기초한 환경윤리교육」, 『윤리교육연구』 19, 한국윤리교육학회.
김병연(2015), 『생태시민성과 페다고지』, 박영스토리.
김병환(2017), 『김병환 교수의 동양윤리사상 강의』, 새문사.
김세정(2004), 「생명 위기와 양명학」, 『아시아지역연구』6, 충남대학교 아시아지역연구소.
김세정(2012/2016), 「유학사상과 생태철학(한국연구재단)」
김승혜(2001), 『유교의 뿌리를 찾아서』, 지식의 풍경.
김양현(2002), 「응용윤리학 중점분야 연구: 환경윤리, 생명윤리, 정보윤리(한국연구재단)」
김영주(2011), 「생태담론에서 노자사상에 대한 새로운 접근」, 『문학과 환경』10, 문학과 환경학회.
김일환(2013), 「선비정신의 현대적 모색」, 『동양문화연구』16, 영산대학교 동양문화연구원.
김현주(2021), 「동북아 시민사회의 사상적 토대로서의 동양사상의 세계주의적 지향」, 『중국학논총』71, 한국중국문화학회.
김형찬(2019), 「자아 확대의 두 가지 길-유학의 성인관과 근대의 시민관에 대하여-」, 『퇴계학보』145, 퇴계학연구원.
나종석(2013), 「한국민주주의와 유교문화-한국민주주의론을 위한 예비적 고찰-」, 『가톨릭철학』 21, 한국가톨릭철학회.
문기영 이인영(2017), 「유교사상을 통한 청소년의 시민윤리의식 실증조사연구」, 『한국철학논집』52, 한국철학사연구회.
박병기(2007), 「보살과 선비, 그리고 우리 시대의 시민」, 『윤리연구』65, 한국윤리학회.
박병기(2008), 「선비정신과 시민윤리」, 『선비문화』13, 남명학연구원.
박병기(2008), 「도덕교육의 목표로서의 군자와 시민」, 『윤리교육연구』15, 한국윤리교육학회.
박병기 지준호 김철호(2013), 「전통적 가치와 시민의식」, 『윤리연구』93, 한국윤리학회.
서유석(2008), 「새로운 생태주의와 동양 사상」, 『한국 근현대 윤리사상』, 현실과 과학.
신정근(2014/2016), 「선비민주주의론-동양적 민본주의와 서양적 민주주의의 융합연구를 위한 총서발간(한국연구재단)」,
심승우 · 지준호 · 한성구 · 함규진(2017), 「민주적 시민성에 대한 동서양 교육철학의 통섭 모색」, 『한국교육학연구』21, 안암교육학회.
안외순(2004), 「군자와 시민, 그리고 "시민의 군자화"」, 『동방학』10, 한서대학교 동양

고전연구소.
안외순(2018), 「다문화시대 동아시아 전통에 기초한 공존 가치」, 『동방학』38, 한서대학교 동양고전연구소.
양일모(2017), 「군자와 시민 -이황직, 『군자들의 행진: 유교인의 건국운동과 민주화운동』(아카넷, 2017)-」, 『개념과 소통』20, 한림과학원.
이경무(2004), 「儒學의 道統과 學的 傳統」, 『哲學硏究』제92輯, 大韓哲學會.
이경무(2009), 「'군자(君子)'와 공자의 이상적 인간상」, 『동서철학연구』제54호, 한국동서철학회.
이광모(2009), 「동서양의 환경윤리 비교 연구: 환경문제에 관한 정책적 함의를 중심으로 1(한국연구재단)」
이상호(2007), 「성리학과 생태담론」, 『오늘의 동양사상』17, 예문동양사상연구원.
이영문·추병완·차미란·황인표·이경무(2020), 『예비교사를 위한 인성·도덕교육』, 춘천교대출판부.
이종우(2013), 「정약용 수기치인의 다문화 윤리교육적 의미 고찰」, 『동양문화연구』15, 영산대학교 동양문화연구원.
이종훈·한면희(2001), 「지속 가능한 문명을 위한 환경 철학(한국연구재단)」
이철승(2013), 「장재철학에 나타난 생태관의 사상적 근거와 의의」, 『동양철학연구』73, 동양철학연구회.
이치억(2021), 「'선비'의 현대적 구현을 위한 시론 – '선비' 또는 '선비정신'과 관련된 몇 가지 현실적 논의 –」, 『유교사상문화연구』83, 한국유교학회.
장현근(1995), 「동양사상과 세계시민 : 중국 천하사상과 유가의 대동론」, 『유럽연구』3, 한국유럽학회.
장현근(1997), 「군자와 세계시민」, 『유럽연구』5, 한국유럽학회.
장현근(1997), 「儒家思想과 韓國의 民主市民敎育」, 『용인대학교 논문집』14, 용인대학교.
장현근(2011), 「한국의 다문화 사회통합을 위한 유교적 제언: 화이론의 극복과 군자교육」, 『다문화연구』4, 숙명여자대학교 다문화통합연구소.
전병술(2003), 「동양철학의 인간중심적 환경윤리」, 『중국학보』47, 한국중국학회.
전세영(2006), 「선비정신의 현대적 의의」, 『한국시민윤리학회보』19-2, 한국시민윤리학회.
정용화(2001), 「한국인의 시민상 모색과 선비」, 『한국정치외교사논총』23, 한국정치외교사학회.
조용훈(2001), 「동서양의 자연관에 대한 환경윤리적 비교 연구」, 『성곡논총』32, 성곡언론문화재단.
지준호(2010), 「초등 도덕과 교과교육에서의 환경윤리 교수-학습 방안 연구 – 儒學의 자연관과 환경윤리를 중심으로(한국연구재단)」
진대제, 안종수 옮김(1996), 『공자의 학설』, 이론과 실천.
추병완·이경무·김병환·류지한·김명식·추정완·장유정(2021), 『기후변화시대의 시민 교육』, 한국문화사.
추정완·김병환·이청호·양해성(2020), 『지속가능발전교육을 위한 이론적 기초』, 춘천교육대학교 출판부.
최효식·추병완·이경무·은지용·이기훈(2020), 『청소년용 시민성 척도 개발 및 타당화』, 도서출판 하우.
최연식·임유진(2015), 「정치시민, 세계시민, 그리고 군자시민」, 『사회사상과 문화』 19-2, 동양사회사상학회.
최일범(2008), 「유교사상의 환경윤리학적 해석」, 『동양철학연구』53, 동양철학연구회.
최일범(2010), 「生態學的 觀點에서 본 東洋思想의 人間觀」, 『양명학』27, 한국양명학회.
홍원식(2007), 「동아시아 생태담론에 대한 비판적 검토 : 유학사상을 중심으로」, 『동양철학연구』51, 동양철학연구회.
황경식·정인재(1996), 「군자와 시민」, 『윤리질서의 융합 』, 철학과현실사.
황수영(2016), 「유학의 인성 이해와 전인교육」, 『동서철학연구』80, 한국동서철학회.
황인석(2018), 「맹자의 군자론과 시민적 인성 교육」, 『한국도덕윤리과교육학회 학술대회 자료집』, 한국도덕윤리과교육학회.

3장
소크라테스의 시민교육

이영문(춘천교육대학교)

　오늘날 교육학에서 연구되고 있는 이론들에서 소크라테스의 교육론과 관련되지 않은 이론은 하나도 없다고 말해도 과히 틀리지 않을 것이다. 이처럼 소크라테스의 교육론은 교육학에서 매우 중요하다. 소크라테스가 국내외적으로 교육과 교육 이론에 미친 영향은 아무리 강조해도 지나치지 않을 것이다. 이것은 소크라테스가 인류의 긴 역사를 통해서 어느 시대에나 지대한 영향을 끼친 것을 보더라도 짐작할 수 있다. 단적인 예를 들면, 소크라테스의 산파술은 오늘날 학교의 교과 교육 방법에서 여전히 중요하게 취급되고 있다. 더욱이 그것은 학문의 어느 분야에나 다 적용이 된다는 점은 눈여겨볼만 하다. 예컨대, 도덕교육에서도 중요하게 다루어지며 수학교육에서도 중요하게 다루어진다. 이러한 관점 하에서 본 장은 소크라테스의 교육론을 학교 시민교육에 적용하고자 한다.[1] 이를 위해 본 장은 이론적인 면만 아니라 교실에서의 시민교육을 위한 구체적인 절차와 예시들을 포함하여 상론할 것이다.

1 소크라테스 사상과 플라톤 사상의 공통점과 차이점

소크라테스의 시민교육에 관한 생각을 고찰함에 있어서 소크라테스의 사상을 알려주는 주요 인물인 플라톤과의 관계를 파악하는 것이 도움이 된다. 물론, 소크라테스에 관한 기록은 플라톤의 기록 이외에도 크세노폰(Xenophon)의 저서 소크라테스 회상(Memorabilia)과 희극 작가 아리스토파네스(Aristophanes)의 「구름」(기원전 423년 공연)과 아리스토텔레스 저작의 관련 구절들(Met. 987b1; 1078b27; EN 1144b14)에도 들어 있다(김성진 역, 프리도 릭켄 저, 2005: 92). 이러한 기록물들에서 증언하는 소크라테스에 관한 기록들은 상당한 차이를 가지고 있다. 일반적으로 철학계에서 플라톤의 기록을 소크라테스에 관한 가장 신뢰성 있는 자료로 보고 있는 점에 착안하여 필자는 플라톤의 대화편들에 나오는 기록들을 토대로 소크라테스의 시민교육관을 살펴보고자 한다. 그럼에도 불구하고 또 하나의 난관은 플라톤의 대화편들에 나오는 소크라테스의 사상은 플라톤이 그의 저서에서 소크라테스를 등장인물로 내세워서 기록한 내용들이기 때문에 플라톤의 대화편들에서 등장인물로 나오는 소크라테스의 언행이 실제로 소크라테스가 한 것인지 아니면 플라톤의 생각인지 확실하지 않다는 것이다. 그래서 본 절

---

1 본 장은 2022년도 한국도덕윤리과교육학회(제33회) 연차학술대회(주제: 지속가능한 미래를 위한 초·중등 도덕교육의 과제)에서 발표한 발표문을 수정·보완한 글임을 밝힌다.

에서는 이 문제에 대해서 해명을 하고 난 후에 나머지 절들에서 본격적으로 소크라테스의 시민교육관을 논의하고자 한다. 이에 앞서 우선 소크라테스의 생애에 대해 간략하게 알아볼 것이다. 독일의 프리도 릭켄(Friedo Ricken) 교수는 「고대 그리스 철학」(Philosophie der Antike)에서 소크라테스의 사상을 아주 간략하게 소개하였기 때문에 아래에서 인용해본다.

> 대략 기원전 470년경부터 399년까지 살았던 소크라테스는 석공 소프로니코스(Sophronikos)와 산파 파이나레테(Phainarete)의 아들이었으며, 그의 처 크산티페(Xanthippe)와 함께 세 아들을 두었다. 그는 포테이데이아(Poteideia, 432~429), 델리온(Delion, 424), 그리고 암피폴리스(Amphipolis)의 전투에 참전했다. 기원전 406년에 그는 평의회의 일원으로서, 아르기누스(Argiusai) 해전의 승리가 있은 후 거기에 참전했던 지휘관들을 사형에 처해야 한다는 민회의 결정에 반대했는데, 그 이유는 그들이 폭풍 때문에 난파한 선원들을 구제할 수 없었다는 것이었다. 그는 30인의 폭군들에 대해서도 저항하였으며, 그것은 살라미스(Salamis) 출신인 레온(Leon)이 사형에 처해지도록 되었을 때 그의 체포에 참여하기를 거부한 것이었다(Platon, Apol. 32a~d). 그는 기원전 399년에 청년을 타락시키며, 국가가 신봉한 신들을 인정치 않고 새로운 신들을 도입한다는 등의 이유로 법정에 고소되었으며(Apol. 24b), 독배에 의한 사형에 처하는 판결을 받았다.(김성진 역, 프리도 릭켄 저, pp.93~94)

일반적으로 우리나라 학자들은 소크라테스의 사상이 플라톤의 초기 대화편들에 나오는 등장인물 소크라테스의 생각과 크게 차이가 나지 않는 것으로 보고 연구하는 경향이 있다. 다시 말하면, 플라톤의 초기 대화편들에 나오는 등장인물 소크라테스의 발언이 곧 소크라테스의 사상이라는 입장이다. 필자는 이러한 관점의 연구들이 많이 나오는 것은 매우 바람직하다고 생각하고 있다. 사실상, 소크라테스의 사상과 플라톤의 사상을 구분하는 일은 매우 어려운 일이다. 그렇기 때문에 지나치게 이것을 생각하면서 연구를 하게 되면 연구의 진척이 쉽지 않다. 여기서 연구의 진척이 쉽지 않다는 것은 단지 진행상의 진척을 의미하는 것만 아니라 연구 성과까지도 포함한다. 필자가 이렇게 말하는 것은 구분할 수 없는 두 철학자의 사상을 굳이 구분하려고 하는 것은 원천적으로 불가능한 것을 알려고 하는 무모한 일이 될 수 있다는 뜻에서이다. 그렇다고 하여 소크라테스의 사상과 플라톤 사상의 차이를 무시하라고 하는 것은 아니다. 다만, 너무 그 차이점에만 신경을 쓰게 되면 우리가 놓치게 되는 것도 많이 있다는 것을 말하는 것이다. 이하에서는 이러한 것을 염두에 두면서 이 두 사상의 공통점과 차이점에 대하여 말할 것이며 이것과 관련하여 미래 교육학도들이 중요하게 다루어야 할 연구 주제들도 말할 것이다.

　원칙적으로 말한다면, 소크라테스의 사상과 플라톤의 사상을 엄격하게 구분하는 것은 거의 불가능하다. 그것은 오늘날의 연구자들이 연구할 수 있는 학술적 원자료는 플라톤이나 크세노폰 등 소크라테스의 제자들이 남긴 문헌에 불과하기 때문이다. 소크라테스의 사상을 연구하기 시작하는 학도들은 일단 플라톤의 대화편들을 전체적으로 통독하는 일이 중요하다. 그것은 소크라테스의 언행에 대한 대부분의 기록들은 플라톤의 대화편들에 나오기 때문이다. 그리고 플라톤은 소크라테스의 제자여서 소크라테스의 언행이 플라톤의 사상에서 크게 벗어나 있지 않다는 것을 생각할 필요가 있다. 물론, 초기의 대화편들은 대부분 소크라테스의 실제 언행을 담고 있지만 중기 이후의 대화편들은 소크라테스를 등장 인물로 사용하여 플라톤이 자신의 주장을 말한 것이라고 볼 수 있기 때문에 이런 미세한 차이는 인정해야 할 것이다. 그러나 필자가 보기에 소크라테스의 사상 연구에 있어서 이러한 미세한 차이에 대해서는 크게 걱정하지 않아도 될 것이다. 그 이유는 다음과 같이 말할 수 있다. 플라톤의 중기 이후의 대화편들에 등장하는 소크라테스의 사상은 만약에 소크라테스가 70세에 죽지 않고 계속해서 더 오래 살았으면 소크라테스가 주장했을 법한 사상을 담고 있다고 말할 수 있기 때문이다. 플라톤은 그의 스승 소크라테스가 그리스의 정치적 희생물로 처형당하는 것을 보고서 스승의 억울한 죽음을 마음 아파하면서 그의 철학 연구의 근원을 소크라테스의 정신에 젖줄을 대고서, 인간으로서 어떻게 살아야 훌륭한 삶을 살 수 있는지에 대해 깊이 고민하고 그 고민의 산물로서 수많은 대화편들을 지어내었으며, 그 대화편들의 주인공으로서는 대부분의 경우에 소크라테스를 등장시킨 것이다. 다시 말하면, 소크라테스의 철학적, 교육학적 동기와 플라톤의 철학적, 교육학적 동기는 동일하다고 볼 수 있다는 것이다. 그 대표적인 저서가 플라톤의 대화편「국가론」인 것이다. 플라톤의 대화편「국가론」은 인간의 훌륭한 삶을 설명하기 위해서 국가의 정의를 탐구하는 비유법을 사용하고 있는 특색을 가지고 있다. 이것이 소위, 큰 글자와 작은 글자의 비유이다. 이런 점에서 소크라테스와 플라톤 사상의 가치론적 근원은 다르지 않다고 말할 수 있다. 물론, 그것을 표현하는 세부적인 방식에 있어서는 두 철학자 간에 차이점이 존재한다. 아래에서 이점과 관련한 논쟁점을 살펴본다.

   소크라테스의 사상과 플라톤의 사상의 차이점과 관련해서 가장 뚜렷하게 차이나는 점은 소크라테스의 사상은 심신일원론에 바탕을 두고 있는 데 반하여 플라톤의 사상은 심신이원론에 바탕을 두고 있다는 것이다. 많은 소크라테스 사상가들은 이 점을 주목하지 않는 경향이 있지만 이 부분은 매우 중요하다. 그런데 필자는 이 차이점이 소크라테스 사상과 플라톤 사상의 본질적인 차이점이라고 보지 않고 있으며 더욱이 이점은 무시해도 될 정도로 소크라테스 사상과 플라톤 사상에 있어서 공유하는 부분이 많으며 특히 교육학 연구(도덕교육과 시민교육 포함)에 있어서 이 차이점은 그 중요도에 있어서 매우 미미하다고 말할 수 있다. 소크라테스와 플라톤이 궁극적으로 지향하는 가치가 동일하다고 볼 수 있기 때문에 교육학 연구자들은 이점을 주목할 필요가 있을 것이다. 이하에서 이점에 대하여 좀 더 부연하고자 한다.

   소크라테스의 사상이 일원론에 바탕을 두고 있다는 말은 소크라테스는 영혼과 육체의 근본적인 차이를 인정하고 있지 않는다는 말이다. 소크라테스는 영혼이 육체를 지배하기는 하지만 육체는 영혼과 한 덩이가 되어서 영혼이 건전하면 육체도 건전한 삶을 살며 영혼이 불건전하면 육체도 그에 맞게 불건전한 행동을 하게 된다고 주장한다. 즉, 영혼의 상태가 육체를 통제하기는 하지만 영혼과 육체는 한 덩어리로서 기능을 하다는 것이다. 그래서 소크라테스에게 있어서 영혼은 거룩한 것이며 육체는 불결한 것이라는 이분법이 적용되지 않는다.[2]

---

[2] 소크라테스가 심신일원론을 플라톤이 심신이원론을 주장하고 있다는 것은 대화편 「국가론」에 나오는 이데아(형상) 이론을 통해서 잘 설명된다. 이데아 이론은 인간이 궁극적으로 지향해야 할 것은 이데아이며, 이 이데아가 변하지 않는 진리이며 이데아 이외의 다른 모든 것은 이데아의 모형 또는 그림자로서 결국에는, 육체적인 것처럼, 소멸하는 것이라는 것이다. 물론, 같은 대화편 「국가론」을 통해서 이 입장을 반박할 수 있다. 소크라테스가 주장하는 심신일원론과 같은 내용이 대화편 「국가론」 8권, 9권, 10권에 나온다. 여기서는 영혼의 서로 다른 모습들이 나오며 불결한 영혼은 사자 같은 모습으로 그의 육체에 들어가 있어서 육체가 쾌락의 삶을 살고 있다는 것이다. 그렇기 때문에 플라톤의 대화편 「국가론」의 해석은 매우 어렵다. 이처럼, 플라톤의 대화편들을 통한 소크라테스 사상과 플라톤 사상에 대한 연구는 매우 어렵다고 말할 수

소크라테스의 심신일원론 이론은 도덕교육과 시민교육에 있어서도 매우 중요한 메시지를 담고 있다. 소크라테스가 주장하는 심신일원론을 도덕교육에 적용해 보면, 이 주장은 오늘날 통합적 도덕성 이론에 녹아 있다. 통합적 도덕성 이론은 인지적 도덕성과 정의적 도덕성과 행위적 도덕성은 분리되어서는 안 되며, 이 세 가지가 통합되어야만 완전한 도덕성이 되며, 그 완전한 도덕성은 인격 도덕성 또는 인격이라는 것이다. 종래의 도덕과 교육과정에서부터 현행 2015 개정 도덕과 교육과정에서까지 이 이론은 계속 이어지고 있다. 필자가 보기에 이러한 소크라테스의 심신일원론적 주장은 도덕교육과 시민교육에 있어서 매우 유용하게 활용될 수 있다고 생각된다. 영혼적인 것 또는 이데아는 귀하며 육체적인 것은 하찮다는 생각은 자칫하면 인간적 노력의 평가 절하와 도덕교육 불필요성으로 연결될 수 있다. 즉, 인간은 아무리 노력해도 도덕적으로 훌륭해지기 어렵다는 부정적인 생각으로 기울어져서, 아예 학교에서의 도덕교육을 포기하게 만들고 사회질서의 유지를 위해 기껏해야 법에 의존하게 만들 수 있다는 것이다. 물론, 법의 중요성을 하찮게 볼 필요는 없지만 도덕교육의 가치를 너무 평가 절하하는 것은 바람직하지 못하다. 도덕교육적 노력을 평가 절하하게 되면, 그만큼 시민교육에도 부정적인 영향을 주게 될 것이다. 그것은 시민교육을 법치주의적 관점에서만 바라볼 수 있도록 만들 수 있기 때문이다.

있다. 그럼에도 불구하고, 이 두 사상을 담고 있는 플라톤의 대화편들은 인류의 전체 역사를 통하여 검증되어 왔고, 불후의 고전으로 읽히고 있으며, 그 결과 오늘날 철학 연구와 교육학 연구에 있어서 배제될 수 없는 중요한 사상을 담고 있다고 말할 수 있다. 필자의 견해로는 플라톤의 대화편들과 소크라테스의 사상은 인간이 교육을 하면서 살아가는 이 역사 속에서 언제까지나 핵심적인 교훈을 일러주는 고전이 된다고 말할 수 있다. 심신일원론으로 해석할 수 있는 소크라테스의 주장은 초기의 대화편들에 많이 나온다.

통합적 도덕성 이론은 학교 도덕교육을 통한 인간의 도덕 발달에 긍정적인 시각을 심어준다. 통합적 도덕성 이론의 핵심은 인간의 도덕성은 인지적 도덕성의 도움으로(또는 인지적 도덕성과 함께) 정의적 도덕성과 행위적 도덕성이 서로 간에 상호작용하여 세 가지 도덕성이 긍정적인 방향으로 작용하여 통합적 도덕성으로 상승시킨다는 것이다. 도덕교육에 대한 긍정적인 신호는 시민교육에 있어서도 긍정적으로 작용한다. 시민교육의 핵심은 인간 존엄성의 실현이며, 이러한 인간존중의 정신은 정의와 자비와 사랑의 행위로 나타나기 때문에, 이러한 특징을 가지고 있는 인간성은 법률의 다스림에 의해서 발현되기보다는 인간의 성장 가능성을 보여주는 자율적 도덕성을 통해서 잘 발현된다고 볼 수 있다. 도덕교육의 핵심이 자율적 도덕성의 형성에 있듯이, 시민교육의 핵심도 자율적 시민성의 형성에 두어져야 할 것이다. 이처럼, 도덕교육과 시민교육은 서로 떨어질 수 없는 관계에 있으며 이 둘은 상보작용을 한다. 이런 점에서 볼 때 소크라테스의 사상은 현대 시민교육에 있어서 매우 중요하다고 말할 수 있다.

이와 관련해서 현대 시민교육에서 빠질 수 없는 민주주의의 정신에 대해서도 재검토가 필요하다. 우리들은 민주주의 정신하면 다수결을 쉽게 연상한다. 그러나 이것이 민주주의의 전부는 아니다. 민주주의가 소수보다 다수를 더 중시하는 것은 맞지만 소수의 의견도 존중받을 가치가 있다. 소크라테스 사상은 이런 점에서 민주주의 사상에도 큰 기여를 한다. 소크라테스는 일률적인 통제 원리를 제시하는 것을 좋아하지 않는다. 그는 개개의 사례(case)를 매우 중시한다. 플라톤의 초기 대화편들에 나오는 소크라테스는 개개의 사례별로 도덕적 주제 또는 도덕적 개념의 의미와 역할을 따지고 검토하는 대화를 하고 있으며 이러한 대화의 방법은 바람직한 인간 교육의 방향을 제시하고 있다. 이것이 소크라테스 교육 방법의 특징이기도 하다. 일렌쿠스와 산파술에도 이러한 정신이 배어 있다. 소크라테스는 도덕적 문제의 검토에 있어서 한 명이라도 억울한 일이 발생하지 않도록 늘 개별 사례들을 당사자의 입장에서 검토하고 그의 동의를 구한다. 대화 상대방이 동의하지 않으면 대화를 더 이상 진행시키지 않고 문제되고 있는 대화에 집중하여 끝까지 검토한다. 예외적인 것까지도 꼼꼼하게 검토한다. 이것이 바로 인간 존중의 정신이며 인간 존엄성의 실현이다. 이런 점에서 볼 때 소크라테스의 정신은 오늘날 현대 시민교육의 바람직한 방법에 기여하고 있다고 말할 수 있다. 그것은 시민교육의 목표인 인간 존엄성의 실현과 다르지 않다. 민주주의 정신과 민주주의 제도도 이러한 관점에서 재검토할 필요가 있다. 민주주의 정신이 반영된 다수결의 방식도 이러한 소크라테스의 사상에 비추어 재해석할 필요가 있다. 소크라테스의 사상은 다수결 제도의 문제점, 즉 다수의 횡포에 대해서도 잘 지적한다. 시민교육에 있어서 특히 시민적 문제의 해결에 있어서 다수결의 방식이 효율적인 방식이기는 하지만 소수의 의견도 보호할 수 있는 방안을 강구해야 할 것이다. 이런 점들에 비추어 볼 때 앞으로 소크라테스 사상에 대한 연구는 많은 교육학자들과 철학자들에 의하여 계속적으로 이루어질 필요가 있을 것이다.

❷ 소크라테스 교육론에서 개념과 사상의 진리 문제

사실의 진리 문제는 사실에 합치하느냐 사실에 어긋나느냐의 문제로 판별한다. 그런데 개념이나 사상의 문제의 경우에 그 참과 거짓을 따지는 방법은 사실의 참과 거짓을 따지는 방법과는 판이하게 다르다. 개념의 진리 문제는 주로 개념의 적합성을 따져서 판별한다. 그리고 사상의 진리 문제는 사상 안에서 설명되는 내용들 간에 일관성, 사상의 건전성, 사상의 타당성, 사상의 보편성과 객관성 등을 따져서 진리 문제를 판별한다. 어쩌면 이 경우에는 진리 문제라는 표현이 어색할지도 모른다. 엄밀하게 말한다면, 사상의 일관성, 사상의 건전성, 사상의 타당성, 사상의 객관성 등 하나하나씩 표현하는 것이 더 적절할 수 있을 것이다. 사상의 진리 문제는 개념의 진리 문제와 밀접하게 관련되어 있어서 이를 연결시켜 판단해야 한다. 즉, 하나의 사상 안에 여러 개의 개념들이 포함되어 있을 수 있기 때문에 그때그때 판단해야 할 것이다. 이 글은 시민교육에 대하여 연구하고 있기 때문에 이하에서는 시민교육과의 관련에서 필요한 개념과 사상의 진리 문제를 중심으로 고찰해볼 것이다.[3]

플라톤의 대화편들에 나오는 등장인물 소크라테스는 사람들과의 대화에서 개념과 사상의 진리 문제를 따질 때 겉으로 나타나 보이는 주장의 밑바닥에 깔려있는 논리적 가정(presupposition)을 찾아내어 그 논리적 가정의 진리성을 따진다.[4] 하나의 예를 들어보자. 만약 누군가(A)가 '선생님의 생

---

[3] 사실상, 건전성과 타당성과 객관성과 보편성을 변별력 있게 설명하는 일은 매우 어렵다. 왜냐하면 이것들 사이에는 서로 중첩되는 부분들이 있기 때문이다. 그래서 사상의 진리 문제를 따질 때는 위에 열거한 항목들을 모두 검토할 것이 아니라, 주어진 사상의 내용을 보고 나서, 이 중에서 가장 뚜렷하게 구별되는 항목들을 가지고 따지는 것이 편리할 것이다. 예컨대, '실용주의'에 대해서 검토한다면, 이 때는 건전성과 보편성을 중심으로 따져보면 좋을 것이다. 여기에 새로운 항목을 한두 개 더 추가해서 검토해본다면 과학성과 효율성을 추가하여 판단할 수도 있을 것이다.

[4] 콜링우드(R.G. Collingwood, 1940)에 의하면, 인간의 사고는 그 사고를 받치고 있는 논리적 가정에 의하여 의미가 완성되기 때문에 사고의 진리성과 타당성을 확인하기 위해서는 사고를 표현하는 진술의 이면에 깔려 있는 논리적 가정들을 찾아내어서 그것들의 의미를 확인할 필요가 있다. 사고를 받치고 있는 논리적 가정들을 계속해서 추적해 들어가면 더 이상 추적할 수 없는 궁극적 논리적 가정에 도달하게 되는 데 이것을 절대 수준의 논리적 가정(absolute presupposition) 또는 형이상학적 신념이라고 한다. 절대 수준의 논리적 가정은 더 이상 추적할 논리적 가정 또는 근거를 가지고 있지 않기 때문에 그것

각은 비민주적이어서 잘못되었다.'라고 말한다면, 이 판단에 깔려 있는 논리적 가정을 찾아내어 그 논리적 가정의 진리 여부를 따져보아야 한다. A의 주장의 밑바탕에 깔려 있는 논리적 가정은 '민주적인 것은 항상 옳다'이다. 그런데 '과연 민주적인 것이 항상 옳은 것인지'를 따져봐야 할 것이다. 뿐만 아니라, 만약 찾아낸 논리적 가정이 새로운 논리적 가정을 안고 있다면 새로운 논리적 가정 역시 그 진리성을 따져보아야 한다. 만약 누군가(B)가 '선생님의 생각은 전통적·보수적 가치관 위에 서 있기 때문에 잘못되었다.'라고 말한다면 B의 주장은 '전통적 가치관과 보수적 가치관은 잘못된 가치관이다.'라는 것을 논리적으로 가정하고 있다. 이 때 B의 주장이 참인지 거짓인지를 판별하기 위해서는 '전통적 가치관은 잘못된 가치관이다.'와 '보수적 가치관은 잘못된 가치관이다.'의 둘 다가 참인지, 아닌지를 밝혀야 한다. 이 중에서 전자의 진술의 타당성을 따져보자. 전통적 가치관은 잘못된 가치관인지를 따지기 위해서는 전통적 가치관의 개념을 확인하는 일이 먼저 있어야 하고, 여기에 기초해서 모든 전통적 가치관은 잘못되었는지를 따져봐야 한다. 어림짐작으로 보아도 이 문제는 그렇게 단순하게 판단할 수 없다. 그것은 비록 전통적 가치관의 개념에 대해서 합치된 견해를 찾았다 하더라도 모든 전통적 가치관이 잘못된 것이라고 단정하는 일은 쉽지 않기 때문이다. 이 문제에 대해서 대략적으로 생각해보면, 우리가 현재 생각하는 대부분의 가치관이 전통적 가치관의 영향을 받고 있다는 것을 생각

의 참과 거짓을 말할 수 없다. 대부분의 종교적 신념이나 철학관은 절대 수준의 논리적 가정에 해당하기 때문에 그것을 '맞다' 또는 '틀리다'로 평가할 수 없다. 그러나 '바람직하다' 또는 '바람직하지 않다'라고 평가할 수는 있다. 절대 수준의 논리적 가정 또는 형이상학적 신념의 예로는, '인간의 최고선은 행복이다.'라든가 '인간의 궁극적 가치는 신(神) 개념에 달려 있다.' 등을 들 수 있다. 이러한 명제는 이성적으로(또는 합리적으로) 평가할 수 없다.

하면 그 어려움을 상상할 수 있을 것이다. 또한, 오늘날 우리들이 주장하는 견해나 우리들이 받아들이고 있는 사상은 거의 대부분이 찬반양론(贊反兩論)이 가능한 문제들이다. 그렇다고 할지라도 우리는 어쩔 수 없이 찬성 또는 반대의 판단을 내려야 하는 경우가 많이 등장한다. 이를 위해서 가장 손쉬운 방법은 '다수결'의 방법이다. 다수결에 대해서는 이후의 논의에서 살펴보겠지만 그 장점에 비해 단점도 적지 않다. 우리가 알기로는 소크라테스는 다수결에 의해 가장 큰 피해를 본 사람이며 사실상 다수결에 대해서는 부정적인 견해를 가지고 있는 것으로 판단된다. 소크라테스는 인간의 삶에 심대한 결과를 가져다주는 문제에 대해서는 가능하면 다수결의 방법에 의지하지 않고 끝까지 한 주장의 진리성과 타당성을 집요하게 파고든다. 소위, 일렌쿠스와 산파술이 그러한 방법들 중에서 대표적인 것들이다.

3 영혼 돌봄으로서의 시민교육

소크라테스는 인간의 모든 생각과 행동은 영혼[5]이 이끌어간다고 보고 영혼의 정화를 강조한다. 영혼이 불결한 것에 감염되어 있으면 그의 생각과 행동은 건강하지 못하다. 사람은 그가 생각한 대로 행동한다. 만약 어떤 사람이 자신이 생각한 대로 행동하지 못한다면 그는 어떤 강한 힘에 의하여 자신의 뜻이 아니라 다른 힘의 조종을 받고 있는 것이다. 한 예로, 국회에서 어느 정당이 어떤 안건에 대하여 당론을 정해놓고 그 정당의 소속 국회

---

[5] '영혼'이란 용어는 그리스어로는 '푸슈케'이며 라틴어로는 'psyche'이다. 영어로는 'soul' 또는 'spirit'이다. 그리스어 '푸슈케'는 흔히 '정신'(精神)이라는 용어로 번역되고 있지만 우리나라의 철학자들은 '혼' 또는 '영혼'이라는 번역어를 더 많이 사용하는 경향이 있기 때문에 이 글에서는 '영혼'이라는 말로 통일해서 사용하고자 한다.

의원들을 당론에 따라 투표하도록 강요한다면 개별 국회의원은 자신의 의사에 반해서 투표를 하게 될 것이다. 그러나 당론을 정하지 않고 자유롭게 투표하도록 한다면 국회의원들은 각자 자신의 소신대로 투표할 것이 분명하다. 실존주의 철학자 키에르케고르(S. Kierkegaard)는 그의 익명 저서 「죽음에 이르는 병」의 시작 글에서 '인간은 정신이다.'라고 말한다(임춘갑 역, 1982: 21; 이영문, 1996: 6). 여기서 말하는 정신(spirit)이라는 말은 소크라테스가 말하는 영혼(soul)이라는 말과 같은 의미를 가진다. 인간이란 존재는 그의 영혼 또는 정신의 지시에 의하여 살아간다. 이것은 만고불변의 진리이다. 영혼이 병들어 있으면 그의 모든 생각과 행동은 그 병든 영혼의 지시에 따라서 움직일 것이다. 아무리 육체적으로 장애가 있어도 영혼과 정신이 건강하면 그의 생각과 행동은 건강하게 움직인다. 그러므로 소크라테스는 교육에 있어서 영혼의 순수화를 가장 중요하게 생각한다. 이러한 영혼의 기능을 사도 바울은 신약 성경 「에베소서」 3:16에서 '속사람'(inner being, NIV)이라는 용어로 표현한다. 「고린도후서」 4:16에서는 '속사람'(inward man, King James Bible)과 '겉사람'(outward man, King James Bible)이라는 말로 대조적인 두 용어를 사용하여 속사람의 의미를 설명하고 있다. 속사람은 영혼이 맑게 정화된 사람을 말하는데 그러한 사람의 영혼이 영혼의 이상적인 상태이다. 반대로 겉사람은 영혼이 세상의 온갖 오물과 이기심으로 물들어서 비도덕적으로 삶을 사는 사람을 말하며 이러한 영혼은 자신과 사회를 병들게 하며 궁극적으로는 자신과 사회를 파멸시키게 된다. 이렇게 본다면 소크라테스가 교육의 역할을 '영혼을 돌보는 것'으로 규정한 것은 교육이 참으로 해야 할 역할을 정확하게 지적한 것이라고 볼 수 있다. 소크라테스가 말하는 교육이 시민교육과 다르지 않다면 시민교육의 역할 역시 '영혼을 돌보는 것'이라고 말할 수 있을 것이다.

시민교육은 인간이 한 사회의 성원으로서 살아가는 데 필요한 자질을 가르치는 교육을 의미한다. 이 정의는 본질적으로 교육의 정의와 일치한다. 그것은 모든 교육은 한 사회의 성원이 되는 데 필요한 자질을 가르치는 일을 하기 때문이다. 그런데 특히 시민교육은 사회 또는 공동체를 강조한다. 그런데 공동체를 너무 강조하게 되면 개인의 자유를 제한하는 일을 하게 되는 부정적인 측면이 있기 때문에 교육을 담당하는 쪽에서는 이 점을 주의해야 할 것이다. 그리고 시민교육이 목표로 하는 교육의 내용은 시민적 자질이지만 이 자질에는 많은 것들이 포함되어야 할 것이다. 소크라테스는 이 자질 중에서 가장 중요한 것으로 깨끗한 영혼을 강조한다. 깨끗한 영혼이란 말을 더 정확하게 표현하면 거짓이 없는 영혼이며 이것은 더러움에 물들지 않는 영혼을 말한다. 이 부분을 소크라테스의 견해에 비추어 더 잘 설명하기 위해서는 상기설에 대한 설명을 추가할 필요가 있다. 잘 알려진 바와 같이 소크라테스와 플라톤은 상기설을 주장한 것으로 보인다. 상기설을 설명하는 대표적인 플라톤의 대화편은 「메논」이다. 그런데 대화편 「메논」은, 소크라테스의 대표적인 연구자 블래스토스에 의하면, 초기와 중기 사이의 전환기적 대화편이어서(G. Vlastos, 1991: 46-47) 소크라테스의 직접적인 사상인지 아니면 플라톤 고유의 사상인지는 확실하지 않다. 그것은 대화편 「메논」이 소크라테스 사후에 집필된 것으로 볼 수 있기 때문이다. 그렇지만 실존 인물 소크라테스의 주장들에 비추어볼 때, 상기설은 소크라테스에 의해 지지되는 사상이라고 볼 수 있다. 그것은 이하의 설명에서도 충분히 알 수 있다. 대화편 「메논」에 등장하는 소크라테스에 의하면, 현재의 인간은 여러 생을 살아서 모든 것을 다 알고 있지만 단지 태어날 때 망각한 것에 불과하기 때문에 적절한 암시만 받으면 과거에 알았던 전생의 지식을 다시 깨달아 알게 된다는 것이다. 그런데 인간은 현생을 살면서 수

많은 불확실한 지식들과 사회의 다양한 가치관들에 의하여 그의 영혼이 오염되어 정확한 판단을 하지 못한다. 또한, 오염된 인간의 영혼은 무엇이 올바른 것인지 무엇이 그릇된 것인지 잘 알지 못한다. 그래서 교육은 오염된 영혼을 정화하여 다시 과거의 깨끗한 영혼으로 되돌리는 작업을 해야 한다. 그런데, 현실적으로 보면, 국가의 교육 또는 시민교육은 한 사회의 이데올로기의 영향으로부터 벗어날 수 없다. 그래서 교육을 통해서 잘못된 이데올로기를 걸러내고 진리로 채워진 영혼을 길러내고 또 그것을 돌보는 일을 할 필요가 있다. 소크라테스가 세상에서 살면서 한평생 동안 한 일은 바로 이 일이었다. 이러한 소크라테스의 교육관에 의하면, 국가교육 곧 시민교육은 바로 이 일을 해야 하는 것이다. 소크라테스가 살던 고대 그리스 사회의 국가, 즉 폴리스(polis)는 오천명 내지 많아야 수만 명의 시민이 모여 사는 도시국가였기 때문에 소크라테스가 교육이라고 부르는 것은 엄밀한 의미에서 시민교육을 의미하는 것으로 볼 수 있다. 이렇게 볼 때에 유명한 플라톤의 저서 「국가론」 역시 시민교육에 대한 책이라고 말할 수 있을 것이다. 이렇게 본다면 우리는 소크라테스의 교육론을 그의 시민교육론이라고 불러도 큰 문제가 없을 것이다. 이하에서는 소크라테스가 그의 교육론에서 주장하는 '영혼 돌봄'으로서의 교육 목적이 오늘날 우리 사회에서 추구하는 시민교육에 어떤 의미를 가지는지를 고찰해보고자 한다.

소크라테스는 교육의 가장 핵심적인 목적을 '영혼의 돌봄'으로 규정한다. 영혼의 돌봄이라는 말은 인간의 영혼이 그릇된 이데올로기나 가치관에 물들지 않고 깨끗한 영혼을 가지도록 보살피는 것을 의미한다. 그릇된 가치관에 물들지 않은 깨끗한 영혼의 대표적인 것은 정의, 정직, 절제, 용기, 관용 등의 도덕적 마음이다. 사람들의 정신이 이러한 도덕적인 마음으로 가득 차 있다면 사회에서 부정이나 불의나 미움이나 다툼 등의 사회적 문제가 일어나지 않을 것이다. 그러나 사회는 어느 사회나 이런 불화가 끊임없이 일어난다. 그래서 이러한 불화를 조정하기 위해서 법이 필요하게 된다. 인간의 마음에 악한 것이 일어나는 것은 여러 가지 원인이 있지만 소크라테스는 그 가장 핵심적인 원인은 인간의 무지(無知)에 있다고 보았다. 그래서 소크라테스는 인간의 무지를 없애는 일에 그의 한평생을 바친다. 아이러니한 것은 그가 국가로부터 사형을 당한 것은 사람들의 무지로 인한 것이라는 점이다. 아마 소크라테스는 그의 최후를 미리 내다본 선견지명을 가지고 있었는지도 모른다. 그럼에도 불구하고 그는 그의 목숨을 바쳐서까지 사람들의 무지와 그로 인한 해악들을 바로잡으려고 노력하였고 어떻게 보면 자신의 사례를 인류에게 교육적 자료로 제시하고 싶었을 수도 있다.

사실상 냉정하게 따져보면 소크라테스가 주장하였듯이 모든 인간의 영혼이 잘 돌봄을 받아서 깨끗한 가치로 무장되어 있다면 한 사회에서 일어나는 갈등과 투쟁은 원천적으로 일어나지 않고 만약 일어난다고 하여도 쉽게 해결될 것이다. 그러나 역사적으로 고찰해보면 이러한 일은 한 시대도 없었고 날이 갈수록 심화되어 오늘날에는 더욱 약육강식이 판을 치고 악한 세력이 한 사회를 주름잡고 있다. 기껏해야 학교 교육에서는 시민들에게 민주주의를 장려하고 이를 가르치고 민주적 방식으로 문제를 해결하는 최선의 방법으로 다수결의 방법을 강조하는 일을 하고 있는 형편이다. 플라톤의 대화편 「국가론」에 나오는 소크라테스는 인간의 본성은 워낙 사납고 이기적이어서 강력한 힘을 통해 통제받아야 함을 역설하고 신에 의한 통치 또는 철학자 군주에 의한 통치가 최선의 방법임을 주장한다. 사실 「국가론」의 후반부에 등장하는 소크라테스는 플라톤의 초기 대화편들에 등장하는 소크라테스와는 어느 정도 다른 점이 있기는 하지만 양자 모두 인간의 영혼을 바르게 기르려고 하는 교육 목적에 있어서는 큰 차이가 없기 때문에 이하의 글에서는 '영혼 돌봄으로서의 시민교육'이 의미하는 것을 좀 더 자세히 알아볼 것이다.

영혼 돌봄으로서의 시민교육은 학교의 시민교육이 시도할 수 있는 가장 강력한 방식의 교육이라고 말할 수 있다. 우리가 국가와 사회의 법과 제도를 아무리 잘 마련하고 이를 통해서 시민들의 행동을 규제하고자 해도 시민의 정신이 바르게 되어 있지 않으면 그것이 큰 효력을 발생하지 않을 것이다. 그것은 사회에는 법과 제도의 허점을 찾아서 교묘하게 법과 제도를 어기고 자기 이익을 추구하는 자들이 많기 때문이다. 물론, 다른 한 편에서 보면 이 사회에는 법을 교묘하게 피해가면서 나쁜 일을 일삼는 사람이 많이 있기는 하지만 그래도 양심적으로 살고 남을 돌보는 사람들이 의외로 많이 있다는 사실도 알 수 있다. 소위, '얼굴 없는 천사', 즉 선행을 실천하고도 남에게 자랑하지 않는 사람들이 많이 있는 것도 사실이다. 이 양자를 종합적으로 생각해보면, 미래의 시민교육은 법과 제도를 최대한 잘 만들고 준법정신과 민주 시민교육을 잘 시행하는 노력과 함께 소크라테스와 같이 영혼 돌봄의 교육을 통하여 잠자고 있는 양심을 깨우고 이 사회에 양심과 선행의 가치가 파도 같이 일어나도록 장려하는 도덕적 시민교육의 노력을 함께 병행해 나가야 할 것이다. 다음 절에서는 학교 시민교육의 기준이 되는 시민교육의 목표에 대하여 논의할 것이다.

4. 시민교육의 목표

소크라테스가 바라는 시민교육의 목표는 사회 정의와 인간 존엄성의 실현이라고 말할 수 있다. 이 목표는 오늘날에 있어서도 적용되는 시민교육의 목표라고 볼 수 있다. 여기서 사회 정의와 인간 존엄성의 관계에 대해서

잠시 생각해보자. 이 둘은 떨어질 수 없는 관계를 맺고 있다. 이 둘의 관계는 다음과 같이 표현할 수 있다. 사회 정의는 인간 존엄성과 분리되어 정의될 수 없고 인간 존엄성은 사회 정의를 빼놓고는 실현될 수 없는 관계에 놓여 있다. 이 말은 '인간 존엄성을 실현하기 위해서는 사회 정의를 불가피하게 요청한다.'는 의미를 담고 있다. 이 말을 좀 더 확장해서 설명하면, '사회 정의가 없는 곳에서는 인간 존엄성의 실현을 보장할 수 없다.'고 말할 수 있다.

이제 이러한 시민교육의 목표가 소크라테스에 의해 어떻게 지지되고, 설명되고 있는지를 살펴본다. 널리 알려져 있듯이, 소크라테스는 정의(正義)를 최고의 가치로 보고 있으며 이 정의를 실현하기 위해서 그는 억울한 죽음마저 받아들인 것이다. 그가 그리스 사람들에게 도덕적 삶의 중요성을 외친 것도 정의로운 삶이 인간과 사회를 위해서 가장 소중한 가치이기 때문이다. 이러한 소크라테스의 정신을 실현하기 위해서 플라톤은 그의 스승 소크라테스의 사후에 그 유명한 대화편 「국가론」을 저술하였는데 「국가론」의 중심이 되는 주제는, 질문으로 표현하면, "정의로운 삶을 실현하기 위해서 인간은 어떻게 살아야 하며, 국가는 어떻게 다스려져야 하는가?"이다. 아래에서 이 주제에 대해서 좀 더 세부적으로 살펴본다.

소크라테스의 정의론은 도덕적 정의론이며 그의 도덕적 정의론은 '인간의 영혼을 가장 이롭게 하는 방법을 논한 것'이며, 그 내용은 '인간이 그의 영혼을 가장 이롭게 하는 것은 영혼이 허위와 가식을 벗고 진리를 깨달아 알고, 그가 깨달아 아는 진리에 따라 살아가는 것이 가장 현명한 인간의 삶의 방법이다.'는 것이다. 나아가서, '영혼이 허위와 가식을 벗어나서 진리를 추구할 때 그의 삶은 국가와 사회에도 가장 이로운 결과를 가져다준다.'는 것이다. 이러한 소크라테스의 사상과 정신은 플라톤의 대화편들의 도처에 나타나 있지만 특히 대화편 「국가론」 8, 9, 10권은 이러한 그의 생각을 집중적으로 담고 있다. 소크라테스에 의하면, 개인의 덕(arete)과 국가의 덕(arete)은 모순되지 않고 서로 연결되어 있다고 주장한다. 대화편 「국가론」에서는 이것을 큰 글자와 작은 글자의 비유로 설명한다. 즉, 소크라테스는 개인의 덕을 이해하는 것이 어렵기 때문에, 대신에 국가의 덕을 이해함으로써 그것에 비추어 개인의 덕을 설명하는 것이 편리하다고 말하면서 국가의 정의에 대한 설명을 시도한다.

소크라테스는 개인의 정의(또는 덕)는 영혼의 때를 벗고 그 자리에 진리를 담고 있는 상태로 설명하고 있는데, 인간의 영혼이 때를 벗고 진리를 담고 있는 상태는 양심이 작동하는 상태이다. 인간은 양심을 가지고 있기 때문에 진리를 따라 살 수 있다. 정의에 대한 소크라테스의 생각을 이해하는 데 있어서 좋은 예시는 미국의 인권 운동가 마르틴 루터 킹 목사의 사상이다. 마르틴 루터 킹 목사는 '버밍햄 감옥에서 온 편지'에서 다음과 같이 말한다.

> "불의의 법을 깨뜨리는 사람은 공개적으로, 사랑하는 마음을 갖고, 처벌을 받아들일 자세를 가지고 그렇게 해야만 한다. 양심이 그에게 일러주는 법을 깨는 개인은 올바르지 않으며, 불의를 넘어 공동체의 양심을 각성시키기 위해서 기꺼이 감옥에 가려는 사람은 사실상 법에 대한 가장 높은 존경을 표현하고 있는 것이다."(L. Kohlberg, 1981: 383; 이영문, 2011: 111).

위의 인용문에서 '불의의 법을 깨뜨리는 사람'이란 '진정한 의미에서의 정의를 따르는 사람'을 의미한다. 마르틴 루터 킹 목사가 말한 정의와 양심의 관계는 '정의는 양심이란 진리 위에 기초해 있을 때 가장 완전한 것이 된다.'는 것을 말하고 있는 것이다. 위의 인용문은 콜버그(L. Kohlberg)가 그의 도덕성 발달 단계를 설명할 때에 단계6을 설명하기 위해서 예시로 사용한 글이다. 콜버그는 단계6을 정의(正義)의 단계로 명명하면서, "정의는 논리적 이해, 보편성, 일관성에 호소하는 자기 선택적 윤리적 원리에 따른 양심의 결정에 의해 규정된다."고 말한다. 이어서 그는 "그것은 십계명과 같은 구체적 도덕률이 아니다. 그 핵심에 있어서 이 원리는 정의의 보편적 원리, 인간 권리의 상호성과 평등성의 보편적 원리, 개개인으로서의 인간 존엄성에 대한 존경의 보편적 원리이다."라고 말한다(이영문, 2011: 111). 이렇게 본다면 콜버그가 말하는 정의는 인간 존엄성을 그 핵심으로 하고 있는데, 이 말은 '정의의 내용은 바로 인간 존엄성'이라고 말하는 것과 다르지 않다. 이러한 콜버그의 정의론은 소크라테스의 정의론과 다르지 않다. 실지로 콜버그는 도덕성 발달 단계를 설명하는 그의 저서 「도덕 발달의 철학: 도덕 발달과 정의의 아이디어」의 앞부분에서 그가 주장하고 설명하는 도덕성 발달 단계는 소크라테스의 도덕론을 배워서 그 바탕 위에서 만들어진 것이라고 고백하고 있다.

5 두 가지 정의

플라톤은 개인의 정의를 탐구하기 위해서 국가의 정의를 탐구하여 거기로부터 개인의 정의를 유추하는 방법, 소위, 큰 글자와 작은 글자의 비유법을 사용하였다는 것을 앞에서 말하였다. 플라톤이 정의에 대하여 가지고 있는 생각은 소크라테스의 생각으로부터 왔다는 것은 짐작할 수 있다. 플라톤은 대화편 「국가론」에서 정의론의 체계화를 시도하였지만 그것이 소크라테스가 정의에 대하여 가진 생각과 정확히 일치하는 것은 아닐 것이다.

소크라테스가 실지로 말했다고 볼 수 있는 플라톤의 초기 대화편들에 나오는 소크라테스는 플라톤의 생각으로 추정되는 중기 이후의 대화편들에 등장하는 소크라테스와 같이 단정적으로 결론을 맺는 경우를 거의 찾아볼 수 없다. 소크라테스는 일렌쿠스와 산파술 화법에 의하여 대화 상대방과 의견을 합의하는 과정을 통하여 진리를 찾아가기 때문에 속 시원하게 어떤 결론을 말해주지 않는다. 정의의 문제도 마찬가지이다. 이 문제를 앞에서 논의하던 문제인 정의와 인간 존엄성의 관계에 비추어 말해보자면 소크라테스는 모든 사람들에게 공통적으로 적용되는 정의에 큰 관심을 가졌다기보다는 오히려 각 개인의 처지를 바라보면서 각 사람에게 정의로운 것이 무엇인가를 찾는 것에 큰 관심을 가졌다. 물론, 보편적인 정의를 무시하는 것은 아니다. 아무리 보편적인 정의라고 하더라도 그것이 한 개인의 처지를 완전히 무시하는 것이라면 그것을 정의라고 말할 수 있기에는 부족할 것이다. 이처럼 각 개인의 처지를 생각하는 차원의 정의를 공의(righteousness)라고 부를 수 있을 것이다. 어떻게 보면 정의(正義)와 공의(公義)는 일치하면 가장 이상적일 것이다. 그러나 정의와 공의가 일치하지 않은 경우도 발생할 수 있다. 예컨대, 신호등 위반 교통 범칙금을 10만원이라고 정한다면 교통 신호를 위반한 운전자는 모두 10만원의 범칙금을 내는 것이 정의가 될 것이다. 그러나 특수한 경우, 예컨대 응급 환자를 태우고 가는 운전자에게 동일한 10만원의 교통 범칙금을 부과하면 그것이 정의로운 것이 아닐 수 있다. 이 때는 정상을 참작하여 범칙금을 면제하거나 적게 부과할 수 있을 것이다. 이러한 형태의 정의를 공의(公義)라고 말할 수 있을 것이다. 이러한 공의는 앞에서 말한 인간 존중의 정신을 반영한 정의라고 말할 수 있다. 필자가 보기에 소크라테스의 정의론(正義論)은 공의론(公義論)에 가깝다고 말할 수 있다. 이렇게 말할 수 있는 첫 번째 이유는 소크라테스는 도덕적 개념에 대하여 토의할 때 늘 상대방의 입장과 처지를 고려하여 상대방의 동의를 구하는 방식으로 대화를 한다는 점을 들 수 있다. 상대방이 동의하지 않으면 대화는 진전하지 않고 논의되고 있는 사항에 대하여 집요하게 고찰하고 검토한다. 그리하여 하나의 사안에 대하여 서로 동의하고 합의한 후에 다음 단계로 대화가 진행된다.

정의를 주제로 하는 소크라테스의 유명한 대화는 대화편「국가론」1권에 나온다.「국가론」1권에 등장하는 소크라테스가 실존 인물 소크라테스의 주장인가에 대해서는 분명하지 않지만 많은 플라톤 연구가들의 견해를 종합하면 대화편「국가론」1권은 플라톤의 초기 대화편에 속하며 플라톤의 초기 대화편에 나오는 소크라테스의 견해는 실존 인물 소크라테스의 견해와 매우 가깝다고 볼 수 있다.「국가론」1권의 중심 주제는 '정의가 무엇인가'이며 소크라테스를 위시하며 여러 명이 이 주제에 대하여 토론하는데 그 중에서도 트라시마코스의 주장이 눈길을 끈다. 트라시마코스는 '정의는 강자의 이익이다.'라고 주장한다. 그는 정권을 장악한 자가 자신에게 이익이 되는 법을 제정하여 이 법으로 약자들을 지배하게 되는데 결국에는 이것이 정의로 인정받게 된다는 것이다. 소크라테스는 이 주장의 문제점에 대해서 여러 가지 실제적인 사례들을 들어서 반박한다. 소크라테스는 의술이나 항해술의 경우에서 알 수 있듯이 그 기술을 사용하거나 다른 사람들을 다스릴 때에 그러한 다스림은 그것을 지닌 자를 위한 것이 아니라 다스림을 받는 자를 위한 것이라고 설명한다. 이에 트라시마코스는 실제 현실에서는 강자들이 만든 악법이 통용이 되며 그런 사람들이 잘 살고 있다고 말한다. 그러나 소크라테스는 잘 사는 것은 훌륭하게 사는 것인데 훌륭하게 사는 것이란 올바르게 사는 것이며 올바르게 사는 것은 결국은 혼이 훌륭한 사람의 삶이 된다는 것을 주장한다. 그러면서 소크라테스는 올바른 사람은 행복한 사람이 된다는 것을 다음과 같이 말한다.

"그렇다면 올바른 혼과 올바른 사람은 훌륭하게(잘) 살게 되겠지만, 올바르지 못한 사람은 잘못 살게 될 것이오. "선생의 주장에 따르면, 그렇게 되겠네요." 그가 말했네. "그러면 훌륭하게(잘) 사는 사람은 어쨌든 복받고 행복할 것이나, 그렇게 못한 이는 그 반대일 것이오." "어찌 그렇지 않겠습니까?" "그러니까 올바른 사람은 행복하되, 올바르지 못한 사람은 불행하오." "그렇다고 하죠." 그가 대답했네. "그러면 불행하다는 것은 이득이 아니 되나, 행복하다는 것은 이득이 되오." "어찌 그렇지 않겠습니까?" "그러니 보시오, 트라시마코스 선생! '올바르지 못함'은 '올바름'보다도 결코 더 이득이 되지 않소." "소크라테스 선생! 이거야말로 벤디스 여신의 축제일에 선생을 위한 축하 잔치로 되게 하십시오." 그가 말했네. (353e-354a)(박종현 역주, 1997: 118-119)

트라시마코스는 소크라테스의 논지에 대응할 능력을 없어지자 이 토론을 의미 없게 만들어 버리려고 빈정거리면서 소크라테스가 말하는 대로 다 옳다고 한다. 이에 소크라테스는 더 이상의 대화가 의미 없다고 보고 여기에서 대화를 중지하기를 요청하고 대화는 끝난다. 그렇기는 해도 정의의 개념과 관련해서 소크라테스의 주장에서 눈여겨 볼 것은 정의는 그것이 적용될 수혜자에게 이익(행복)이 된다는 점, 그리고 수혜자에게 이득이 된다는 것은 그들의 혼이 훌륭한 상태가 된다는 것이다. 이런 점에 비추어 볼 때 소크라테스가 정의의 개념과 관련해서 주장하려고 하는 바는 정의는 강자의 이익을 위한 것이 아니며 그것을 통하여 수혜를 받게 될 대다수 사람들에게 이익이 되는 것이며 또한 그것은 인간의 혼을 훌륭하게 한다는 것이다. 이런 관점은 정의를 공의로 보는 관점에 해당한다고 말할 수 있을 것이다. 전술했듯이 공의(公義)는 대다수 사람들에게 의(義)가 되는 것이라고 말하는 것으로 볼 수 있다. 이에 반해 국가와 사회가 추구하는 정의는 법의 형태로 시행되고 있기 때문에 그 법을 지키는 데 있어서 유리한 사람들이 큰 혜택을 보게 된다. 간단한 예를 들면, 오늘날 민주주의 국가의 법은 국민은 누구나 변호사의 변호를 받을 수 있도록 규정하고 있다. 그러나 돈이 많은 사람은 성공률이 높은 변호사를 구할 수 있는 반면에 돈이 없는 사람은 변호사를 찾기가 매우 어려운 경우가 있다. 소크라테스는 이러한 법과 정의를 바른 정의라고 생각하지 않는다. 소크라테스는 올바른 정의는 모든 인간을 존중하고 차별적으로 대우해서는 안 된다고 믿고 있다. 그래서 그는 가진 자를 대변하기보다는 일반 서민을 대변하는 일에 더욱 힘을 쓰고 있다. 정의는 강자에게는 엄격하게 적용되어야 하지만 반대로 약자에게는 정상을 참작해서 적용해야 한다. 그것은 사회의 법과 정의를 만드는 자는 강자들이기 때문에 그들은 법과 정의를 만들 때에 그들에게 유리하게 만들기 때문이다. 빈부귀천의 차이 없이 공평하게 적용될 수 있는 정의가 참된 정의이며 이것이 곧 공의가 되는 것이다. 공의는 모든 인간의 사정을 고려해서 만들어지고 적용되어야 한다. 소피스트들은 그들의 수고에 대한 대가를 요구하지만 소크라테스는 대가를 요구한 적이 없다. 소크라테스가 추구하는 정의는 인간의 혼을 훌륭하게 하는 데에 기여한다. 이렇게 볼 때, 소크라테스가 의도하는 정의는 하나의 고정된 올바름이 아니며, 인간의 혼을 훌륭하게 한다는 전제하에서 한 사회에서 올바름의 기능을 하되 그것은 융통성 있게 적용될 수 있어야 하며 그리하여 가장 많은 사람들에게 혜택을 제공하는 것이라고 말할 수 있다.

 이러한 정의의 개념은 소크라테스의 대화 기술에서도 잘 나타난다. 소크라테스는 어떤 고정된 원리를 주장하는 것을 반대하며 그의 견해에 대하여 많은 사람들의 검토를 받기를 원하며 대부분의 경우에 다른 사람들이 동의할 때 다음 단계로의 대화를 진행한다. 이런 대화의 자세는 열린 대화의 자세라고 말할 수 있다. 그리고 이것은 산파술의 원리를 따른다. 산파술의 원리에 따른 대화의 자세는 인간은 누구나 오류를 범할 수 있다는 것을 인정하는 겸허함을 가지고 수많은 시행착오를 밟을 각오로 오직 참된 것, 즉 진리를 찾아나가는 자세이다. 이러한 대화의 방법을 플라톤은 그의 대화편 「소피스트」에서 일렌쿠스(elenchus)라는 이름으로 부르고 있다. 일렌쿠스는 진리 탐구를 위한 대화의 방법을 지칭하는데 소크라테스는 이것을 설명하기 위하여 의사가 환자의 병을 치료하는 예를 든다. 암 환자가 건강한 몸을 지니기 위해서는 수술을 통해서 암 덩이를 제거하고 그 바탕 위에서 영양가 있는 음식도 먹고 운동도 해야 한다. 그러나 암 덩이를 제거하지 않고서 아무리 좋은 음식을 먹고 아무리 열심히 운동을 해도 그의 건강에는 아무런 도움이 되지 않는다. 오히려 환자의 병은 더욱 악화될 수 있다. 대화편 「소피스트」에서 플라톤은 방문자의 입을 통하여 일렌쿠스에 대하여 다음과 같이 설명한다.

"그들은 누군가가 실지로 옳지도 않은 말을 옳은 것으로 생각하여 말할 때 반박하여 그 말의 진위를 검사함으로써 쉽게 그 사람의 말 속에서 모순된 점들을 찾아냅니다. 그리하여 그들은 변증법적 과정을 통해서 그 모순된 말들을 모아서 나란히 두고서 그가 동일한 사물에 대해서 모순된 것들을 말하고 동일한 사물과 관련하여 서로 어긋나게 말하고 동일한 측면에서 앞뒤가 맞지 않게 말하고 있음을 여실히 보여줍니다. 이것을 보면서 그는 자기 자신에 대해서 실망을 하고 상대방에 대해서 신뢰하는 태도를 키워나

가게 됩니다. 차차 그는 편견과 아집을 탈피하여 말할 수 있게 되며 그 결과 대화의 상대방에게 좋은 결과를 끼치게 됩니다. 이것은 마치 신체가 그 속에 있는 병이 깨끗이 치료되고 난 후에야 음식물을 섭취하여 튼튼해지는 것을 의사가 알고 있듯이 영혼의 치료자는 한 영혼이 그의 거짓된 믿음이 반박되고 이를 통해 겸손함을 배울 때까지는 어떤 종류의 지식도 그에게 소용이 없다는 것을 알고 있기 때문입니다. 그는 먼저 편견이 제거되어야 하고, 다음에는 그 바탕 위에서 새롭게 배우는 것만큼만 알게 된다는 것을 깨달아야 합니다."(230b-d)(이영문, 1996: 171).

소크라테스의 교육 방법, 즉 산파술과 일렌쿠스는 소크라테스 사상의 특징을 잘 드러내주고 있다. 그것들은 소크라테스의 진리 탐구를 위한 열정을 잘 말해주고 있으며 진리 탐구는 궁극적으로 인간 삶의 행복을 목적으로 하고 있다. 이때 인간 삶의 행복은 정의 또는 올바름 위에 기초하고 있는 것이다. 인간의 삶이 거짓과 파괴와 모순과 공격 등 온갖 악한 것들의 기초 위에 있을 때 인간은 불행해진다. 그런 악한 것들이 소수의 약자들만을 불행하게 만들 뿐만 아니라, 이득을 보고 있다고 착각하고 있는 강자들도 결국은 파멸로 몰아넣어버린다. 소크라테스가 추구하는 정의, 곧 공의는 모든 사람들에게 이익을 안겨주는 올바름인 것이다. 소크라테스가 직접적으로 언급하고 있지는 않지만 이것은, 만약에 신이 있다면, 신이 평가하는 올바름(정의)이라고 볼 수 있다. 여기에서 말하는 신의 개념은 특정 종교에서 말하는 그런 신이 아니라 인간의 사사로운 이익을 초월하여 판단하고 평가하는 공평한 신을 의미한다. 그래서 필자는 이러한 정의를 공의라고 부르고 있지만 좀 더 근본적인 차원에서는 큰 정의, 다른 말로 대의(大義)라는 용어로 부르고 싶다. 대의는 인간의 역사를 움직이는 큰 정의, 결국에는 인간의 역사가 되는 정의를 말한다. 근시안적 시각으로 보면 조그만 이익이 정의가 되는 것 같지만 역사의 큰 눈으로 보면 세계는 이 대의에 따라 흘러가게 된다. 대의는 사사로운 정(情)과 이익에 의하여 정해지지 않는다. 그것은 모든 인류에게 공평하게 적용되는 정의이다. 봄, 여름, 가을, 겨울은 어느 누구에게나 다가온다. 태양과 비는 어느 누구에게나 내린다. 인간의 사사로운 판단과 지혜로는 어찌할 수 없는 큰 정의, 역사의 도도한 흐름을 바꿀 수 없는 큰 정의가 소크라테스가 보는 진정한 정의의 모습으로 추정된다. 여기서 필자가 공의라고 부르는 것도 이러한 큰 정의의 하나가 아닐까 한다.

소크라테스가 그리스 시민들과 정치가들의 편파적인 재판에 의하여 사형 선고를 받았지만 역사는 소크라테스를 바르게 판단하고 있다. 그렇기 때문에 소크라테스는 인류가 살아있는 동안 늘 존경 받고 있고 또 인류의 스승으로서의 지위를 누리고 있는 것이다. 소크라테스가 추구한 대의는 늘 최선(最善)을 향하고 있다. 이것이 산파술의 정신이다. 최선(最善)은 인간의 유·불리(有不利)에 따라서 바뀔 수 없다. 그것은 약자에게는 너그럽고 강자에게는 날카롭다. 약자에게는 정상을 참작하여 너그럽게 판단한다. 강자가 약자를 해롭게 할 것이라고 판단하면 강자의 칼을 꺾어버린다. 그 무시무시한 로마 제국도 히틀러도 역사의 대의 앞에 무너져버린 것이다. 진리와 대의는 역사와 자연이 알려준다. 이것은 마치 세월이 흐르면 높은 산은 깎여서 낮아지고 낮은 골짜기는 채워져서 평지가 되는 자연의 이치와 같다. 소크라테스는 이러한 진리를 알고 있었기 때문에 그의 삶은 늘 자신감으로 넘쳤다. 그는 그리스 시민들을 가르치되 수업료를 받지 않았다. 그는 자신이 해야 할 일을 했을 뿐이기 때문에 대가를 받지 않아도 된다. 모든 일을 억지로 하지 않는다. 역사가 바르게 판단해 줄 것이기 때문에 초조해하지 않는다. 악인에 대하여 죽일 꾀를 내지 않는다. 악인은 언젠가는 역사의 심판을 받아 멸망할 것이기 때문이다. 시간이 지나면 역사의 큰 정의는 실현된다. 역사의 큰 정의는 도도하게 흐르는 물과 같이 흘러간다. 이것은 자연과학에서는 자연적 질서, 신학에서는 신의 섭리라고 부를지도 모른다. 그러나 소크라테스는 어려운 이론이나 개념을 사용하지 않고 평범한 시민은 누구나 알아들을 수 있도록 쉬운 용어로 설명한다. 그리고 그러한 설명을 할 때에 그는 일상생활에서 사용되는 쉬운 예를 든다. 이것이 소크라테스가 시도한 교육의 원리이며 교육의 방법이다.

6 시민교육의 효과적인 방법

본 절에서는 소크라테스의 핵심적인 두 가지 교육 방법인 일렌쿠스와 산파술을 시민교육에 적용할 때의 절차를 예시와 함께 알아보고, 마지막으로 이 두 가지 방법을 통합하여 소크라테스의 교육 방법을 활용한 시민교육의 절차를 제시해볼 것이다.

6.1 일렌쿠스의 절차

앞의 5절에서 일렌쿠스의 목적과 원리에 대해서 자세히 알아보았으므로 여기에서는 실제로 시민교육 수업 시간에 교사가 다룰 수 있는 하나의 주제를 예시로 들어 수업을 하는 절차를 제시해본다.

 1) 교사는 먼저 수업 시간에 공부할 주제를 제시한다. 주제가 '표현의 자유와 주택가에서의 대중 집회'라면 '표현의 자유'와 '대중 집회'의 의미를 분명히 하고 이 두 가지 주제가 상충될 때의 문제점들을 찾아낸다.

2) 주제와 관련하여 토론 질문을 한정한다. 예컨대, "주택가 가까운 곳에서 대중 집회를 할 경우에 어느 정도의 집회까지 허용할 것인가?"로 정할 수 있을 것이다.
3) 토론 질문을 명확하게 한정한다. 소인수 대중 집회에서 확성기를 사용하지 않을 경우에 주택가 가까운 곳(100m 이내)에서 표현의 자유를 보장할 것인가 보장해서는 안 될 것인가?
4) 위의 토론 문제를 명제로 제시한다. 예컨대, 다음의 두 가지 하위 항목으로 나눌 수 있을 것이다. ① 주택가 가까운 곳(100m 이내)에서 대중 집회를 할 때는 확성기를 사용할 수 없으며 100명 이상의 대중 집회를 할 수 없다. ② 주택가 가까운 곳(100m 이내)에서는 대중 집회를 아예 개최할 수 없다.
5) 교사와 학생들은 상호 간에 일련의 질문을 통해서 위의 명제 2개에 대하여 각각 타당성을 확인한다. 타당성의 확인은 각 명제에 들어 있는 모순점을 찾아내는 일을 중심으로 하여 진행되며 타당한 이유와 증거를 중심으로 검사한다.
6) 최종적인 결론을 도출한다. 각각의 명제별로 다수결로 결정할 수 있지만 다수결로 결정된 안에 대하여 다시 한번 2차적 검사를 한다. 2차적 검사에서는 선정된 명제에 대해서 장점들과 단점들에 대하여 토의한다. 만약, 선정된 명제의 장점보다 단점이 더 많으면 재고한다. 두 번째 안에 대해서도 이런 방식으로 장점들과 단점들에 대하여 토의한다. 단점보다 장점이 더 많으면 잠정적인 해답으로 정한다. 장점과 단점의 비교에 있어서 단지 가지 수만 비교하는 것이 아니라 그것들의 심각성과 중요성도 함께 고려하여 비교한다. 양적 비교보다는 질적 비교에 초점을 두고 전체적인 경향을 찾는다. 여기서 중요한 것은 장점이 가장 많은 의

견이나 가장 타당한 근거가 있는 의견을 최선의 해결책으로 정하지만 교사는 이것이 반드시 정답이 되는 것은 아니며 더 많은 장점이나 더욱 타당한 근거를 가진 의견이 발견되면 언제든지 고칠 수 있다는 것을 인식시켜야 한다는 점이다(이영문, 2011: 158-159). 소크라테스에 의하면, 진리 탐구의 토론에서 최종적으로 결정된 안은 언제든지 더 합리적이고 타당한 안이 발견되면 부정되고 보다 결함이 적은 안이 선택되어야 한다. 이것이 일렌쿠스의 특징이다. 학생들이 일렌쿠스의 방식으로 시민 교육의 주제에 대해 토론하면 합리적 사고와 민주적 사고를 존중하는 방법을 배울 수 있을 것이다. 동시에 학생들은 단지 다수결로 정답을 결정하는 방식보다는 일렌쿠스에 의한 토론 방식이 더욱 좋은 방법이 된다는 것을 알게 될 것이다.

6.2 산파술

산파술은 플라톤의 대화편 「테아이테토스」에 잘 소개되어 있다. 소크라테스의 산파술은 교사의 역할을 산파의 역할에 비유한 교수 방법이다. 이를 간략하게 설명하면 다음과 같다. 우선 이 비유에 사용된 용어를 정리할 필요가 있다. 산모에 해당하는 사람은 학생이며, 산파에 해당하는 사람은 교사이며, 태아에 해당하는 대상은 학생이 깨닫게 될 잠재능력으로서의 지식이다. 산파는 산모가 태아를 출산할 때 산모의 출산을 도와주는 사람, 즉 도우미(helper)인데, 산모는 산파의 도움으로 태아를 수월하게 출산할 수 있다. 산파에 해당하는 오늘날의 사람은 산부인과 병원의 의료진인데 의사는 산모의 상태에 따라 적절하게 의료적 처치를 하면서 태아의 분만을 유도한다. 산모가 순산하지 못하고 사경을 해맬 때 의사는 긴급 수술을 하여 태아와 산모의 목숨을 건질 수 있다. 교사는 산파와 마찬가지로 학생으로 하여

금 그의 내면에 들어 있는 잠재능력으로서의 지식을 깨달아 알 수 있도록 학생의 곁에서 힌트를 주어가며 도움을 준다. 산파가 아무리 급해도 산모의 뱃속에서 태아를 손으로 막 잡아당겨서는 안 되듯이 교사도 급하다고 학생의 내면에 잠재되어 있는 지식을 학생이 이해하지 못한 상태에서 무리하게 집어 당겨내려고 시도해서는 안 된다. 만약 교사가 학생에게 정답을 알려주어 학생이 맞춘다 해도 그것은 아무 소용이 없다. 그렇게 해서는 그 이후에 학생은 정답을 맞출 수 없다. 그것은 학생이 그 지식을 소화하지 못해서 제대로 이해하지 못했기 때문이다. 산파가 산모의 상태에 따라서 적절하게 처치하여 태아가 순조롭게 출산되도록 하는 것처럼 교사는 학생의 능력에 알맞게 조금씩 힌트를 주면서 학생 스스로의 힘으로 잠재능력으로서 학생의 내면에 들어 있는 지식을 깨달아 알아갈 수 있도록 도움을 주어야 한다. 이런 교육방법은 오늘날 현대 교육학에서는 발견 학습법 또는 탐구 학습법으로 잘 알려져 있다. 발견 학습법은 미국의 교육학자 브루너(J.S. Bruner)가 소크라테스의 산파술을 활용하여 개발한 현대 교수 방법으로 잘 알려져 있다.

　소크라테스의 산파술과 일렌쿠스는 엄밀히는 잘 구별이 안 되는 경우가 많지만 원칙적으로 말하면 일렌쿠스는 산파술의 초기에 행하는 교육 방법이다. 일렌쿠스는 학생이 새로운 지식을 깨달아 알기 전에 그의 내면에 들어있는 이전의 잘못된 지식과 편견들을 찾아 없애는 일을 하는 교육적 처치이다. 이것은 운동의 경우에 쉽게 설명이 된다. 일류 운동 선수를 키우기 위해서 운동 코치는 선수 후보자에게서 이전에 잘못 알고 있던 운동 기술을 전부 없애는 일부터 한다. 코치는 이 일에 가장 큰 공을 들인다. 이 일에 성공하지 못하면 그 선수 후보자는 절대로 일류 운동 선수가 되지 못한다. 이전의 지식으로 어느 정도의 발전을 할 수 있지만, 그 이상으로는 발전하지 못한다. 이것이 아마추어 선수와 프로 선수와의 차이이다. 예컨대, 잘못된 타법을 배운 야구 타자는 절대로 홈런을 치지 못한다. 그는 이전의 타격 기술을 다 버리고 새롭게 홈런 타격에 맞는 타법을 배워야 한다. 선수 후보자가 이전에 몸에 밴 잘못된 타법을 버리고 나면 그때부터 타격이 발전한다. 지식을 깨닫는 데에도 마찬가지의 원리가 적용된다. 교사가 학생과 함께 일렌쿠스를 통하여 학생의 내면에 들어 있던 잘못된 사전 지식과 편견들을 제거하고 난 후에 교사와 학생은 공동의 노력으로 올바른 지식을 찾아 나서게 된다. 플라톤의 초기 대화편들에 나오는 소크라테스는 거의 대부분의 시간을 일렌쿠스, 즉 대화자 또는 학생이 가지고 있던 편견이나 잘못된 사전 지식을 찾아서 버리게 하는 데 사용한다. 학생이 교사와의 공동 노력으로 잘못된 사전 지식을 찾아서 버리고 나면 이제 본격적인 진리 탐구에 들어선다. 이 때에 필요한 처치가 산파술이다. 대표적인 산파술의 사례는 플라톤의 대화편「메논」에서 정사각형 넓이의 두 배가 되는 정사각형의 한 변의 길이를 알아낼 수 있도록 가르치는 소크라테스와 메논의 노예 소년과의 대화 장면이다.

6.3 소크라테스 교육 방법의 시민교육에의 적용 원리

이제 일렌쿠스와 산파술에 공통되는 시민교육의 방법에 들어 있는 원리를 제시해본다.

1) 자신의 주장이 확고한 증거와 타당한 이유에 의하여 뒷받침되어 있는가를 검사한다.
2) 흔히 사람들은 다른 사람들의 생각에 동조하기 쉽다. 소위, 군중심리에 빠져들기 쉽다. 그리고 편견이나 선입견을 가지기 쉽다. 그러나 이러한

편견이나 선입견은 타당한 이유와 증거의 뒷받침이 없으면 가차 없이 버려야 한다.

3) 또한, 확실한 증거를 찾기 전에는 판단을 보류해야 한다. 판단을 보류한다는 것은 판단을 멈추는 것이 아니라 보다 확실한 증거를 찾기 전에는 섣불리 결정을 내려서는 안 되며 계속해서 진리 탐구의 노력을 해야 한다는 것을 말한다.

4) 교사는 학생들에게 논의하는 문제와 관련하여 끊임없이 대화하고, 질문하고, 토론하여 합리적인 논리와 증거에 기초한 보다 합당한 해결책을, 그리고 종국적으로는 흔들리지 않는 진리를 찾아가도록 독려한다.

6.4 소크라테스 교육 방법에 기초한 시민교육의 수업 절차

이하에서는 시민교육을 담당하는 교사가 이러한 소크라테스의 교육방법을 사용하여 수업 시간에 등장하는 문제를 학생들과 함께 공동으로 해결해 나가는 실제적 절차를 제시해본다.

1) 소집단의 대화에서 시민들의 삶에 관한 문제들을 발견한다.
2) 문제의 원인을 파악하여 그 해결 방법을 모색한다.
3) 잘못 입수된 정보들을 걸러낸다. 이 절차는 일렌쿠스의 방법에 의하여 진행된다.
4) 이때 증거의 수집과 타당한 이유의 발견이 중요하다.
5) 문제의 원인이 진단되면 그 해결책을 모색하기 시작한다.
6) 이 때 산파술의 방법을 사용하여 다양한 대안을 찾는다.
7) 여러 가지 대안들 중에서 장점이 가장 많고 단점이 가장 적은 방안을 잠정적인 해답으로 채택한다.

8) 그러나 이 경우에도 (시간적인 여유가 충분할 경우에는) 더욱 많은 대화를 통해서 보다 많은 장점과 보다 적은 단점을 가진 대안을 발견하면 그것을 새로운 해답(또는 해결책)으로 채택한다.

짐작할 수 있다시피, 소크라테스의 교육 방법은 합리적이고 효과적인 시민 사회의 문제 해결 방법인 동시에 민주적 시민의 대화 방식이다. 소크라테스의 교육 방법은 오늘날 대부분의 사회과 수업에서 민주적인 방법으로 제시하는 다수결의 방법보다 진일보한 시민 교육적 해결 방법이라고 말할 수 있다. 이것이 진정한 민주적 대화와 토론의 방법임을 알 수 있다. 물론, 이 방식이 갖고 있는 단점도 무시할 수는 없다. 대표적인 단점으로는 시간이 많이 걸린다는 점과 어린 아이들의 지능에는 너무 어려울 수 있다는 점이다. 그래서 소크라테스의 교육 방법을 시민교육에 적용할 때에 교사는 좀더 간편한 방법을 고안하여 활용할 필요가 있을 것이다. 간편한 방법에 대해서는 앞으로 새로운 연구가 필요할 것이다. 물론 아무리 간편한 방법이라고 할지라도 소크라테스 교육 방법의 속성인 '진리 탐구'라는 목적을 벗어나서는 안 될 것이다. 그리고 그 방법으로서 올바른 증거와 타당한 이유를 중시해야 한다. 이때 교사가 꼭 명심할 것은 오늘날 대부분의 회의에서 민주적 방법으로 채택하는 다수결 제도가 만능인 것은 아니며 소수의 의견일지라도 나름대로 충분한 가치를 가질 수 있다는 점을 알고 다수결 제도의 단점을 극복할 수 있는 방법을 찾는 연구와 노력이 필요하다는 것이다.

7 논의 및 결론

소크라테스는 교육을 사람들의 영혼을 깨끗하게 하는 노력으로 보고 있다. 인간의 모든 행위와 삶은 영혼의 판단에서부터 나온다. 그러므로 소크라테스는 교육의 출발을 '영혼의 상태 점검'에 두고 있고, 교육의 최종 목적을 '영혼의 정화'에 두고 있다. 이것과 관련하여, 소크라테스 교육론의 핵심인 '인간의 삶은 영혼에 의해서 이루어진다.'는 주장은 매우 중요하기 때문에 이 주제에 대하여 좀 더 살펴본다. 사실상, '인간의 삶은 영혼에 의해서 이루어진다.'는 주장은 소크라테스의 지행합일론의 핵심이다.[6] 인간의 모든 생각과 감정과 그에 따른 행동은 두뇌(brain)라는 엔진(또는 기관차)으로부터 나온다. 여기서 두뇌(brain)는 영혼 또는 영혼의 판단이라는 말과 동일하다. 영혼의 판단이 명령을 내리면 거기에 따라 모든 감정과 행동이 조절되어 최종적으로는 행위로 나타난다.

소크라테스의 이러한 사고는 매우 과학적이고 합리적이다. 그래서 주류 철학 사상에서는 소크라테스를 합리주의의 시조라고 부르고 있다. 소크라테스의 합리주의는 실용주의 및 경험주의와 대조가 되는 합리주의가 아니라 실용주의, 경험주의, 과학주의, 논리주의, 증거주의, 객관주의, 전통주의를 모두 포괄하는 포괄적 합리주의이다. 이 말은 소크라테스는 선입견을 가지지 않고 모든 주장을 검증하여 증거에 의하여 만인에 의해 받아들일 만한 것인지를 따져서 그것이 합당한 근거를 가지고 있어서 만인에게 설득력을 가지면 진리로서 인정하고 있다는 말이다. 물론, 여기서 진리라는 말은 더 정확하게 말하면 잠정적 해답이다. 추후 검증에 의하여 새로운 증거

---

[6] 이영문(2017), "소크라테스의 지행합일론의 도덕교육적 함의"를 참조할 것.

가 나타나면 그 잠정적 해답은 폐기되고 새롭게 확인된 해답이 진리의 자격을 갖게 된다. 이런 식으로 하여 최종적인 진리는 계속적인 검증에 열려 있다. 이것이 소크라테스 교육론의 중요한 특징이다. 그러므로 소크라테스는 확실한 증거가 수집되기 전에는 판단을 보류한다. 이것이 진리에 대한 겸허한 자세이고 진리에 대한 솔직한 자세이다. 소크라테스는 플라톤의 대화편「골기아스」에서 골기아스와의 대화에서 일렌쿠스의 조건으로 솔직성(frankness)을 부탁한다. 그래서 소크라테스의 교육론은 오늘날 철학자뿐만 아니라 수학교육자와 과학교육자에게도 많이 활용되고 있는 이론이 된 것이다. 심지어 소크라테스의 교육론은 진보주의자와 전통주의자에게도 환영받는 이론이 되었다. 대표적인 진보주의적 이론인 구성주의(constructivism)에서도 소크라테스의 교육론은 매우 중요한 기초 이론이 되고 있다. 뿐만 아니라, 소크라테스의 교육론은 전통을 강조하는 도덕교육론자들에게도 호의적으로 받아들여지고 있는 이론이 되었다. 그것을 입증할 수 있는 예로서 소크라테스는 전통주의자들과 마찬가지로 국가의 법과 사회 질서를 매우 중요하게 여긴다는 것을 들 수 있다. 익히 알려져 있듯이, 소크라테스는 국가의 법을 존중하여 비록 억울하지만 사형 판결을 엄숙히 받아들여 기꺼이 독배를 마셨던 것이다. 소크라테스 교육론의 이런 특색은 이 정도로 하고 이하에서는 영혼의 정화로서의 교육 목적과 시민교육의 관련에 대해서 좀 더 고찰해볼 것이다.

앞에서 소크라테스 교육론의 특징이 영혼의 정화에 있으며 영혼이 깨끗한 시민을 만드는 것이 최우선적인 과제로 된다고 말한 적이 있다. 이제, 이점을 좀 들여다보자. 한 국가나 사회에 살고 있는 사람들의 정신, 즉 영혼이 병들어 있거나 영혼에 때가 묻어 있으면 그들의 삶은 병들고 불결해질 것이며 그에 따라 그러한 사회와 국가는 병들게 될 것은 자명하다. 이것이 소크라테스가 시민교육에 있어서 영혼의 정화를 위해 노력한 이유이다. 즉, 소크라테스는 한평생 동안 그리스인들의 영혼을 깨끗하게 만드는 일에 힘을 쏟았고 자신의 삶 역시 깨끗한 영혼을 유지하는 삶을 사는 데 몰두하였다. 잘 알려진 바와 같이 소크라테스는 억울하게 사형 판정을 받고 친구 크리톤의 권유로 해외로 탈출하여 생명을 구할 기회를 가졌지만 끝내 그 권유를 뿌리치고 깨끗한 영혼을 가지고서 생을 마감했던 것이다. 이것을 보면 소크라테스는 그의 직업이 교육자였을 뿐만 아니라 그의 삶 자체가 교육적 매체였던 것이다.

그렇다면 우리가 이 글에서 논의하고 있는 주제인 시민교육에는 이러한 소크라테스의 교육관이 어떤 의미를 주는지 알아보자. 시민교육은 올바른 삶을 살아가는 시민을 육성하는 교육이다. 소크라테스의 교육관에 따르면 올바른 삶이란 영혼이 깨끗한 삶을 사는 것이다. 그렇다면 영혼이 깨끗한 시민을 어떻게 기를 수 있을까? 영혼이 깨끗한 시민은 깨끗한 양심을 가진 사람 또는 정직한 마음을 가진 사람이다. 이러한 시민은 우리 사회에 꼭 필요하다. 오늘날 우리 사회의 많은 문제들, 예컨대, 언어폭력 등 다양한 형태의 폭력, 보이스 피싱 등 다양한 형태의 사기, 공갈, 강도, 절도, 인격 살인, 집단 괴롭힘 등을 없애는 데 매우 필요하다. 뿐만 아니라, 다수결 제도의 폐해 등 민주주의 제도에서 흔히 나타날 수 있는 부작용을 해결하는 데에도 큰 기여를 할 수 있다. 그러나 소크라테스의 교육론이 시민교육에서 해결할 수 없는 문제도 적지 않다. 특히, 가치 판단의 문제를 해결하는 데 있어서는 큰 도움이 되지 못할 것이다. 도덕과의 수업에서 많이 강조하고 있는 가치 갈등 문제의 해결이나 딜레마의 해결 등 복잡하고 세밀한 문제에 있어서는 약점을 가진다. 그것은 옳고 그름을 분별할 판단의 기준을 제시하기 위한 교육 방법이 매우 복잡하기 때문이다. 사실상 소크라테스의 교육 방법, 즉 일렌쿠스와 산파술은 가치 판단의 방법으로서 매우 탁월한 방법이지만 교사와 학생들이 그 내용을 숙지하고 실제로 사회적 문제 해결에 적용하는 일이 상당히 어렵다. 간단히 말하면, 실용성과 실제성이 떨어진다는 말이다. 소크라테스의 시민교육 방법이 이렇게 어려운 것임에도 불구하고 소크라테스가 의도하는 영혼의 정화를 위한 시민교육은 그 약점에 비해 장점이 매우 많다. 그것이 우리 사회에서 일어날 수 있는 많은 문제들에 있어서 문제를 해결하는 데까지는 나아가지 못하더라도 그런 문제들의 발생을 줄이거나 심각한 문제들을 약화시킬 수 있을 것이다. 앞으로, 이런 문제와 관련하여 소크라테스의 교육론이 학교 시민교육에 기여할 수 있는 방안 및 시민교육 교육과정의 설계에 대하여는 후속적인 연구가 필요할 것이다.

다음으로, 소크라테스 교육론의 특징과 관련하여 소크라테스 사상의 특징으로 '상식에 기초한 교육론'에 대하여 언급할 필요가 있다. 소크라테스의 사상은 상식에 기반하고 있다. 이점은 소크라테스의 사상을 이해하는 데 있어서 매우 중요하다. 소크라테스에게 있어서 온 우주는 인간의 상식을 만들어내는 원재료가 된다. 이 말은 중요한 의미를 담고 있다. 철학자들은 많은 이론과 원리를 주장하고 만들어낸다. 그런데 그러한 주장이나 원리는 우주라는 원재료에 의해 검증되어야 한다. 철학자들이 주장하는 이론이나 원리가 실제 인간의 삶이나 우주의 진행에 어긋나면 그러한 주장이나 원리는 문제가 있는 것이다. 소크라테스는 자신의 생각이 인간의 실제 삶과 우주의 진행에 맞는지 안 맞는지를 철저하게 검증한다. 이것이 소크라테스의 교육방법인 일렌쿠스와 산파술의 원리이기도 하다. 이러한 과정을 통해서 소크라테스는 흔들림 없는 진리를 발견하고자 한다. 플라톤의 대화편들에 나오는 소크라테스의 대화는 대부분 이러한 목적으로 진행된다. 이러한 특징은 플라톤의 초기 대화편들에 잘 나타난다.[7] 필자가 생각하기로는 이점에서 소크라테스의 교육론은 매우 현실성이 있으며 이것을 학교 현장에 적용하면 매우 실질적인 효과를 볼 수 있을 것이다. 소크라테스의 시민교육론도 이런 점에 비추어 평가하면 좋을 것이다.

마지막으로, 학교 시민교육 교육과정 설계에 대해 간략하게 적어보고 이 글을 마치고자 한다. 플라톤은 이미 그의 저서 대화편 「국가론」과 「법률」을 통하여 시민교육의 구체적인 교육과정 설계와 그 내용을 제시하였다.[8] 플라톤이 그의 교육과정 설계에 대하여 시민교육이라는 명칭을 사용하지는 않았지만 플라톤이 말하는 국가는 고대 그리스라는 적은 인원이 모여 사는 국가(polis)이기에 그가 말한 국가 교육론은 시민교육에 관한 이론이라고 말할 수 있다(이영문, 2020: 3). 이런 이유에서 소크라테스와 플라톤의 교육론은 충분히 시민교육론이 될 자격이 있다. 아래에서 학교 시민교육 교육과정의 설계에 대하여 필자의 견해를 밝히고자 한다. 우선, 첫 번째로 말할 수 있는 것은 우리나라 국가 교육과정의 설계에 있어서 '시민교육'이라는 교과를 만들 수 있을 것이다. 이런 생각은 현재 도덕 교과 내에서 가르치는 통일교육을 '통일' 또는 '통일교육'이라는 교과로 독립하자는 제안처럼 유의미한 견해가 된다. 그런데 국가 교육과정의 설계에서 학교의 교과목 수를 줄이자는 전반적인 경향에 비추어 볼 때에 '시민교육'이라는 독립 교과를

---

[7] 플라톤의 초기 대화편들은 실존했던 소크라테스의 생각과 말이라고 보는 것이 일반적이다. 그렇지만 중기 이후의 대화편들에 나오는 등장 인물 소크라테스의 생각과 말은 실존했던 소크라테스의 생각과 말이라기보다는 소크라테스의 제자인 플라톤의 생각과 주장이 많이 반영되어 있는 것으로 볼 수 있다. 플라톤의 대화편에서 실존한 소크라테스의 주장과 플라톤의 주장에 대한 차이점에 대한 연구로는 이영문(2015), "소크라테스의 도덕교육론 정립을 위한 기초 연구"를 참조할 것.

[8] 이영문(2020), "플라톤의 시민교육론 연구"를 참조할 것.

개설하는 일은 실현성이 크지 않을 것이다. 그렇다면 기존의 교과 내에서 시민교육을 포함시켜서 교육과정을 설계하는 안이 지지받을 것이다. 그렇다면 시민교육을 어떤 교과 안에 포함시킬 것인가 하는 문제가 대두된다. 가장 크게 지지할 수 있는 교과는 도덕과와 사회과가 될 것이다. 두 교과 모두 시민교육을 다룰 명분은 충분히 있다. 현재의 교육과정에서도 도덕과와 사회과 안에 모두 '민주시민교육'란 주제를 다루고 있다. 이러한 경향은 충분히 일리가 있다. 이 때 도덕과와 사회과의 특성상 도덕과는 가치지향적인 내용을 위주로 다루고, 사회과는 사회과학의 특성의 맞게 가치중립적인 내용을 위주로 다루는 것이 좋을 것이다. 그렇지만 이렇게 시민교육의 내용을 분리할 때에 교과서 집필자가 교과서의 내용을 꼭 이런 취지에 맞게 집필할 수 있을지가 문제가 된다. 그것은 교과서 내용을 기술하다 보면 사실상 객관적인 서술과 가치지향적인 서술을 분리해서 서술하는 것이 쉽지 않기 때문이다. 그래서 결국은 도덕과와 사회과 모두 교육과정의 구성에 있어서 주제 중심으로 정하기 쉽다. 이 문제는 교육과정 설계와 구성에서부터 교과서 집필에 이르기까지 도덕과교육 전문가와 사회과교육 전문가가 함께 연구하고 토의하면서 해결해나가야 할 것이다. 이 외에 시민교육 교육과정과 교과서 집필에 관한 제반 문제와 구체적인 방안에 대해서는 앞으로 지속적인 연구가 필요할 것이다.

참고문헌

교육부(2015), 『도덕과 교육과정』, 교육부 고시 제2015-74호[별책6].
김봉소·김민남 역(1985), 『Kohlberg 도덕발달의 철학-도덕 단계와 정의의 관념』, 서울: 교육과학사.
김성진 역(2005), 프리도 릭켄 저, 『고대 그리스 철학』, 서울: 서광사.
박규철(2003), 『역사적 소크라테스와 등장인물 소크라테스』, 고양: 동과서.
박종현 역주 (1997), 『플라톤의 국가·正體』, 서울: 서광사.
이광래 역(1994), 사무엘 E. 스텀프 저, 『서양철학사』, 서울: 종로서적출판주식회사.
이영문(1996), "도덕교육의 방법으로서의 일렌쿠스", 『초등도덕교육』, 창간호, 167-189.
이영문(1996), "키에르케고르의 자아발달론과 도덕교육", 『초등도덕교육』, 2, 1-19.
이영문(2011), 『도덕교육의 이론과 수업』, 서울: 도서출판 하우.
이영문(2015), "소크라테스의 도덕교육론 정립을 위한 기초 연구", 『도덕교육연구』 27(1), 163-187.
이영문(2016), "도덕과 인성교육의 해법: 소크라테스의 관점을 중심으로," 『도덕윤리과교육』, 52, 255-273.
이영문(2017), "소크라테스의 지행합일론의 도덕교육적 함의", 『도덕교육연구』 29(4), 73-93.
이영문(2020), "플라톤의 시민교육론 연구", 『교육연구』 38(1), 1-25.
임춘갑 역(1982), 키르케고르 저, 『죽음에 이르는 병』, 서울: 종로서적출판주식회사.
Bruner, J.S.(1960), *The Process of Education*, Boston: Harvard University Press.
Collingwood, R.G.(1940), *An Essay on Metaphysics*, Oxford: Oxford University.
Hamilton, E. & Cairns, H.(Eds)(1961), *Plato: The Collected Dialogues*, Princeton: Princeton University Press.
Kierkegaard, S.(1970), trans. by W. Lowrie, *The Sickness Unto Death*, Princeton: Princeton University Press.
King James Bible 1611~2011.
Kohlberg, L.(1981), *The Philosophy of Moral Development: Moral Stages and The Idea of Justice, Essay on Moral Development*, Vol.1, San Francisco: Harper & Row.
NIV(New International Version) ·『아가페 한영해설성경』, 개역개정, 서울: (주)아가페.
Plato, *Apology*.
Plato, *Crito*.
Plato, *Gorgias*.
Plato, *Laws*.
Plato, *Meno*.

Plato, *Republic.*
Plato, *Sophist.*
Plato, *Theaetetus.*
Vlastos, G.(1991), *Socrates: Ironist and Moral Philosopher*, New York: Cornell University Press.

4장
아리스토텔레스의 '시민적 우정'

정창우(서울대학교)

최근에 발표된 '2022 개정 교육과정 총론의 주요 사항(시안)'에는 교육과정에서 추구하는 인간상 설정시 고려해야 할 몇 가지 사항들이 제시되어 있는데, 여기에는 '자기 주도성(주체성, 책임감, 적극적 태도), 창의와 혁신(문제해결, 융합적 사고, 도전), 포용성과 시민성(배려, 소통, 협력, 공감, 공동체의식)'이 포함되어 있다(교육부, 2021: 12). 이 중에서 '포용성'에 대해서는 "사회 구성원들 사이의 차이와 다양성에 대한 상호이해와 존중을 바탕으로, 개개인의 교육적 성장과 공정하고 지속 가능한 사회를 함께 실현해 나가고자 하는 태도 및 소양"이라고 설명을 덧붙였다.

<표 1> 2022 개정 교육과정에서 추구하는 인간상(교육부, 2021: 12)

미래 전망	4차 산업혁명 도래, 인구 급감, 학습자 성향 변화, 기후환경 변화 등 불확실성 심화		인간상 설정 시 고려사항
국민 의견	개인과 사회 공동의 행복 추구 자기 정체성을 바탕으로 한 자기 주도적 학습, 책임 있는 시민으로 성장 ※ 국가교육회의 설문조사('21.5.17. ~ 6.17.)	⇨	☞ 자기 주도성 (주체성, 책임감, 적극적 태도) ☞ 창의와 혁신 (문제해결, 융합적 사고, 도전) ☞ 포용성*과 시민성 (배려 소통, 협력 공감 공동체 의식)
글로벌 동향	학생 행위 주체성(student agency) 변혁적 역량, 세계 시민 역량 등 강조		

* (포용성) 사회 구성원들 사이의 차이와 다양성에 대한 상호 이해와 존중을 바탕으로, 개개인의 교육적 성장과 공정하고 지속가능한 사회를 함께 실현해 나가고자 하는 태도 및 소양

이러한 '교육적 인간상'과 더불어, '핵심 역량'은 학교교육 전반을 통해 길러져야 하는 것이 무엇인가를 명시적으로 보여주는 것으로서, 교과 및 교과 외 교육과정 개발과 운영에 직접적으로 영향을 미치는 요소이기 때문에, 이에 대한 개선책이 무엇인지 반드시 확인해 볼 필요가 있다. 총론의 주요 사항(시안)을 살펴보면, '2015 개정 교육과정'에서와 마찬가지로 총 6개의 핵심 역량이 제시되어 있으며, 이 중 '의사소통'을 '협력적 소통'으로 수정한 것 외에는 별다른 변화가 없음을 확인할 수 있다(교육부, 2021: 13).

■ (현행) 자기관리, 지식정보처리, 창의적 사고, 심미적 감성, **의사소통**, 공동체 역량
➡ (개선안) 자기관리, 지식정보처리, 창의적 사고, 심미적 감성, **협력적 소통**, 공동체 역량

또한 개정의 중점 사항을 확인해 보면, 총론의 주요 사항(시안)에는 '인간과 환경의 공존을 추구하는 생태전환교육'과 '시민성 함양을 위한 민주시민교육'의 강화를 추구한다고 밝히고 있고, '민주시민교육'에 대해서는 "학생이 자기 자신과 공동체적 삶의 주인임을 자각하고, 비판적 사고를 통해 자

신이 속한 공동체의 문제를 상호 연대하여 해결할 수 있도록 지원하는 교육"이라고 정의 내리고 있다(교육부, 2021: 15). 그러면서 공동체 가치 함양과 역량 강화를 위해 민주시민교육과 연계하여 평화, 인성교육, 인문학적 소양교육 등을 내실화해야 한다고 밝히고 있다.

이와 같이 '2022 개정 교육과정 총론의 주요 사항(시안)'을 통해 볼 때, 향후 시민교육 관련 변화의 방향성은 포용성과 시민성, 협력적 소통, 공동체 역량, 비판적 사고를 통해 자신이 속한 공동체의 문제를 상호 연대하여 해결할 수 있는 역량 등을 강조하는 쪽에 두어질 것으로 보인다. 이러한 방향 설정의 배경에는 아마도 심각한 정치적·경제적 양극화, 격한 감정이 수반된 (근거 없는 혹은 무조건적) 반대(disagreements)와 불화, 과격하고 혐오적인 표현 및 물리적 충돌을 통한 문제 해결 양상 등이 있음을 짐작할 수 있다.[1] 이러한 현상들의 극단에는 재물 손괴, 타인에 대한 신체적이고 정서적인 유해 행위, 그리고 심지어 살인 등이 위치해 있으며, 많은 사람들은 이러한 부정적 현상에 충격을 받으면서 깊은 실망과 우려를 안고 긍정적 변화를 희구한다. 의심의 여지없이, 어느 사회에서나 갈등과 대립은 존재해왔다. 이때 보다 관건이 되는 것은 그러한 갈등에도 불구하고 조율의 과정을 통해 점진적으로 건설적 논쟁(constructive controversy) 및 화합과 진보의 방향으로 나아갈 수 있느냐의 문제일 것이다. 그러나 오늘날 국내외의 현실은 안타깝게도 갈등과 대립, 불신의 골이 더 깊어지는 국면에 처해있는 것으로 보인다.

이런 상황에서 우리는 다음과 같은 질문을 던져야 한다. 우리가 진정으로 살고 싶은 공동체는 어떤 공동체인가? 진정한 시민이란 어떤 존재이고,

---

1 특히 이와 관련된 미국의 상황에 대해서는 조너선 하이트(J. Haidt)의 『바른 마음』(The Righteous Mind)을 참고하기 바란다.

우리는 동료 시민들(fellow citizens)과 어떤 관계를 가져야 하는가? 심각한 정치적 양극화와 불화, 격하고 악한 감정 표현 및 물리적 충돌 현상을 극복하기 위해서는 제도적, 개인적 차원을 포함하여 어떤 개선 노력들이 필요한가? 이에 대한 답변으로 '정의로운 사회'가 우리가 진정으로 살기 원하는 사회이며, 이를 위해서는 구조적, 제도적 차원에서의 정치적 양극화, 경제적 차원에서의 소득 불평등 및 계층 간 양극화, 여성 및 사회적 소수자에 대한 인권 차별 문제 등에 대한 개선이 이루어져야 한다는 주장을 할 수 있을 것이다. 더불어 개인적 차원에서는 사회 정의를 둘러싼 문제에 대한 올바른 인식과 감수성, 자신의 입장을 뒷받침할 수 있는 양질의 근거를 제시하는 역량과 태도, 공적 영역에서 심의적 담론에 참여하는 것 등이 필수적으로 요구된다고 말할 수 있다. 이러한 시민적, 도덕적 능력과 태도에는 인지적, 정의적, 행동적 차원이 모두 포함되어 있기 때문에 '정의'에 대한 올바른 인식과 판단, 추론, 참여 능력과 태도만으로 시민성에 대한 논의는 충분하다고 말할 수도 있을 것이다. 하지만, 과연 이것으로 충분한가?

이 글에서는 시민들 간에 우호적이고 포용적이며 신뢰할 수 있는, 그리고 지속적인 관계를 형성할 수 있는 사회, 협력적 소통을 바탕으로 정치공동체가 순조롭게 작동(functioning)하는 사회, 덕과 선의를 가진 시민들에 의해 화합과 상호 연대가 이뤄지는 사회, 그리고 위험 요인과 분열에 맞설 수 있는 강하고 건강한 사회를 만들기 위해서[2] 아리스토텔레스의 '시민적 우정'(civic friendship) 개념에 주목하고자 한다. 이를 위해 칸트, 롤스, 하버마스, 콜버그류의 '정의적 추론'(justice reasoning)을 중시하는 입장이 우리나

---

[2] 여기에는 '2022 개정 교육과정 총론의 주요 사항(시안)'에서 강조하고 있는 '포용성과 시민성, 협력적 소통, 공동체 역량, 공동체의 문제를 상호 연대하여 해결할 수 있는 역량'이 모두 포함되어 있다.

라 도덕교육에 일정 정도 기여한 것이 사실이지만, 시민적 성향 및 태도에 관련된 시민교육 측면에서는 한계가 있다고 평가내릴 것이다. 나아가 '시민적 우정'이라는 아리스토텔레스의 개념이 비록 논쟁적이기는 하지만, '정의적 추론' 중심 논의의 한계를 보완하며 시민적 성향 및 태도 함양을 위한 지적 원천이 되어 줄 수 있는 하나의 유력한 대안이 될 수 있음을 제안하고자 한다.

이와 같은 목적을 위해 본고에서 설정한 연구 질문은 다음과 같다. 첫째, 아리스토텔레스가 '시민적 우정' 개념을 통해 강조하고자 한 것은 무엇이며, 그 함의는 현대 자유민주주의 사회에서 어떤 의의를 갖는가? 둘째, 도덕과의 시민교육에서 '정의 추론' 접근의 한계는 무엇이며, 대안으로서 '시민적 우정'에 주목해야 하는 이유는 무엇인가? 끝으로, 아리스토텔레스 시민적 우정 개념을 도덕과 시민교육에 어떻게 적용할 수 있는가?

❶ 생애와 주요 저술 활동

아리스토텔레스(Aristotle, 기원전 384-322년)는 서양의 지성사에 지대한 영향을 미친 위인이다. 스탠퍼드 철학 백과에서는 아리스토텔레스를 "모든 시대의 가장 위대한 철학자 중 하나"로[3], 브리태니커 백과사전에서는 "서구 역사상 가장 위대한 지성인 중 하나"로[4] 소개하고 있다. 철학적 영향력으로만 판단하면 아마도 그의 스승인 플라톤만이 그와 비슷한 수준의 반열에 올라있다고 볼 수 있다.

아리스토텔레스는 그리스 북동부에 위치한 작은 도시국가 스타게이라

---

[3] 출처: https://plato.stanford.edu/entries/aristotle/
[4] 출처: https://www.britannica.com/biography/Aristotle

(Stagira)에서 태어났다. 그의 아버지 니코마코스(Nicomachos)는 마케도니아 왕실의 시의(侍醫)였다고 하는데, 아리스토텔레스가 어릴 때 죽었다. 그가 17살 때 어머니마저 죽은 뒤 후견인인 프록세노스에 의해 아테네에 있는 플라톤의 아카데미아로 보내졌고, 거기에서 플라톤의 제자가 된 후 20년 동안 그의 영향을 받으며 강연과 저술 활동을 하였다(Arrington, 김성호 역, 2007: 111; Aristotle, 이창우 외역, 2011: 388). 이 기간 동안, 이른바 '제1차 아테네 체류 시기'에 그는 플라톤의 문하에서 학문에 정진한다.

기원전 347년에 플라톤이 죽자, 아리스토텔레스는 플라톤의 조카인 스페우시포스가 아카데미아의 새원장이 되자 아테네를 떠나 헤르미아스(소아시아 아타르네우스의 통치자)에게 갔다. 헤르미아스의 환대 속에서 아리스토텔레스는 철학과 학문 연구에 전념할 수 있었으며, 그의 양녀 피티아스와 결혼한다. 얼마 후 헤르미아스가 페르시아인들에게 살해되자, 그는 레스보스 섬의 미틸레네로 갔고, 거기에서 수제자이자 가장 가까운 동료가 된 테오프라스토스를 만난다. 기원전 342년에는 마케도니아의 왕 필리포스의 초청으로 나중에 알렉산드로스 대왕(Alexander the Great)이 된 왕세자의 개인 교사가 되었다. 개인 교사직을 그만둔 이후 아리스토텔레스는 지천명의 나이가 되어서야 당시 마케도니아의 지배 하에 있었던 아테네로 다시 돌아왔으며, 이때부터 '제2차 아테네 체류 시기'가 시작되었다. 아리스토텔레스는 자신의 학원인 리케이온(Lykeion / Lyceum)을 설립하였으며, 이후 12년 동안 그곳에서 일한다. 이 시기가 그의 생애에서 가장 중요한 시기였다. 그가 쓴 책들과 글들 다수는 이 기간에 쓰인 것으로 보인다.

기원전 323년에 알렉산드로스 대왕이 죽자 아테네에서는 반마케도니아 정서가 강해지게 되었고, 그는 알렉산드로스와 긴밀한 관계를 맺었다는 이유로 불경죄—소크라테스가 기소당했던 바로 그 죄—로 기소당한다. 일설에 의하면 이와 같이 반아테네 일파의 동조자라는 혐의를 받은 후, 그는 "아테네 시민들이 다시 한번 철학에 대해 죄를 저지르는 것을 막기 위해" 아테네를 떠난다는 말을 남기고 에우보이아의 칼키스로 떠났다고 한다(Arrington, 김성호 역, 2007: 112; Aristotle, 이창우 외역, 2011: 389). 그는 이렇게 어머니의 고향인 에우보이아의 칼키스로 가서 이듬해(기원전 322년)에 62세의 나이로 세상을 떠났다.

아리스토텔레스는 풍부한 지식과 박식함을 갖춘 당대의 대표적인 학자였다. 매우 생산적인 연구자이자 저자이기도 한 그는 200편에 달하는 저술들을 남겼으며, 그 중 31편이 남아 있다(Shute, 1888). 그의 방대한 저술은 다룬 대상의 범위로 보나, 지니고 있는 고유한 가치로 보나 상상을 초월할 정도였다. 그가 다룬 분야들은 논리학, 형이상학, 인식론, 심리학, 윤리학, 정치학, 수사학, 미학(예술론), 물리학, 천문학, 해부학, 생리학, 동물학, 식물학 등으로 아주 폭이 넓었다(Shields, 2020; 이석호, 2009: 123).

우리에게 전승되는 아리스토텔레스의 저작들 중 대표적인 철학적 저술들을 주제별로 정리하면 다음과 같다(Aristotle, 이창우 외역, 2011: 389-390). 우선 논리학 저작들에는 『범주론』, 『명제론』, 『분석론 전서』, 『분석론 후서』, 『변증론』, 『궤변론(소피스트적 논박)』이 있다. 다음으로 이론철학적 저술로는 『자연학』, 『형이상학』, 『영혼론』 등이 전해진다. 실천철학적 저작들로는 『니코마코스 윤리학』, 『정치학』, 『에우데모스 윤리학』, 『대윤리학』이 전승된다.[5]

---

5   아리스토텔레스는 실천철학을 통해 삶의 실천적인 문제들을 분석하고, 설명하며, 그 원리들을 발견하고, 정당화하고자 하였다(Aristotle, 이창우 외역, 2011: 396-397). 이론철학이 다분히 사변적이고 이론적인 진리를 탐구하는 분야라고 한다면, 이와는 상대적으로, 실천철학은 사람들의 실제 행동과 삶의 방식을 이끄는 원리들을 탐구하는 분야라고 할 수 있다. 아리스토텔레스의 실천철학은 그 저작의 성격에 따라 윤리학과 정치학으로 나뉜다.

그리고 아리스토텔레스는 다른 철학자들에 의해 소외당하고, 심지어는 그의 해석자들에 의해서도 자주 간과되는 수사학과 예술 이론에 대해서도 깊은 관심을 기울였으며, 관련 저작으로는 『수사학』과 『시학』이 있다. 생물학에 관련된 저작으로는 『동물지』, 『생성소멸론』, 『동물의 부분』, 『동물의 운동』, 『자연학 소논문집』 등이 전해지고 있다. 아리스토텔레스의 저술들이 서양의 후대 철학자들과 과학자들에게 엄청난 영향을 끼쳤다는 데에 이견을 제시할 사람은 아무도 없을 것이다. 그의 저술들은 방대한 영역에서 오랜 세월에 걸쳐 지속적으로 조명을 받아왔고, 저항에 부딪히거나 논쟁을 촉발하기도 했으며(Shields, 2020), 동시대의 독자들에게도 많은 시사점을 제공하면서 연구 의욕을 자극하고 있다.

2 아리스토텔레스의 '시민적 우정' 개념[6]

1) '시민적 우정' 개념의 고전적 · 현대적 이해[7]

시민적 우정 혹은 정치적 우정은 '폴리티케 필리아'(politikē philia)라는 아리스토텔레스의 개념의 공통된 번역어이다. 아리스토텔레스가 이 개념 자체를 상대적으로 아주 드물게 사용했기 때문에 이에 대한 광범위한 해석의 여지가 존재한다는 것은 이에 대한 연구를 어렵게 만드는 요인 중 하나가

---

[6] 2~5장은 정창우, 이기연(2021), "아리스토텔레스 '시민적 우정'의 도덕교육적 함의", 『윤리연구』, 135, pp. 89-118 내용을 이 책의 성격에 맞게 수정 · 보완한 것임을 밝혀둔다.

[7] 본고에서는 아리스토텔레스 원전으로부터의 인용 시, 『니코마코스 윤리학』의 경우 NE, 『정치학』의 경우 Pol., 『에우데모스 윤리학』의 경우 EE, 『수사학』의 경우 Rh.와 같이 약자로 표기하고자 한다. 이때 국문 번역에 있어, 『니코마코스 윤리학』의 경우 강상진, 김재홍, 이창우 역본(2011)을, 『정치학』의 경우 천병희 역본(2009)을 기준으로 하였다.

될 것이다. 그럼에도 불구하고 그가 하나의 문장 혹은 문단에서 '정치'와 '필리아'를 동시에 언급하는 경우가 매우 빈번하다는 점은, 아리스토텔레스가 필리아를 성공적인 정치의 중심적 특징으로 보았다는 것을 명확하게 보여준다(Fowers, 2019: 79). 그는 좋은 정치를 위해 필요한 '마음의 일치(homonoia, like-mindedness), 공동체, 정의'가 필리아에 달려 있다고 믿었다(Fowers, 2019: 79). 이러한 시민적 우정에 대한 의미를 탐구하는 데 있어, 『니코마코스 윤리학』, 『에우데모스 윤리학』, 『정치학』, 『수사학』 등의 원전에 충실한 논의는 국내외 선행연구들에서 다수 시도되어왔기 때문에, 이 글에서는 원전을 중심으로 논의하기보다는 오늘날 대표적인 국내외 학자들의 연구물들, 그리고 시민적 우정에 대한 현대적 버전을 중심으로 논의를 진행하고자 한다.

시민들 간의 우정에 대해 논의하기에 앞서, 아리스토텔레스가 우정(philia) 개념 자체에 부여한 의미와 중요성에 대해 간략히 소개하고자 한다. 오늘날 일상적 의미에서의 우정은 일반적으로 친구 사이의 수평적 관계만을 가리키지만, 아리스토텔레스의 우정은 수평적 친구 관계뿐만 아니라 부부 사이, 스승과 제자 사이, 선배와 후배 사이의 관계를 포함하며, 더 나아가 동포애라고 부를 수 있는 것까지 포괄하는 개념이다. 이는 단순히 순간적인 감정의 수준이 아니며, 상당한 시간 동안의 인격적 교류와 이를 통한 친밀성을 전제한다(김남두 등, 2004: 235). 아리스토텔레스에 따르면 이러한 우정이 성립하기 위해서는 ① 상대방이 잘되기를 바라고, ② 서로에 대해 선의를 갖고 있으며, ③ 동시에 그런 사실을 서로 알고 있어야 한다는 조건이 필요하다(NE Ⅷ.8.1155b27-1156a4). 이때 우리가 사랑할 만한 것으로는 좋음(to agathon)이나 즐거움(to hedy) 혹은 유익(to chresimon)이 있기 때문에(NE Ⅷ.2.1155b18-21), 각각의 대상에 따라 우정 또한 쾌락(즐거움)에 근거한 우정, 유용성(유익)에 근거한 우정, 덕(탁월성)에 근거한 우정으로 분류된다(NE Ⅷ.3.1156a6-12). 앞의 세 가지 조건을 고려하였을 때, 아리스토텔레스에게 유용성이나 쾌락에 기초한 '우연적' 우정은 완전한 우정이 아니며, 선을 추구하는 우정이 진정한 의미의, 혹은 가장 완전한 우정에 해당한다는 것을 알 수 있다(NE Ⅷ.3.1156a16-24, 1156b7-17).[8] 용기, 절제, 긍지, 온화함, 정의로움 등 성품의 탁월함이 그 자체가 선이거나 선을 구성하는 불가결한 요소라고 보았을 때, 선을 추구하는 우정은 이런 탁월한 성품에 대한 사랑이라고 할 수 있다(배상식, 2006: 160). 배상식(2006)은 현대 공동체주의의 입장과 같이, 이러한 아리스토텔레스의 우정 개념이 개인주의적 현대사회에서의 원자화된 개인들을 사회적으로 결속시키고 유대감을 부여하는 가장 중요한 덕목이 될 수 있다고 평가한다.

아리스토텔레스의 우정에 대한 일반적인 개념에서 나아가, 시민들 사이의 우정을 가리키는 '시민적 우정'은 보다 심화된 의미를 가진다. 현대 아리스토텔레스 연구자들은 시민적 우정을 '정치공동체에서 시민들 사이의 유대, 도덕적·정치적 평등에 대한 상호 인식, 상호 관심과 동료의식에 기반

---

[8] 이들 세 조건은 순수성 계기, 상호성 계기, 인지성 계기로 표현될 수 있으며(김남두 등, 2004: 244), 현대 아리스토텔레스 연구자들(Irerra, 2005; Fowers, 2019: 82)은 이러한 『니코마코스 윤리학』 내용을 바탕으로 '시민적 우정'의 세 가지 핵심적 특징 또한 선의, 호혜성, 선의와 호혜성에 대한 상호 인식으로 규정한다. 즉 잘 작동하는 정치체제에 대한 공통의 관심은 시민적 우정의 첫 번째 특징에 대한 중요한 기반이며, 동료 시민들은 건강, 번영, 안전 등 여러 면에서 서로의 안녕을 기원한다. 또한 이들은 지역 사회의 전반적인 복지를 높이고 동료의 피해나 불행을 개선하기 위한 사회적, 정치적 노력을 지원하기 위해 협조할 것으로 기대할 수 있다. 이러한 선의와 다른 사람을 위한 행동은 상호적이다. 더불어 이러한 선의와 호혜성에 대한 상호 인식은 서로를 동료 시민으로 보고 정치에서 공유되는 공통 기반을 인식하는 데 필요한 조건이 된다.

한 호혜적인 선의의 연대'로 설명한다(A. Peterson, 2019: 113; Scorza, 2013). 어떤 식으로 정의하든, 시민적 우정은 기본적으로 정치공동체 구성원들 간에 존재하는 좋은 관계성의 유형으로 볼 수 있다(N. Snow, 2021). 이러한 시민적 우정의 역할과 관련하여 커렌과 엘렌바스(Curren & Elenbaas)는 "… 개인들은 시민적 우정을 통해 다양한 사회의 구성원들을 향한 선의를 보여주는 시민적 호의(civic friendliness)나 성향이라고 불릴 수 있는 시민적 덕의 한 측면을 획득한다."고 말한 바 있다(Snow, 2021).

현대 아리스토텔레스 연구자들은 저마다의 관점에 따라 서로 다른 방식으로 시민적 우정 개념을 구체화시켜왔다. 가령 이에 대해 심층적인 연구를 진행한 피터슨(A. Peterson)은 아리스토텔레스적 시민적 우정의 특징과 조건을 다음과 같이 정리한다(Peterson, 2019: 113-116).

① 아리스토텔레스는 시민적 우정이 '유용성'에 기반을 두고 있고(EE 1242a6-9), 인격적 우정(character friendship)[9]이 시민적 우정보다 더 친밀한 종류이며, 정치공동체 구성원들 사이에 더 깊은 공동체적 유대를 강화하는 것은 가능하지 않다고 보았다.

② 시민적 우정에는 각 시민의, 그리고 각 시민을 위한 선의가 포함되어야 한다. 아리스토텔레스는 우정을 '좋은 것이라고 생각되는 것을 자신이 아니라 다른 누군가를 위해 바라고, 이것들을 능력껏 만들어 내는 것'으로 정의한다(Rh. 1380b-1381a).

③ 시민적 우정은 인격적 우정의 한 형태는 아니지만 분명 '좋은 삶'과 관련이 있다. 이런 의미에서 시민적 우정은 동료 시민의 도덕적 인성

---

[9] 앞서 소개된 일반적 의미의 우정(philia)이 가지는 세 가지 종류 중, 덕(탁월성)에 근거한 것, 즉 덕에 근거한 개인적 우정을 가리킨다.

(moral character)에 관심을 가져야 한다. 『정치학』에는 시민적 친구라면 동료 시민이 '어떤 종류의 사람'인지에 대해 관심을 갖는다고 기술되어 있다.

④ 시민적 우정은 공동체 전체에 걸친 동료의식이며 사실상 친밀하기보다는 일반적이다. 시민적 우정이 정치공동체 전체에 적용된다는 것은 협소하거나 분파적 이해관계에 기반을 둔 결사가 시민적 우정으로 간주되지 않는다는 것을 인식하는 것이다.

⑤ 시민적 우정은 정치공동체 내에서 합의 또는 만장일치의 조건인 화합(concord)과 밀접하게 연결되어 있다. 아리스토텔레스는 '우리의 유익과 관련하며 삶을 위한 것들에 관계하기 때문에, 화합(마음의 일치, homonoia)은 시민들 사이의 우정인 것으로 보인다'(NE 1167b2-4)고 하였다.

⑥ 시민적 우정과 화합은 정치공동체가 온전히 소유하거나 전혀 소유할 수 없는 고정된 조건이 아니다. 오히려 정치공동체 내에서 시민적 우정과 화합은 그 정도(degrees)를 허용하는 '스펙트럼'으로 더 잘 이해된다.

⑦ 시민적 우정은 정치공동체 내에서 함양되어야 하며, '사회의 헌법, 공공 법률, 주요 제도 및 사회적 관습'을 포함하는 다양한 메커니즘을 통해 작동한다. 아리스토텔레스에 따르면, 시민적 우정의 함양은 입법가들이 목표로 삼아야 하는 것이다(NE 1155a25-26). 시민적 우정의 함양은 공식적 교육뿐만 아니라 법률, 심의 기관 및 심의 관행의 운영을 포함하여 정치공동체 내의 다양한 공식 및 비공식 과정에서 발휘된다. 아리스토텔레스에게 심의(deliberation)는 시민들로 하여금 '편리한 것과 부적절한 것, 따라서 정의로운 것과 부당한 것'에 대해 다른 사람들과 대화를 시작하게 한다.

⑧ 시민적 우정은 시민적 정의(civic justice)의 한 형태이며, 실제로는 정의 자체보다 훨씬 더 중요할 수 있다. 아리스토텔레스는 시민적 우정과 관련하여 '서로 친구인 사람들 사이에서는 더 이상 정의가 필요하지 않지만 서로 정의로운 사람들 사이에서는 우정이 추가적으로 필요하고, 정의의 최상의 형태는 (서로를 향한) 우정의 태도처럼 보인다'(NE 1155a26-29)고 하였다. 또한 그는 '다른 종류의 우정은 우월성을 기반으로 하지만, 공익의 우정을 기반으로 하는 정의는 시민적 정의이기 때문에 탁월하다'(EE 1242a10-14)고 보았다.

여기에서 여덟 가지 특징과 조건으로 이해되는 아리스토텔레스의 시민적 우정은 다원적 정치공동체에서 시민 간의 관계를 형성하는 데 귀중한 논의의 틀을 제공한다. 특히 상호 관심, 숙고 및 시민적 정의에 대한 초점은 갈등 해결 전략의 일환으로 화합을 촉진하는 더 실질적인 기반을 제공할 수 있을 것이다.

열거 방식을 통해 시민적 우정을 탐색한 피터슨과 달리, 낸시 스노우(Snow, 2021)는 특정한 프레임을 통해 이를 탐구한다. 그녀는 시민적 우정이 형성되려면 내적 조건(internal conditions)과 외적 조건(external conditions)이 요구된다고 주장한다. 여기서 내적 조건은 동료 시민에 대한 관심과 배려, 사회적 연대와 같이 시민적 우정을 형성하기 위해 필요한 시민적 덕과 인성을 의미하고, 외적 조건은 시민적 우정이 정치공동체 내에서 뿌리내리고 향상될 수 있도록 지원할 수 있는 정치체제 혹은 공동체의 특성을 의미한다. 이때 후자에는 '국가적 차원에서 번영(well-being)이나 좋은 삶이 구현되기 위해 국가(특히 입법가)는 어떤 역할을 해야 하는가?', '시민적 친애 혹은 우정의 풍토를 조성하기 위해 위정자나 입법가 등은 어떤 역할을 해야 하는가?' 등의 질문들이 관련되어 있는 만큼, 앞서 소개된 시민적 우정에 대한 피터슨의 정의는 비교적 '외적 조건'에 초점이 맞추어져 있음을 알 수 있다. 이때 정치철학적 성격이 강한 '후자'와 달리 '전자'는 정치철학에 기반을 두고 있으면서도 도덕교육과 긴밀하게 연결되기 때문에, 이에 대한 논의 또한 확장될 필요가 있다.

시민적 우정 개념의 내적 조건을 보다 구체화하고 실질적인 도덕교육적 논의로 나아가기 위해, 이를 현대 자유민주주의 사회에서의 시민적 덕목들과 연결지어볼 수 있을 것이다. 낸시 스노우(N. Snow)는 현대 자유민주주의 사회에서의 개방성(open-mindedness), 지적 겸손, 자선(charity), 공감, 관점채택, 용서, 친절 등의 덕목이 그 대표적인 예가 될 수 있다고 주장한다. 그녀에 따르면, 현대 자유민주주의 사회에서 시민적 덕목과 연결된 시민적 우정은 손상된 사회적 구조(social fabric)를 개선하여 잘 기능하는 공동체를 만드는 데 핵심적인 역할을 할 수 있다. 즉 파열된 사회구조는 정치공동체의 기능이 순조롭게 작동하지 못하도록 만들기 때문에, 시민들 간에 상호존중, 선의, 신뢰, 협력의 공유된 환경을 만드는 등 '시민적 우정'을 통한 도덕적이고 시민적인 개선이 핵심적이라는 것이다(Snow, 2021).

2) '시민적 우정' 개념을 둘러싼 논쟁과 그 현대적 의의

시민적 우정에 관한 논의를 더 진행하기에 앞서, 본고에서 지지하는 시민적 우정의 의미와 범위를 명확히 할 필요가 있다. 시민적 우정 개념의 의의와 중요성에 대해서는 많은 이가 공감하지만, '시민 간의 관계'와 아리스토텔레스적 의미의 '우정'이 가지는 양립하기 어려운 특징들로 인해 그 해석에 있어서는 많은 견해 차이가 존재해왔다. 대표적으로 아리스토텔레스의 '시민적 우정'이 쾌락에 근거한 우정, 유용성에 근거한 우정, 덕에 근거한 우정 중에 어느 것에 해당하는지에 대한 논쟁을 고려해볼 수 있다. 이에 대해 심도 있는 논의를 진행한 김상돈(2018a, 2019, 2020)의 연구에서는 덕에 근거한 우정은 '소수'의 인간들에게만 가능한 '강한' 우정이기 때문에 다수의 시민들 사이의 우정이 될 수 없으며, '유용성에 근거한 약한 우정'이 시민적 우정임을 주장한다. 아리스토텔레스는 분명 덕에 근거한 우정이 진정한 의미의, 혹은 가장 완전한 우정에 해당한다고 주장하였지만, 이것이 성립하기 위해서는 오랜 기간의 사귐이 필요하며(NE Ⅷ.3.1156b25-33), 애초에 좋은 인간 자체가 매우 적기 때문에 좋은 인간 사이의 우정 또한 희귀하다는 점을 계속해서 강조한다(NE Ⅷ.3.1156b25, Ⅷ.4.1157a34). 또한 폴리스에서 다수의 사람들 사이의 우정이 가지는 적도(適度)를 질문하는 것으로 보아(NE Ⅷ.10.1171a29-31), 그 역시 우정 개념이 정치 공동체에 적용되기에는 여러 문제점이 존재한다는 것을 스스로 인식하고 있었던 것으로 보인다(김상돈, 2018a: 52). 따라서 '시민들 사이의' '덕에 근거한' 우정은 현실적으로 불가능하며, 아리스토텔레스가 '시민적 우정'이라는 개념 하에서 궁극적으로 주장하고자 했던 것은 "보통의 다수의 시민들에게 가장 적합한" 유용성에 근거한 관점이라는 결론이 도출된다(김상돈, 2020: 67). 지나치게 이상적인 목표들이 종종 이를 향해 나아가고자 하는 의지 자체를 좌절시키는 만큼, 현실화 가능성에 초점으로 두고 유용성에 근거한 시민적 우정을 지지하는 김상돈(2020)의 견해는 상당한 타당성을 가진다. 그럼에도 불구하고, 본고가 다른 무엇보다 도덕교육적 목표를 가진다는 점에서, 단지 현실을 반영하는 것뿐만 아니라 우리가 나아가야 할 가장 바람직한 방향을 제시하기 위한 초석으로서 시민적 우정에 대한 다른 해석을 제안해볼 수 있다.

아리스토텔레스의 시민적 우정이 '유용성에 근거한 것'이라는 견해에 타당성을 보태는 것은, 무엇보다도 아리스토텔레스 자신이 시민적 우정과 유익의 관계를 명시적으로 밝히고 있다는 점이다. 가령 "시민적 우정은 이익의 원리에 의해 성립된다. (…) 이익에 근거한 우정의 기저에 놓인 정의가 가장 완전한 정의이며, 그것이 바로 시민적 정의이기 때문에 그러하다."(EE 1242a7-14)와 같은 서술이 그 대표적인 예가 된다. 이때 아리스토텔레스의 서술 곳곳에서 찾아볼 수 있듯이, 유용성은 시민적 우정과 정의 사이의 관계를 대단히 밀접하게 만드는 것으로 보인다.

> 친애와 정의는 동일한 것에 관계하며 같은 사람들 사이에서 존재하는 것으로 보인다. 왜냐하면 모든 공통의 교제(koinōia)에는 어떤 정의로움도 존재하고, 또 한편 친애도 존재하는 것 같기 때문이다. (…) 그런데 교제가 존재하는 바로 그만큼 친애가 존재한다. 정의 역시 [바로 그만큼] 존재한다. '친구들의 것은 공통의 것'(koina)이라는 속담 또한 맞는 말이다. 친애는 공통의 교제(koinōia) 안에 있으니까(NE Ⅷ.9.1159b25-32).

> 모든 공통의 교제는 정치적인 공동체의 부분을 닮은 것이다. 왜냐하면 사람들이 서로 교제를 하는 것은 어떤 유익을 위해서이며 삶을 위해 필요한 어떤 것을 산출해내기 위해서이고, 정치적인 공동체 역시 어떤 유익을 목적으로 처음부터 함께 모여 지속하는 것으로 보이기 때문이다. 법을 제정하는 사람들이 겨냥하는 것도 바로 이 유익이며, 사람들은 또 정의를 공통의 이익이라고 하는 것이다(NE Ⅷ.9.1160a10-14).

이들 서술은 분명 정치 공동체 내의 공통의 교제 속에서 발생하는 우정과 정의가 유익을 목적으로 한다는 것을 시사한다. 여기에 더해 시민들 사이의 관계가 개인적 우정을 나눈 사람들만큼 강한 연대를 가지지 못할 뿐만 아니라 우정의 조건이었던 선의와 호혜성에 대한 상호 인식을 충족하지 못한다는 점에서, 시민들 사이의 우정은 개인적 우정과 같이 '덕을 근거로 한' 것까지 나아가는 것이 아니라 '유익을 근거로 한' 것으로 해석되어야 한다는 주장이 활발히 제기된다(Schwarzenbach, 1996: 105-106).

이때의 정의가 무엇을 의미하는지 살펴보는 것은 두 덕목의 관계를 엄밀하게 파악하는 데 도움을 줄 것이다. 『니코마코스 윤리학』 제5권에서 아리스토텔레스는 정의를 일반적 정의와 부분적 정의로 나누어 설명하는데(NE V.1.1129a31- 1129b1), 이 중 지금의 논의와 관련하여 국가가 '이익 공동체'라는 점을 보여주는 정의는 '부분적 정의'에 해당한다고 볼 수 있다(김상돈, 2020: 56). 부분적 정의는 분배적 정의, 시정적 정의 등을 포함하며 기본적으로 재화의 이득과 손실에 대한 '공정함'으로 설명된다(김남두 등, 2004: 159). 생활에 필수적인 것들 없이는 '잘 살기는커녕 사는 것 자체가 불가능하기 때문'에, 재산과 재산 획득 기술에 관련된 경제활동은 아리스토텔레스에게 있어 시민의 삶에 중요한 의미를 가진다(Pol. I.4.1253b23). 그런데 이러한 의미에 한정하여 시민적 우정과의 관계를 이해할 경우, 아리스토텔레스가 시민적 우정을 통해 달성하고자 했던 것이자 시민적 우정의 핵심적인 특징으로 보았던 마음의 일치(homonoia)를 충분히 설명할 수 없게 된다.

> 친애는 폴리스들도 결속시키는 것처럼 보인다. 입법자들도 정의를 [구현하기 위해] 애쓰는 것보다 친애를 [구현하기 위해] 더 애쓰는 것 같다. 입법자들은 무엇보다도 친애와 비슷한 것으로 보이는 화합(homonoia)을 추구하며, 무엇보다도 [폴리스에] 해악을 끼치는 분열(stasis)을 몰아내기 때문이다. 또 서로 친구인 사람들 사이에는 더 이상 정의가 필요하지 않지만

서로 정의로운 사람들 사이에서는 친애가 추가적으로 필요하고, 정의의 최상의 형태는 [서로를 향한] '친애의 태도'인 것처럼 보인다(NE VIII.1.1155a22-28).

화합(homonoia)는 공공의 사안과 관련된 '선택과 결정'(proairesis)에 있어서의 마음의 일치를 가리킨다(손병석, 2020: 9). 아리스토텔레스에게 있어서 폴리스는 본질적으로 다수성을 가지는 것이기 때문에, 시민들 사이에서 '의견'(doxa)이 서로 다르게 나타나는 것은 잘못된 것이 아닐 뿐더러 오히려 당연한 것이었다. 따라서 플라톤이 시민들 사이의 '한마음'(mia)을 지향했던 것과 달리, 아리스토텔레스는 시민의 삶에 있어서의 다양성을 추구한다(Pol. Ⅱ.1.1261b6). 이처럼 아리스토텔레스에게 있어 마음의 일치는 어떤 사안에 대한 만장일치와 같은 의견의 일치(homodoxia)가 아니라, 공동의 좋음을 달성하기 위해 실천할 수 있는 일들과 관련하여 시민들이 서로 협력하기로 마음을 모은다는 것을 의미한다(장미성, 2016: 260). 즉 우리는 세부적인 부분에 있어서 서로 의견을 달리할 수 있지만, 공동의 선을 이루고자 하는 방향을 의지적으로 '선택'할 수 있다.

이때 손병석(2020: 4-8)은 유익의 관점에서 이해되는 시민적 정의만으로는 의견의 차이로 발생하는 분열을 해결하기에 역부족이라고 보았다. 우리 모두가 비례적 평등을 통해 정의에 이르는 것에 동의하더라도 그 비례의 기준에 대해서는 서로 다른 관점을 가질 수 있기 때문에, 이러한 서로 다름에서 멈출 경우 이는 오히려 파쟁을 불러일으킬 수 있다는 것이다. 가령 비례적 평등을 정하기 위한 가치를 민주주의자는 자유로 보고, 과두주의자는 부로 보기 때문에, 민주주의자는 자유에 있어 모두가 평등하기 때문에 권력과 부의 배분 또한 평등해야 함을, 과두주의자는 부에 있어 차이가 있기 때문에 분배 또한 불평등해야 함을 주장한다.

민주정체와 과두정체는 둘 다 일종의 정의에 근거하고 있지만 절대적인 관점에서 보면 실패작이다. 그래서 둘 중 어느 쪽이든 자신들이 주장하는 것만큼 국정에 참여하지 못하게 되면 파쟁(stasis)을 일으킨다(Pol. V.1.1301a25-39).

이처럼 시민들 사이에서 올바른 관계가 성립하기 위해서는 정의가 필수적이지만, 그 관계에서 발생하는 의견의 다름을 딛고 화합으로 나아가기 위해서는 시민들 사이의 우정이 필요하게 된다. 그리고 이때의 우정은 이득과 손실, 유익에 관한 것이 아닌 더 큰 좋음을 향한 것이다.[10]

---

[10] 손병석(2020: 15-16)은 또한 에페소스(Ephesios)의 미카엘(Michael)의 희랍어 해석을 빌려 유익에 근거한 개인적 친애에서의 '유익'(chrēsimon)과, 정치 공동체가 목표로 하는 '유익'(sympheron)이 서로 다르다고 강조한다.

"호모노이아 역시 유익으로 해서(dia ta sympheronta) 친애와 마찬가지이다. 친애가 이익(chresimon) 때문에 그런 것처럼 말이다. 그런데 유익을 위한 필리아는 이익을 위한 친애와 다르다. 왜냐하면 후자의 이익(chresimon)을 위한 친애는 작은 것과 큰 것 그리고 장사하는 사람과 직공인들에게서 나타나지만, 호모노이아는 위대하고 폴리스 전체 또는 모든 폴리스들 또는 모든 헬라스인들, 또는 모든 국가들에 유익(sympheron)이 되는 것을 위해 있는 것이기 때문이다."(Michael of Ephesus, 1892: 489-490; 손병석, 2020: 15-16의 번역)

이러한 해석에 따르면 시민적 우정을 통해 달성하고자 하는 '공동선'(to koinē agathon) 혹은 '공동의 이익'은 '유익에 근거한 개인적 친애'가 가리키는 것과 같이 서로에게 필요한 것을 교환하는 관계에서 발생하는 우정만을 가리키는 것이 아니라, '무엇이 전체 폴리스에 유익이 되는 일인가에 관해 견해가 일치할 때, 그리고 동일한 것을 선택하고 공동의 이름으로 결의한 것을 실행에 옮길 때'(NE IX.6.1167a26-28) 충족되는, 즉 보다 위대하고 고상한 목적을 가리키는 것이라고 볼 수 있다. 단 손병석(2020: 각주38)은 시민적 우정이 항상 아리스토텔레스 역시 『정치학』에서 국가에 대해 설명할 때 그 기능이 부분적 정의에만 국한되지 않는다는 점을 확실히 한다. 그에 따르면 국가의 본질적 기능은 (시민들의) 가능한 최선의 삶이며, 그 최선의 삶은 번영이고, 번영은 탁월함을 구현하고 완전히 실현하는데 있다(Pol. Ⅶ.8.1328a35). 국가의 목적은 단순한 생존, 방어 동맹이나 경제적으로 정당한 상호 교류도 아니며, 시민들에게 훌륭한 삶을 제공하는 것이다. 전자에만 관심이 있는 경우 관계의 어느 쪽도 다른 쪽이 어떤 도덕적 탁월함을 갖춰야 하는지에 대해 관심을 가지지 않지만, 좋은 질서(eunomia)를 가진 명실상부한 국가를 지향하는 자들은 시민의 탁월함에 관심을 기울인다(Pol. Ⅲ.9.1280a25-1280b8). 상호 간의 부당 행위를 방지하거나 교역을 촉진하는 것은 국가가 존재하기 위한 필수 조건들이나, 국가의 궁극적인 목적은 구성원들의 훌륭한 삶(eu zēn)이자 완전하고 자족적인 삶이며, 이런 것들은 우정(philia)의 산물이라고 볼 수 있다(Pol. Ⅲ.9.1280b23-1281a10).

위와 같은 서술에 비추어보았을 때 아리스토텔레스는 분명 이상적인 국가에서 시민들 사이의 이상적인 우정의 형태로 덕에 근거한 시민적 우정을 보다 강조한 것으로 보인다. 비록 그 현실적인 실현의 형태에 더 가까운 것이 유익에 근거한 시민적 우정일지라도, 이상적인 형태 또한 중요한 의미를 가지는 이유는 이것이 우리에게 방향성을 제시하는 목표로 기능한다는 것이다. 아리스토텔레스는 분명 우리가 살아가는 현실의 삶과 정치에 큰 관심을 가졌지만, 그러면서도 궁극적으로 나아가야 하는 가장 바람직한, 완전한 실현의 형태를 탐구하는 데에도 큰 노력을 기울였다. 실제로 아리스토텔레스는 하나의 대상이 완전히 실현된 경우를 고려하여 그에 대한 개

쉼페론과 연결되어 사용되는 것은 아니며, 그릇된 정체의 사적인 이익의 추구와 관련되어 서술할 때에는 크레시몬이 사용되기도 한다는 단서를 붙인다.

념을 정의하는 경향이 있기 때문에(Kristjánsson, 2015: 110), 원전에서 그가 '인간', '번영', '실천적 지혜' 등의 개념을 설명하는 데 있어 다양한 실현의 수준에 대한 묘사가 등장하는 것을 발견할 수 있다. 이는 해당 개념에 대한 우리의 해석을 어렵게 만들기도 하나, 아리스토텔레스가 우리가 실제로 달성하는 현실적 수준뿐만 아니라, 달성'해야 하는' 규범적 수준에도 깊은 관심을 가졌음을 시사하기도 한다. 이와 같은 관점은 특히 도덕교육에 궁극적인 관심을 두고 있는 본고의 논의에 더 큰 함의를 제공한다. 우리는 현재 우리가 처해 있는 현실적인 상황을 파악하고 그로부터 논의를 출발해야 하지만, 그러한 한계에만 주목하는 것은 우리가 인간으로서 지향해야 하고 서로 지향하기를 독려해야 하는 최종적 목표의 의미를 퇴색시킨다.

이러한 관점에서, 덕에 근거한 시민적 우정의 가능성을 한정하고 유익에 근거한 시민적 우정을 아리스토텔레스가 궁극적으로 추구한 것으로 삼기보다, 후자가 시민적 우정을 위해 필요한 현실적인 조건이며, 이것이 보다 확장되고 완성된 형태가 전자인 것으로 양자의 관계를 재설정해볼 수 있다. 김민수(2019: 613)의 경우 아리스토텔레스의 우정 개념이 가지는 난점에 대해, 포괄론의 입장에서 아리스토텔레스가 진정한 의미의 우정이라고 묘사한 '덕에 근거한 우정'이 다른 유형의 우정들과 별개의 카테고리에 속하는 것이 아니라, 다른 우정들을 포함하는 것이라고 해석한 바 있다. 이와 같은 '포괄론'(inclusive doctrine)과 이에 반대되는 '우월론'(dominant doctrine)은 아리스토텔레스의 행복에 대한 이론 전반에서 중요한 논쟁점이 된다.[11]

---

[11] 아리스토텔레스가 말하는 행복이 여러 좋음들의 총체라는 해석은 포괄론에 해당하며, 반대로 행복이 관조라는 단일한 좋음을 가리킨다는 해석은 우월론에 해당한다(김대오, 2000: 48). 김대오(2000: 61-64)는 일상어의 애매한 특징에서 두 해석의 대립이 초래되었다고 본다. 즉 우리가 '행복이 무엇인가?'라고 질문했을 때, 그 답변은 애초에 어떤 것들이 행복의 조건을 충족시키는지,

김대오(2000)는 두 해석의 대립을 소개하며 이를 초월하는 해석을 제공하는데, 아래와 같은 그의 해석은 시민적 우정을 둘러싼 논쟁에도 함의를 제공한다.

> 그러나 관조는 행불행을 가름하는 잣대가 아니다. 관조의 삶은 실제적으로 인간에게 가능하지 않을 뿐 아니라 관조의 삶을 살지 못하면 행복하지 않다고 보아야 하는 것도 아니다. 관조는 우리 삶의 하나의 지향점으로서 기능한다. 관조의 생활을 할 조건과 능력이 주어지면 다른 활동이 아니라 관조의 생활을 하라는 것이며, 그렇지 못하면 다른 인간의 훌륭함을 발휘하는 생활을 하라는 것이다. 그것도 충분히 행복이 될 수 있다. <u>아리스토텔레스가 경계하는 것은 우리가 더 나은 목적을 이룰 수 있는데도 이런 지향을 가지지 못하고 단순한 쾌락이나 결과물을 추구하는 일일 것이다</u>(김대오, 2000: 71; 인용자의 강조).

즉 덕에 근거한 시민적 우정은 우리의 삶의 분명한 지향점이 되나, 이는 유용성에 근거한 시민적 우정이 충분히 달성된 이후에 추구할 수 있는 추가적인 목표가 될 것이다. 달리 말해, 덕에 근거한 시민적 우정을 추구할 수 있음에도 불구하고 유용성에 근거한 시민적 우정에만 만족하게 된다면, 이것이야말로 아리스토텔레스가 경계한 결론이 될 것이다.

다만 아리스토텔레스가 논의의 대상으로 삼았던 그리스 도시 국가는 현대 민주주의 사회에 그 규모와 형태에 있어 큰 차이를 가지며, 그가 애초에

그리고 그들 중 가장 좋은 것은 무엇인지의 두 가지 차원에서 답변될 것이며, 첫 번째 차원에 더 주목한다면 포괄론의 해석이 자연스럽고, 두 번째 차원에 더 주목한다면 우월론의 해석이 더 자연스럽다는 것이다.

시민의 범위를 외국인, 여성, 어린이를 제외한 성인 남성으로 협소하게 규정하였다는 점에서 덕에 근거한 시민적 우정일지라도 그 수준을 강하게 설정하기에는 무리가 있다. 또한 반복하여 강조되었듯이, 본래 아리스토텔레스의 우정이라는 것은 소수의 사람을 향하고 있으며 강한 친밀감을 조건으로 한다. 이처럼 아리스토텔레스가 묘사한 것과 같은 덕에 근거한 '강한 수준'의 우정을 시민적 우정에도 적용하기 위해서는 시민 간 개인적 관계의 구축과, 공동선에 대한 상당한 합의가 이미 존재하는 '두꺼운' 공동체가 필요하게 되는데, 이는 분명 오늘날의 자유민주주의 국가에서 실현되기를 바라기에 적절하지 않은 것이다(Fowers, 2019: 79). 그러나 아리스토텔레스가 '만약 (다수여도) 친구라면 폴리스 동료 시민으로서의 친구일 뿐'(NE Ⅸ.10.1171a18)이라고 말한 점에서, 아리스토텔레스가 다수성을 기반으로 한 시민적 친구들에게 어떤 예외적 특징을 부여하였음을 추측해볼 수 있다. 단 그 예외가 어떠한 식으로 적용되는지에 대해서는 원전에서 구체적으로 밝히지 않은 만큼, 이를 채워가는 것은 후대 학자들의 몫이 된다.

이에 본고는 '덕에 근거한 온건한 시민적 우정'을 재구성의 방향으로 제시하고자 한다. 이는 '덕에 근거한 우정'의 본질적인 지향을 잃지 않되, 그 달성 조건에 대한 아리스토텔레스의 낭만적이고도 엄격한 묘사를 온건한 수준으로 받아들이는 것을 뜻한다. 그 온건함은 두 가지 차원에서 추구될 수 있다. 첫째, 우정의 강도에 관한 온건함이다. 시민적 우정은 시민들 사이에서 특수하게 발생되는 우정의 한 유형이기 때문에, 사적인 영역에서 작동하는 개인적 우정과 달리 폴리스라는 공적인 영역에서 작동한다. 따라서 아리스토텔레스가 관계 맺는 대상과 영역에 따라 정의(justice)의 양상을 다르게 설정하였던 것과 마찬가지로, 시민적 우정 또한 공적 영역의 특성에 맞게 이해될 필요가 있다. 가령 개인적 우정에서의 감정적 친밀함은 부모와 자식 간의 사랑, 인생의 동반자에 대한 사랑 등 상당한 깊이를 가지는 것으로 대표되지만, 공적 영역에서 시민적 우정을 통해 나눌 수 있는 감정적 친밀함은 시민들 사이에서 상호적 협력과 공동선을 위한 헌신 등으로 대표된다. 이처럼 각각의 영역에 특수한 감정적 교류들은 애초에 서로 유형을 달리하며, 그에 따라 서로 다른 강도를 요구한다. 사적 영역과 달리, 공적 영역에 특수한 감정적 교류들은 그 유형 상 요구되는 강도가 본질적으로 낮게 설정된다. 이와 같이 시민적 우정에서 요구되는 감정적 친밀성과 유대관계는 '폴리스와 관련되어 발휘되는 것들'로 한정시켜 이해될 필요가 있다(손병석, 2020: 15).

둘째, 친구의 범위에 관한 온건함이다. 덕에 근거한 개인적 친애는 탁월성을 갖춘 사람들을 대상으로 하기 때문에, 애초에 탁월성을 갖춘 사람들 자체가 적은 만큼 그들 사이의 우정 또한 적을 수밖에 없다. 그러나 탁월성이 과연 어떤 수준에서 '완성'되는지에 대해서는 누구도 확정적인 답변을 줄 수 없기 때문에, 누가 탁월성을 갖춘 사람인지 추려내고자 하는 것은 유의미한 논의로 나아가기 힘들다.[12] 이러한 관점에서 보았을 때, 우리가 자

---

[12] 실천적 지혜에 있어서도 비슷한 난제와, 이를 해결하기 위한 재구성의 시도들이 존재한다. 아리스토텔레스에 있어 실천적 지혜는 중용을 알게 하는 지적 덕목이기 때문에, 하나의 덕목을 갖춘 사람은 이를 위한 실천적 지혜 또한 갖추었다는 의미가 되므로, 결국 그는 덕목을 갖추고 있다는 덕목의 통일성 논제가 (논리적으로) 가능하게 된다. 그러나 이는 아리스토텔레스의 덕 윤리학에 대해 제기되는 대표적인 난제 중 하나이며, 당장 우리의 일상의 경험 속에서도 배려의 덕목을 탁월하게 발휘하지만 책임의 덕목이 부족하거나, 절제의 덕목을 탁월하게 발휘하지만 포부에 대한 중용(megalopsychia)을 찾지 못하는 경우를 심심치 않게 발견할 수 있다. 그렇다면 우리는 언제 실천적 지혜를 갖추었다고 말할 수 있는가? 이에 대한 다양한 해석이 존재하지만, 특히 심리학에서는 이를 '정도'(degree)의 문제로 풀이함으로써 난제를 해결하고자 한다. 즉 한 사람이 얼마나 유덕한지의 문제는 (적어도 경험연구의 관점에서) 그가 문제가 되는 덕목으로부터

신의, 혹은 동료 시민의 탁월성에 대해 취할 수 있는 올바른 자세는 그것이 어떤 기준점을 통과하였다고 만족하는 것이 아니라 반성과 성찰을 통해 이를 더 고양하고 유지하기 위해 서로 독려하는 것이 된다. 그리고 이러한 자세는 탁월성을 적게 함양한 사람이든, 충만히 함양한 사람이든, 그 수준에 관계없이 모두가 가질 수 있는 자세이다. 따라서 '덕에 근거한 시민적 우정'의 범위를 탁월성을 '갖추고자' 하는 시민들 사이의 우정으로 확장해볼 수 있다. 이러한 사람들은 아직 탁월성을 완성하지 않았다는 점에서 본래의 완전한 우정이 가져다주는 완전한 즐거움을 달성하기에는 부족함이 있겠지만, 보다 중요한 것은 그 완성을 향해 함께 나아가는 것이다. 덕에 근거한 우정은 (개인적인 것이든 시민적인 것이든) 그냥 주어지는 것도 아니고, 별다른 노력 없이 계속하여 유지되는 것도 아니며, 각고의 노력을 통해서 성취할 수 있는 것이기 때문이다(김상돈, 2018b: 85). 이러한 관점은 분명 아직 탁월함을 충분히 갖추지 못한 일반 시민들까지도 포용할 수 있다. 시민적 우정에 있어 동료 시민들이 나눌 수 있는 '유사성' 혹은 '동등성'(isotēs)으로 덕과 탁월성 그 자체를 기대하는 것은 매우 엘리트주의적인 시각이 될 수 있으나, 덕과 탁월성을 지향하는 자세를 동등성으로 추구하는 것은 본래의 엄격한 해석보다 현실적일 뿐만 아니라, 우리에게 강한 교육적 함의 또한 제공한다.

오늘날 대표적인 아리스토텔레스 윤리학 연구자들 또한 이와 유사한 온

예측되는 방식으로 반응할 확률의(probabilistically) 문제가 된다는 것이다. 이와 같은 해석에 따르면 실천적 지혜가 모든 덕목의 소유에 대한 합리적 기초를 제공하는 것은 맞지만, 이것이 약한 정도로 함양되어 있을 경우 특정 덕목의 방식대로 반응하는데 실패할 수 있다. 결국 실천적 지혜의 탁월성은 유무가 아닌 정도의 문제로 해석됨으로써, 도덕적 덕목의 함양의 시작인 동시에 완성이 될 수 있다(Darnell et al., 25-26).

건한 관점을 지지한다. 가령 파워스(Fowers, 2019)는 시민적 우정의 온건한 버전은 아리스토텔레스 시대의 폴리스와는 다른 '현대 자유민주주의' 사회에서도 적용될 개연성이 높으며, 이러한 주장은 이를 가능하게 하는 인간의 자연적인 심리적 특징들(친사회성 및 내집단 선호, 협력, 사회 규범, 공유 목표 등)을 통해 뒷받침될 수 있다고 강조한 바 있다.[13] 그에 따르면 시민적 우정은 덕에 근거한 깊은 혹은 완전한 우정보다는 한 수준 낮은 것이지만, 그 작동은 신뢰, 협력, 존중, 상호 신뢰 및 공동선과 같은 용어들로 표현된다 (Fowers, 2019: 81). 여기서 그는 (부분적 정의가 아닌) 일반적 의미의 '시민적 정의' 수준으로 시민적 우정을 파악함으로써, 유용성에 근거한 시민적 우정을 포용하면서도 덕에 근거한 시민적 우정의 가능성과 지향을 잃지 않고자 한다. 다른 현대 아리스토텔레스 연구자들의 주장 또한 이러한 견해를 뒷받침한다.

'아리스토텔레스적 시민적 혹은 정치적 우정은 우리에게 인격적 우정

---

[13] 예를 들어, 파워스는 동료 시민 간의 '선의'(goodwill)를 갖게 하는 심리적 요인으로 친사회성과 내집단 선호를 제시한다. 인간은 이기적이고 내집단을 선호하는 본성뿐만 아니라 이타적이고 친사회적인 본성을 가지고 있으며, 이러한 친사회성과 내집단 선호의 범위는 확장될 수 있기 때문에, 시민적 우정의 핵심 요소인 '선의'가 가능할 수 있다고 말한다. 또한 대부분의 사람들에게 '협력'하는 성향이 있는 반면, 소수만 기회주의적, 착취적 성향이 있다는 점은 시민적 우정의 요소인 '호혜성'(reciprocity)의 가능성을 뒷받침한다고 주장한다. 아울러, 인간 사회에는 규범이 존재하고 이것의 준수 여부에 따라 평판이 형성되며 보상과 처벌을 받게 되어있다는 점 등은 '선의와 호혜에 대한 상호 인식'(mutual awareness)을 가능하게 하며, 정의와 민주주의 실현 등에 대한 '공유 목표'(shared goals)를 갖는다는 사실은 '시민적 우정'도 공동의 목표로 추구될 수 있다는 것을 보여준다고 말한다. 보다 자세한 내용은 Fowers(2019: 82-86)에서 확인하기 바란다.

(virtue friendship)[14] 만큼 강한 애정과 호감을 느낄 것을 요구하지 않지만' 시민적 우정은 '그럼에도 불구하고 우리가 동료 시민에 대한 관심(현대 자유주의가 옹호하는 단순한 '타인에 대한 존중'과는 대조적인 '타인에 대한 관심')'을 가질 것을 요구한다(Peterson, 2019: 117).

유익과 즐거움을 수반하지 않는 협동 활동과 제도가 시민적 우정의 형성에 적합하지 않은 것처럼, 인격에 기초하지 않는 시민적 우정 또한 우정의 적절한 형태라고 보기에 어려움이 있다. 아리스토텔레스는 진정한 정치 공동체는 단순한 동맹이 아니라 덕과 관련이 깊다고 주장하며(Pol. Ⅲ.9.1280b5-12), 덕에 대한 인식은 우정 및 완전한 시민적 평등과 밀접하게 연관되어 있다고 보았다(Curren, 2019: 98).

아리스토텔레스에 따르면 사람들이 불완전한 우정까지도 너그럽게 우정이라고 부르는 이유는 그것들이 완전한 필리아와의 '닮음'을 가지고 있기 때문이다(NE Ⅷ.4.1157a25-33). 우리는 덕에 근거한 시민적 우정의 가능성을 한정하지 않음으로써, 현실성을 근거로 유용성에 근거한 시민적 우정을 이야기하면서도 완전한 시민적 우정과의 닮음을 유지할 수 있을 것이다. 아리스토텔레스가 강조한 바와 같이, 인격적 우정의 수준에 버금가는 시민적 우정의 강한 버전은 일반 시민들이 획득하기 어려운 수준이지만, 시민적 정의, 동료 시민에 대한 관심과 배려 수준에서의 온건한 버전은 노력 여

---

14 피터슨은 이를 통해 조건 없이 상대방에게 가장 좋은 것을 원하고, 그것이 개인적인 행복의 효용을 최소화하는 불편한 긴장 상황을 야기하더라도 격려나 다른 사람의 어려움을 강조하여 도덕적으로 옳은 일을 하도록 서로 인도하는 것을 가리킨다(Peterson, 2019: 117).

하에 따라 충분히 획득 가능할 뿐만 아니라 바람직하게 지향되어야 할 목표로 보는 것이 합당하다.

② 도덕과에서 기존 접근의 한계와 시민적 우정의 중요성

이처럼 덕에 근거한 시민적 우정의 지향을 잃지 않는 것이 특히 중요성을 가지는 이유는 무엇보다도 본고의 논의가 도덕교육적 목표를 가지기 때문이다. 도덕교육에서 시민적 우정에 대한 강조가 필요하다는 주장은 정창우(2019, 2020b)에 의해 아래와 같이 이미 여러 차례 제시되어온 바 있다.

> 한편 윤리적 시민성 개념은 … <u>공동선을 위해 동료 시민들과 협력하는 태도, 공동체에 대한 정체성과 책임감뿐만 아니라, 동료 시민들에게 갖는 관심·선의·공감·배려로서의 '시민적 우정'</u>(civic friendship), 부정의 및 사회 문제에 대한 감수성과 책임감으로서의 '사회적/시민적 양심'(social conscience), 시민으로서 정중한 태도 및 모든 인간의 존엄함을 평등하게 대접하려는 태도로서의 '시민적 예의 및 교양(civility)' 같은 시민적 성품과 역량을 포함하는 차원이기도 하다(정창우, 2019: 102-103; 2020b: 462; 인용자의 강조).

위의 인용문에서는 '시민적 우정' 속에 공동선 지향, 공동체에 대한 정체성과 책임감, 동료 시민에 대한 관심·선의·공감·배려가 포함되어 있지만, 아리스토텔레스적 관점에서 볼 때 뒤이어 제시된 내용들도 시민적 우정에 포함될 수 있음을 알 수 있다. 즉 화합(homonoia; 마음의 일치)을 위해서는 정치공동체 내에서 발생하는 문제에 대한 감수성과 책임감(시민적 양심)을 가져야 하고, 시민적 예의와 교양을 지녀야 한다.

이처럼 덕에 근거한 시민적 우정으로부터 도출되는 시민적 성향과 태도는, 기존의 '정의 원리를 중심에 둔 추론 위주의 도덕교육'이 가지던 한계와 직결되어 더욱 그 중요성을 드러낸다. 시민적 우정이 가져다줄 수 있는 사회적, 정치적 혜택들에는 시민들 간에 우호적이고 풍요로우며 신뢰할 수 있는, 그리고 지속적인 관계를 형성할 수 있다는 점, 사회의 순조로운 작동(functioning)에 필요한 일종의 호혜적인 협력을 가져다줄 수 있다는 점, 덕과 선의를 가진 시민들로 특징지어지는 사회를 만들 수 있다는 점, 그리고 (위험 요인과 분열에 맞설 수 있는) 강하고 건강한 사회구조를 만들 수 있다는 점 등이 포함될 수 있을 것이다. 이와 같이 시민적 우정은 좋은 점들을 얻기 위해서 요청되기도 하고, 유해성을 피하거나 나쁜 점들을 밀어내기 위해서도 필요하다. 여기서 유의해야 하는 점은 유해성을 피하기 위한 차원, 이른바 '최소주의 접근'에만 초점을 둘 경우 오히려 시민적 우정이 지향하는 바와 반대의 방향으로 나아갈 수 있다는 점이다. 즉 어떤 사람들은 시민적 우정의 핵심에 놓여 있는 '상호적 선의'를 갖추려고 하기보다 단지 명백한 부정적 상호작용을 최소화하기를 추구하고, 공감, 자선, 개방성, 용서를 통합하는 건전한 시민적 우정을 계발하려는 노력을 하지 않으려고 들 것이다.

이러한 최소주의 접근은 근대 계몽주의 이후 '정의'와 '합리성'을 중심으로 한 자유주의 사상들로부터 주로 찾아볼 수 있으며, 기존의 '정의 원리를 중심에 둔 추론 위주의 도덕교육' 또한 주로 견지하던 입장이었다. 이러한 입장은 자유 민주주의 사회에서 사람들 사이의 다양한 입장 차이를 조율하기 힘들 때, 구성원들이 최소한으로 합의할 수 있는 지점을 마련해준다는 점에서 큰 의의를 가진다. 롤스가 현대 사회에서의 정의에 대해 논의하기 위해 자기 이익 추구를 동기로 삼는 '최소한의 합리성'을 상정했던 것 또한, 가장 현실적인 정치 철학을 이야기하기 위함이었을 것이다. 같은 사상적 기초를 가지는 콜버그 주도의 정의 추론 중심의 도덕교육 또한, 가장 정의로운 선택을 위한 도덕적 판단력의 향상에 크게 기여해왔으며, 콜버그(Colby et al., 1982)의 MJI와 미네소타 학파의 DIT 1, 2를 활용한 수많은 국내외 경험 연구들(Rest et al., 1999; 이인재 외, 2011 등)이 이러한 주장을 뒷받침해왔다.

하지만 이런 장점에도 불구하고, 이들 입장이 초점을 두는 '각자에게 정당한 몫을 주는 것'은 우리의 도덕적 삶의 하나의 측면에 불과하다. 이들은 시민들 사이의 관계를 아리스토텔레스가 말한 '유익에 근거한 우정'에 가깝게 설정하고 있다고 볼 수 있다. 그러나 아리스토텔레스는 이익을 근거로 한 우정의 경우 그 필요성과 의의에도 불구하고 마땅히 가져야 할 몫에 대한 생각 차이 등으로 인해 항상 불평이 나오게 마련이라고 그 한계를 지적하였으며(NE Ⅷ.13.1162b18-21), 무엇보다도 단지 상호이익만을 위한 계약으로 성립된 정치 공동체 하에서는 구성원들이 서로를 그저 '계약 당사자'로 간주하기 때문에, 서로의 윤리적 미덕에 관심이 없으며 그저 부당 행위를 하지 않는 것에만 관심을 가진다고 서술한다(Pol. Ⅲ.9.1280b1-5). 이와 같이 아리스토텔레스가 정치공동체 하에서의 이익에 근거한 우정에 대해 제기하였던 문제점은 현대 자유주의 사상가들이 받는 비판과 직결된다. 즉 이들은 "공적 삶에 참여하는 구성원들이 그들의 정당한 몫—즉 사회 협력의 결과물인 가치와 사회 협력에 필요한 부담—을 평등하게 분담하는" 정의(justice)를 사회 제도의 제1덕목으로 삼았지만(김상돈, 2014: 464), 박정순(1999: 71)은 이것이 최고악(summum malum)을 방지하기 위해 최고선(summum bonum)을 포기하는 방향이었다고 설명한다. 이들에 있어 정치공동체는 단지 권리의 획득을 위한 도구적인 가치만을 가지며, 그 이상의 공동선(common good)의 실현에는 매우 취약할 수밖에 없다는 것이다. 이처럼 도덕적 연대감이 상실된 상황에서 시민들은 다른 동료 시민을 권리의 주체 이상의 인격적으로, 존엄한 존재로 대우할 이유를 찾지 못한다(김상돈, 2014: 469). 도덕교육의 영역에서 콜버그 또한 윤리적 상대주의에 대한 경계로 공동체와 우리의 인격이 담고 있는 풍부한 의미를 제거한 채 '모든 사람이 언제나 어떤 상황에서나 선택하기를 바라는 규칙'으로서의 보편적 도덕적 원리를 중심으로 도덕교육을 개진하였지만(Kohlberg, 1970: 68-70), 이러한 시도는 정의 추론을 통해 도출한 도덕적 선택의 결론에서 '나'라는 구체적인 존재를 지워버리기에 이른다. 할다인(Haldane, 2019: 205)은 공적 논의에서 각자의 도덕적, 종교적 관심을 모두 삭제하고자 하는 이러한 자유주의 사상가들의 논의는, 결국 우리의 가장 깊은 신념과 헌신을 덜어내야 한다는 점에서 진정한 자아를 반영하지 못한다고 비판한다.

우리의 도덕적 삶은 단지 합리적이고 정의로운 판단을 해내는 것 이상으로 상호 간의 관심과 배려, 헌신 등을 포함하며, 이는 '보다 높은 수준의 동기화'를 필요로 한다. 아리스토텔레스의 '시민적 우정' 또한 정의 추론 중심의 접근과 마찬가지로 '심의'(deliberation)를 강조하지만, 시민적 성향과 태도의 측면을 중심적으로 논의하고, 심의적 측면 외에도 동료 시민에 대한 관심과 배려, 사적 이익을 넘어선 공동선의 지향, 시민으로서의 책임감과 의무 등을 강조한다는 점에서 더 풍부한 의미에서의 시민적 삶을 포착하는 틀이 되어줄 수 있다. 이와 같은 의미에서 아리스토텔레스의 시민적 우정은 기존의 정의 추론 방식과 더불어, 도덕교육을 통해 달성해야 할 또 다른 중요한 퍼즐에 해당할 것이다.

아리스토텔레스적 의미에서의 시민적 우정이 도덕과 시민교육의 중요한 목표가 될 수 있는 또 다른 이유는 이것이 자애와 타애의 조화를 가능하게 한다는 점이다(배상식, 2006: 179). 오늘날 개인과 공동체의 지향이 합치되지 못하고 서로 갈등하는 경우가 많다는 점에서, 둘 사이의 바람직한 관계를 확립하기 위한 다양한 시도들이 이어지고 있다. 이때 아리스토텔레스의 경우 타인과의 관계에서가 아니라 자기 자신의 탁월성에 대한 가치와 태도로부터 우정이 발현된다는 독특한 특징으로 인해, 그 조화를 위한 시사점을 제공한다(김남두 등, 2004: 257). 아리스토텔레스의 우정은 자기애로부터 출발하는데, 이때의 자기애는 자기중심적인 것이나 이기적인 것과는 거리가 멀며, '(사유하는 부분에 근거하여) 자기 자신에게 좋은 것을 바라고 실제로 이를 행하는 것'을 가리킨다(NE 1166a15-24).[15] 아리스토텔레스는 이러한 자기애의 전형으로부터 우정의 전형을 도출한다. 즉 "사람들은 상대방을 위해 좋은 혹은 그렇게 보이는 것을 바라고 행하는 사람, 혹은 바로 그를 위해서 그가 존재하고 살아 있기를 바라는-어머니들이 자식들에게 느끼는 감정이나 서로 떨어져 있는 친구들 사이에서 느끼는 감정처럼-사람, 혹은 같이 지내고 동일한 [가치를] 선택하는 사람, 혹은 고통과 기쁨을 더불어 함께 나누는 사람을 친구라고 보"는데(NE Ⅸ.4.1166a1-10; Aristotle, 2011: 323-324), 아리스토텔레스는 이러한 친구의 기준들이 자기애에 대한 기준과 잘 들어맞는다는 것을 보이며 우정이 자애로부터 확장된 것임을 강조한다(김남두 등, 2004: 257-258). 결국 아리스토텔레스에게 있어 자기애와 우정은 나와 친구에게 진정으로 좋은 것을 올바르게 판단하고 이를 실제로

---

[15] 반대로 아리스토텔레스에게 있어 자기애를 가지지 못하는 사람은 자기 자신 안에서부터 사랑할만한 것을 가지지 못하며, 외부에서 찾기를 추구하지만 결국 자신에게 좋지 않은 것을 선택하게 된다는 점에서 영혼이 분열되어 있고, 후회로 가득 차 있다(NE Ⅸ.4.1166b19-29).

추구하는 것을 내포하며, 이러한 관점은 지나치게 자기중심적인 관점 혹은 지나치게 자기희생적인 관점 둘 다를 거부하고 탁월성에 대한 탐색을 독려한다.

이때 '친구는 또 다른 자기이기 때문에'(NE Ⅸ.4.1166a29-33) 친구와 교류하면서 말과 생각을 나누는 것은 혼자서 진행하던 자기반성에서 더 연장된 형태, 즉 더 좋은 자기반성의 기회를 제공한다(김남두 등, 2004: 268). 아리스토텔레스가 이 문구에 대해 깊이 있는 보강 설명을 제시하지 않은 탓에 여러 관점에서의 해석이 가능하지만, 본고가 여기서 추출하고자 하는 의미는 친구를 통해 나와 같은 존재를 거울을 보듯이 발견한다는 것이 아니라, 친구가 나의 '인식의 동료'가 되어준다는 것이다(M. Biss, 2011: 133). 이에 대한 함의를 동료 시민으로도 옮겨와 우리가 덕을 근거로 시민적 우정을 이야기하게 될 때, 우리가 한 개인으로서 진정한 친구를 통해 더 나은 나 자신을 향해 갈 수 있듯이, 동료 시민으로서 서로에 대한 우정을 가지고 교류하는 과정 또한 더 나은 시민으로 함께 성장할 수 있는 기회를 제공함을 시사한다. 비록 그 처음의 형태가 아리스토텔레스가 이야기하는 진정한 의미의 시민적 우정은 아닐지라도, 바람직한 방향성과 함께 독려되는 시민적 친구들 사이의 상호작용은 우리를 그 이상에 조금씩 가까워지게 할 것이다.

4 아리스토텔레스 '시민적 우정'의 도덕과 적용 방안

1) '시민적 우정' 관련 도덕교육의 목표

상술된 논의들을 근거로, 본고에서는 도덕과 교육에서 시민적 우정을 활용하여 시민적 성향 및 태도를 길러주고자 할 때, '덕에 근거한 온건한 시민적 우정'을 목표로 삼을 것을 제안하고자 한다. 반복적으로 지적되었듯이 덕에 근거한 우정은 시민들 사이의 관계에서 확립되기에 현실성의 관점에서 여러 가지 한계를 가진다. 그러나 교육의 목표는 현실적으로 가능한 것들보다 보다 바람직한 것들이 되어야 한다는 관점에서, 덕에 근거한 온건한 시민적 우정은 도덕교육의 한 목표로서 자리매김할 수 있다.

이러한 목표가 우리 모두가 추구해야 할 것으로서 의의를 가지는 또 다른 이유는, 이것이 어떤 관점에서는 아리스토텔레스가 친구 사이에서 강조하는 '유사성' 혹은 '동등성'을 더 효과적으로 포착할 수 있기 때문이다. 현실 가능성에 근거하여 '유용성에 근거한 시민적 우정'과 이를 나눈 시민들이 공동의 선과 이익을 추구한다고 하였을 때 또한, 과연 그 공동의 것이 무엇인지 찾아가는 과정은 상당한 어려움을 가진다. 가령 우리가 일반적으로 시민들 사이에 공유할 수 있는 이익들로 흔히 떠올리는 것에는 경제적 이익이나 정치적 이익과 같은 것들이 있을 것이다. 그러나 각자에게 정당한 경제적 몫이 무엇이고 시장의 질서가 어떠한 모습을 가져야 하는지, 어떤 인물을 정치인으로 선출해야 하고 어떠한 국내외적 정치적 결정을 해야 하는지 등의 문제에서 발생하는 이익과 의견의 차이는, 사실상 오늘날 국내외에서 발생하는 여러 갈등들의 직접적인 원인이 된다. 아리스토텔레스가 유익에 근거한 우정이 완전한 우정이 될 수 없는 이유로 이것이 우연적이며 지속적이지 않다는 점을 제시한 것 또한, 공동의 이익을 발견하지 못하게 될 경우 이에 기반한 우정은 와해되기 쉽다는 위험성을 가졌다는 것을 시사한다.

그러한 측면에서 보았을 때, 우리가 시민으로서 우정을 나눈다고 하였을 때 보다 '공통적으로' 지향하고 추구할 수 있는 목적은 상술된 의견 불일치를 대하는 데 있어 시민으로서 가질 수 있는 태도와 관점에 관할 것이다.

우정이 성립하기 위해서 친구 사이에 '유사성'이 전제되어야 하고(NE Ⅷ .3.1156b6-7, 21-22), 따라서 시민적 우정이 성립하기 위해서도 시민들 사이의 '유사성'이 전제되어야 한다고 보았을 때, 이러한 유사성을 우리는 시민으로서 가져야 하는 유덕한 성향과 태도에 대한 지향에서 찾을 수 있는 것이다. 즉 우리가 더불어 살아가는 사람들이 서로 잘 되기를 바라고, 제로섬 게임이 아닌 상생의 관점에서 정치 공동체에 참여하게 될 때, 우리는 서로 다른 이익에도 불구하고 이를 조율하고 대화에 임하기 위한 협력적 태도를 기를 수 있게 된다. 본고는 이와 같이 덕에 근거한 시민적 우정을 목표로 유지하되, 앞서 논의되었듯이 그 선의와 호혜성을 불특정 다수의 다른 시민들에게, 같은 시민으로서 가질 수 있는 약한 정도의 형태로 재해석하여 도덕교육의 목표로 삼을 것을 제안한다.

2) '시민적 우정' 관련 도덕교육의 실천 전략

아리스토텔레스는 시민적 우정의 함양에 '정의로운 법과 평등한 제도'에 의해 형성되는 습관화 등이 영향을 줄 수 있다고 보았기 때문에, Ⅱ장에서 제시된 바와 같이 시민적 우정이 형성되기 위한 외적 조건(external conditions)과 내적 조건(internal conditions)은 동등한 중요성을 가진다. 단 여기서는 시민적 덕과 인성을 강조하는 내적 조건의 차원에 초점을 맞춰 논의하고자 하며, 외적 조건 차원에서의 실천 전략은 후속 연구의 과제로 남기고자 한다. 내적 조건에 대한 논의의 일환으로서, 시민적 우정을 도덕과에서 적용하기 위한 방안을 탐색해 보면 다음과 같다.

첫째, 시민적 우정에 속하는 시민적 덕을 함양하기 위해서는 '실천적 지혜'와의 결합이 강조된다. 시민적 우정이 단순한 감정 상태가 아니라 '덕'이 된다는 것은 이것이 곧 실천적 지혜를 함양한 사람들끼리의 우정을 지향한다는 것을 가리키며, 이는 그 기반에 지적인 대화와 합의가 존재함을 시사한다. 특히 아리스토텔레스의 우정은 '실천적 지혜'를 통해 이성적이고 지적인 사랑으로 완성될 때 감정적인 주관성과 같은 한계를 극복하게 된다(김상돈, 2018b: 77). 시민들 간에 있어서도, 단순히 애국심과 같은 내집단에 대한 맹목적 애정을 뛰어넘어 덕에 근거한 시민적 우정으로 나아가기 위해서는 실천적 지혜를 통한 합리적 선택이 필수적으로 요청된다. 현대 자유민주주의 사회에서 개방성, 자선, 공감과 역할채택, 용서, 친절 등이 시민적 우정에 기여하는 시민적 덕이라고 하였을 때, 각각의 품성적 덕목들이 어떤 상황에서 어떻게 적용되어야 하는지는 '실천적 지혜'의 도움을 받아 합당하게 포착되어야 하는 것이다. 예를 들어 개방성, 공감과 역할채택이라는 시민적 덕을 예로 든다면, 다른 종교나 문화적 배경을 가진 사람들의 입장에 대해 동의할 수 없다고 하더라도, 적어도 그들의 입장에 대해 '공감'할 수 있어야 하고, 그들이 자신의 종교적/문화적 신념과 이에 따른 삶의 양식을 추구하며 살아갈 수 있도록 배려해야 한다는 측면에서 품성적 덕목으로서 시민적 덕의 역할이 강조된다. 반면에, 코로나19 백신 접종률이 매우 낮은 수준이고 확진자들이 급증하고 있는 상황임에도 공동생활 공간에서 어떤 사람이 자신의 신념을 내세우며 마스크 착용을 거부한다면, 이 사람의 신념은 다른 사람들과 심지어 자신에게도 해로운 것이기 때문에 잘못된 것으로 봐야 한다. 어떤 사람이 잘못된, 그리고 위험한 신념을 가지고 공유된 규칙에 의문을 제기하거나 다른 사람들에게 교정을 요구할 경우 개방성과 공감, 역할채택을 발휘해야 한다고 보기 어렵다. 불완전한 존재로서 우리 인간은 개인적으로나 집단적으로 오류를 범할 수 있기 때문에 자신의 오류 가능성에 대해서 항상 열린 마음을 갖고 지적 겸손의 자세를 취해야 하지만, 다른 사람들과 사회에 해를 끼치는 독단적인 행위에 대해서는 (가능하면 정중한 방식으로) 문제점을 지적하고 시정을 요구하는 것이 '시민적 우정'에 부합하는 대응 방식일 것이다.

둘째, 시민적 우정에서 마음의 일치 혹은 화합, 심의 혹은 심의 능력, 연대의식 등을 기르기 위해서는 학생 시민들 간 심의(deliberation)의 기회를 풍부하게 제공해야 한다. 시민적 우정에는 기본적으로 상호 관심과 배려로 특징지어지는 동료의식이 포함될 뿐만 아니라, 화합이나 마음의 일치를 위한 심의 또한 필요하며 그 중에서도 심의의 핵심인 '상호 생각의 소통과 교환'이 필수적으로 요구된다. 단 이때의 심의는 과거 학교 현장에서 일반적으로 이루어졌던 토론 수업과 같이 찬성과 반대를 나누어 각자의 주장을 경쟁하는 것이 아니라, 세부적인 의견의 차이를 넘어 공동으로 지향할 수 있는 좋음을 발견하는 마음의 일치를 위한 과정이 되어야 한다. 가령 총기 규제와 관련된 논의에서 '총기 소지 찬성' 대 '총기 소지 반대'로 의견을 나누어 경쟁적으로 논의하는 것이 아니라, '총기로 인한 폭력의 방지'라는 공동의 목표를 중심으로 보다 협력적이고 발전적인 논의를 진행하여야 한다는 존스(Jones, 2019: 219-220)의 권고가 그 예시가 될 수 있다. 또한 아리스토텔레스적 시민적 우정을 기반으로 한 심의는 콜버그의 도덕교육에서 이루어지던 '가상적 딜레마' 중심의 도덕적 토론과도 차이를 가질 것이다. 콜버그식의 딜레마 토론에서 학생들이 자신의 개인적 신념과 감정을 모두 지우고 제3자의 입장에서 대화에 참여하는 것과 달리, 마음의 일치를 위한 심의는 '나'로부터 출발한 생각과 의견들을 가지고 동료 학생 및 동료 시민과 대화에 임할 것을 강조한다. 이러한 대화의 과정은 첫 번째 방안과 연계되어, 실천적 지혜의 발휘를 독려할 뿐만 아니라 그 함양을 돕는다. 실천적 지혜는 나로부터 출발한 이야기의 풍부한 특수성을 반영하는 동시에, 그 안에서 공통으로 지향해야 하는 보편적 좋음에 대한 올바른 판단을 놓치지 않게 하며, 구체적인 상황의 개별적인 것들에 대한 이해를 가능하게 하는 동시에, 그로부터 거리를 두는 것 또한 포함하기 때문이다(N. Burbules, 2019: 12).

피터슨(Peterson, 2011: 2019)은 이와 같이 화합·협력과 배려를 낳을 수 있는 심의적인 만남을 위해서는 시민적 헌신, 시민적 지식, 시민적 발언, 시민적 경청, 시민적 공감, (듀이가 주장한) 내적인 반성이 요구된다고 보았으며, 교육자가 이러한 시민적 심의를 위한 조건을 제대로 만들어준다면, 심의적 만남을 통해 상술된 6가지 자질이 향상될 수 있다고 주장한다.[16] 특히 그는 그 중에서도 첫 번째 자질인 '시민적 헌신'의 중요성을 강조한다. 시민적 대화에 다른 사람들과 참여하려는 노력 없이(그들을 위해 필요한 상호 관심과 배려를 포함하여) 심의적 대화는 애당초 불가능하기 때문이다.

셋째, 시민적 우정은 '다양성'(diversity)을 인정하면서도 사회적 연대를 증진시키기 위해 '공유 가치'(shared values)와 '공동 목표'(shared goals)를 탐색하는 과정의 중요성을 강조해야 한다. 시민적 우정 교육의 출발점은 기본적으로 다양성을 이해하고 인식하며 관용적 태도를 기르도록 돕는 것이어야 하지만, 사회적·공동체적 연대감을 육성할 수 있는 가치와 목표를 갖도록 돕는 것이기도 해야 한다. 공유 가치는 우리의 전통에 기반한 가치와 글로벌 보편 가치를 모두 포함하는 것으로서, 우리 정치공동체가 지향하는 가치를 의미한다. 또한 공동 목표는 (원칙적으로 개인이 각자 추구할 수도 있지만) 다른 시민들과 공동으로 추구할 때 달성될 것으로 여겨지는 특수한 목표를 가리키며(Fowers, 2005), 공동선, 시민적 관심과 배려, 정의, 민주주의 실현 등이 그 예가 될 수 있을 것이다. 협력과 신뢰를 통한 개인 간 상호작

---

[16] 심의적 만남을 가능하도록 만드는 조건 탐색을 위해서는 오늘날 '논쟁 문제 수업'(정창우·김하연, 2021)으로부터 많은 도움을 받을 수 있을 것이다.

용을 지속적으로 해나감으로써 우정이 생겨나는 것과 마찬가지로, 집단 차원의 현상인 시민적 우정 또한 동료 시민들 간에 배려적이고 협력적인 관계를 지속적으로 유지해 나가야 얻을 수 있는 '유대적 공동체로서의 에토스'이다.

물론 우리는 사회적 범주화를 통해 사회적 세계를 내집단과 외집단으로 나누게 되며, 이러한 구분은 우리가 '우리의' 공유 가치와 '우리의' 공동 목표를 협소하게 상정하는 등 선의의 대상과 범위에 직접적인 영향을 미치기도 한다(Fowers, 2019: 84). 이러한 식의 배타적인 사회적 범주화는 어떤 면에서 시민적 우정 앞에 놓인 주요한 장애물이 되지만, 그 경계의 설정 또한 사회적 상호작용에 대한 우리의 판단에 달려 있다는 점에서 우리는 파벌화에 대응할 수 있다(Fowers, 2019: 84). 따라서 도덕과에서는 문화적 배경이나 신념 등이 다양한 정치공동체 내에서, 더불어 살아가는 삶의 양식을 향상시키기 위한 중요한 장이 되어야 하며, 이를 위해 '시민적 우정'이 자유민주주의 사회의 시민들을 위한 의도적이고 의식적인 공동의 목표가 될 필요가 있음을 강조해야 할 것이다.

넷째, 시민적 우정을 길러주기 위해 도덕과에서는 동료 시민 친구의 덕목 및 인성과 번영(well-being)에 대해 상호적으로 관심을 가지고, 서로 배려와 협력을 추구할 수 있는 기회를 풍부하게 제공해야 한다. 오늘날 우리나라의 학교에서 '경쟁'이 '협력'보다 중요한 가치로 자리를 잡았다는 것을 부정하기는 어려울 것이다. 상술하였듯이 권리 중심의 논리가 지배하는 곳에서는 동료 학생들의 존재마저도 '정당한 권리를 확보하고 이를 침해받지 않기 위해' 대화해야 하는 최소한의 의미로 여겨질 수 있으나, 우리 삶에서 친구의 존재는 분명 그보다 훨씬 더 큰 의미를 가진다. 그러나 동료 학생, 나아가 동료 시민에 대한 깊이 있는 관심과 배려에 대한 담론은 현재 학교의 인성교육 및 민주시민교육에 관한 정책에서 별로 강조되고 있지 않으며, 관련 연구보고서나 정책 자료집에서 전혀 언급되지 않는 경우가 많다. 가령 현행 중학교 '도덕' 타인과의 관계 영역에서는 '우정'의 내용 요소를 통해 '우정은 왜 중요하고 진정한 친구란 누구인가', '진정한 우정을 맺기 위한 방법은 무엇인가'와 같은 주제를 다루고 있지만, 단순한 감정적 교류를 뛰어넘어 탁월성에 근거한 우정이 어떠한 의미를 가지며 친구 관계에서 어떠한 중요성을 가지는지에 대해서는 심도 있게 다루지 못하고 있다. 또한 사회·공동체와의 관계 영역에서는 '도덕적 시민'과 같은 내용 요소를 통해 '시민이 갖추어야 할 자질은 무엇인가', '법을 지키면 공익을 증진시킬 수 있는가'와 같은 주제를 다루고 있으나, '정의'에 대한 논의가 많은 비중을 차지하는 한편 그 이상의, 탁월성을 근거로 하는 시민 간의 협력적 관계의 중요성은 충분히 담아내지 못한다는 점에서 한계를 가진다.

한 공동체의 구성원으로 살아가는 데 있어서 관용, 민주주의 및 민주주의 제도에 대한 지식과 이해도 필요하지만, 학생들이 실제로 관용을 갖고 민주적으로 되도록 동기를 부여하는 데 도움이 될 수 있는 배려적, 협력적 관계는 더욱 필수적인 요소가 될 것이다. 이를 위해서는 주변의 학생과 시민을 '아무나'로 여기는 것이 아니라 함께 공동의 좋음을 추구해나가는 동료 학생 및 동료 시민으로 바라보는 태도가 요구된다. 이를 위한 교육으로 적어도 도덕과에서는 시민적 우정의 핵심으로서 동료 시민의 미덕과 번영(well-being)에 대한 상호 관심과 배려와 화합, 협력을 추구할 수 있는 기회를 풍부하게 제공할 수 있어야 하며, 도덕과 교육과정 내용요소 및 교과서 내용에서 덕과 인성을 바탕으로 진정한 우정 및 진정한 시민적 우정에 관한 부분을 강조하는 것이 그 첫 걸음이 될 수 있을 것이다.

5 결론

이 글에서는 아리스토텔레스 '시민적 우정'의 의미와 도덕교육적 중요성 및 함의를 탐구하고자 하였으며, 시민적 우정에 대한 아리스토텔레스의 개념이 현대 자유민주주의 정치공동체 내에서 화합을 촉진하기 위한 실질적이고 의미 있는 기반을 제공한다고 주장하였다. 그 의의를 지키면서 현실 가능성을 추구하기 위해, '덕에 근거한 온건한 시민적 우정'을 도덕교육에서의 목표로 제시하였으며, 시민적 우정의 이상적 형태를 바람직한 목표로 지향하면서도 현실적인 교육적 논의를 진행해야 할 필요성을 제기하였다.

오늘날의 사회에서 자신의 몫을 챙기는 것이 무엇보다도 중요하게 여겨지고, 남을 위해 힘쓰는 것이 '바보 같다'는 평가를 쉽게 받게 되는 만큼, 진심에서 우러나온 호의가 부정되는 경험이 반복될수록 우리는 적극적이고 능동적인 시민적 우정을 추구하기보다, 오히려 동료 시민을 대하는 데 있어 방어적인 태도를 더 '안전'하다고 느끼게 된다. 그러나 더 나은 공동체와 시민들 사이의 관계를 위해 지구 곳곳에서 이루어지는 크고 작은 노력들을 상기해보았을 때, 그러한 방어적인 태도 안에 여전히 동료 시민에 대한 신뢰와 믿음이 존재함을 기대해볼 수 있을 것이다. 그 신뢰와 믿음을 확인하고 이를 서로 이어주기 위해서는 공동의 노력이 중요할 것이며, 그 중심에서는 도덕교육이 느리지만 확실하게 제 역할을 해줄 수 있다.

그러나 이와 같은 이론적 논의의 경우 현실성에 주목하는 학자들에게는 여전히 사변적인 이야기가 될 수밖에 없다. 따라서 이러한 목표가 보다 바람직할 뿐만 아니라 도덕교육의 현실적 차원에서도 타당하다는 설득력을 보강하기 위해서 이에 대한 후속 연구들이 강하게 요청된다. 무엇보다도

덕에 근거한 '온건한' 시민적 우정을 목표로 제시한다고 하였을 때, 그 온건한 혹은 약한 '정도'가 어느 정도를 가리키는 것인지 밝히는 연구가 진행되어야 이것을 도덕교육의 실질적인 목표로 활용할 수 있을 것이다. 또한 이와 관련된 심리학 연구들의 필요성도 제기된다. 가령 도덕교육이 덕에 근거한 우정을 목표로 시민적 우정을 가르쳤을 때 학생들의 시민적 성향 및 태도에 실제로 유의미한 효과를 가질 수 있는지, 어느 선에서 이러한 목표를 지나치게 이상적으로 느끼는지, 혹은 이들이 어떠한 시민적 덕과 연결되어 제시되었을 때 가장 효과적으로 전달될 수 있는지 등에 대한 연구가 이루어질 필요가 있다. 이러한 연구 결과들이 축적되었을 때, 시민적 우정 개념을 도덕교육에서 활용할 수 있는 구체적이고도 실질적인, 그리고 더 바람직한 방법들에 비로소 한 발짝 더 가까이 다가갈 수 있게 될 것이다.

참고문헌

김남두, 김재홍, 강상진, 이창우(2004), 『철학 텍스트들의 내용 분석에 의거한 디지털 지식 자원 구축을 위한 기초적 연구: 아리스토텔레스 『니코마코스 윤리학』』(『철학사상』별책 제3권 제9호)』, 서울대학교 철학사상연구소.
김대오(2000), "아리스토텔레스의 행복론", 『서양고전학연구』, 15, 47-72.
김민수(2019), "아리스토텔레스의 친애론의 현재적 의미 재구성과 인성교육 -『니코마코스 윤리학』의 8권, 9권을 중심으로 -", 『윤리교육연구』, 51, 599-633.
김상돈(2020), "아리스토텔레스의 시민적 친애", 『윤리연구』, 131, 43-70.
김상돈(2019), "아리스토텔레스의 시민적 친애의 의미 규명을 위한 예비적 연구"『윤리연구』, 124, 57-79.
김상돈(2018a), "아리스토텔레스의 시민적 친애에 대한 의문"『윤리연구』, 118, 49-83.
김상돈(2018b), "아리스토텔레스의 윤리학에서 '친애'의 의미", 『윤리교육연구』, 47, 63-99.
김상돈(2014), "자유주의와 공동체주의의 논쟁에 나타난 권리중심 정치의 한계와 아리스토텔레스의 '친애'에 근거한 덕(德) 정치의 가능성", 『인문학논총』, 34, 459-492.
박정순(1999), "자유주의의 건재", 『철학연구』, 45, 17-46.
배상식(2006), "아리스토텔레스 '우정(philia)'의 현대 철학적 이념: 개인과 공동체 간의 새로운 관계 모색", 『동서철학연구』, 39, 157-185.
손병석(2020), "왜 친애(philia)가 정의보다 더 중요한가?: 아리스토텔레스의 정치적 친애(politikē philia)와 호모노이아(homonoia) 그리고 덕친애의 관계를 중심으로", 『철학연구』, 131, 1-29.
이석호(2009), 『고대·중세 서양윤리사상사』, 서울: 철학과현실사.
이인재, 김남준, 김항인, 류숙희, 윤영돈(2011), 『청소년 도덕성 진단 검사도구 적용 연구Ⅰ: 도덕적 판단력』, 한국청소년정책연구원.
장미성(2016), "마음의 일치로서의 아리스토텔레스 정치적 친애", 『철학연구』, 115, 245-270.
정창우(2020a), "서양 사상에서의 평화, 평화 이야기", 『통일과 평화 이야기(Ⅰ)Ⅱ』, 강원: 춘천교육대학교 출판부.
정창우(2020b), 『도덕교육의 새로운 해법(2판)』, 경기: 교육과학사.
정창우(2019), 『21세기 인성교육 프레임』, 경기: 교육과학사.
정창우, 김하연(2021), "논쟁 문제 수업에 대한 이해와 도덕 교사의 역할", 『도덕윤리과교육연구』, 71, 245-271.
정창우, 이기연(2021), "아리스토텔레스 '시민적 우정'의 도덕교육적 함의", 『윤리연구』, 135, 89-118.
Arrrington, R. L. (1998). 김성호 역(2007), 『서양 윤리학사』, 경기: 서광사.

Aristotle, 이창우·김재홍·강상진 역(2011), 『니코마코스 윤리학』, 서울: 이제이북스.
Aristotle, 천병희 역(2009), 『정치학』, 고양: 숲.
Biss, M. (2011), "Aristotle on friendship and self-knowledge: The friend beyond the mirror", *History of Philosophy Quarterly*, 28(2), 125-140.
Colby, A., Kohlberg, L., Gibbs, J., Candee, D., Speicher-Dubin, B., Kauffman, K., Hewer, A., & Power, C. (1982), *The measurement of moral judgment: a manual and its results*, New York: Cambridge University Press.
Curren, R. (2019), "Populism and the fate of civic friendship", in J. Authur (ed.), *Virtues in the public sphere*, NY: Routledge.
Darnell, C., Gulliford, L., Kristjánsson, K., & Paris, P. (2019), "Phronesis and the knowledge-action gap in moral psychology and moral education: A new synthesis?", *Human Development*, 62(3), 101-129.
Fowers, B. (2019), "Is there a plausible moral psychology for civic friendship", in J. Authur (ed.), *Virtues in the public sphere*, NY: Routledge.
Fowers, B. (2005), *Virtue and psychology: Pursuing excellence in ordinary practices*, Washington, DC: APA Press.
Haidt, J. (2012). 왕수민 역(2014), 『바른 마음』, 서울: 웅진지식하우스.
Haldane, J. (2019), "Responding to discord: Why public reason is not enough", In J. Authur (ed.), *Virtues in the Public Sphere*, NY: Routledge.
Irerra, E. (2005), "Between advantage and virtue: Aristotle's political theory of friendship", *History of Political Thought*, 26, 565-585
Jones, H. H. (2019), "Designing for dialogue: Developing virtue through public discourse", In J. Authur (ed.), *Virtues in the Public Sphere*, NY: Routledge.
Kristjánsson, K. (2015), *Aristotelian character education*, Routledge.
Michael, of Ephesus (1892), *Eustratii et Michaelis et anonyma in Ethica Nicomachea commentaria*, Berolini.
Burbules, N. C. (2019), "Thoughts on phronesis", *Ethics and Education*, 14(2), 126-137.
Peterson, A. (2019), "Education for living together in a diverse UK", in J. Authur (ed.), *Virtues in the public sphere*, NY: Routledge.
Peterson, A. (2011), *Civic Republicanism and Civic Education: The Education of Citizens*, Basingstoke, UK: Palgrave MacMillan.
Pinker, S. (2011). 김명남 역(2014), 『우리 본성의 선한 천사』, 서울: ㈜사이언스북스.
Rest, J., Narvaez, D., Bebeau, M. J., & Thoma, S. J. (1999), *Postconventional*

       moral thinking: A neo-Kohlbergian approach, Mahwah, NJ: Erlbaum.
Scorza, J. A. (2013), "Civic friendship", In *The International Encyclopedia of Ethics*. doi:10.1002/9781444367072.wbiee555.
Schwarzenbach, S. (2009), "On civic friendship", *Ethics,* 107(1). 97-128.
Shields, C. (2020), "Aristotle", from https://plato.stanford.edu/entries/aristotle/
Shute, R. (1888), *On the Process by which the Aristotelian Writings Arrived at their Present Form,* Oxford: Oxford University Press.
Snow, N. (2021), "Cultivating Civic Friendship in Education", from https://www.youtube.com/watch?v=EvhaoKj_-UI

5장
스토아 사상과 시민교육

추정완(춘천교육대학교)

1 스토아 사상의 역사와 주요 저술

스토아 사상은 소크라테스 이전의 헤라클레이토스(Heraclitus)와 파르메니데스(Parmenides) 등 철학자들과 소크라테스, 플라톤, 아리스토텔레스의 철학적 요소를 포함하면서도 이들을 종합한 독창적인 철학이다. 이에 대해서 후대의 철학자들은 스토아 사상이 '고대 그리스인들의 윤리적 삶이 만들어낸 가장 성숙하고 잘 짜여진 사고의 절정'을 보여준다고 평가한다(Winderlband, 1958:176).

스토아 사상은 알렉산더 대왕이 사망한 후 시작된 헬레니즘 시대로부터 로마 시대까지 대략 500년의 기간 동안 아테네와 로마를 중심으로 영향력을 발휘하였다. 스토아 사상은 에피쿠로스 사상과 함께 헬레니즘 시대에 두루 영향력을 발휘하였고, 특히 로마 시대에는 확고한 사상적 지위를 차지하였다.

  스토아학파의 창시자는 키프로스의 키티온(Citium) 출신인 제논(Zenon, B.C. 333?-261?)이었다. 그는 아테네의 시장 북쪽에 자리 잡은 '스토아 포이킬레(stoa poikile)'라고 하는 채색된 주랑에서 학생들을 가르쳤다고 하며, 이러한 이유에서 스토아학파라고 불렸다. 에피쿠로스학파가 주로 에피쿠로스의 이론에 의지하였던 것과는 다르게, 스토아학파는 여러 철학자로 이어져 오면서 오랜 기간 발전하였다.

  창시자 제논에 이어 클리안테스(Cleanthes, B.C. 331-232)와 크리시포스(Chrysippus, B.C. 280-206)가 초기 스토아학파를 이끌었다. 그중에서도 크리시포스는 스토아 철학의 주요 원리 체계를 완성하였다고 알려져 있다. 크리스포스는 논리학에 관해서 만큼은 아리스토텔레스에 견줄만했을 정도로 학문적 수준이 높았고, 750여 편이 넘는 저작을 남겼다고 하지만 오늘날 전해지는 것은 없다(김재홍, 2003:101). 이후 중기 스토아학파는 타로소스의 제논, 디오게네스, 안티파트로스 등을 거치게 된다. 중기 후반에는 플라톤의 '티마이오스'를 중시하면서 로마 사회 사람들에게 스토아 사상을 받아들이기 쉽게 발전시킨 파나이티오스와 포세이도니오스(Posidonius) 등도 활동하였다(프라이어, 2010:327). 다만, 안타깝게도 이들의 저술은 거의 남아있지 않고 극히 일부만 단편 형태로만 남아 있어서 누가 어떤 특정한 이론을 제안했는지 단정하기 어렵다.

  한편 오늘날 우리에게 잘 알려진 스토아학파의 인물들은 주로 후기 스토아학파에 속하는 인물들인데, 그중에는 로마의 황제였던 아우렐리우스(Marcus Aurelius, 121-180), 노예 출신이었던 에픽테토스(Epiktetos, 60-138), 로마 네로 황제의 조언자였던 세네카(Seneca, B.C. 2-A.D. 65) 등이 있다. 비록 우리에게 잘 알려지지는 않았지만 로마 시대 키케로의 스승인

디오도토스, 로마 공화정 말기의 카토, 에픽테토스의 스승인 루퍼스 등도 스토아 철학의 중심인물이었다. 이렇게 열거한 인물들에서 알 수 있듯이, 후기 스토아학파에 속하는 주요 사상가들은 주로 로마인들임을 알 수 있는데, 황제와 노예 출신이 스토아 사상을 대표하는 사상가였다는 점, 그리고 '알렉산드로스 대왕의 계승자들이 대부분 자신을 스토아학파라고 자칭했다'(매기, 2002:46)는 말 등을 통해 짐작해 보면, 당시 로마 사회에 스토아 사상의 영향은 사회 전 계층에 상당했던 것으로 보인다.

스토아 철학을 대표하는 주요 저작들에는 세네카의 『편지』와 『강의』, 아우렐리우스의 『명상록』, 에픽테토스의 『담화록』과 『엥케이리디온(편람)』 등이 대표적이다. 그 밖에도 키케로, 디오게네스 라이르티오스, 섹스토스 엠페이리코스 등도 스토아학파의 역사와 관련한 글들을 썼다.

철학사적으로 볼 때 스토아 사상은, 비록 스토아 사상이 유물론을 지지한다는 점에서 종교적 관점의 영혼이나 초월에 관한 문제에서 갈등적 요소가 있었지만, 테툴리아누스(Tertullianus, 160~220)를 비롯한 중세 기독교 사상가들과 츠빙글리나 칼뱅 그리고 루터와 같은 종교개혁가들에게 많은 영향을 미쳤다. 또한 16~17세기 무렵에는 뢰시위스를 중심으로 기독교와 스토아철학의 통합을 이루려는 네오스토아운동(Neostoicism)이 일어났으며, 근대 스피노자(Spinoza)와 칸트(Kant) 등과 같은 철학자들에게도 많은 영향을 미쳤다(에링턴, 2003:176).

오늘날 영어권에서 'stoic'이라는 단어가 '불평불만이 드러나지 않는 태연한 태도'로 쓰이고 있다는 점에서 알 수 있듯이, 스토아 사상은 철학적 관점에서 사상 그 자체의 부활을 꾀하려는 학술적인 관심이 없는 것은 아니지만 그보다 스토아주의자들이 지향한 삶의 태도이나 정신적 맥락에서 치유의 성격에 많은 관심을 받고 있다.

2 스토아 사상의 핵심 개념

스토아 사상은 자연학의 영역에서 '힘의 장'이라는 근대적 개념을 선취하였고, 논리학에서도 근대 판단 논리의 선구적인 역할을 하였으며 윤리학의 영역에서는 규범의 역할이 갖는 의미가 인식되었을 때 중요한 기여를 한다는 점을 밝혔고, 법철학에서는 자연법의 기초에 해당하는 모습을 제안하였다(회페, 2001:238).

이러한 평가에도 불구하고, 스토아 사상 전반을 단일한 체계로 설명하는 것은 매우 부담스러운 작업이다. 앞서 언급한 것처럼, 스토아 사상은 약 500년의 시간 동안 발전한 철학적 사상임에도 불구하고, 초기 저술은 매우 단편적인 수준이고, 우리에게 알려진 후기 일부 사상가들의 저작에 의존해야 하기 때문이다. 특히 전기 스토아학파에 관한 글은 "제우스에 대한 클레안테스의 송가"를 제외하면 전승된 것이 없으며, 중기 스토아학파에 대한 글들도 단편적인 일부 정보와 주로 스토아학파를 비난하는 작가들의 언급 등으로 제한되어 있기 때문이다. 이처럼 스토아 사상의 특징과 관련하여 개별 사상가들의 입장을 정리하기는 어려운 측면이 있다.

이러한 이유로 본 글에서는 주로 후기 스토아 사상가를 인용하여 스토아 사상의 윤리학적 특징에 해당하는 핵심 개념을 제시하고자 한다. 다만, 독자들은 이러한 설명 방식이 일부 전문 연구자들의 관점에서 논란이 될 수 있으며, 스토아학파 전체를 대표하기보다 스토아학파에 속하는 특정한 사상가의 주장에 의존하는 것일 수 있음을 고려하면 좋겠다.

1) 스토아 철학: 논리학, 자연학, 윤리학

스토아 철학은 형이상학이나 인식론이 아니라 윤리학을 대중에게 쉽게 제시했다는 점에서 철학사적인 공헌을 하였다. 헬레니즘 시대의 에피쿠로스학파가 이른바 유물론적 관점을 취했던 것과 마찬가지로, 스토아학파도 자신들의 형이상학의 근본을 자연학, 즉 유물론적 기반에서 출발하였다. 물론 스토아의 유물론적 시각은 인간의 생각에서 나오는 명제를 어떤 정신적인 것으로 인정했다는 점에서는 에피쿠로스주의보다는 덜 엄격하지만, 에피쿠로스주의가 우연(원자의 이탈)을 인정한 것과 달리 운명론적 관점을 견지했다는 점에서 더 강한 결정론적 면모를 보인다.

스토아 철학은 '선행하는 원인을 완전히 이해하면 미래에 어떤 일이 발생할 지 인과적으로 확인할 수 있다.'라는 점을 강조하는 인과론적 특성을 보인다. 이러한 스토아적 형이상학에 따르면, 인간이 세상에 모든 일들을 변화시키려 한다고 해도, 그러한 시도는 무용한 것이 되고 만다. 왜냐하면 세계 전체의 미래를 결정하는 것은 신이자 이성 그 자체가 행하는 것이지, 인간은 그 세계의 일부이기 때문이다. 이러한 배경을 이해하면서 스토아 철학의 중심적 사고를 좀 더 살펴보자.

스토아학파는 철학을 논리학, 자연학, 윤리학으로 구분한다. 이러한 구분이 지니는 특징은 크게 세 가지로 이해할 수 있다.

첫째, 철학의 구분에서 볼 수 있듯이, 스토아 사상가들은 이전의 철학자들과 다르게 논리학을 단순히 철학의 예비학 수준으로 간주하지 않고 독립된 철학의 한 영역으로 보았다. 그러한 이유는 스토아 사상이 앞서 설명한 바와 같이, 신과 등치에 있는 이성(logos)의 의미나 구조에 의해 세상에서 표현된 객관적 존재 그 자체를 먼저 가정하고 있기 때문이다. 그러한 이유에서 논리학은 신, 이성, 자연을 이해하는 중요한 요소가 된다.

둘째, 스토아학파는 철학의 영역을 논리학, 자연학, 윤리학으로 구분하면서도 이들을 각자 상호 보완적인 방식으로 규정하였다. 이러한 관점에서 그들은 철학을 '인간에게 주어진 인간 이성의 올바른 사용'이라고 정의하고, 이러한 철학을 구성하는 논리학은 언어나 사유와 현실의 관계에 관한 사항을, 자연학은 이성의 현상적 측면을, 윤리학은 이성의 규범적 측면을 탐구하는 것으로 규정하였던 것이다. 스토아 철학자들은 이를 비유적인 방식으로 표현했는데, '철학은 열매가 열린 정원, 논리학은 울타리, 자연학은 나무, 윤리학은 열매'(회페, 2001:240 재인용) 또는 '논리학은 뼈대와 힘줄, 자연학은 영혼, 윤리학은 살과 근육'에 해당한다(Laertios, Vitae philosophorum, Ⅶ: 39)'고 비유하기도 하였다. 이것은 스토아 사상가들이 그들의 철학적 목표를 열매에 해당하는 윤리학에 두었음을 알 수 있으며, 윤리학적 목표에 도달하기 위해서는 논리학의 울타리 안에서 자연을 이해하는 방식으로 풀어나가길 원했다는 점을 알 수 있다.

셋째, 그들은 자연학의 관점에서 세상에 존재하는 것을 분명하게 기술하려고 노력하였다. 기본적으로 그들은 사물이란 어떤 작용(Wirken)을 한다는 점에서 현실성이 있는 것이지만, 인간이 겪는(Leiden) 것들(생각이나 감정)은 비현실적인 것으로 보았다. 인간이 언어적인 의미를 표명하거나 시간과 공간과 같은 개념을 사용하는 것이 세계를 이해하는 데 도움을 줄 수는 있다. 그러나 스토아학파는 그것들이 그 자체로 '자연에' 존재하는 대상은 아니기 때문에 비현실적인 것으로 보았다. 가령 그들은 이러한 관점에서 악에 대한 설명을 비현실적인 것으로 설명한다. 이에 대해서 에픽테토스는 "과녁을 빗맞히기 위해서 과녁을 세우지 않는 것처럼 우주에는 악의 본성 또한 없는 것이다."라고 하면서, '세상에 악은 존재하지 않는다(에픽테토스, 2003:46)'고 하였다. 이것은 전형적인 스토아학파의 자연관을 표명하는 글인데, 이러한 표현에는, 인간이 겪는 일들이 결국 자연적 질서에 어긋나는 비현실적인 것임을 주장하는 그들의 태도가 반영된 것이기도 하다.

세상에 존재하는 것은 자연적인 사물로 국한되는 것인데, 그것을 겪는 인간이 악으로 평가하는 것은 어리석은 인간의 (잘못된) 생각이나 태도에 근거한 것이기 때문이다. 신적인 이성이 세상의 모든 일을 규제하는 것이고, 그것은 운명적인 현상인데, 그것을 어리석은 인간이 (악한 것으로) 잘못된 평가를 내린다는 뜻이다.

2) 이성, 자연, 신

스토아학파는 세계를 이성(logos)적인 전체로 보았다. 여기서 이성적 전체에 해당하는 세계는 자연이며, 그러한 자연은 곧 신과 같은 것이다. 이와 관련하여 아우렐리우스는 『명상록』에서 "항상 이 우주를 하나의 살아있는 유기체로, 하나의 유일한 실체로, 하나의 유일한 영혼으로 생각하라(Aurelius, 1964: 4권 40절)."라고 말했다. 이렇듯 스토아 사상가들은 자연에 일어나는 모든 일이 범신론적 관점에 놓인 신의 섭리로 인해 발생하는 필연적인 현상이라고 주장하였다. 따라서 자연의 모든 현상은 당연히 발생해야 할 이유, 즉 자연의 이성적 원리에 근거하여 발생하는 것이며, 우리는 자연 전체와 그러한 자연에 속한 구성원으로서 세상에 일어나는 모든 현상을 이성적 원리로 이해해야 한다는 것이다.

이것은 분명 스토아 사상가들이 결정론과 운명(fatum)론을 지지하였다는 점을 보여준다. 이에 대해서 크리스포스는 인과 필연의 현상을 낳는 "연쇄(heimarmene)"라는 개념을 제안하였다. 그는 연쇄를 우주의 이성(logos) 또는 과거의 일이 일어났고 미래의 일이 일어나게 될 이성이라고 정의하면서, 운명은 우주의 법칙이고, 세상에 존재하는 모든 것들의 전체적인 존립 구조로서 신과 같다고 보았다(회페, 2001:252).

세상에 일어나는 모든 현상은 좋은 것인가? 이에 대해서 스토아학파는 그렇다고 답한다. 세상 모든 일은 일어날 일이기 때문에 일어나고 그 결과도 항상 좋은 방향으로 일어난다. 실제 그것이 좋으냐 나쁘냐 하는 것은 우리가 그러한 일들을 수용하는 방식에 달려있다. 자연의 모든 일은 이미 결정된 것이므로, 우리는 자연에서 발생하는 이러한 모든 일에 개입할 수 없기 때문이다. 따라서 우리가 조절할 수 있는 것은 자연 세계에서 발생하는 일에 대해서 '어떤 태도를 가지느냐' 하는 것뿐이다.

그렇다면 인간은 살면서 고통을 경험하고 이러한 고통을 회피하고자 하거나, 자신의 쾌락과 욕구가 충족되기 바라지 않는가? 이에 대해서 스토아학파는 쾌락과 고통의 감각 그 자체는 선이나 악이 아니지만, 그러한 것들에 대한 우리의 태도가 선과 악을 규정한다고 주장하였다. 달리 말해서 우리가 쾌락을 열심히 추구하면, 그것은 선이 되고, 어떤 것을 혐오하는 태도를 보이면, 그것은 악이 된다는 것이다. 이와 관련하여 스토아학파는 이러한 인간의 혐오나 추구의 태도(선과 악으로 정의하는 태도)는 자연의 질서를 거스르는 것이고, 이러한 태도를 보이는 사람은 스스로 자연의 필연성을 이해하지 못했음을 드러내는 것이라고 하였다. 우리가 도덕적으로 행해야 하는 것은 어떤 행위의 결과를 생산하는 것이 아니라 그러한 행위의 최선의 동기를 갖는 것일 뿐이며, 우리는 우리가 변경시킬 수 없는 자연의 일과 그 결과에 대해서 이성적이고 신적인 필연의 결과임을 받아들이는 태도를 갖춰야한다는 것이다.

이처럼 스토아 철학의 가장 중요한 신조는(자연, 신으로 대체해서 쓸 수 있는) '이성 보다 더 높은 권위를 가진 것은 없다'는 것이다. 이성이 우리에게 보여주는 그대로의 세계인 자연의 세계가 실재의 전부이며, 자연은 우리가 이해할 수 있는 합리적인 원칙들이 지배하는 세계이다. 자연은 이성의 총체로 이것은 신의 다른 표현일 뿐이다. 신은 세계의 바깥에 별도로 존재하는 대상이 아니라 세계에 편재하는 존재로, 신은 세계의 정신이고, 세계의 자의식인 것이다. 우리는 자연의 일부이므로 자연의 순리인 이성에 따르는 삶을 살아야 한다.

3) 자유의지

스토아학파에게 있어서 자유는 인간이라면 누구나 자연의 이성에 따라 누릴 수 있는 정신적인 의미를 지닌다. 이와 관련하여 에픽테토스는 '자유와 노예 상태'를 예로 많은 논의를 하였다고 알려졌는데, 그는 자유와 비교하면서 노예 상태를 '자기 자신이 스스로에게 부여해서 생긴 정신적 부자유'라고 말했다(김재홍, 2003:119). 자유롭지 못함을 스스로 자초한 것이라고 평가한다는 점에서 보면, 스토아학파는 자유를 정신적 태도의 문제로 보았고, 그런한 점에서 '지혜로운 자'만이 자유롭다고 하였다.

에픽테토스는 엥케이리디온에서 "존재하는 것들 가운데 어떤 것들은 우리이게 달려 있는 것들이고, 다른 어떤 것들은 우리에게 달려 있는 것들이 아니다. 우리에게 달려 있는 것들은 믿음, 충동, 욕구, 혐오와 같이 한마디로 말해서 우리 자신이 행하는 그러한 모든 것이다. 반면에 우리에게 달려 있지 않은 것은 육체, 소유물, 평판, 지위와 같이 한마디로 말해서 우리 자신이 행하지 않는 그러한 모든 일이다(에픽테토스, 2003:13)."라고 말했다.

여기서 볼 수 있듯이 에픽테토스는, 인간이 비록 운명의 틀에 구속되어 있기는 하지만, '우리에게 달려 있는' 것의 경계를 지워놓고 있다. 물론 일부 독자는 위 글에서 인간의 신체와 소유물도 우리에게 달려 있는 것이 아니라고 한 점에 대해서 의문을 가질 수 있다. 하지만 몸이 아플 때 몸을 마음대로 할 수 없을 경우나 예상할 수 없는 상황에서 재산의 손실을 경험할 수 있다는 점을 생각해 보면 이러한 것은 쉽게 이해될 수 있다. 중요한 것은 인간에게 '달려 있는 것', 즉 자유로운 인간의 영역이 무엇인지 이해하는 것이므로, 이제 이에 대해서 살펴보기로 하자.

운명적인 결과는 우리 외부에서 일어나는 것들이다. 우리의 생각이나 태도로 나타나는 믿음, 충동, 욕구, 혐오와 같은 것들은 마음의 문제에 관한 것이며, 이것들을 선택하는 것은 인간의 자유로운 의지의 결과에 따른 것이다. 따라서 우리가 겪는 일은 우리가 일으킨 일이 아니지만, 마음속으로 어떤 믿음, 충동, 욕구, 혐오를 가졌다면, 그것은 외부에 일어난 일이 아니라 우리가 우리 마음으로 만들어낸 것, 즉 오로지 내가 일으킨 것이다. 논란의 여지가 없는 것은 아니라고 하더라도, 이러한 관점에서 보면, 에픽테토스의 입장에서, 자연의 현상은 운명론에 따른 것들이라고 하더라도, 마음의 세계만큼은 자유의지가 가능한 세계가 되는 것이라 할 수 있다.

따라서 스토아학파가 결정론을 지지하였다고 해서, 인생 전반에 운명론을 무력하게 따라야 하는 것은 아니다. 세상에 일어나는 일이 우리의 뜻과 관계없이 발생하더라도 나의 태도만큼은 통제할 수 있기 때문이다. 그래서 에픽테토스는 "세상에서 일어나는 일들이 네가 바라는 대로 일어나기를 추구하지 말고, 오히려 일어나는 일들이 실제로 일어나는 대로 일어나기를 바라라. 그러면 모든 것이 잘되어 갈 것이다(에픽테토스, 2003:23)."라고 말했다. 이 말의 뜻은 나의 의지가 (일어나는) 사건들에 순응하도록 나의 태도를 통제하고 관리해야 한다는 것이다. 이러한 관점에서 그는 "사람들을 심란하게 하는 것은 그 일들이 아니라, 그 일들에 관한 믿음이다. 이를테면 죽음은 전혀 두려운 것이 아니다. …(중략)… 죽음에 관한 믿음, 즉 두렵다는 것 바로 이것이 두려운 것이기 때문이다. 그렇기 때문에 우리가 방해를 받거나 심란하거나 슬픔을 당할 때에도 결코 다른 사람을 탓하지 말고, 우리 자신, 즉 우리 자신의 믿음들을 탓해야 한다(에픽테토스, 2003:20)."라고 말했다.

4) 덕

스토아학파가 제시한 덕에는 두 가지 특징이 있다. 첫째는 덕이 좁은 의미에 윤리학적 덕목만을 의미하는 것은 아니라는 점이고, 둘째는 덕이 곧 유일한 최고선이라는 것이다.

첫 번째 특징과 관련하여, 스토아학파는 윤리적인 덕뿐만 아니라 논리학과 물리학도 인간에게 일종의 덕으로 기능한다고 보았다. 논리학은 '우리가 오류에 동의하거나 거짓에 기만당하는 것을 막는 추론의 방법을 제공하고, 우리에게 좋고 나쁨에 관해 배운 것을 보호하게 만들기' 때문에 덕으로 이해될 수 있다. 마찬가지로 물리학은 '사람들에게 전체로서의 우주와 자연의 전체 체계, 인간의 본성이 우주의 본성과 조화를 이루고 있음을 이해할 수 있게 해 주기' 때문에 덕이 될 수 있다(키케로, 1999:153-154). 이처럼 스토아학파는 좁은 의미의 윤리학적인 덕뿐만 아니라 자연학과 물리학을 통합한 자연 전체의 관점에서 덕을 규정하고 있다.

한편, 덕의 특징이 유일한 최고선이라는 입장을 이해하기 위해서는, 그들이 플라톤의 『에우튀데모스(Euthydemus, 281d2-e5, 291b-292d)』에 있는 논쟁 정리에 열중했다는 사실에 주목해야 한다(Annas, 1993, Long, 1996). 스토아학파는 이 논쟁 정리를 거쳐 종국적으로 소크라테스의 덕 개념(이른바 총체적 관점에서 덕이 하나라고 하는)을 그들의 중심 입장으로 채택하였고, 그래서 '덕은 통일적이거나 또는 적어도 각각의 덕목이 서로를 포괄하는 하나의 집합이나 체계를 구성하는 것'으로 규정지었다.

이와 관련하여 키케로는 덕이 유일한 최고선이며, 덕은 증가 또는 감소하지 않는다고 주장하였다. 그는 덕이 마치 '햇빛 앞에서 촛불 빛이 무색해

지듯이, 덕 앞에서 건강이나 재화는 사소한 것에 불과하다(키케로, 최고선악론 3권).'라고 하면서 덕을 유일한 최고선으로 주장하였다. 또한, 키케로는 "물에 빠진 사람이 수면에서 멀리 떨어져 있지 않아서 가끔 모습을 드러낼 수 있다고 하더라도, 깊은 물 속에 있는 경우보다 더 많은 숨을 쉬는 것은 아니다. 무언가 보기 위해서 다가오는 어린 강아지가 막 태어난 어린 아기보다 더 분별력이 있는 것도 아니다. 이와 마찬가지로 어떤 사람이 덕의 어떤 모습에 접근하거나 접근하지 않거나 비참하기는 매한가지인 셈이다(키케로, 1999:143)."라고 말하면서, 덕에는 정도의 차이가 없고, 적어도 덕을 향한 진전은 있을 수 있지만, 덕은 덕이라고 할만한 것과 덕이 아닌 것만 있을 뿐이라고 주장하였다.

　이렇듯 덕이 유일한 최고선이고 불변하는 성질을 지녔다고 하는 주장은 스토아학파의 선의 완전성 개념과 연관되어 있다. 스토아 사상에서 선은 유익할 뿐 아니라 완전성과 체계성을 지닌 것이라는 전제가 있기 때문이다. 이에 대해서 키케로는 '덕이 유익함과 상충하는 것이 아니라 유익해 보이는 것(실제로는 유익하지 않은 것)들과 상충하는 것이고, 인간의 본성은 우리에게 정직과 조화와 일관됨을 요구하며, 여기서 인간의 본성은 선 그 자체인 자연의 본성에 속한다.'라고 하였다. 이어서 그는 '도덕적으로 선하지 않은 것은 진정 그 어떤 것도 유익하지 않으며, 유익하지 않은 것은 동시에 그 어떤 것도 진정 도덕적으로 선하지 않은 것'으로 보고, "사람들이 유익한 것처럼 보이는 어떤 것에 접하게 될 때, 마음의 동요가 일어나는데, 정신을 가다듬어 유익한 것처럼 보이는 것에 도덕적으로 옳지 않은 악한 것이 관련되어 있다는 점을 보게 되면, 그때에는 유익함을 포기할 것이 아니라 도덕적으로 악한 것이 있는 곳에 유익함이란 있을 수 없다는 사실을 깨달아야 한다(키케로, 1989:192-193)."라고 말했다.

5) 덕과 행복의 관계

아리스토텔레스 이후 인생의 전반적인 목표(telos)로 행복(eudaimonia)을 가정했다는 것은 서양 고대 윤리학이 지니는 공통된 특징 중 하나이다. 스토아주의자들은 이 문제에 대해 '덕은 행복을 위해 필요하고, 덕으로 충분하다.'라고 하였다. 아리스토텔레스가 행복을 인생의 최종적인 목적으로 놓고 주로 행복을 위한 기능적 차원에서 덕에 관한 논의를 전개했다면, 스토아주의자들은 인생의 궁극적인 태도로서 덕을 우선하고 난 연후에, 즉 덕을 실천할 할 때 행복이 성취될 수 있다는 관점을 취한다.

스토아학파의 이러한 덕과 행복의 관계는, 그들이 철학을 구성하는 주요 요소로 윤리학과 자연학을 배치한 전제를 상기해 보면 이해하기가 조금 수월해진다. 라에르티오스는 스토아학파의 덕이란 '다른 어떤 삶의 조건이나 기대로 선택하는 것이 아닌 그 자체로 인해서 선택되어야 하는 삶의 막힘없는 흐름' 또는 '생애 전체를 통해서 이성 또는 자연 본성과 화합한 영혼의 상태'라고 말하면서, "행복은 바로 이러한 덕 가운데 있는 것(백종현, 2013:21, 재인용)"이라고 하여 덕의 우선성을 강조하였다.

물론 덕뿐만 아니라 건강과 생계비와 체력이 필요하다는 스토아 사상가들이 없었던 것은 아니고, 이에 대한 지지의 견해도 있었던 것이 사실이다. 이러한 스토아학파의 덕과 행복에 관한 입장을 이해하기 위해서는, 키케로(Cicero)가 『최고선악론』의 4권과 5권에서 밝힌 견해를 살펴보면 도움이 된다.

이 글에서 키케로는 안티오코스(Antiochus)의 주장이 모순적이라고 비판한다. 안티오코스의 입장은 덕이 행복에 이바지하는 가장 중요한 요소지만, 신체의 건강함과 외부적인 재화도 행복에 이바지하는 일정한 가치가 있다고 생각한다. 이러한 관점에서 그는 덕이 행복한 삶을 위해 너무나 필요하고 그것만으로도 충분할지 모르지만, 다른 선들도 '가장' 행복한 삶을 일구는데 이바지한다고 제안한다. 이어서 그는 스토아 사상의 입장은, 한편으로는 육체적인 또는 외부적인 재화가 실제로 그 어떤 선도 지니지 않고 있다고 주장한다는 점에서 극단적이고 비현실적인 주장이라고 비판하고, 다른 한편으로는 사정이 그렇다고 해서 그런 스토아학파의 주장이 아무런 가치도 없는 것은 아니라는 점을 인정한다. 하지만 키케로는 이러한 안티오코스의 주장에 일관성이 없다고 평가한다. 왜냐하면, 안티오코스는 행복을 위해 필요하고 또한 충분한 것으로서 덕을 간주하고 있으므로, 그는 덕을 행복에 대한 최고의 원인 제공자로 보면서 동시에 다른 범주에도 고유한 선이 있는 것처럼 주장하기 때문이다. 안티오코스에 대한 키케로의 이러한 비판을 살펴볼 때, 우리는 (키케로가 스토아학파를 대변한다는 전제에서) 스토아학파가 덕을 그 자체만으로 행복을 얻을 수 있는 유일한 조건으로 보았다는 점을 확인할 수 있다(추정완, 2020:6-7).

그렇다면 덕과 행복의 관계 속에서 선을 어떻게 이해해야 할까? 스토아 사상가들은 선이란 덕과 행복이 모두 드러나는 양상들로 보았다. 자연(우주, 신)을 선 그 자체라고 할 때, 자연의 일부인 인간이 인간의 본성인 덕을 갖추고 덕 있는 삶을 살아갈 때, 그는 행복할 것이며, 선은 실현되는 것이다(Inwood, 2005:274). 이러한 의미에서 인간에게 담지 된 덕은 부분적인 선을 지닌 것인데, 그 이유는 덕이 행위자의 인격에 완전성과 체계성을 부여하기 때문이다. 여기서 행위자인 인격은 완전성의 일부이면서 동시에 선의 일부이고 자연의 일부가 된다. 인간이 발휘하는 각각의 덕목들은 인간의 성품에 완전성과 체계성을 부여하는 차원에서 자연으로 향하는 것이다. 이러한 덕목들은 인간의 정서적인 조화나 좋은 감정과 같은 행복의 다른 요소들에 대한 기초를 제공한다(Frede, 1999:71-94).

물론 덕에 대한 이해만으로 행복은 보장되지 않는다. 덕은 실행이 필요하기 때문이다. 이러한 덕을 실행하기 위해서는 윤리적 성숙의 과정이 필요하며, 윤리적 성숙에 대해서는 키케로가 제시한 윤리적 성숙 과정을 참고할만하다. 이에 대해서 롱(2000:331-332)은 '스토아 철학자들의 말에 따르면, 스스로 자연과 조화되거나 아니면 그러한 사태를 일으키는 것에 가치가 있다. 따라서 충분히 가치 있다고 여겨지는 요소가 그것에 있기 때문에 그러한 것은 선택될 가치가 있는 반면에, 그러한 것의 반대는 그 가치를 인정받을 수 없다. 그래서 우리는 자연과 일치되는 것을 그 자체를 위해 획득해야 하며, 그와 반대되는 것을 거부해야 한다는 점을 기본 원리로 입증했다.'고 하면서 키케로의 윤리적 성숙과정을 다음과 같이 제시하였다.

> "생물의 본성에 따르는 첫째 기능은 자신을 자연적 상태로 유지하는 것이다. 둘째 기능은 그것이 자연과 조화되는 것을 선택하고, 그와 반대되는 것을 없애버리는 것이다. 이렇게 선별하고 거부하는 과정을 발견했을 때, 그 다음의 결과는 자연에 따라 이루어지는 선별이다. 이어서 그러한 선별이 계속 이루어진다. 마지막 기능은 자연과 전혀 모순되지 않고 완전히 일치하는 선별이다. 여기에서 처음으로 참으로 좋다고 부를 수 있는 것이 인간 속에 있게 되며, 인간은 그러한 것을 이해하기 시작한다(롱, 2000:332)".

한편 행복을 구성하는 요소에는 특별한 감정 상태(eupatheiai)뿐만 아니라 정신적인 아름다움이나 조화 등도 포함될 수 있다. 그러나 행복에 이러한 추가적인 특징들을 제시하는 것보다 중요한 것은, 행복을 얻기 위해서는 그 앞에 덕이 존재하느냐 여부이다. 덕이 없다면 행복을 얻을 수 없기 때문이다. 행복은 인간이 덕을 완전히 갖췄을 때에만 수반될 수 있는 것이다.

물론 비판적인 관점에서 보면, 이들의 자연에 관한 규정이나 인간의 덕에 대한 관점은 독단적으로 보일 수도 있다. 하지만 스토아학파의 이러한 태도가 자연 세계에 대한 그들만의 입장을 공리로 두고 이를 견지하는 가운데 윤리학적 관점에서 덕을 지향하는 것이라고 보면, 일관성과 체계성을 갖춘 주장이라고 할 수 있다.

6) 정념과 아파테이아

우리가 스토아 사상의 도덕적 동기와 관련한 입장을 확인하기 위해서는 정서(pathê, passion)의 문제를 검토할 필요가 있다. 인간이 자연적 존재이므로 인간의 정서란 어쩌면 자연스러운 현상처럼 보이기 때문이다. 그렇다면 스토아학파는 정념(정서)를 어떻게 보았을까? 우리는 스토아 사상에서의 정념을 인간의 심리와 윤리 사이의 연관성 측면에서 보아야 한다. 스토아학파는 정념이 감정이나 심리적인 반응이면서 동시에 인간의 이성적인 특성도 나타낸다고 주장하기 때문이다. 예를 들어 그들은 정념이 특정한 상황의 상태에 특정한 반응을 보이는 것이 적절하다는 믿음의 표현이고, 그러한 믿음의 형태 중에 분노나 슬픔을 불러일으키는 믿음을 충동이라고 보았다.

스토아학파는 정념을 괴로움(lupē), 쾌락(hēdonē), 공포(phobos), 정욕(epithumia)으로 구분한다. 다만, 스토아주학파는 이러한 정서적인 반응을 (현자의 특징인 eupatheiai와 같은 좋은 정서는 별개로 하고) 대부분 결함이 있는 반응이라고 보았다. 포시도니우스를 제외하면, 다수의 스토아주의자들은 비이성의 부분을 인정하지 않고, 정서를 이성적 차원에서 설명하고자 하였다. 스토아학파는 대부분의 정서를 '가치에 관한 그릇된 판단을 드러내는 일'(Graver, 2007:42)이라고 보면서, 이러한 정서는 주관적으로 느끼는 강렬한 정신적 반응을 수반하며 그 사람의 전반적인 동기부여 상태에 압도적인 영향을 미치는 것이기 때문에, 쾌락과 같은 정념은 이성에 반항하는 정신(윤리적으로 잘못된 판단)이 고도로 강해지게 되는 상태가 된다고 하였다. 이러한 감정의 과잉은 마치 '걷는 사람보다 뛰는 사람이 자신의 움직임을 잘 통제하지 못하는 것'에 비유되기도 한다(Graver, 2007:35~60).

그래서 스토아학파는 아파테이아(부동심, 무관심, apatheia)를 정념에서 벗어나는 올바른 길이라고 믿었다. 아파테이아는 정념으로부터 해방된 일종의 초월이자 무관심의 상태를 말하는 것이다. 어리석은 인간이 이 세상의 욕구에서 벗어나는 방법은 세상의 일들로부터 일어나는 정념을 막기 위해서 그것들에 무관심을 보이는 것이다. 이와 관련하여 디오게네스와 같은 견유학파들은 자신의 이성적 지향을 지키기 위해 심지어 성욕과 수면욕 등 기본적인 욕구들로 인한 육체의 고통을 경계하고, 욕구 자체의 근절을 추구하는 금욕주의적 태도를 보였다고 알려져 있다.

그러나 스토아학파의 이러한 정념에 관한 입장에 대해 전적으로 비관적인 결론에 도달할 필요는 없다. 그 이유는 스토아학파의 정서에 관한 주장의 강조점은 정념 그 자체를 부정하는 데 있는 것이 아니라 인간의 정념을 이성적 질서에 맞도록 고양해야 한다는 데 있기 때문이다. 그들은 정념이 이성적 차원의 윤리적 사고를 형성하는 데 이바지해야 한다고 말한다. 스토아 사상이 지향하는 '현자'는, 일체의 감정으로부터 초연한 (감정이 전혀 없는) 사람이 아니라, 개인과 사회의 발전을 서로 연결한 자신의 이성적이고 덕을 갖춘 계획이 결과로 드러나면 좋은 감정(eupatheiai)을 표하는 사람이다. 우리는 타인을 도움으로써 타인의 건강뿐만 아니라 그들의 자연적 선호(좋은 정서를 느끼게 해 주는 것)를 얻게 해 줄 수 있다. 스토아학파의 이상은 자신과 타인이 유익하고 올바른 것을 얻는 것이다. 이러한 관점에서 스토아학파는 정념의 만족을 가져오는 선호를 쫓기보다 이성적인 덕의 추구를 권고하는 것이다.

③ 스토아 사상의 시민교육적 시사점

1) 확장된 공정성을 강조하는 도덕

스토아학파의 윤리 이론이 도덕적으로 엄격한 덕의 가치와 강한 자연주의적 관점이 결합되어 있음을 상기한다면, 스토아학파의 가치 이론이 개인의 도덕적 성숙과 연관되어 있음을 이해할 수 있다. 스토아학파는 우리가 덕과 행복에 관한 윤리적인 이상을 자연적 질서의 관점에 놓고, 이를 통해 인간의 정서와 덕을 발달시킬 수 있다고 믿었다.

스토아학파 이전부터 인간의 도덕적 성숙에 관한 연구가 없었던 것은 아니지만, 스토아학파가 강조한 인간의 도덕적 성숙이 지닌 특징은 개인의 도덕적 성숙이 사회를 포함한 세계 전체와 연관된다는 사실, 즉 세계의 완전성에 기여한다는 측면에 있다. 그들은 인간의 도덕적 성숙 또는 도덕성의 함양을, 개인적인 차원과 사회적인 차원으로 구분하면서도, 이들이 자연, 이성에 통합적으로 속하는 것이라고 보았다.

인간의 도덕 성숙에 대한 스토아 사상가들의 목표는 이전의 플라톤이나 아리스토텔레스의 생각과는 달랐다. 특히 스토아 철학 이전 대부분의 희랍 도덕 철학자들은 인간 행동의 동기에 자기중심적인 특징을 어느 정도 인정했고, 그래서 '도덕적인 것이 너에게도 이익이 된다.'라는 방향에서 자기 이익과 윤리를 순행적인 관계로 제시하였던 것이 사실이다. 하지만 스토아학파는 나 자신의 이익과 타인의 이익을 공정하게 다루어야 한다고 본다(프라이어, 2010:336).

공평성을 강조하는 스토아학파의 경향은 이후 도덕 철학자들에게 많은 영향을 미쳤다. 스토아학파는 도덕적 객관성의 관점에서 공정성을 강조하였다. 그들은 타인의 이익과 나의 이익을 공평하게 고려하는 가치가 중요하다는 점을 알고 있었다. 그래서 스토아학파는 자신의 이익이 공정성을 확보하기 위해 타인의 이익을 고려하여 자신의 기대 이익을 낮출 것을 권고한다. 기독교에서 "네 이웃을 네 자신과 같이 사랑하라."라는 계명뿐만 아니라 칸트의 보편적인 인간의 존엄성에 근거한 정언명법, 그리고 최대 다수의 최대 이익을 추구하는 공리주의도 '한 사람은 한 사람 이상이나 이하로 간주하지 않는다.'라고 하는 평등주의적 사상을 전제로 하고 있다. 우리는 우리 아닌 사람도 우리와 같은 방식으로 그들의 이익을 고려해야 한다. 나에게 부여한 인격적 가치, 즉 인간의 존엄성은 타인에게 그대로 부여되어야 한다.

하지만 근대의 공평성에 관한 윤리학적 관점이 스토아학파의 관점과 같다고 말할 수는 없다. 스토아학파의 지향은, 개인의 권리나 존엄성을 강조하는 근대 사상가들과는 달리, 나를 비롯한 모든 사람이 자연 전체를 통괄하는 보편적 이성의 관점에서 그러한 대접을 받는 것이기 때문이다.

이러한 사상적 차이는 오늘날 시민사회에 미치는 영향도 서로 다르게 평가될 수 있을 것 같다. 비록 근대 윤리학적 권리론은 스토아 사상보다 인권의 가치를 강조하는 측면에서 더 효과적인 방식일 수는 있지만, 스토아 사상이 상대적으로 더 큰 장점을 발휘하는 영역도 있기 때문이다. 스토아 사상가들이 강조하는 공평성에 대한 강조점은 인간 사회에 국한하는 것이 아니라 지구 전체의 모든 자연물로 확장될 수 있다. 예를 들어 오늘날 각국 아니 전세계의 과제로 등장한 환경파괴와 기후 위기 등의 문제는 (근대 철학의 인간 중심적인 사고가 아니라) 자연을 이성적 전체로 조망하는 스토아적 관점으로 접근할 때 그 해법을 더욱 수월하게 찾을 수 있다.

2) 이성과 감성을 포괄한 시민성

스토아학파는 개인의 도덕적 성숙을 돕는 방법 역시 이전의 철학자들과 다르게 제시한다. 가령 과거 플라톤과 아리스토텔레스 그리고 플루타르크와 같은 사상가들은 올바른 천성(phusis), 올바른 가정 및 공동체로부터의 습관화(ethos), 그리고 이성의 적절한 행사의 기회 제공 등을 도덕적 성숙의 효과적인 방법으로 강조하였다. 하지만 스토아 사상가들은 모든 사람이 덕을 함양하기 위한 조건을 확보하지 않았다고 하더라도, 덕을 실천할 수 있다고 주장하였다. 왜냐하면, 그들에게 인간의 덕이란 태어날 때부터 있는 것은 아니지만, 본인의 노력으로 자연에 따르는 삶을 지속하면 갖출 수 있는 것이기 때문이다(Frede. 1999:71).

스토아 사상가들은 이러한 입장을 지키기 위해 두 가지를 강조하였다(Inwood, 271-310). 첫째, 그들은 모든 인간이 근본적으로 선과 같은 필수적인 윤리 개념을 예상(prolēpseis)해 볼 수 있고, 이러한 생각에 대한 올바른 이해에 도달할 수 있다는 보았다. 둘째, 그들은, 과거 플라톤과 아리스토텔레스가 추정한 것처럼, 인간에게 일어나는 도덕적인 행위의 동기화 작용이 이성으로부터 유래된 것과 비이성적인 것에서 유래된 것으로 구분되기보다는, 그러한 작용이 통일적인 또는 전체적인 방식으로 기능한다는 것이다.

이러한 관점에서 스토아주의자들은 인간의 내면에서 일어나는 믿음의 변화나 이해의 변화가 인격 전체에 영향을 미치고, 감정 또한 인간의 이성적인 또는 자연적인 성격에 일치하는 것, 그리고 그것에 일치하지 않는 것이 있을 뿐이라고 보았다. 그러나 과거 플라톤과 아리스토텔레스는 덕의 함양을 위해서는 감정이나 욕망이 이성에 따라 적절히 인도되어야 한다고 보았다. 가령 아리스토텔레스는 『니코마코스윤리학』에서 자발적으로 부정한 사람의 예를 들면서 생의 어느 시점이 되면 그 자신의 고착된 비합리적 기질로 인해 성품을 윤리적으로 변화시키기 불가능하다고 보았다. 그는 마치 병든 사람이 단지 바란다고 해서 건강하게 되는 것은 아닌 것처럼 "부정의한 사람과 무절제한 사람 양자에게는 공히 처음부터 그러한 사람이 되지 않을 가능성이 있었으며, 그런 까닭에 그들은 자발적으로 그러한 사람이 된 것이다. 하지만 일단 그런 사람이 된 후에는 그런 사람이 되지 않을 가능성이 더 이상 없다.(1114a)"라고 말한다(아리스토텔레스, 2011:.97).

하지만 스토아 사상가들이 바라보는 관점은 이성과 감성의 이분법이 아니라 이성의 조망 아래에서 감정이나 욕망도 이성적인 관점에 순응하거나 그렇지 않은 것이 있다는 것이다. 이러한 스토아 사상을 통해 우리는, 비이성적 맥락에서 윤리적 성숙의 한계를 지적했던 아리스토텔레스와 같은 과거의 사상가들보다 스토아학파가 인간의 감성적인 면을 포함한 도덕적 성숙의 가능성을 긍정했다는 점을 알 수 있다.

스토아학파는 개인과 사회 전반에 적절함(oikeiōsis)을 선택하여 행하는 것을 인간의 도덕적 성숙(덕의 함양, 도덕적 발달)의 과정으로 보았다. 여기서 적절함이란 과거 제논이 시티움에서 언급했다고 전해지는 개념이다. 적절함은 그밖에도 적합성, 친숙함, 애착, 익숙해짐 등으로 해석할 수 있지만, 이들을 모두 자연의 질서(이성)에 인간 스스로가 속함을 인식한다는 차원에서 이해하면, 표현상 차이에 따른 문제는 발생하지 않는다.

이러한 적절함을 얻기 위한 도덕적 성장 과정에는 크게 두 단계가 있다. 첫 번째 단계는, 에피쿠로스주의자들이 주장하는 것처럼 자연적으로 쾌락에 끌리는 것이 아니라 서로의 건강에 도움이 되는 것에 끌리게 되는 단계이다. 두 번째 단계는, 인간의 도덕적 성숙이 진행되면, 인간은 그들이 과거에 본능적으로 끌렸던 것 중에서 점차 이성적인 것을 선택한다는 것이다. 이러한 이성적 이해 과정이 진행되다 보면, 결국 그 정점에는 '덕(또는 행위의 규칙성과 조화)을 그 자체로 정말로 선하고 바람직한 것으로 여기게 되는 단계'에 이른다는 것이다. 이러한 순간에 지혜로운 인간은 '덕이 있는 방식으로 살아가는 것'이 궁극적으로 중요한 것임을 깨닫는다(추정완, 2020:375). 이에 대해서 프레드(Frede)는 디오게네스 라에르티오스(Laertius, 7.85-6)를 인용하면서, 스토아학파의 견해를 좀 더 쉽게 이해할 수 있게 해준다. 프레드는 라에르티오스(Lartios, vii 85-86)가 정리한 스토아학파의 이론에 따르면(Frede, 1999:77-78), 스토아 사상가들에게 자연은 자연에 존재하는 생물들 각자에게 특정한 생리학적 상태를 부여했고, 자연에 있는 각각의 생물은 자연이 제공하는 각기 다른 형태의 음식을 먹고 산다고 보았다고 한다. 각각의 생물들은 생존 과정에서 자연이 제공한 (생물의 생존에 필요한) 요소들을 적절한 방식으로 자신의 몸에서 변형시키고, 그것들을 자신의 일부로 삼았다는 것이다.

이어서 스토아학파는 생물을 식물, 동물, 인간으로 구분하면서 각각의 능력을 서술하였는데, 가령 식물은 그 자체로 생명 활동을 개선할 수 있는 적극적 방법을 선택할 수 없지만, 동물은 자연으로부터 '생존과 건강 유지에 도움이 되는 것들을 추구하고 자신에게 해가 되는 것을 피하게 하는 충동'의 선택적 단계를 취할 수 있는 수단을 받았다는 것이다.

한편 인간은 자연이 부여한 동물의 충동 또는 본능 이상의 단계로 나아가는데, 자연은 인간에게 이성을 이용하여 합리적인 생존 기회를 얻는 방법을 제공했다는 것이다. 이처럼 스토아학파는 자연에 속한 식물, 동물, 인간 각각이 자신을 보존하기 위해 자연과 일치하는 좋음을 추구하고 그렇지 못한 것을 배제하는 고유의 수단을 가지고 있다고 주장하였다.

그 중에서 인간은, 자연에 있는 다른 동식물과 달리, 성장 과정을 거치면서 이성을 발달시키고, 또한 이성을 발휘하여 자연에 맞는 행위를 선별해 내고 그에 따라 덕으로 향하는 적절한 행동을 실천해 나갈 수 있다. 여기서 자연에 일치하는 적절한 행위를 선택하는 선별 과정은 선호할만한 것을 고르는 수단적 행위를 의미한다. 이처럼 스토아 사상가들의 입장에서 인간의 도덕적 성숙은, 자연이 부여한 인간 본성인 이성을 통해 자연적 질서를 따르면서 자연과 조화로운 방식으로 사는 것이 바람직한 상태임을 깨닫고, 이를 실천하는 과정에서 얻어진다. 여기서 이성을 가지고 자연에 맞는 행위를 선별하는 과정을 가장 잘하는 이른바 최고의 단계에 도달한 인간은, 자연적이고, 이성적이고, 도덕적으로 완전한 현자가 된다. 스토아학파가 인간의 도덕적 성숙을 자연의 '규칙성과 조화'를 지향하는 방향에서 설명한 것은, 앞서 2장에서 논의한 인간의 덕과 선을 자연의 질서에 대한 순응의 관점에서 규정한 것과 견주어 보면 일치하는 관점이라고 할 수 있다.

하지만 인간이 이성의 안내를 받아 덕 있는 방식으로 삶에서 일어나는 일들을 선택하는 구체적인 내용에 관한 것이 무엇인지, 비록 덕 있는 행동이 의식적으로 신중하게 선택하는 것, 또는 스스로 옳음 그 자체를 위해 행동하는 것일 수는 있지만, 이성에 따른 덕을 가지고 선택한 것과 덕을 갖추지 않고 선택한 것을 어떻게 구별할 수 있는지에 대해서는 여전히 이해하기 어려운 면이 있다. 그런데도 스토아학파가 강조한 개인의 도덕적 성숙은 이전의 철학자들과는 분명 다른 특징이 있는데, 그것은 그들이 시종일관 개인을 자연, 세계 전체와 함께 대비시킨다는 점이다. 스토아학파는 자연 일부로서, 자연의 특징인 이성을 발휘하여 자연 전체와 하나가 되고자 하는 열망을 도덕적 성숙의 지향점으로 삼았다. 그러한 맥락에서 스토아학파는 인간이 도덕적 성숙의 과정을 거쳐 궁극적으로는 현자가 되어야 한다고 말한다. (물론 스토아주의자들은 완전하게 이러한 이상을 달성한 현자는 이 세상에 거의 없다고 실토하긴 하였지만,) 스토아주의자들이 보기에, 이러한 도덕적 성숙의 과정은 말 그대로 자연에 따르는 자연스러운 과정이며, 이것은 스토아적인 관점에서 이성적인 인간의 본성을 적절히 표현하는 적절한 방식이다.

3) 공동체 발전에 이바지하는 시민

이전 절에서 우리는 스토아학파가 말하는 덕 있는 행동의 선택이 단순히 개인의 '유익한 행위보다 덕 있는 행위를 의식적으로 선택'하는 것으로 이해해서는 안 된다는 점을 확인하였다. 스토아학파는 인간 행위의 적절함(oikeiōsis)을 개인적 차원에 국한하지 않고, 자연 전체의 맥락에 따를 것을 요구하기 때문이다.

이러한 이성의 요구는 (개인이 속한 사회, 즉 인간 세계도 자연의 일부분이기 때문에) 개별적으로 지기 자신에게만 적절한 것을 사랑하는 것이 아니라 인간 세계인 사회에도 적절한 것을 사랑하는 마음을 지니는 것이다. 스토아학파는 개인의 도덕성이 시민적 차원의 적절함으로 출발하는 최초의 관계를 부모와 자식 간의 관계로 본다. 스토아학파는 부모가 자식을 사랑하는 것에서 자신이 다른 인간과 만드는 인간관계의 적절함이 시작된다고 보고, 이것이 가족이 아닌 다른 사람들에 대한 사랑, 그리고 인류 전체에 대한 사랑으로 확대된다고 주장하였다. 이러한 사랑의 확장 과정은, 인간이 이성적인 사람으로 성장할수록 그 가능성을 높이게 되고, 이렇게 개인적 차원의 도덕적 성숙이 시민사회 차원의 적절함으로 확장될 때 지혜, 절제, 용기, 정의와 같은 덕목이 갖춰진다(김용민, 2018:181-2). 그러므로 우리가 이성을 통해 숙고하고 적절한 행위를 실행한다는 의미는, 다른 사람의 유익함에 반하지 않으며 (더 나아가 타인의 유익함에 도움이 되고), 공동체 자체의 유익함을 고려하는 가운데 나 자신에게 유익한 것을 얻는 과정이 모두 포함된다는 뜻이다(Brennan, 2003:210-211).

이러한 맥락에서 스토아학파는 자신뿐만 아니라 타인을 돕는 것이 나와 자연에 유익한 것이고, 이를 깨닫는 것이 시민사회를 도덕적으로 만드는 과정이라고 보았다. 이처럼 스토아 사상가들은 이성적 질서, 즉 자연에 대한 이해가 개인의 도덕적 성숙을 유발하지만, 그것이 개인적인 차원에 머무르지 않고 사회적 차원의 도덕적 성숙으로 이어지게 되는 이유라고 본 것이다. 자연의 이성적 질서에 따르는 인간의 행위로 덕을 이해한다면, 자신의 가족처럼 자신과 직접적으로 관련된 사람뿐만 아니라 모든 인간을 이성적으로 고려해야 할 대상으로 삼아야 한다. 또한 인류 사회 구성원 모두 자신의 행위로부터 누군가가 고통받거나 삶의 여건을 위협받지 않고 잘 살기를 바래야 한다.

이와 같은 이유에서 스토아학파가 견지한 시민사회의 도덕적 건강성 확보의 강조는 '인류애'나 '사해동포주의'와 같은 형태로 정리될 수 있다. 스토아학파는 개인으로서 나 자신의 삶뿐만 아니라 타인들에게 이로움을 주기 위해서라도 자신이 속한 공동체의 도덕적 성숙을 위한 정치·사회적인 삶에 적극적으로 참여할 것을 강조한다. 개인적인 덕이 성숙할수록 타인에게 이로움을 주고자 하는 자신의 이성적인 바람이 실천으로 이어져야 한다는 것이다(추정완, 2020:376). 이러한 면에서 볼 때, 스토아학파가 주장하는 윤리적인 성숙의 개인적 측면과 사회적 측면은 서로 통합된다고 이해하는 것이 타당하다. 어떤 행동이 나에게 적절한 것인지를 파악한다는 의미는, 나 자신의 삶뿐만 아니라 가족이나 자기가 속한 공동체, 인류 전체에 대한 고려가 포함되어야 하는 것이다. 이러한 인식의 확장이 없다면, 인간이 추구하는 도덕적 성숙은 불완전한 것이 되고, 인류 사회의 발전을 기대하는 어려울 것이다(Gill, 2010:607-611). 이러한 맥락에서 스토아학파는 공직에 종사하여 공동체에 이바지하는 삶이 국가 및 공동체의 삶을 더 좋게 만드는 방법이기 때문에 공적인 업무, 즉 인류 공동을 위한 일에 적극적으로 참여할 것을 권장한다. 물론 어떤 면에서 보면, 스토아 철학이 적극적으로 시민의 역할을 참여할 것을 요청했다는 사실 그 자체는 어쩌면 로마제국의 왕들이 제국을 경영하는 데 있어 적극적인 시민을 긍정하는 스토아 철학을 선호하게 하는 이유가 되었을지도 모른다. 여하튼 우리가 기대하는 이상적인 시민상을 자신과 동등하게 타인의 권익을 고려하면서 적극적으로 국가와 공동체를 위해 참여하는 것이라고 한다면, 그것은 스토아적인 시민상과 다르지 않다.

4) 신중하고 겸손한 시민

스토아 철학이 오늘날 시민성 및 시민교육에 시사하는 또 다른 측면은 겸손하고 신중한 태도를 견지하라는 점이다. 가령, 에픽테토스는 겸손한 태도를 강조하면서 "네가 신체와 관련해서 사는 데에 겨우 필요한 것으로 맞추게 되었을 때, 그것에 대해서 우쭐대지 말라. 또 물을 마실 때에도 그 모든 경우에 네가 물을 마시고 있다고 말하지 말라. 만일 네가 도대체 신체적 수고를 견뎌내는 고행을 하기 원한다면, 너 자신에게 그것을 행하지, 바깥에 있는 사람에게 보이기 위해서 행하지 말라(에픽테토스, 2003:79)."라고 말하면서, 결코 자신을 내세우지 말라고 강조하였다.

또한 에픽테토스는 자신의 윤리적 기준만으로 타인을 성급하게 판단하지 말라고 권고했다. 그는 "어떤 사람은 재빨리 목욕을 한다. 이 경우에 우리는 그가 '나쁘게 목욕을 한다.'라고 말하지 않고 '그는 재빨리 목욕을 한다.'라고 말한다. 어떤 사람은 많은 포도주를 마신다. 이 경우에 우리는 '그는 나쁘게 마신다.'라고 말하지 않고, '그는 많이 마신다.'라고 말한다. 그 이유인 즉, 그의 동기를 알기 전에, 너는 그것이 나쁘다는 것을 어떻게 아는가? 이와 같은 식으로 한편으로 어떤 것들에 대한 외부적 인상의 파악을 받아들이고, 다른 한편으로 다른 사람에게 동의하게 되는 일이 너에게는 일어날 수 없을 것이다(에픽테토스, 2003:76)."라고 하였다.

에픽테토스가 타인에 대해 도덕적으로 섣불리 판단하지 말라고 한 것은, 타인이 나쁘게 행동했는지 아닌지 알 수 없기 때문이 아니다. 실제 에픽테토스는 가령 '부끄러운 말로 빠져드는 상황은 위험한 것이기 때문에 그러한 말을 한 사람에 대해서 꾸짖는 데까지 나아가라(에픽테토스, 2003:63).'고 조언하기도 하였다. 그가 강조한 것은, 우리가 타인에 대해 판단하면서 도덕적인 자기 향상의 일에서 멀어지지 않을까 우려했기 때문이다(프라이어, 2010:338). 이와 관련하여 에픽테토스는 '비철학자(이성적이지 못한 사람)가 이익이나 손해를 바깥에서 찾는 반면 철학자(이성적인 사람)는 이익이나 손해를 항상 자신에게서 찾는다(에픽테토스, 2003:80).'라고 하였다. 나에게 일어나는 일들은 (어떤 시간과 장소의 제약 속에서) 때로 좋거나 나쁜 것으로 평가될 수 있다. 그러나 동일한 사건도 여건이 바뀌거나 시간이 지나면 좋은 것이 아니라 나쁜 것이 되거나, 나쁜 것으로 생각했던 것들이 좋은 것으로 변하기도 한다. 이러한 좋음과 나쁨은 우리가 판단으로 만들어낸 것이기 때문이다. 따라서 시민성을 고양하고 국가와 공동체를 위한 일을 하는 데 있어서 중요한 태도는 그 어떤 판단의 상황에서도, 심지어 대다수가 지지하는 도덕적 판단을 따를 때도, 자신의 도덕적 성숙을 고려하는 신중한 태도를 지닐 필요가 있는 것이다.

5) 실천하는 시민

스토아학파의 철학은 대중적 호소력이 큰 사상이었다. 그들은 화려한 언어를 쓰거나 복잡한 논변을 하는 대신, 간결한 방식으로 도덕적인 삶을 권면을 하고자 했다. 그래서 그들은 단순한 지적인 앎의 추구를 경멸했고(에픽테토스는 정신적 차원에서 부자연스럽고, 비이성적인 상태에 있다는 이유에서 그의 제자들을 노예라고 불렀다.), 어떻게 사는 것이 진정으로 바람직한 것인지를 교육하는 데 힘썼다. 예를 들어, 에픽테토스는 "만일 내가 이 설명하는 것만을 찬양한다면, 내가 철학자 대신에 문법학자가 된 것 이외에 다른 어떤 것을 행한 것인가? …누군가가 나에게 '크리시포스의 책을 나에게 설명해주시오'라고 말할 때, 그의 가르침에 일치하고 부합하는 행위들을 보여줄 수 없을 때, 나는 얼굴을 붉힐 것이다(에픽테토스, 2003:82)."라고 하면서, 아는 것보다 중요한 것이 실천이라고 강조하였다. 이를 강조하면서 그는 '철학에서 제일의 그리고 가장 필요한 주제는 철학적 원리들을 적용하는 것'이라고도 하였다. 에픽테토스의 이러한 말에서 알 수 있듯이, 후기 스토아 사상가들은 그들의 윤리 이론을 삶에 적용하여 실천할 것을 강조하였다.

그들은 철학 중에서도 윤리학이 인생의 지침으로 기능해야 함을 강조하였다. '철학이 인생을 이끄는 지침이 되어야 한다'는 주장은 스토아철학의 시작부터 지속적으로 유지된 신념이었다. 그렇게 때문에 제논은 당대에 대중들로부터 열렬한 지지를 얻을 수 있었다. 이와 관련하여 아리스톤은 '행위의 목적은 덕도, 악도 아닌 모든 것에 대해서 완전히 차별을 두지 않는 것'이라고 말하면서, 자연학은 우리를 넘어서는 것이고, 논리학은 우리에 대해서 아무런 관계가 없으며, 윤리학만이 우리와 관계있는 것이라고 주장하기도 했다(라에르티오스, 2021:111-114).

이러한 관점에서 보면, 스토아 철학은 그것을 이해하는데 그치는 것이 아니라 세계를 함께 살아가는 인간에 대한 사랑의 실천을 강조하는 철학이었다. 오늘날 스토아 사상은 서로 아끼고 사랑하는 형제애를 공유하는 가운데, 더 나은 사회를 위해 실천하는 시민의 중요성을 알리는 데 가치가 크다.

참고문헌

김용민, 「『최고선과 최고악』에 나타난 스토아학파의 윤리학과 구아카데미학파의 윤리학」, 『한국정치연구』 제19집 제3호, 2010.
롱, 『헬레니즘 철학』, 이경직 옮김, (파주: 서광사, 2000).
백종현, 「유가의 도와 스토아학파의 로고스」, 『철학사상』 제50집, 2013.
라에르티오스, 김주일 외 옮김, 『유명한 철학자들의 생애와 사상 Ⅱ』, (서울: 나남, 2021).
아리스토텔레스, 강상진 외 옮김, 『니코마코스윤리학』, (서울: 길, 2011).
아우렐리우스, 김성숙 옮김, 『아우렐리우스명상록/키케로 인생론』, (서울: 동서문화동판, 2009).
에픽테토스, 김재홍 옮김, 『엥케이리디온』, (서울: 까치글방, 2003).
월뱅크, 김경현 옮김, 『헬레니즘 세계』, (서울: 아카넷, 2002).
추정완, 「스토아학파의 덕에 대한 이해」, 『윤리교육연구』, 한국윤리교육학회, 58권, 2020.
키케로, 허승일 옮김, 『키케로의 의무론』, (파주: 서광사, 1989).
_____, 김창성 옮김, 『키케로의 최고선악론』, (파주: 서광사, 1999).
프라이어, 오지은 옮김, 『덕과 지식, 그리고 행복』, (파주: 서광사, 2010).
회페 엮음, 이강서 외 옮김, 『철학의 거장들—고대·중세편』, (서울: 한길사, 2001).
Annas, J., *The Morality of Happiness*. (Oxford: Oxford University Press, 1993).
Algra, K. A., Barnes, J., Mansfeld J., Schofield M., (eds), *The Cambridge History of Hellenistic Philosophy* (Cambridge: Cambridge University Press, 1999), pp.562–572.
Brennan, T., 'Stoic Moral Psychology', in B. Inwood (ed.), *The Cambridge Companion to the Stoics* (Cambridge: Cambridge University Press, 2003), pp. 210–211.
Desmond, W., *Cynics* (Stocksfield: Acumen, 2008).
Frede, M., 'On the Stoic Conception of the Good', in K. Ieradiakonou (ed.), *Topics in Stoic Philosophy* (Oxford: Oxford University Press, 1999), pp. 71–94.
Gill, C., 'Stoic Writers of the Imperial Period', in M. Schofield and C. Rowe (eds), *The Cambridge History of Greek and Roman Political Thought* (Cambridge: Cambridge University Press, 2000), pp. 603–7.
Graver, M., *Stoicism and Emotion* (Chicago: Chicago University Press, 2007), pp. 21–34.
Inwood, B., *Reading Seneca: Stoic Philosophy at Rome* (Oxford: Oxford University Press, 2005).
Long, A. A., *Stoic Studies* (Cambridge: Cambridge University Press, 1996).

Laertios, Diogenes, *Vitae philosophorum*, Ⅶ, 39.
Schofield M., Rowe, C.,(eds), *The Cambridge History of Greek and Roman Political Thought* (Cambridge: Cambridge University Press, 2000) (https://iep.utm.edu/stoicmind/#SH4b)
Winderband, W., *A History of Philosophy II* (New York: Harper Torchbooks, 1958).

6장
뒤르케임의 시민교육

박보람(강원대학교)

최근 시민성에 관한 관심이 높아지고 있다. 롤스의 제자이자 자유주의적 다문화주의를 체계적으로 다루어 온 윌 킴리카(Will Kymlicka)에 따르면 시민성에 관한 관심이 높아진 계기는 두 가지다. 하나는 1970년대에 활발하게 전개되었던 자유주의와 공동체주의의 논쟁을 중재할 수 있는 개념으로 시민성이 주목받으면서 시작되었다. 다른 하나는 전 세계에 걸친 최근의 정치적 사건과 동향에서 비롯되었다. 미국에서 유권자들의 정치적 무관심과 장기적인 복지 의존, 동유럽에서 민족주의 운동 부활, 서유럽에서 다문화·다인종 시민들의 긴장과 갈등, 영국에서 복지국가에 대한 반발, 시민의 자발성에 의존하는 환경정책 실패, 세계화에 대한 불만족과 민족 주권의 상실에 대한 인식 등의 문제가 시민성에 관한 관심을 촉발했다(장동진 역, 2018:451-452).

이와 함께 현대 민주주의의 건전성과 안정성을 유지하기 위해서 민주주의의 기본적 제도가 정의로워야 할 뿐 아니라, 그 제도 안에서 살아가고 있는 시민의 자질과 태도가 좋아야 한다는 인식이 확산되었다. 공공정책의 성공은 책임 있는 개인들의 생활 방식에 의존하기 때문이다(장동진 역, 2018:452-453). 다시 말해, 시민의 정체성과 민족적·지역적·인종적·종교적 정체성의 경합적 형식에 대한 시민의 관점, 타인을 관용하고 그들과 함께 일할 수 있는 능력, 공공선을 증진하려는 의욕, 정치에 참여하려는 의지, 자기 절제와 책임감은 민주주의의 운영에 결정적인 영향을 미친다. 이처럼 민주주의와 시민성이 긴밀하게 결합하면서, 최근 시민교육에 관한 관심과 개념이 적극적 민주시민성으로 이동하고, 민주주의 기본 이론에 대한 이해가 시민교육에 유용하게 새롭게 요청되고 있다(김국현 역, 2020:3). 시민교육이 민주시민교육이 되어 가고 있는 것이다.

  본 장에서는 프랑스의 사회학자이며 도덕 사회학자였던 에밀 뒤르케임(Emil Durkheim)이 자신의 저서 『직업윤리와 시민도덕』에서 논의한 '시민도덕(civic morals)'의 내용을 분석하여 시민교육을 위한 도덕교육의 중요성과 역할을 살펴보고자 한다. 뒤르케임이 자신의 의무로 생각하여 일생을 통해 천착한 문제는 "우리 스스로 산업사회에 어울리는 새로운 도덕을 만드는 것(민문홍 역, 2012:606)"이었다. 기계적 연대가 사라지고 유기적 연대의 시대가 도래하면서, 그에 적합한 새로운 도덕을 마련하는 것이 필요했다. 뒤르케임에 따르면, 새로운 도덕은 정부의 각료회의에서 조용히 즉흥적으로 결정되는 것이 아니라, 그러한 도덕이 필요하다는 사회의 내적 압력에 의해 천천히 조금씩 만들어져야 하는 것이다. 이때, 사회학적 성찰의 역할은 사회의 구성원들이 추구해야 할 새로운 도덕의 목표를 정해주는 것이다. 본 장에서는 도덕을 사회의 근본으로 보는 뒤르케임의 논의를 부각함으로써 사회에서 도덕의 기능이 갖는 중요성을 확인하고자 한다.

1 생애와 주요 저술 활동

뒤르케임의 사상적 토대를 이해하기 위해서는 그가 살았던 프랑스 제3공화정이라는 역사적 배경과 지성사적 맥락을 살펴보아야 한다. 뒤르케임이 학문적 활동을 전개한 시기에 프랑스는 보불전쟁에서 패하면서 크게 몰락하였다. 동시에 전통적 가치관이 붕괴되었으나 새로운 가치관을 정립하지 못한 상황이었다. 이러한 상황에서 근대 이후의 산업화가 초래한 사회분열과 가치관의 혼란을 극복하고 사회 통합을 이루기 위해 새 시대에 적합한 도덕을 구축하는 것을 자신의 소명으로 삼은 이가 바로 에밀 뒤르케임이다.

뒤르케임은 1858년 프랑스 에피날(Epinal)이라는 작은 마을의 유대인 집안에서 태어났다. 뒤르케임을 불어 발음대로 뒤르껭이라고 부르지 않고 뒤르케임이라고 부르는 이유는, 그의 출생지가 스트라스부르(Strasbourg)에 가까운 독일어, 불어 공동 사용지역이기 때문이다. 그의 아버지는 유대인 공동체의 지도자 랍비로서 그 지역 공동체에 중요한 도덕적·정치적 영향력을 행사하고 있었다. 그는 아들 뒤르케임이 자신의 뒤를 이어 랍비가 되기를 바랐다.

뒤르케임은 랍비가 되는 훈련과정을 1년간 받았고, 히브리어에 능했으며, 유대교 교리에도 정통했다. 그러나 그는 그 당시의 세속화 분위기와 함께 중학교 시절에 만난 선생님의 영향으로 유대교를 포기하고 불가지론자가 되었다. 그는 초·중등학교 때 매우 우수한 학생이었고 일찍부터 교사가 되기를 희망했다. 그러나 가정 형편상 대학에 진학하는 것이 무리라는 것을 알고, 파리 고등사범학교(프랑스의 중등교원 양성 교육기관)에 진학해서 국비로 학업을 지속하기를 원했다. 뒤르켐은 세 번의 도전 끝에 1879년 파리

고등사범학교의 입시를 통과했다.

파리 고등사범학교는 시골 청년 뒤르케임에게 지적 가능성을 열어준 훈련과 모험의 장소였다. 여기에서 그는 사회 문제를 학문적으로 접근하는 것을 배웠고, 사회정의를 실현하는데 사회이론과 지식인의 역할이 중요하다는 것을 깨달았다. 이러한 지적 분위기 속에서 뒤르켐은 프랑스를 도덕적으로 재건할 학문적·정신적 지도자가 되기로 결심했다. 그는 도덕의 재건을 통한 정신의 통일 안에서 프랑스의 개혁이 이루어질 수 있다고 믿었다. 뒤르케임은 몰락한 프랑스를 도덕적으로 재건하고자 학문적·정신적 지도자가 되기로 다짐했다(민문홍, 2001:33). 그리고 새로운 가치관과 도덕을 확립하고자 사회학이라는 실증 과학에 기초한 새로운 학문을 세웠다.

당시 프랑스를 개혁하기 위해서는 몇 가지 과제가 있었다. 우선 아직 정착되지 않은 공화국의 기초를 세우고, 새로운 민주주의 제도를 정착시키기 위해 공화주의 교육을 제도화하고, 교육제도를 민주화하는 것이 필요했다. 다음으로 전통적 사고방식에 집착하고 기득권층을 옹호하는 데에만 급급했던 가톨릭 교육을 대신하여 공화주의 정신에 입각한 세속화 교육을 시행하는 것이 필요했다. 마지막으로 서서히 힘을 얻고 있었던 노동자 문제를 해결해야 했다(민문홍, 2001:35-36).

뒤르케임은 도덕에 관한 실증적·과학적 연구를 통해 사회 문제를 진단하고 개인과 사회의 관계를 새롭게 정립하는 시민도덕을 구축하고자 했다. 그는 시민도덕 교육을 통해 사회 통합을 이룰 수 있다고 믿었다. 그가 구축한 시민도덕은 개인의 욕망을 자발적으로 절제하고, 사회 집단에 대한 애착에 기초하여 집단의 권위를 존중하고, 사회의 권위를 스스로 받아들여 자율적으로 사고하는 능력을 기르는 것을 핵심 내용으로 삼고 있다(Durkheim, 1973:17).

뒤르케임은 개인의 이기심과 욕망을 절제해야 하며, 공동체에 대한 귀속감을 사회의 안정과 유기적 연대의 토대로 강조해야 한다고 주장하면서, 개인주의적 자유주의 정치철학에 강한 반감과 비판을 드러냈다. 뒤르케임은 현대 사회에 필요한 가치관과 도덕성을 확립하기 위해 이기주의적 자유주의를 극복해야 한다고 주장했다.

뒤르케임은 여러 저작·강의·토론에서 도덕 문제를 논의했다(김덕영, 2019:381-383). 그는 1887년에 발표한 자신의 두 번째 논문 「독일의 실증적 도덕과학」에서 도덕의 실증 과학적 연구 가능성을 모색했다. 같은 해에 장-마리 귀요(Jean-Marie Guyau)의 저서 『미래의 무종교: 사회학적 연구』에 대한 서평을 『철학 저널』에 게재했는데, 이 서평에서 그는 도덕 감정과 의무에 대한 이론을 제시했다. 뒤르케임은 1890년부터 1900년에 보르도 대학, 1902년부터 1915년에 파리 소르본 대학에서 행한 '사회학 강의: 도덕과 법의 물리학'에서 도덕의 형이상학을 추구한 임마누엘 칸트(Immanuel Kant)와 달리 도덕의 물리학을 정립하려고 했다. 그는 1897년에 출간된 『자살론』에서 사회적 연대와 자살의 관계를 실증주의적 방법으로 규명하고자 했는데, 그러한 사회적 연대를 가능하게 하는 것이 도덕이었다. 1906년에는 『프랑스 철학회보』에 「도덕적 사실의 규정」을 게재하고 철학자들과 두 차례에 걸쳐 토론했다. 여기서 그는 도덕적 사실이 사회적 사실의 일부임을 논증함으로써 형이상학적 도덕이 아니라 엄밀한 실증 과학적 도덕, 더 정확히 말하자면 도덕사회학의 가능성을 보여 주었다. 그는 1912년에 출간된 『종교적 삶의 원초적 형태』에서 종교의 도덕적 기능을 규명했다. 뒤르케임은 이후 '도덕'이라는 제목의 방대한 저서를 기획했다. 그는 '도덕'을 통해 그때까지의 연구 결과를 총결집하여 개인주의 도덕에 대한 체계적인 사회학을 구축하려고 했으나 제1차 세계대전과 그의 때 이른 죽음으로 출간이 성사되지 못했다. 뒤르케임은 평생 도덕 문제와 씨름한 사회학자이면서 도덕학자였다.

② 뒤르케임의 핵심 개념

1) 도덕의 원천으로서 사회

뒤르케임에 따르면, 인간의 행위는 그것이 지향하는 목적에 따라 두 가지 종류로 구분된다. 하나는 개인을 위한 것이고 다른 하나는 비개인을 위한 것이다. 개인을 위한 행위는 일반적으로 자기 보존과 관련된다. 이러한 행위는 누구나 하는 것이고 개인의 생존을 위해 누구에게나 절대적으로 필요하다. 그러나 뒤르케임은 개인의 보존만을 위한 행위는 도덕적인 것으로 볼 수 없다고 말한다. 일반적으로 우리는 개인이 자신의 이익, 복지, 건강을 위하는 행위를 도덕적이라고 보지 않는다.

이에 비해 다른 사람을 위하는 행위는 이타적 행위이므로 도덕적이라고 생각하기 쉽다. 그러나 뒤르켐은 이타적 행위도 도덕적으로 보지 않는다. '나 개인'을 위한 행위가 도덕적인 것이 아니라면, '다른 개인'을 위한 행위도 도덕적인 것이 될 수 없다. 나 '개인'을 위한 행위가 무도덕하다면, 여러 다른 '개인'을 위한 행위 역시 무도덕할 수 밖에 없다. '0'의 합은 그 수가 아무리 많다 하더라도 '0'일 수밖에 없기 때문이다. 그러므로 비개인적 목적을 위한 행위만이 도덕적 가치를 가진다(Durkheim, 2009:58-59).

뒤르케임 말하는 비개인은 개인 이외의 다른 존재, 즉 '초개인(supra-individual)'을 말한다. 그가 말하는 초개인은 개인 밖의, 개인 위의, 개인을 초월하는 개인들의 연합에 의해 형성되는 집단, 즉 사회이다. 사회만이 비개인이고 초개인이다. 뒤르케임은 행위의 목적이 사회 집단을 위한 것일 때에만 비로소 도덕적 가치를 지닌다고 보았다. 뒤르케임에게 있어서 사회집단은 집단을 구성하는 구성원들의 단순한 집합이 아니다.

뒤르케임은 도덕을 집단 및 사회와 관련지어 설명한다. "도덕은 집단의 구성원에서 시작한다(Durkheim, 2009:17)." 도덕은 오직 집단 곧 사회에만 존재한다. 여기에서 말하는 사회는 그 사회를 구성하는 개인의 총합과 다른 질적인 특성을 갖는다. 뒤르케임에 따르면 "사람들이 서로가 긴밀한 연합을 통해 창조한 전체를 고려하지 않은 채 함께 살아가면서 거래를 유지하는 것은 불가능하다. 사람들은 전체에 충성하고, 전체에 참여하고, 전체를 생각하면서 살아갈 수밖에 없다. 사람들이 그들을 넘어서는 전체에 충성하고, 그들이 속한 집단의 이익에 충성하는 것이 바로 모든 도덕적 행동의 원천이다(Durkheim, 1992:25)." 여기서 '전체'는 사회이며, 그러한 사회가 도덕의 원천이라는 것이다.

이렇게 보면 자신이나 타인을 유지하거나 발전시키는 행위는 도덕적인 것이 아니다. 도덕적인 행위는 그것이 가족과 직업집단, 국가 또는 전체 사회와 같은 사회적 집단의 유지와 발전에 기여할 때 한해서이다. 사회는 도덕적 권위를 가지고 개인에게 특정한 행위를 명령하거나 금지한다. 사회는 개인보다 우월한 도덕적 힘을 갖기 때문에 사람들은 도덕을 경외하고 사회에 굴복한다.

뒤르케임에 따르면, 사회는 개인의 의식을 초월한다. 사회는 어디에서나 개인을 넘어선다. "사회는 도덕적 힘이다. 그것은 물리적으로뿐만 아니라 물질적이고 도덕적으로도 우리를 능가한다(Durkheim, 2009:26-27)." 사회는 문명을 창조하고 감시하고 전달하는 주체라는 것이다. 역사가 발전하면서 문명은 점점 더 방대해지고 개인의 의식을 능가하는데, 그럴수록 개인은 사회가 자신을 초월해 존재한다는 것을 더 강력하게 느끼게 된다.

뒤르케임은 도덕 규칙의 두 가지 특징인 의무와 바람직함을 사회에서 찾는다. 그에 따르면, 사회는 도덕의 원천이자 목표이기 때문에 우리는 사회의 명령에 복종함으로써 의무를 수행하게 된다. "사회는 우리의 외부에 존재하고 우리보다 우월하기 때문에 우리에게 명령한다. 사회와 우리 사이의 도덕적 거리는 우리의 의지가 사회에 굴복하도록 사회에 권위를 부여한다. 그러나 다른 한편으로는 사회가 우리 안에 있고 우리 자신이기 때문에 우리는 사회를 사랑하고 갈망한다.(Durkheim, 2009:28)."

뒤르케임에 따르면 사회는 사회적 사실의 총합이다. 도덕적 사실은 심리적 사실이나 의식의 사실이 아니라 사회적 사실이다. 사회는 도덕적 사실들의 총합이다. 사회는 도덕적 실재이다. 그는 『사회분업론』에서 다음과 같이 설명한다.

> 인간은 서로 희생하면서 강력하고도 지속적으로 관계를 맺지 않으면 공존할 수 없다. 이런 관점에서 보면, 모든 사회는 도덕적 사회다. 또 다른 측면에서 보면, 사회의 이러한 도덕적 성격은 유기적 연대의 사회에서 더 분명하게 나타난다. 왜냐하면 개인은 혼자서는 자급자족할 수 없으며, 자신에게 필요한 모든 것을 사회로부터 받기 때문이다. 이는 개인이 사회를 위해 일하는 것과 마찬가지이다. 바로 여기에서 개인은 사회에 대한 아주 강력한 의존감을 느끼게 되는 것이다(민문홍 역, 2012:338).

뒤르케임에 따르면 우리는 '도덕적 실재'를 모든 실재처럼 두 가지 다른 관점에서 연구할 수 있다. 우리는 그것을 탐구하고 이해할 수 있다. 그리고 그것을 평가할 수 있다. 탐구와 이해는 이론적이며, 필연적으로 평가에 선행한다. 사회는 도덕의 근원이고 목적이다. 사회는 모든 종류의 관념, 신념, 감정의 총화이며, 이것들은 개인을 통해 현실이 된다. 관념들 가운데 가장 중요한 관념은 도덕이다. 도덕은 사회의 중요한 존재 근거(raison d'être)다. 사회는 광범위하게 영향력을 행사하는 강력한 지적·도덕적 생활의 장이다(Durkheim, 2009:29). 사회는 조직이나 기능의 체계가 아니다. 사회는 도덕적 삶의 중심이다(Bouglé, 1974:xxvii). 이처럼 뒤르케임은 도덕에 막강한 사회적 의미를 부여했다.

뒤르케임에 따르면 모든 도덕은 행위 규칙 체계로 우리에게 나타난다. 그러나 모든 행위 규칙 체계가 도덕적인 것은 아니다. 행위 규칙 체계 가운데 그것이 우리에게 명령하기 때문에 우리가 복종해야 하는 행위 규칙 체계만이 도덕이다. 그는 의무를 도덕 규칙의 첫 번째 특징으로 규정한다. 이 점에서는 칸트와 같다. 그러나 뒤르케임은 칸트의 의무 개념을 그대로 받아들이지는 않는다. 그가 칸트의 의무 개념에 반대하는 이유는 우리는 단순히 명령이기 때문에 의무로 받아들이지는 않기 때문이다. 명령의 내용을 검토하여 그것이 바람직할 때 그것을 의무로 수용한다. 뒤르케임은 도덕 규칙의 두 가지 특징으로 의무와 바람직함을 꼽았다(Durkheim, 2009:23).

2) 개인과 사회

뒤르케임은 인간과 사회는 서로 통합되어 있으며, 인간이 사회화될 때, 즉 문명화될 때 참된 인간이 된다고 설명한다.

> 아무리 작은 사회일지라도, 우리는 항상 그 사회의 일부로 통합된다. 따라서 사회는 우리를 초월하면서 우리 안에 존재한다. 사회는 우리에 의해서만 우리를 통해서만 존재할 수 있기 때문이다. 사회는 우리 자신이거나 우리의 최상의 부분이다. 왜냐하면 인간은 문명화되는 경우에 한해서만 인

간이 되기 때문이다. 우리가 행동하기 위해 문명이라고 부르는 것에 속한 관념, 믿음, 지각의 총체로부터 어느 정도를 획득하는지에 따라 우리가 얼마나 참된 인간인지가 결정된다(Durkheim, 2009:27).

뒤르케임은 개인과 사회를 대립적 관계로 파악하지 않는다. 사회는 개인을 초월하면서 개인에 내재하며, 인간의 자유는 사회 안에서 오직 사회를 통해서만 실현되기 때문이다(Durkheim, 2009:27). 뒤르케임은 『도덕교육』에서 다음과 같이 말한다.

  우리는 많은 이론가가 호탕하게 주장해온, 개인과 사회 사이에 적대 관계가 존재한다는 주장을 인정해야 하는가? 절대로 인정하지 말아야 한다. 우리 안에는 어떤 많은 상태가 존재한다. 말하자면 사회가 존재한다. 우리는 사회 안에서 우리를 표현하고, 사회를 통해 우리를 표현한다. 우리 안에 존재하는 어떤 많은 상태가 사회 자체를 구성한다. 사회는 우리 안에 살아있고 우리 안에서 행동한다. 확실히 사회는 우리보다 크고, 우리를 넘어서 있다. 왜냐하면 사회는 우리 개인보다 무한히 크기 때문이다. 그러나 동시에 사회는 우리 내부의 모든 부분으로 들어온다. 사회는 우리 밖에 존재하면서 우리를 감싸고 있다. 그러나 사회는 역시 우리 안에 있으면서 그리고 우리 본성의 한 부분으로 모든 곳에 존재한다. 우리는 사회와 융합되어 있다. 우리의 물리적 유기체가 그것 밖에서 영양분을 얻듯이 우리의 정신적 유기체는 사회로부터 우리에게 오는 관념, 감정, 실천으로 양육된다(Durkheim, 1961:71).

  우리는 사회로부터 우리의 가장 중요한 부분을 얻는다. 이러한 관점에서 볼 때, 우리는 사회가 우리를 서로 연결하고 있다는 것을 알 수 있다. 사실상 우리가 우리를 우리 자신으로부터 분리하기 위해서는 먼저 우리를 사회로부터 분리해야 한다. 사회와 우리 사이에는 가장 강하고 가장 긴밀한 연결이 존재한다. 왜냐하면 사회는 우리 본질의 한 부분이고, 어떤 의미에서 우리 안에 존재하는 가장 좋은 부분을 구성하기 때문이다(Durkheim, 1961:71).

사회는 개인을 초월해 있다. 사회는 개인의 본성과 구별되는 고유한 본성을 가지고 있다. 결과적으로 그것은 도덕적 행위의 대상이 되기 위한 첫 번째 필요조건을 충족시킨다. 그러나 다른 한편으로 사회는 개인과 다시 재결합한다. 사회와 개인 사이에는 아무런 틈이 없다. 사회는 우리의 강하고 깊은 뿌리이다. 우리의 가장 좋은 부분은 오직 집단성에서 나온 것이다. 이러한 사실은 우리가 왜 사회에 헌신하고, 우리보다 사회를 더 좋아하는지를 설명해준다(Durkheim, 1961:73).

오늘날 우리는 개인과 그의 인격을 신성하게 대한다. 개인의 인격을 침해하는 것을 신성모독으로 여긴다. 개인의 인격이 완전히 실현되어야 한다고 믿는다. 그러나 뒤르케임에 따르면 개인의 신성함은 선험적으로 주어진 것이 아니다. 개인과 사회의 관계가 약화되거나 개인이 사회로부터 해방될 때 쟁취할 수 있는 것도 아니다. 이것은 전적으로 사회의 산물이다. 뒤르케임은 다음과 같이 말한다.

개인은 사회에 예속되며, 자유의 조건은 바로 예속이다. 왜냐하면 자유는 맹목적인, 즉 사유하지 않는 물리적 힘으로부터 구제되는 것을 의미하기 때문이다. 개인은 물리적 힘에 맞서는 강력하고 지적인 힘 즉 사회의 보호를 받을 때만 자유를 누릴 수 있다. 개인은 사회의 날개 아래 머물면서 어느 정도 사회에 의존한다. 그러나 이것은 개인에게 자유를 보장하는 의존이다. 여기에는 어떠한 모순도 존재하지 않는다(Durkheim, 2009:37).

뒤르케임은 개인의 자유도 오로지 사회 안에서만 그리고 사회를 통해서만 가능하다고 주장한다. 개인은 사회에 예속됨으로써 자유로운 존재가 되며, 이것은 패러독스가 아니라는 것이다.

3) 시민도덕

뒤르케임의 '시민도덕' 개념은 뒤르케임(1857-1917) 사후에 뒤르켐의 미발표 강의록을 모아 출간한 『직업윤리와 시민도덕』 책에 중점적으로 소개되어 있다. 『직업윤리와 시민도덕』은 총 18개의 강의로 구성되어 있는데, 제1강에서 3강은 직업 도덕, 제4강에서 9강은 시민도덕, 제10강은 살인, 11강에서 14강은 재산권, 15강에서 18강은 계약권을 다루고 있다. 본 장에서는 '시민도덕'을 상세히 다루고 있는 제4강에서 9강을 중점적으로 논의하면서, 시민도덕을 이해하는데 필요한 뒤르케임의 '도덕'에 대한 논의를 그의 다른 강의와 저술, 논문 내용을 분석하여 함께 다루고자 한다.

『직업윤리와 시민도덕』에서 다루는 논의의 주요 목적은 발전하고 분화하고 복잡한 당시 사회의 도덕 문제를 탐구하는 것이었다. 당시에는 경제가 다른 사회제도로부터 분리되어 있었다. 이 책은 제재, 재산, 도덕, 계약과 같은 주요 개념들을 명확하게 분석적으로 이해함으로써 당시 사회에 적합한 도덕적 억제 체제를 모색하는 것이었다. 그는 도덕적 억제 체제를 직업적 규약과 시민적 가치 체계의 진화에서 찾았다. 중세시대에 길드가 경제활동을 규제했던 것처럼 이러한 것들의 진화가 현대 경제를 적절하게 규제할 수 있다고 믿었다. 나아가 그는 국가를 사회의 도덕 장치의 일부로 보았다. 국가가 사회 생활을 규제할 뿐만 아니라 개인의 권리를 보호하는 데도 중요한 역할을 한다는 것이다(Durkheim, 1992:xiii-xiv).

『직업윤리와 시민도덕』에서 시민도덕을 논의하고 있는 4장에서 9강에 걸친 6개의 강의 내용은 다음과 같다.

    Ⅳ. 시민도덕 – 국가의 정의(definition)
    Ⅴ. 시민도덕(계속) – 국가와 개인의 관계
    Ⅵ. 시민도덕(계속) – 국가와 개인: 애국주의
    Ⅶ. 시민도덕(계속) – 국가의 형태: 민주주의
    Ⅷ. 시민도덕(계속) – 국가의 형태: 민주주의
    Ⅸ. 시민도덕(종결) – 국가의 형태: 민주주의

뒤르케임은 개인이 자신, 가족 집단, 직업집단과 맺는 관계에 적용되는 도덕과 법률 규칙을 강의한 이후, 개인이 정치 집단과 맺는 관계를 규정하는 규칙을 통틀어 '시민도덕'이라고 불렀다. 개인에게 제재(sanction)를 행사하는 '정치적 집단'과 개인 사이의 관계가 어떠해야 하는지를 결정하는 것이 바로 시민도덕이다. 즉 시민도덕은 개인과 개인에게 제재를 행사하는 정치 집단인 국가와 개인 사이에 존재하는 도덕 규칙이다(Durkheim, 1992:45). 그는 국가에 대한 개인의 의무와 시민에 대한 국가의 의무를 시민도덕의 내용으로 규정하였다(Durkheim, 1992:55).

뒤르케임에 따르면, 시민도덕은 모든 인간이 같은 국가에 속해있지 않기 때문에 국가에 따라 다르다. 시민의 의무는 귀족제와 민주제 국가에서 서로 다르고, 민주제 국가와 군주제 국가에서 서로 다르다는 것이다. 그런데 시민도덕은 국가에 따라 다르지만, 모든 사람은 국가의 주체로서 유사성을 지닌다. 즉 충성의 의무와 복무의 의무를 지닌다(Durkheim, 1992:4-5). 뒤르케임이 『직업윤리와 시민윤리』에서 제시하는 시민의 도덕적 의무는 첫째 법률을 존중하는 것, 둘째 투표하는 것이다. 그는 투표를 통해 법률을 정교하게 만드는 데 참여할 수 있다고 말한다. 일반적으로 말하면 공적 삶에 참여하는 것이다(Durkheim, 1992:114).

법률에 대한 존중과 투표의 의무에 대한 뒤르케임의 설명을 좀 더 자세하게 살펴보자(Durkheim, 1992:115-116). 민주주의 사회에서 시민들이 법률을 존중하는 이유는 법률이 시민들의 의지를 표현하고 있기 때문이다. 나아가 법률이 사물의 자연적 상호관계를 명확하게 표현하고 있기 때문이다. 우리가 어떤 법률을 복종하는 이유는 우리가 그것을 만들었거나 많은 사람이 투표를 통해 그 법률을 지지했기 때문이 아니라 그것은 좋은 것이기 때문이다. 따라서 법률에 대한 시민들의 존중은 입법자의 자질과 정치체계에 달려있다. 뒤르케임은 여기에서 민주주의의 장점이 나타난다고 주장한다. 통치하는 사람과 시민들 사이에 소통이 이루어지기 때문에 시민들은 통치하는 사람의 임무 수행 방식을 판단할 수 있으며, 임무 수행 방식을 충분히 알게 되면 신뢰를 보내거나 신뢰를 보류할 수 있다는 것이다.

두 번째 의무인 투표의 의무에 대해 뒤르케임은 대단히 흥미로운 주장을 한다. 현재 민주주의는 다수의 개인, 즉 대중의 에너지에 의존하고 있는데, 그것으로는 부족하고 개인이 해내지 못하는 역할을 수행할 수 있는 다른 어떤 조직이 필요하다고 주장한다. 이러한 조직이 수립되면 개인을 국가로부터, 국가를 개인으로부터 구제할 수 있다고 주장한다.

뒤르케임의 가장 큰 유산은 국가를 도덕적 관점에서 접근했다는 것이다. 뒤르케임에 따르면 국가의 근본적인 의무는 개인을 숭배하고 도덕적 개인주의를 구현하는 데 있다. 뒤르케임에게 국가는 개인숭배 또는 도덕적 개인주의를 집합의 이상으로 설정하고 적극적 정의를 추구하는 개인주의적 국가이다(김덕영, 2019:257).

3 시민교육에 대한 시사점

1) 시민성과 도덕성

　시민성의 문제는 개인과 국가의 관계에서 비롯된다(추병완 외, 2020:18). 개인과 국가의 관계에 대한 견해는 이념에 따라 차이가 있다. 자유주의는 개인이 국가에 우선한다고 본다. 자유주의는 개인의 이익이나 가치관, 자율성, 사적 이니셔티브 등을 중시하기 때문에 사회나 국가가 개인에 우선한다는 관점을 배제한다. 반면에 사회나 국가를 개인보다 우선시하는 관점에서는 공공선, 공공의 이익, 공동선, 국가 공동체에 대한 헌신, 애국심, 시민적 연대를 중시한다. 이러한 견해에서는 개인의 정치적 참여가 시민성의 중요한 요소가 된다. 이러한 점에서 볼 때, '자유주의적 시민성'이라는 말은 잘 맞는 조합이 아니다. 자유주의의 출발점은 개인이지 시민이 아니기 때문에 자유주의와 시민성의 결합은 끈끈하지 않다.

　사회계약론에 기초한 자유주의에서는 정치공동체를 자유롭고 평등한 개인들이 맺은 계약의 결과로 보기 때문에 존재론적으로 개인을 공동체보다 우선시한다. 자유주의에서 공동체의 목적은 개인의 자유와 기본권을 보호하는 것이기 때문에, 개인의 정치적 참여나 공동체를 위한 헌신이 강조되지 않는다. 시민을 참여하고, 책임지며, 스스로 올바르고, 세계를 향한 존재로 규정할 때, 시민성은 자유주의와는 거리가 멀어진다. 자유주의에서 자유는 정치권력인 국가로부터 자유이다. 이러한 방식에서 볼 때, 시민성은 자유주의와 친화적인 개념이 아니다. 자유주의는 민주주의의 기본 전제인 정치 참여를 배제한다. 이렇게 볼 때, 자유주의와 민주주의는 근본적으로 다른 가치를 가지고 있다(김주만, 2008:317).

시민성(citizenship)은 오늘날 일반적으로 정치공동체의 구성원인 시민으로서 갖추어야 할 자질, 품성 또는 내용으로 이해되고 있다. 시민성의 개념은 본질적으로 시민과 정치공동체(민주국가 또는 민주사회)의 관계에서 파생된다. 시민성은 정치공동체와 무관한 개인의 본질적인 인성과 구분된다. 인성은 정치공동체 구성원으로서의 역할을 수행하는데 있어서 필요한 자질과 직접적으로 관계되지 않는 개개인의 품성과 자질로서 사적인 성격을 갖는다. 이에 비해 시민성은 정치공동체, 즉 민주국가 또는 민주사회 구성원으로서 사회적 역할 수행과 참여를 위해서 필요한 품성과 자질로서 공적인 성격을 가진다(김영인·설규주, 2020:9).

인성이 정치공동체나 시민사회와 관계없이 인간으로서 갖추어야 할 것이라면, 시민성은 정치공동체나 시민사회를 떠나서 생각할 수 없는 사회적 구성 개념이기 때문에, 인성은 시민성 개념과 구분된다(Aristotle, 천병위 역, 2014:141). 그렇다고 인간성과 시민성이 배타적인 것은 아니다. 인성과 시민성, '좋은 사람(good human)'과 '좋은 시민(good citizen)'은 구분되지만, 시민 이전에 인간으로서 좋은 삶을 산다는 점에서 인성은 시민성의 기초를 형성한다. 그러나 좋은 인간이 좋은 시민이 될 가능성이 크다고 해서 항상 그런 것은 아니다. 선하지만 정치에 참여하지 않는 사람은 좋은 시민이 아니기 때문이다(김영인·설규주, 2020:9-10).

'시민의 유형'은 활동의 지향성에 따라 사적 시민(private citizen)과 공적 시민(public citizen)으로 구분될 수 있다. 사적 시민은 주로 개인의 권리와 이익에 관심을 가지고 이를 달성하기 위해 공적 영역에 참여한다. 공적 시민은 주로 사회 전체의 공공선과 민주주의의 가치 실현에 관심을 두고 이를 위해 공적 영역에서 활동한다. 이를 토대로 시민을 활동 지향성(사적 영역, 사익/공적 영역, 공익)과 활동 자발성(수동성/능동성)에 따라 구분하면 시민의 유형은 참여적 시민, 추종적 시민, 도피적 시민, 주장적 시민의 네 가지로 분류될 수 있다(김영인·설규주, 2020:9-10). 참여적 시민은 공적 영역에서 공익을 지향하며 자발적이고 적극적으로 시민 활동에 참여한다. 추종적 시민은 공적 영역에서 공익을 지향하지만 타인의 권유나 동원에 의해 수동적으로 시민 활동에 참여한다. 도피적 시민은 사적 영역에서 사익에만 관심을 두고 공적 영역이나 공익에는 무관심하고 현실을 도피한다. 주장적 시민은 사적 영역에서 사익을 실현하기 위해 자발적이고 적극적으로 시민 활동에 참여한다.

이러한 구분을 토대로 시민의 유형을 분류할 때 시민교육의 목적은 추종적 시민, 도피적 시민, 주장적 시민을 참여적 시민으로 이끄는 것이라고 말할 수 있다. 시민교육의 목적은 적극적으로 공익을 위해 참여하는 시민을 육성하는 데 두어야 한다. 즉 오늘날 세계적으로 해결해야 할 실업과 빈부격차, 환경오염과 생태계 파괴, 정보통신과 과학기술 부작용, 인종 및 종교로 인한 갈등과 대립, 국지적인 전쟁과 테러, 빈곤과 기아 등의 문제를 해결하기 위해 능동적으로 공익을 추구하는 참여적 시민을 육성해야 한다는 것이다.

시민성 개념과 시민교육의 목적에 대한 관점은 학자마다 다양하지만, 시민교육이 참여적 시민을 육성해야 한다는 것에 대해서는 일반적 합의가 이루어지고 있다. 뒤르케임은 이러한 시민성과 시민교육의 목적이 도덕교육을 통해 달성될 수 있다고 보았다.

2) 시민도덕: 국가와 개인의 관계

뒤르케임은 로크가 자연 상태에서 설정한 인간을 받아들이지 않았다. 자연 상태에서 인간은 도덕적일 수 없다는 것이다. "인간은 스스로를 억제하거나 자제력을 발휘하려는 선천적인 성향을 가지고 있지 않다(Durkheim, 1992:13)."라고 믿기 때문이다. 이러한 인간을 규제하는 것이 바로 집단이다. 뒤르케임에 따르면, "도덕 체계는 항상 한 집단의 일이다. 도덕 체계는 그 집단이 권위에 의해 그것을 보호할 때만 작동한다. 도덕 체계는 규칙들로 구성되어 있는데, 그 규칙들이 개인을 지배한다. 규칙들은 개인이 이러저러한 방식으로 행동하도록 강제하고, 그들의 경향성에 한계를 정해주며 그 한계를 넘어서는 것을 금지한다(Durkheim, 1992:7)." 따라서 개인은 집단이 규정한 도덕 체계의 지배를 받아야 비로소 사회생활을 할 수 있다는 것이다.

뒤르케임에 따르면, "도덕적 규율이 존재하지 않는다면 어떤 사회적 기능도 존재할 수 없다. 도덕적 규율이 없다면 개인의 탐욕 이외에 남는 것이 없다. 개인의 탐욕은 그것의 본성상 한계도 없고 결코 만족할 수 없으므로, 탐욕을 통제할 수 있는 것이 존재하지 않는다면 탐욕은 스스로 탐욕을 통제하지 못하게 된다(Durkheim, 1992:11)." 이러한 관점에서 볼때 뒤르케임은 로크가 아니라 홉스와 유사한 인간관을 가지고 있는 것으로 보인다.

뒤르케임은 '시민도덕'을 정의하면서 국가 개념을 도입한다. 그에 따르면, "개인과 정치집단 사이의 관계를 결정하는 제재력 있는 규칙들은 모두 시민도덕이다. 모든 정치 집단 개념에 포함된 본질적인 요소는 지배하는 자와 지배를 받는 자, 권위 있는 사람과 그 권위에 복종해야 하는 사람들 사이에 존재하는 대립이다(Durkheim, 1992:45)." 뒤르케임은 이러한 권위를 대표하는 특수한 관료집단을 지칭하기 위해 '국가'라는 용어를 사용한다.

"정치 사회와 관련된 도덕의 본질적인 규칙은 주권적 권위에 대한 개인의 관계를 결정하는 규칙이고, 개인들은 그 규칙에 복종해야 한다(Durkheim, 1992:51)."는 것이다. '국가'는 주권적 권위의 대행자이며 '정치 사회'는 국가를 최고 기관으로 삼은 복합 집단이다. 국가와 정치 사회에 대한 이러한 규정을 받아들이게 되면, 시민도덕 아래에서 일차적 의무는 시민이 국가에 대해 갖는 의무이고, 거꾸로 국가가 개인에게 지고 있는 의무이다. 이 의무가 무엇인지를 이해하려면 국가의 본성과 기능이 무엇인지를 결정해야 한다(Durkheim, 1992:52-53).

뒤르케임은 막스 베버(Max Weber)의 국가론을 받아들이지 않는다. 베버는 폭력 사용에 대한 합법적 독점, 고정된 영토를 국가의 특성으로 규정했지만 뒤르케임은 이러한 국가를 인정하지 않는다. 그는 영토의 경계는 국가와 아무런 관련이 없다고 말한다. 그에 따르면 다음 두 가지 요소를 갖추면 국가로 인정된다. 첫째, 권위에 의해 명령하는 사람과 복종하는 사람이 분리되어야 한다. 이러한 구분이 존재하면 '정치적 사회'라 할 수 있다. 이런 국가 개념에 따르면 역사상 존재했던 모든 정치적 사회는 국가는 아니다. 둘째, 국가의 권위에 복종하는 사람의 수가 양적으로 많아야 한다. 정치적 사회는 하나의 부족 단위가 아니라 여러 부족 집단과 다른 연합체로 구성된다. 뒤르케임에 따르면, "정치적 사회는 다소 많은 수의 이차적 사회 집단이 모여 형성된 것이다. 정치적 사회를 구성하는 이차적 사회 집단은 동일한 하나의 권위에 복종해야 한다. 그리고 이 이차적 집단은 정당하게 구성된 다른 우월한 어떤 권위에 복종해서는 안 된다(Durkheim, 1992:48)." 국가는 이차적 집단이 존재하는 곳에서만 존재하고, 이차적 집단이 존재하지 않으면 정치적 권위도 없다는 것이다.

국가에 대한 시민의 의무, 시민에 대한 국가의 의무가 무엇인지를 이해하기 위해서는 국가의 목적이 무엇인가를 알아야 한다. 첫 번째 대답은 개인주의적 국가관에서 제시되었다. 개인주의 국가관에서 사회의 목적은 개인이다. 사회는 개인을 위해 존재한다. 그 이유는 사회에 실재하는 것은 개인이기 때문이다. 사회는 개인의 집합에 불과하고, 사회는 개인의 발전을 목적으로 삼을 뿐이다. 개인이 생산의 주체이고, 국가는 아무것도 생산하지 않는다. 이러한 국가관에 따르면 국가의 목적은 결사체에 나쁜 영향을 미치는 것들을 차단하는 것이다. 개인은 그가 존재한다는 단 하나의 사실만으로 태어나면서부터 일정한 권리를 갖는다. 국가의 역할은 개인의 권리가 다른 개인으로부터 침해받지 않도록 보호하는 것이다. 곧 개인이 개인이라는 이유만으로 가지고 있는 권리를 보호하는 것이 국가의 역할이다(Durkheim, 1992:55-56).

뒤르케임은 이러한 국가관이 역사적 사실과 일치하지 않는다고 단정적으로 말한다. 역사를 보면 국가의 중요성이 증가함에 따라 국가의 기능도 확대되었다. 확대된 기능을 수행하기 위해 국가의 예산이 팽창했다는 것은 역사적 사실이다. 그는 이러한 경향은 역사에서 발견되는 보편적인 사실이기 때문에 정상적이고 규칙적이라고 주장한다(Durkheim, 1992:57).

또 다른 국가관에 따르면 국가는 개인의 권리를 보호하는 것 이외에 수행해야 할 다른 목표와 임무가 있다. 이러한 국가관을 주장한 대표적인 철학자는 게오르크 빌헬름 프리드리히 헤겔(Georg Wilhelm Friedrich Hegel)이다. 헤겔의 국가관에 따르면 모든 사회는 개인의 목표나 개인의 목표보다 더 우월한 목표를 가지고 있다. 국가의 기능은 참된 사회적 목적을 추구하는 것이고, 개인은 자신과 관계가 없는 사회적 계획을 수행하는 수단에 불과하다. 개인은 국가의 목적을 위해 존재할 뿐이다. 이러한 국가관에서 개인은 아무런 의미가 없다(Durkheim, 1992:58).

뒤르케임에 따르면 국가가 계속해서 발전함에 따라 개인의 권리도 이에 부응하여 발전한다. 그런데도 개인의 권리를 타고난 것으로 생각하는 사람들은 이러한 사실을 부정한다. 이들은 국가가 개인의 권리를 신장하기 위해 개입할 필요가 없다고 주장한다. 개인의 권리는 국가에 의존하지 않기 때문이다. 이런 입장은 국가의 확대를 설명하지 못한다. 뒤르케임은 이런 난점을 극복하는 유일한 길은 개인의 권리가 타고난 것이라는 가정을 논박하고, 개인의 권리가 국가의 산물이라는 것을 받아들이는 것이라고 주장하면서 다음과 같이 말한다.

> 우리는 개인이 개인을 전혀 축소하지 않고 국가의 기능이 확대될 수 있음을 이해할 수 있다. 우리는 또한 국가가 전혀 쇠퇴하지 않고도 개인이 발달할 수 있음을 알 수 있다. 왜냐하면 개인은 어떤 면에서 국가의 산물이기 때문이다. 그리고 국가의 활동은 그 본성상 개인을 해방하기 때문이다. 그런데 사실적 증거에 비추어 볼 때, 도덕적 개인주의의 진보와 국가의 진보 사이에는 원인과 결과의 관계가 있다는 것을 역사가 권위를 가지고 입증한다. …… 국가가 강해지면 질수록 개인은 더욱더 존중된다(Durkheim, 1992:62).

뒤르케임에 따르면, 국가는 개인들의 천부적 권리의 행사를 방해하기 위해 창조된 것이 아니다. 오히려 국가는 이 권리를 실제로 창조하고 조직하고 만든다. 개인이 인간으로 살 수 있는 것은 그가 사회 안에 살고 있기 때문이다. 개인에게서 사회적 기원이 있는 것을 제거하면 그에게는 동물성밖에 남지 않는다. 인간을 물리적 자연보다 높게 끌어 올린 것은 사회다. 그러나 뒤르케임은 사회가 불가피하게 인간을 자신에게 종속시키는 경향이 있다고 지적한다. 그 이유는 집단이 개인보다 더 강력한 도덕적 힘을 가지고 있기 때문이라는 것이다. 부분은 집단의 지배 아래로 들어갈 수밖에 없음을 인정한 것이다. 뒤르케임에 따르면, "강제를 동원하여 자신의 구성원에게 권위를 행사하는 모든 집단은 자신의 패턴을 구성원이 따르게 하고, 그들에게 자신의 사고방식과 행동 방식을 강요하여 사회와 다른 것을 용인하지 않는다(Durkheim, 1992:65)." 그러나 사회의 규모가 커지면 커질수록 개인의 자유가 확대된다. 사회가 엄청나게 많은 수의 개인으로 구성되면 개인에 대한 세밀하고 빈틈없는 감시가 불가능하기 때문이다. 뒤르케임에 따르면, 작은 동료 집단에서보다 군중 속에서 더 자유를 누린다. 이렇게 되면 개인의 집합적 압제는 쇠퇴하고 개인의 다양성이 확대되면서 개인주의가 확립된다(Durkheim, 1992:66).

국가의 중요한 기능은 개인의 인격을 해방하는 것이다. 국가는 국가를 구성하는 조직들을 감시함으로써 그들이 개인을 억압하는 것을 막는다. 그러나 항상 이 기제가 작동하는 것은 아니다. 국가가 국가에 대항하는 다른 집합적 힘으로 중화되지 않을 때 "국가 자체가 평등주의자가 되고 억압성을 갖게 된다. 이때 국가의 억압성은 작은 집단의 억압성보다 훨씬 강하게 지속된다(Durkheim, 1992:68)." 뒤르케임은 국가가 개인을 억압하는 것을 막기 위해서는 국가가 다른 집합적 힘 곧 이차집단에 의해 구속되어야 한다고 말한다.

> 이차 집단의 유용함은 오직 이익을 제공하고 규제하고 관리하는 것에서 끝나는 것은 아니다. 이차집단은 이보다 더 넓은 목적이 있다. 이차집단은 개인 해방의 본질적인 조건이 된다. …… 오직 국가를 통해서만 개인주의가 가능하다. ……어린이들을 가부장적 지배와 가족의 압제로부터 해방시

킨 것은 바로 국가다. 시민을 봉건적 집단에서 그리고 후에 공동체적 집단에서 자유롭게 한 것은 바로 국가이다. …… 개인은 국가 안에서 협력하면서 자신이 누구인지, 자신 행위의 궁극적 목적이 무엇인지를 충분히 깨닫는다. …… 개인은 (개인주의적인 공리주의자나 칸트 학파가 주장하듯이) 국가가 단지 존중만 해야 하는, 자기충족적인 전체가 아니다. 왜냐하면 개인은 국가를 통해, 오직 국가만을 통해서 도덕적 실존을 누릴 수 있기 때문이다(Durkheim, 1992:68-69).

뒤르케임은 국가와 개인 사이에 직업집단과 같은 이차집단이 들어옴으로써 국가가 개인을 억압하는 것을 방지하고, 개인이 국가를 지배하는 것을 막을 수 있다고 생각한 것이다.

직업집단은 개인의 이기주의를 제어하고 노동자의 가슴 속에 공동의 연대감을 부양하며 강자의 법칙이 산업과 산업 영역에서 무지막지하게 적용되는 것을 막는다. 뒤르케임에 따르면 직업집단은 구성원의 이기주의를 제어할 뿐만 아니라 집단 이기주의에도 빠지지 않게 한다. 직업집단은 사회의 통합에 기여할 뿐만 아니라 민주주의의 유지와 강화에도 결정적인 역할을 할 수 있다. 즉 뒤르케임은 직업집단이 사회 통합과 정치 통합에 중요한 역할을 한다고 생각했다. 직업집단은 사회통합적 측면에서 현대 산업사회의 아노미적 경향을 해결할 수 있으며, 국가와 개인 사이에 위치함으로써 국가의 개인에 대한 억압을 막고 개별이익과 일반이익 사이의 갈등적 요인을 중재할 수 있다고 본 것이다. 그는 직업집단이 일반의지의 형성에 결정적인 역할을 할 뿐만 아니라 국가와 개인의 관계를 상호제한하게 함으로써 민주주의 정치체제 유지를 위한 필수적인 균형을 유지하게 해준다고 보았다(김태수, 2008:293).

무엇보다도 먼저 오늘날 우리가 직업집단에서 볼 수 있는 것은 몇 가지 도덕적 능력이다. 그것은 개인적 이기심을 억제하고 노동자들의 마음속에 공동연대라는 생동감 있는 감정을 유발하며 강자의 법칙이 노사관계나 상업적인 거래에 몰상식하게 적용되는 것을 막는다. 그런데 기존의 직업집단은 그 같은 역할을 담당하기에는 부적합하다. 왜냐하면 기존의 직업집단은 일시적인 이해관계 때문에 태어났으며 공리적 목표에만 이용할 수 있기 때문이다. 구체제의 동업 조합들이 우리에게 남겨준 추억들은 이런 인상을 심어주기에 충분하다. 우리는 동업조합이 과거의 일을 앞으로도 지속할 수 있다고 생각한다. 즉 구성원들의 특권과 독점을 유지하거나 증가시키는 일에 몰두한다는 것이다. 그래서 우리는 직업 활동과 밀접하게 연관되어 있던 동업조합이 집단이나 그 구성원들의 도덕성에 크게 도움을 줄 만한 활동을 할 수 있으리라고 생각하지 않는다(Durkheim, 민문홍 역, 2012:29-30).

④ 의의 및 한계

뒤르케임은 국가와 개인 사이에 직업집단이 존재함으로써 국가와 개인이 힘이 상호제한될 수 있다고 보았다. 그리고 과거의 동업조합을 직업집단으로 재구성하고자 하였다. 그러나 안타깝게도 뒤르케임의 이러한 정치적 기획은 메아리 없는 외로운 주장과 호소로 그쳤다. 뒤르케임이 구체제의 동업조합과 자신이 재구성한 직업집단 사이의 근본적인 차이를 강조하였음에도 불구하고 대부분의 프랑스 사람들은 혁명 이전의 낡은 제도를 연상했을 뿐만 아니라 비시 정권을 체험한 2차 대전 이후 프랑스인들의 귀에는 참을 수 없는 말이었던 것이다(김태수, 2008:302).

그러나 뒤르케임이 직업집단에 부여한 정치적 역할은 설득력이 있다. 그는 국가가 강력한 행위 수단을 가지고 있어서 개인을 억압할 수 있으며 개인을 노예로 전락시킬 수도 있다고 보았다(Durkheim, 1992:106). 이런 상황에서 직업집단은 국가가 개인을 흡수하는 것을 막고 개인이 국가를 흡수하는 것도 막을 수 있다는 것이다. 뒤르케임에 따르면, "우리의 정치적 병폐의 원인은 사회적 병폐의 원인과 동일하다. 곧 개인과 국가 사이에 존재하는 이차적 집단의 부재 때문이다. 국가가 개인을 억압하지 못하게 하려면 이차집단이 꼭 필요하다. 그뿐만 아니라 국가가 개인으로부터 자유롭기 위해서도 이차집단이 필요하다(Durkheim, 1992:113)." 그는 직업집단을 영구적인 집단, 개인이 자신의 일생을 바치는 집단, 개인이 가장 강한 애착을 갖는 집단으로 보고, 직업집단이야말로 우리의 정치적 대표의 기초가 될 수 있을뿐만 아니라, 미래사회의 기초가 되어야 한다고 주장하면서 직업집단에 큰 의미를 부여하였다(Durkheim, 1992:104).

나아가 뒤르케임은 직업집단이 모든 민주주의가 안고 있는 고유한 결함을 해소할 수 있다고 주장했다. 모든 민주주의 국가가 안고 있는 근본적인 문제는 개인이 민주주의 국가의 의사 결정자이기 때문에 국가는 개인들만의 일이 된다. 그러나 뒤르케임은 "국가는 개인에게서 비롯되었지만, 개인을 넘어서야 한다(Durkheim, 1992:112)."라고 믿는다. 국가가 개인을 넘어서기 위해서는 개인들이 서로 접촉하게 하고 그들이 지속적해서 집단화하게 해야 한다고 주장한다 이와 관련하여 그는 다음과 같이 말한다.

> 만약 각각의 개인이 독립적으로 자신의 투표권에 따라 국가를 세우고, 그 선거 결과에 따라 국가 또는 국가를 구성하는 조직을 구성한다면, 즉 각각의 개인이 고립적으로 선택을 한다면, 유권자가 개인적이고 이기적인 동

기가 아닌 다른 동기에 의해 투표에 임하는 것이 불가능하게 된다. 어찌하였든 개인적이고 이기적 동기들이 지배적일 것이며, 개인주의적 특수주의가 전체 구조의 기초가 될 것이다. 그러나 이러한 투표가 장기적이고 집합적인 준비의 결과로 이루어진다면, 그 성격은 많이 달라질 것이다. 왜냐하면 사람들이 함께 생각하면, 그들의 생각은 부분적으로 공동체의 산물이 되기 때문이다. 공동체는 그들에게 압력을 가하고 그들에게 권위로 작용하며, 그들의 이기적인 변덕을 통제하고 개인들의 마음을 공동체로 향하게 한다. 따라서 투표가 개인 이상의 어떤 것을 표현해야 한다면, 투표가 집합적 정신에 의해 고무되어야 한다면, 투표권을 가진 유권자는 단순히 함께 모여 있는 개인들로 구성되어서는 안 된다. 그들은 서로가 서로를 알지 못하며, 서로가 의견을 형성하기 위해 어떤 일도 하지 않았으며, 오직 투표함에 줄을 섰을 뿐이다. 유권자는 투표하는 날에만 순간적으로 참여하는 것이 아니라 응집력과 영속성을 가진 확고한 집단이 되어야 한다. 길드나 조합은 이러한 집단에 부응한다. 길드나 조합체를 형성하는 구성원들의 정서는 공통으로 진화하며 공동체를 표상한다. 그들은 영속적으로 그리고 친밀하게 접촉하기 때문이다(Durkheim, 1992:113).

뒤르케임의 이러한 주장은 원자화된 개인, 고립된 개인이 개별적으로 투표하는 자유주의 철학에 기초를 둔 선거는 공공선에 이바지하지 못한다는 주장을 함축하고 있다. 따라서 개인 단위가 아니라 집단 단위 곧 직업집단이 투표의 단위가 되어야 투표가 공익을 담보할 수 있다는 것이다. 뒤르케임은 직업집단에 국가로부터 개인을 보호하고, 개인으로부터 국가를 보호하는 역할을 부여한 것이다. 뒤르케임의 이러한 주장은 당시 자유주의와 고전적 경제 이론이 지배하고 있던 프랑스 사회에 필요한 대안적인 세계관이 될 수 있었다. 직업집단의 역할에 관한 뒤르케임의 주장은 자유주의와 사회주의의 문제점을 극복할 수 있는 제3의 길로 해석될 수 있다. 개인과 국가와의 관계에서 직업집단의 역할에 대한 뒤르케임의 의미 부여는, 비록 뒤르케임이 살았던 당시의 상황과 오늘날의 상황이 많이 다르기는 하지만, 자유주의가 사회 운영의 주된 원리로 작용하고 자유주의의 원리를 따르는 시민교육의 주류를 이루고 있는 우리의 상황에서, 시민도덕과 시민교육을 성찰할 수 있는 하나의 다른 관점을 제공한다.

참고문헌

김국현 역. (2020), 『시민교육과 정치교육』, 서울: 한국문화사, 2020.
김덕영. (2019), 『에밀 뒤르케임: 사회실재론』, 서울: 출판 길.
김영인·설규주, 『시민교육론』 서울: KNOU Press, 2020.
김주만. (2008), "에밀 뒤르케임의 민주주의론: 개인주의, 소통, 그리고 사회적 삶". 『사회이론』, (34), 313-350.
김태수. (2008), "뒤르케임과 민주주의 : 직업집단론을 중심으로", 『사회 이론』, 가을/겨울, 293-296.
민문홍 역. (2012), 『사회분업론』, 파주 : 아카넷.
민문홍. (2001), 『에밀 뒤르케임의 사회학: 현대성 위기극복을 위한 새로운 패러다임을 찾아서』, 서울: 아카넷.
장동진 외 역. (2018), 『현대 정치철학의 이해』, 개정판, 서울: 동명사.
천병휘 역. (2014) 『정치학』, 파주: 도서출판 숲.
추병완 외, (2020), 『시민성 이론과 시민교육』, 서울: 하우.
Bouglé, C. (1974). "Preface to the Original Edition". *Durkheim's Sociology and Philosophy*, trans. DF Pocock (London: Cohen and West, Lts., p. XXX-IX)
Durkheim, E. (1973) *Moral Education: A Study in Theory & Application of the Sociology of Education*, New York, The Free Press.
Durkheim, E. (1992). *Professional ethics and civic morals*. London, Routledge.
Durkheim, E. (2009). "The determination of moral facts". In *Sociology and Philosophy* (Routledge Revivals) (pp. 81-108). Routledge.
Durkheim, E. (1961), *Moral Education: A Study in the Theory and Application of the Sociology of Education*, London, The Free Press.

7장
요나스의 책임윤리의 시민교육적 가능성[1]

변순용(서울교육대학교)

1 생애와 주요 저술 활동

요나스는 1903년 5월 10일 묀헨글라드바흐(Moenchengladbach)에서 태어나서, 프라이부르크 대학, 베를린 대학, 하이델베르크 대학에서 철학과 신학을 공부했으며, 1928년 마르부르크 대학에서 하이데거의 지도하에 「그노시스와 후기 희랍철학의 정신 개념」이라는 논문으로 철학 박사 학위를 받았다. 여기서 그는 훗설(Edmund Husserl)과 불트만(Rudolf Bultmann)으로부터도 배웠고, 특히 그는 마르부르크에서 박사 과정중이던 아렌트(Hannah Arendt)와도 여기서 친분을 쌓게 되었다.

하이데거가 1933년에 나치당에 합류했을 때, 유대인이자 시온주의자였

---

[1] 이 부분은 졸고인 책임의 윤리학(2007, pp. 112~139)의 일부분을 발췌하여 수정 보완한 글임을 밝혀둔다.

던 그는 많이 힘들어했고, 결국 독일을 떠나 영국으로 건너 갔다가, 1934년에 팔레스타인으로 이주했다. 1940년에 그는 히틀러와 싸우기를 원하는 독일계 유태인들을 위한 특별 여단을 조직하고 있던 영국군에 합류하기 위해 유럽으로 다시 돌아왔다. 그는 이탈리아로 파견되었고 전쟁의 막바지에 독일로 투입되었다.

전쟁 직후 그는 어머니를 찾기 위해 묀헨글라드바흐로 돌아왔지만 어머니가 아우슈비츠 강제 수용소의 가스실로 보내졌다는 사실을 알게 되어 독일에 살기를 거부하고, 다시 팔레스타인으로 돌아와 1948년 아랍-이스라엘 전쟁에 참전했다. 1950년 칼레톤 대학(Carleton University)에서 가르치기 위해 캐나다로 떠나기 전까지 그는 예루살렘의 히브리(Hebrew University) 대학에서 학생들을 가르쳤다. 그 후 1955년에 뉴욕으로 이사했고 그곳에서 평생을 살았다. 그는 1955년부터 1976년까지 헤이스팅스 센터의 멤버이자 New School for Social Research의 철학 교수였고, 1982년부터 1983년까지 뮌헨 대학에서 연구 교수직을 역임하기도 하였다. 그는 1993년 2월 5일 뉴욕의 자택에서 89세의 나이로 사망하였다.

그의 철학은 생태윤리적 물음에서 시작하여 현대 과학 기술에 대한 인간의 책임을 강조하고 있다. 생태윤리의 물음들이 유럽에서 본격적으로 제기되기 시작한 7,80년대에 생태윤리적 담론의 핵심이 되는 책임 개념에 대하여 과거지향적 책임개념을 포함하면서도 미래지향적 책임 개념을 포함한 책임윤리의 이론을 제시함으로써 생태윤리적 담론에서 인간의 책임에 대한 논의의 지평을 열었고, 여기에서 더 나아가 과학기술의 변화에 따른 인간의 힘의 증대에 따른 책임의 요청이 필요함을 제시하고 과학 기술에 대한 근본적인 반성의 계기를 마련한 철학자이다. 생태 시민성 뿐만 아니라 과학기술시대의 새로운 시민성의 핵심 개념이 바로 책임이므로, 이러한 책임윤리는 미래사회의 시민교육에서 매우 중요한 의미를 가진다.

그의 대표적인 저서인 『책임의 원칙(1979)』으로 1987년에 독일 서적 판매 조합으로부터 평화상을 수상하였고, 이외 중요한 저서로는 『아우구스티누스와 바울의 자유의 문제(1930)』, 『그노시스와 후기 고대적 정신 1,2(1938, 1958)』, 『생명의 현상(1966)』, 『주체성의 권력인가 아니면 무능력인가?(1981)』, 『기술, 의료 그리고 윤리(1985)』, 『철학적 탐구와 형이상학적 추측(1992)』등이 있다.

2 요나스의 존재, 기술 그리고 책임

책임개념은 현대 윤리학의 분야에서 좁은 의미에서는 환경문제와 관련하여, 그리고 보다 포괄적인 의미에서는 기술문제와 관련하여 중요한 개념이 되고 있다. 윤리학이나 철학에서뿐만 아니라, 우리의 일상적인 삶에서도 책임의 문제가 중요하다. 책임이 있어야 한다는 것과 인간이 책임있게 행위해야 한다는 것은 자명한 것처럼 보이지만, 책임이 구체적으로 문제가 되는 상황에서 조금만 더 자세히 들여다보면 누가 어떻게 책임져야 하는지가 분명하지 않은 경우가 오히려 더 많다. 요나스는 존재와 당위를 연결하여 인간이 할 수 있는 것(Können)과 해도 되는 것(Dürfen)을 구분하였고, 이를 통해 책임에 대한 물음에 답하고자 하였다. 존재와 당위는 오랫동안 실재(das Reale)와 이상(das Ideale)으로 항상 구분되어 왔고, 또 이와 동시에 양자를 결합시키려는 시도가 이뤄져 왔다. 요나스 자신도 이 양자를 결합시키는 것이 쉽지 않음을 인정하고 있지만, 그럼에도 불구하고 자기로부터 그리고 실존의 가능성으로부터 실존을 요구하는 존재당위(Seinsollen)의 개념을 통해 양자를 결합시키고자 하였다. 요나스에게 있어서 존재는 윤리학의 기초로서 작용하며, 그래서 요나스는 윤리학의 제 1 물음이 "내가 무엇을 해야만 하는가?"가 아니라, "인간이 존재해야만 하는가?" 내지 "무언가가 존재해야만 하는가?"라는 물음이 된다(Jonas 1979: 96 참조).

요나스의 철학에 들어가는 네 갈래의 길이 있는데, 이것은 존재론적, 기술윤리적, 환경윤리적[2], 그리고 책임윤리적 길이다. 앞의 세 가지 경로는 서로 밀접하게 연관되어 있으며, 이것은 요나스 자신이 밝힌 바와 같이 그의 학자적인 삶의 전개과정에 상응하고 있다.[3] 이 세 갈래 길은 결국 미래윤리로서의 책임윤리로 수렴하고 있다. 미래윤리라는 것은 미래의 윤리가 아니라 현대 기술문명에서의 윤리, 즉 "미래를 고려하는 현재의 윤리(Jonas 1992: 128)"인 것이다. 그래서 요나스의 중심 주제는 기술문명시대를 위한 윤리를 제시하는 것이다. 이런 생각은 그의 『책임의 원칙(Das Prinzip Verantwortung 1979)』의 부제에도 잘 나타나 있다.[4]

---

[2] 환경윤리적 접근에 대해서는 논란이 있다. 예를 들어 Hardon은 요나스가 자신의 윤리학에서 환경문제를 언급하지 않았고, 요나스는 인간이라는 유기체에 기술을 적용하는 문제, 즉 의료기술과 유전자기술의 문제들을 다뤘다고 주장하고 있다(Hardon 2000: 64-5 참조). 그러나 이런 주장은 요나스의 철학을 너무 좁게 해석하고 있는 것이다. 비록 요나스가 환경윤리적인 문제를 직접적으로 다루지 않았다 하더라도, 그의 책임론은 환경윤리의 중요한 기초로서 기여하고 있다.

[3] "내 이론적인 삶의 여정에 나타난 이 세 단계는 우선 실존분석의 기간동안에는 고대 후기의 그노시스에 대한 물음에, 그리고 자연과학을 접했던 기간 동안에는 유기체의 철학의 길로, 그리고 끝으로 점점 증가하는 기술문제에 대한 답으로서 이론철학에서 실천철학으로의 전환, 즉 윤리학에로의 전환과 일치한다(Jonas 1987: 11)."

[4] "요나스 철학의 핵심인 기술문명을 위한 새로운 윤리학은 엄청나게 증가한 인간의 기술적인 힘, 산업세계에서의 삶의 상황의 역동화, 그리고 산업화 과정의 부작용으로 나타나는 자연과 피조물(인간까지 포함된)의 위험에 직면해서 책임개념의 도덕적인 확장을 요구하는 것이다(Lenk 1994: 220)."

존재, 기술 그리고 책임은 요나스 철학의 가장 중요한 요인이다. 존재와 기술의 관계는 기술 자체가 그 힘을 통해 존재(혹은 인간)의 실존가능성을 위협할 수 있을 정도로 변해버렸다. 존재와 기술의 긴장 속에서 기존의 윤리학은 기술발전으로 인해 변해버린 인간 행위의 본질에 직면해서 새로운 윤리적인 문제들을 파악하지 못한다.[5] 요나스는 기존윤리학을 비판하면서, 인간의 증가된 힘과 그 힘을 따라가지 못하는 인간의 앎의 편차로 인하여 발생하는 윤리적 공백을 언급하고 있다.[6] 이렇게 본다면 요나스의 책임개념은 존재와 기술간의 갈등구조 안에서 독자적인 가치를 갖게 된다. 이 장에서는 요나스의 철학이 위에서 언급한 네 가지 접근의 순서로 분석될 것이다.

3 책임의 존재론적 근거

요나스는 자신의 존재론적 책임을 "인간은 존재해야 한다(Jonas 1979: 91)."라는 명법(Imperativ)의 형식으로 제기한다. 이것은 존재의 당위에 대한 요청을 의미하지만, 이 요청은 존재당위에 대한 존재론적인 증명에서 가장 어려운 문제가 된다. 요나스의 존재론적 책임이라는 개념을 이해하기 위해서는 먼저 그의 존재론을 알아야 한다. 그의 존재개념에 대한 이해가 바로 요나스적 책임론을 이해하기 위한 열쇠가 되기 때문이다.

---

[5] 요나스가 비판한 기존윤리학의 문제점에 대해서는 변순용(1997), "한스 요나스의 책임개념에 대한 연구," ss. 161-2 에 자세히 소개되어 있음.

[6] 이것은 발전된 기술이 가져올 부작용이나 장기효과(Ferneffekt)에 대한 앎의 결여를 의미한다. 이것은 기술발전 속도와 기술의 복잡성으로 인해 발생하는 것이다.

3.1. 존재와 생명

요나스는 존재(das Sein)를 생명(das Leben)으로 이해한다. 그의 철학을 생명의 철학(die Philosophie des Lebens)으로 부를 수 있다. 그에 의하면 생명철학은 두 영역을 가지는데, 그것은 유기체의 철학과 정신의 철학이고(Jonas 1994/7: 15 참조), 여기서 윤리학은 정신철학에 속한다(ebd. 401 참조).[7] 그는 유기체를 분석하는 관점을 초기 일원론, 이원론 그리고 후기이원론적 일원론으로 구분한다. 초기 일원론에는 범생명주의(Panvitalismus)와 범기계주의(Panmechanismus)가 포함되고, 이원론에는 그노시스(Gnosis)와 데카르트가, 그리고 후기이원론적 일원론에는 유물론과 관념론이 속한다. 범생명주의에서는 죽음의 문제가, 범기계주의에서는 생명의 문제가 해결될 수 없는 근본적인 모순으로 나타난다. 그리고 "유물론의 입장에서는 의식에 대한 실패가, 관념론의 입장에서는 물자체의 실패가 나타난다(ebd. 37)." 일원론의 형식으로든, 이원론의 형식으로든 발생하게 되는 이원성(Zweiheit)은 의도적인 고안물이 아니라 존재 자체에 근거되어 있는 것이다(ebd. 36 참조). 분리된 이원성에 대하여 요나스는 구체적인 삶 속에서 나타나는 육체와 정신의 통일로 이해될 수 있는 "이원(중)적 통일성(Zwei-Einheit oder Doppeleinheit) (ebd. 37, 39 참조)"을 주장한다. 그는 "보다 새롭게 통합적인, 즉 철학적인 일원론은 양극성을 과거로 되돌리는 것이 아니라, 이 양극성을 극복하고, 실재의 측면으로서 혹은 형성단계에서 나타나는 양극성을 존

---

[7] 요나스는 생명의 다양성을 단계로, 즉 원시적인 단계에서 고도로 발전된 생명의 단계로 이어지는 연속선상에서 이해하고 있다. 이 단계는 두 가지 방식으로 고찰되는데, 그것은 지각과 행위이다. 유기적 구조의 단계에서 정신은 최고의 지위를 차지한다: 단순 물질적인 것(bloß Körperliches), 살아 있는 것(Belebtes), 영혼이 있는 것(Beseeltes) 그리고 정신적인 것(Geistiges)의 순서이다.

재의 보다 높은 통일성으로 지양시켜야만 한다(ebd. 36)." 그는 이원적 통일성을 가지고, "그가 모든 존재론적 단계들을 내면성(Innerlichkeit)과 외면성(Äußerlichkeit)의 특정한 관계, 즉 상이한 두 가지 실체가 아니라 하나의 실체가 가진 두 가지 측면의 관계를 통해 특징지음으로써(Hardon 2000: 131-2)," 자신의 존재론을 정초시키고자 하였다.

생명이란 "신진대사적인 생명, 또한 살아있는 물체, 간략히 말해서 유기체적 존재(Jonas 1994/97: 48)"이다. 존재를 생명으로 그리고 유기체로 해석함으로써, 존재는 "스스로의 활동으로서의 유기체 존재(Jonas 1992: 82)," 즉 유기체 자신의 행위를 통해서만이 유지되는 존재로 특징지워진다(Jonas 1979: 157 참조). 유기체의 모든 단계(감각적, 영혼적, 정신적 단계)에서 신진대사는 중요한 특징이 된다(Jonas 1992: 83, 1994/97: 17 참조). 가장 낮은 수준에서조차도 재료와 형식의 결합으로서 이원적 통일성의 가능성을 찾아볼 수 있는 신진대사의 과정이 발견된다. 유기체는 한편으로는 자유의 관계, 즉 물질(혹은 재료)에 대한 비교적인 독립성을[8], 그리고 다른 한편으로 유기체의 존속이라는 측면에서 물질에 대한 의존성의 관계를 갖는다. "신진대사의 이중적 측면 - 능력과 필요성 - 으로 인해 비존재(das Nichtsein)는 존재 자체에 내재하는 대안으로서 세계에 나타난다(Jonas 1994/97: 19)." 존재와 비존재의 대립은 양극성의 사실이며, "생명은 이 양극성을 존재와 비존재의 대립, 자기와 세계의 대립, 형상과 질료의 대립, 자유와 필연성의 대립 속에서 항상 보여주고 있다(ebd. 19)." 요나스는 유기체에서 나타나는 신

---

[8] 이 자유를 요나스는 순수한 의미의 자유가 아니라 **물질에 대해 무언가를 필요로 하는 자유**, 즉 생명체의 존속을 위해 필요한 물질의 존재를 전제로 하는 자유를 언급하는 것이다:"Die organische Form steht in einem **Verhältnis bedürfiger Freiheit zum Stoffe**(Jonas 1994/97: 150)."

진대사와 목적지향적인 태도를, 인간 행위의 경우에서 최고선(summum bonum)에 존재하는 형이상학적인 근본충동의 표현으로 이해한다.

여기서 존재 혹은 생명이 자신의 존재가치를 요청할 수 있느냐라는 물음과 이 가치들이 어디에 근거하느냐라는 물음이 중요해진다. 첫 번째 물음에 대한 요나스의 답변은 다음과 같다: "생명은 자기목적, 즉 적극적으로 원해지고 추구되는 목적이다(Jonas 1992: 221)." 목적은 바로 그 목적 자체를 위해서 사물이 존재하고 그 목적의 실현내지 유지를 위해 어떤 과정이 이뤄지거나 어떤 행위가 행해지는 그런 것이다(Jonas 1979: 105 참조). 목적의 가치는 일반적으로 두 가지 방식으로 판단될 수 있다: 목적달성을 위한 수단의 유용성이라는 측면과 목적 자체의 가치라는 측면. 목적은 주관적인 가치 내지 객관적인 가치를 가질 수 있는데, 주관적인 가치를 가질 경우에는 개개인의 가치평가가 중요하지만, 객관적인 가치를 가질 경우에는 존재 안에 정초되는 가치 그 자체(der Wert an sich)가 문제가 된다. 객관적이 가치를 요나스는 선한 것(das Gute)으로 정의한다. 가치 그 자체 혹은 선 그 자체는 그것의 실현을 위한 내재된 요청을 가지고 있다. 왜냐하면 그것(가치나 선 그 자체)은 없는 것보다는 있는 것이 훨씬 낫기 때문이다(Jonas 1979: 153, 1992: 132 참조). 존재는, 앞에서 보여진 바처럼, 생명에서 목적을 거쳐 가치로 넘겨진다. 즉, 요나스에게 있어서 존재의 문제는 생명의 문제로 나타나고, 생명은 목적을 지향하며, 목적 자체는 가치 그 자체를 전제로 하게 된다.

3.2. 존재당위(Seinsollen): Dasein과 Sosein

책임의 존재론적 정초에서, 즉 존재론적 책임의 근거에서 가장 중요하면서도 어려운 것이 바로 존재당위의 입증이다. 특히 요나스가 존재당위의 입증과정에서 절대자, 즉 신(神)을 전제하는지의 여부도 명확하지 않다: 가치(내지 선) 그 자체로서의 인간의 이념[9] 혹은 창조적 신. 요나스의 물음, 즉 "왜 생명이 존재해야 하는가?"라는 물음은 라이프니쯔의 물음, 즉 "왜 어떤 것이 존재하고 더 이상 무가 아닌가?"라는 물음에서부터 출발한다. 결론적으로 말하면 요나스는 비존재에 대한 존재의 우선성에 대해서는 라이프니쯔와 동일한 입장이지만(Leibniz 1966: 37 참조), 신의 문제에 대해서는 다른 견해를 갖고 있다. 라이프니쯔에 의하면 세계는 스스로 실현되어지는 가능성의 결과로서 이해되는데, 세계의 근거는 세계외적인 어떤 것에, 즉 본질(essentia)과 현존(existentia)이 동일한 '유일한 것' 안에 놓여있다. 본질을 가진 모든 것은 존재를 향해 노력한다는 전제 하에서, 라이프니쯔는 현존을 향해 노력하는 본질을 가능성(possibilitas)이라고 하였다. "라이프니쯔는 세계의 과정을 신에 근거지우고, 구체적인 생명을 그 때 그 때의 형식 속에서 현존을 향하려는 본질속에 있는 노력으로 이해한다. 이와는 달리 요나스는 생명을 현존의 의무, 즉 존재에서 찾는다. 그러나 요나스는 그 때 그 때의 구체적인 인간을 관련시키는 것이 아니라 인간 일반의 이념의 현재성과 관련시킨다(Müller 1988: 79)." 요나스에게 있어서의 가치가 형식적으로는 라이프니쯔의 본질(essentia)에 해당된다. 요나스는 비존재에 대한 존재의 우선성을 인간 일반의 존재론적인 이념에 대한 의무로 설명한다.

비록 요나스에게 있어서 라이프니쯔적인 신의 개념을 찾을 순 없지만, 요나스 역시 "창조적인 원인(Jonas 1992: 234)"에 대한 언급을 하고 있다.[10]

---

9 인간의 이념은, 요나스에 따르면, 존재론적 이념이다(Jonas 1979: 91참조).

10 "은유적으로 표현해서, 물질이 처음에는 잠자고 있는 정신이라고 표현된다면, 여기에 실재적으로 최초의 원인, 즉 창조적 원인이 잠자는 정신에서 깨어있는 정신이, 즉 가능적인 정신에서 실제적인 정신이 될 수 있으며, 생명과 주관성 그 자체에 있어서와는 달리, 그 원인의 본질상 잘 자면서도 의식되지 않은 채

그는 세계의 기원과 존재당위를 구분한다. 그가 신의 개념을 가정한다면, 창조적인 신에게 있어서 존재 당위가 창조의 근거라는 의미에서일 것이다: 존재해야만 한다는 것을 발견했기 때문에 그는 그것을 원한다(Jonas 1979: 99 참조).

이와는 달리 우주발생론적인 신 개념이 요나스의 존재론적 윤리학의 근거가 된다고 보는 해석도 있다. 근원적인 정신을 통해서 원해진 유한한 정신의 존재가 가치 그 자체에 대한 정초를 행하고, 또한 책임을 인간의 존재론적 특징으로서 책임을 정초하는 것이 인간의 자유를 위하여 근원적인 정신의 힘을 포기하는 것과 연관되기 때문이다. 하돈은 "이 두가지 경우에서 요나스가 철학적인 신 개념으로부터 종교적인 신 개념으로 넘어간다(Hadorn 2000: 125-6)"고 주장한다. 또한 하돈은 가치 그 자체가 존재당위에 대한 요청을 정초시키는데, 이것은 다음과 같은 세 단계를 거쳐 이뤄진다: 첫 번째 단계는 비존재에 대한 존재의 우선성을 존재의 목적성에 근거하여 보여주고, 두 번째 단계는 이 목적의 성격을 객관적인 가치로서, 즉 선 그 자체로서 입증하고, 끝으로 세 번째 단계에서는 선 그 자체가 얼마만큼 인간의 의지를 의무화시키는가를 제시한다(ebd. 159-166 참조).

그러나 요나스는 이러한 해석에 대하여 『책임의 원칙 Das Prinzip Verantwortung』에서 신학을 통한 윤리학의 정초가 이뤄질 수 없다는 견해를 분명히 밝히고 있다. 요나스는 세계의 창조와 존재당위를 구분함으로써 신 개념과의 관련성을 피하고자 하였다. "요나스가 신학적 윤리학의 근본적인 딜레마를 해결하고자 했던 방법이었던, 선(善)의 개념과 신적인 의지의 구

로 시작할 수 있으면서도, 최초의 원인 속에서 혹은 물질이 창조되는 행위에서 어떤 의식도 요구하지 않는 그런 원인이 있다는 주장이 더해질 수밖에 없다(Jonas 1992: 234)."

분이라는 것에서 요나스가 궁극적으로 성공한 것은 아니다. 왜냐하면 존재의 자기긍정으로서의 선의 개념은 존재의 실체화(Hypostasierung)를, 그리고 이것은 신의 개념, 그것도 종교적인 신의 개념을 가르킨다(Hardon 2000: 164)." 그러나 요나스에 의하면 가능한 존재당위에 대한 물음, 즉 왜 존재가 비존재에 대해 우선성을 가져야만 하느냐라는 물음은 종교와 상관없이 대답될 수 있다고 보았다.(Jonas 1979: 99-100 참조). 이런 불일치가 요나스 자신이 명확하게 주장함에도 불구하고 결국 신 개념을 암묵적으로 전제할 수밖에 없음을 의미하는 것일까? 이 물음에 대하여 상이한 해석을 할 수 있음에도 불구하고, 중요한 것은 요나스가 존재, 목적, 가치의 관계를 신 개념과 관련없이 구성하고자 하였다는 것과, 그가 가치 그 자체 안에 실현의 요청을 발견하고자 하였다는 것이다(Jonas 1979: 100 참조).

4 기술, 힘과 책임으로서의 윤리

기술에 대해서는 여러 가지 해석이 있는데, 인간학적인 견해와[11] 하이데거가 전통적인 이해라고 했던 도구적 견해[12]를 그 예로 들 수 있다. 하이데거 자신도 기술에 대한 도구적-인간학적 견해의 제한적 타당성을 인정하지만(Heidegger 1962: 6 참조), 기술의 본질을 하이데거적인 용어인 "das

---

[11] 이 견해에 따르면 기술은 유기체를 강화시켜주고, 힘을 덜어주고, 대체해주는 기능을 갖는다. 이에 대해서는 겔렌(Gehlen 1986: 93)과 작세(Sachsse 1987: 122)의 글 참조.

[12] 도구적 견해는 칼 야스퍼스(Karl Jaspers)에 의해 대변된다. "기술은 그 자체로 선하지도 않고 악하지도 않은 수단이다. 그것은 인간이 기술로부터 무엇을 만드느냐, 기술이 인간의 무엇을 위해 기여하느냐, 그리고 어떤 조건하에서 기술이 만들어지느냐에 달려있다(Jaspers 1983: 160)."

Ge-stell", 즉 요청된 제기를 통한 존재의 드러남이라고 보았다.[13] 하이데 거에 있어서처럼 요나스에게 있어서도 기술의 문제는 행위의 문제뿐만 아니라 인식의 문제요 존재규명에 대한 문제이다. "기술은 과학의 도움으로 인한 엄청난 발전이후에 현대인에게 있어서 인간 능력의 확장을 가져왔다(Jonas 1985: 302)."

4.1. 요나스의 기술 개념

4.1.1. 현대기술과 그 위험

요나스는 근현대 기술과 근대이전의 기술을 구분한다.[14] 그는 근대이전의 기술이 소유이고 상태인 반면에 근현대 기술은 시도이자 과정이라고 부른다(Jonas 1985: 16 참조). 근대이전의 기술에서는 '우연'이 기술의 발전을 이끌어왔고, 도구, 기술과 목적들이 본질적으로 동일하였다(ebd. 17-8 참조). 이에 반해 근대이후의 기술은 다음과 같은 특징을 갖고 있다: 첫째, 모

---

[13] 야콥은 하이데거와 요나스의 기술개념이 가진 공통점을 다음과 같이 분석하고 있다: "양자는 근대이전의 수공업적인 기술과 근현대기술의 질적인 단절에서부터 출발하여 근, 현대 기술의 특이함을 강조한다. 양자는 기술에 대한 도구적-인간학적 해석과, 기술을 목적을 위한 윤리적으로 중립적인 수단으로만 그리고 인간의 행위로 보는 중립성테제와는 결별한다. 근, 현대기술은 오히려 요나스나 하이데거에게 있어서 강제적, 과정적 내지 자기목적적인 요인을 가지고 있어서, 기술적 혁신과정에 대한 통제나 기술의 위험에 대한 극복이 선한 의지에 의존적인 조종가능성(Machbarkeiten)에 포함되지 않는다. 결론적으로 기술은 이 두 사상가에게 있어서 그 궁극적인 정초를 서양 형이상학의 이원론에서 찾게 된다(Jakob 1996: 313)."

[14] 고전적 의미의 기술은 "삶을 위한 인공적인 도구와 장비의 사용(Jonas 1985: 17)"으로 규정될 수 있다. 그러나 이 정의는, 요나스의 주장에 따르면, 근현대 기술에게는 더 이상 타당하지 않다. 그래서 요나스는 기술을 인간의 힘으로 이해한다: 기술은 본질적으로 "인간 행위의 형태 내지 인간의 힘의 행사(ebd. 42)"이다.

든 기술의 새로운 단계에 있는 강요적인 원인, 둘째, 경쟁을 통한 기술확산의 높은 속도, 셋째, 수단과 목적의 변증법적이고 순환적인 관계, 넷째, 역동적인 동기로서의 진보(ebd. 19-21 참조). 그렇다면 근대 이전의 기술과 이후의 기술을 구분짓게 한 것은 무엇인가? 근대이전의 기술이 "필요성에 대해 책정된 관세" 내지 "잘 규정된 근접목적에 대한 유한한 정도의 적절함을 가진 수단(Jonas 1979: 31)"이라면, 근대 이후의 기술은 "무한히 앞으로 나아가려는 충동(ebd. 31)" 내지 "유토피아적인 충동경향(ebd. 54)"을 갖는다. 이 구분은 질적인 단절을 나타내며, 베이컨적인 프로그램[15]이 이 단절의 근저에 놓여있다. 과학과 기술을 매개로 한 자연지배의 기획은 너무나 성공적이어서, 요나스에 따르면, 근대이후의 기술 개념은 항상 위험의 측면과 결합되었다. 이것은 기술 그 자체가 엄청나게 증가한 인간의 힘이 되었기 때문이다. 요나스는 이것을 이성적 인간(homo sapiens)에 대한 도구적 인간(homo faber)의 지배라고 특징지운다(ebd. 31-2).

현대기술의 위험, 즉 핵무, 생태적 위기 내지 생명공학기술 등이 가져올 위험들에 대한 논의를 요나스는 책임원칙의 실천이라는 부제를 달고 있는 『기술, 의학 그리고 윤리 Technik, Medizin und Ethik(1985)』에서 다루고 있다. 우선 요나스는 기술의 본질에 관하여 비관적인 입장을 취하고 있다: "기술이 악의로, 즉 악한 목적을 위해 잘못 사용될 때뿐만 아니라, 선의로 정당한 목적으로 사용된다 할지라도, 기술은 그 자체로 나중에 장기적으로 볼 때 위협적인 측면을 가지고 있다. 그래서 장기성이 기술 행위에 들어가 있어야 한다(Jonas 1985: 43)." "인위적인 것과 자연적인 것의 구분이 사라지고, 자연적인 것이 인위적인 것의 영역에 의해 잠식되어 버렸다(Jonas

---

[15] 베이컨적 프로그램은 "지식을 자연에 대한 지배에 맞추고, 자연에 대한 지배를 인간 운명의 개선을 위해 사용하는 것(Joans 1979: 251)"을 의미한다.

1979: 33)." 그러나 다른 한편으로 요나스는 기술적 발전이 "우리가 만들 수 있는 것에 대한 제한(Jonas 1985: 285)"을 통해, 혹은 우리가 바라는 것으로부터 도달가능한 것의 구분(ebd. 280 참조)을 통해, 조종될 가능성을 지키고 있다. 첫 번째 입장이 베이컨적 프로그램, 기술의 내적 역학 그리고 기술의 예측불가능한 장기효과와 결합되어 있다면, 두 번째 입장은 기술의 부정적인 측면을 통제하고 "여기까지, 더 이상은 안돼!(ebd. 307)"라는 제한을 설정[16]할 수 있는 인간의 가능성과 연결되어 있다.

4.1.2. 진보의 이념과 목적론

요나스는 기술에 대한 비판에서 "항상 발견될 새로운 것, 더 나은 것이 있기 때문에 무한한 진보가 있을 수 있다"는 것을 전제로 하는 진보의 이념에 대한 믿음과 힘으로서의 지식을 무기로 삼아 자연에 대한 지배를 강조하는 베이컨적인 프로그램에 집중한다. 여기서는 두가지 물음이 제기된다. 하나는 진보의 가능성[17]이라는 전제와 존재에 대한 목적론적 규명이 어떻게 다른가하는 물음이고, 다른 하나는, 신진대사처럼, 진보의 이념이 존재자의 존재론적 사실에 속하는가 라는 물음이다.[18] 이 물음들은 진보이념과 요나스의 목적론적 사유의 관계에 대한 것이다. 그에게 있어서 생명이란 맹목적인 진화의 과정이 아니라, 선 그 자체로 향하는 목적적인 운동이며, 기술에서의 진보의 이념 역시 더 나은 것으로의 운동이다. 이와 동일한 표현을 요나스는 생명에 대해서도 하고 있다: "개개인은 개선을 할 수 있다.

---

[16] 요나스는 가능성과 현실성간의, 소유와 이용간의 거리에 대해서도 언급하고 있다(Jonas 1985: 49 참조).
[17] 요나스는 진보의 "무한성"에 대해 언급하고 있다(ebd. 25 참조).
[18] 요나스에 의하면 이 전제는 "존재론적-인식론적(ebd. 24)"이다.

모든 생명은 무에서 시작에서 모든 것을 획득하기 때문에, 진보는 사람(Person)이 되는 과정에서 필연적인 발전의 법칙이다.(Jonas 1979: 291)." 양자의 차이는 다음과 같다. 우선 모든 유기체는 죽기 때문에 생명에 있어서의 진보는 유한성을 가지지만, 기술의 경우에서는 기술은 자신의 내적인 역학으로 인해 스스로 발전해나갈 수 있기 때문에 유한성이 없다는 것이다. 신진대사와 함께 진보의 이념은 목적론적인 합목적성의 형식에서 보면 존재의 존재론적 사실에 속한다.[19]

4.2. 힘의 변증법

요나스에 의하면 기술은 "인간 힘의 행사, 즉 행위의 한 형식"이며, "모든 인간 행위는 도덕적인 검증을 받아야 한다(Jonas 1985: 42)." 이것은 윤리와 기술이 힘으로서의 행위를 통해 서로 결합되어 있음을 뜻한다. 그는 현대기술이 윤리학의 영역에서 새롭고 특별한 문제를 구성하게 되는 근거들을 설명하고 있다(ebd. 42-52; 변순용 1997: 167-8 참조). 기술윤리학의 목적은 기술로부터 생겨나는 현대의 병폐들에 대한 치료책을, 기술의 축복이 재앙으로 돌변할 수 있다는 인식 하에, 기술에서 찾고자 하는 것이다(ebd. 50 참조). 그런 해결책을 기술에서 찾는 것이 가능한가? 이론과 메타이론의 관계처럼, 그 해결책이라는 것이 새로운 유형의 기술, 즉 기술을 통제하는 기술인가?

요나스는 기술의 내적인 역학과 기술적인 힘의 통제 가능성을 위해서 힘의 변증법을 설명하고 있다. 그는 그 현상을 다음과 같이 설명하고 있다: "경험에 의하면 기술적인 행위에 의해 그 때 그 때 단기적인 목적을 가지고

---

[19] "항상 유기체의 목적지향성은 그 자체로 있는 것이고, 삶에의 충동이다.(Jonas 1994/97: 142)."

진행된 전개는 스스로 독자적인 경향, 즉 자기의 고유한 강제적인 역학을 얻게 된다는 것, 다시 말해서 독자적인 계기를 갖는데, 이 계기로 인해 이 경향은 앞에서 언급한 바처럼, 돌이킬 수 없을 뿐만 아니라 지속적으로 나아가려 하며, 행위자의 의도와 계획을 넘어선다. 한번 시작된 것은 행위의 법칙을 우리의 손에서 빼앗아 버리고, 시작을 했던 사실들은 축적적으로 그 자신의 진행법칙이 되어 버린다(Jonas 1979: 72)." 힘의 변증법에서 요나스는 힘의 세 가지 유형을 구분한다(ebd. 253-4 참조). 첫 번째 단계의 힘은 자연에 대해 인간이 행사하는 힘인데, 이것은 인간 이성의 작용이다. 두 번째 힘은 힘 자체가 힘에 대한 통제를 하게 되고 힘의 주인이 되어 버린다.[20] 세 번째 힘은 인간을 다시 힘의 통제자로 돌려놓고, 두 번째 단계의 힘이 자연의 한계를 넘어서기 전에 두 번째 단계의 힘의 지배를 깰 수 있는 힘이다.

두 번째 힘이 힘의 지배자인가? 두 번째 힘의 단계에서 주인은 인간, 보다 정확히 말하자면, 인간의 욕심아닌가? 새로운 기술에 대한 요청은 인간적인 근거들, 즉 인간의 필요나 소망으로부터 생겨난다. 기술의 과정, 체계 혹은 기술 그 자체는 인간 없이는 존재하지 못하며, 기술영역에서 발생하는 모든 것은 직접적이든 간접적이든 간에 행위하는 인간에게로 소급된다.

기술적 힘의 논리에 대해서 가장 중요한 물음은 어떻게 해서 힘이 다시 인간의 통제 하에 있게 되는가이다. 요나스는 "과학에 적대적이지 않은 채로 우리가 열었던 판도라상자에 대한 통제를 가져야 한다(Jonas 1985: 317)"

---

[20] 두 번째 단계의 힘에 대한 예로서, 기술이 가져다 주는 편안함과 동시에 그 편안한 만큼 자기도 모르는 새에 그 기술에 종속되어버린 것 같은 느낌을 받는 경우가 종종 있다. 어느 새 우리 생활에 너무나 밀접해진 핸드폰과 인터넷을 생각해 보라. 그 편리함도 무시 못하겠지만 그만큼 그것에 구속된다는 느낌이 들것이다.

고 언급하고 있다. 과학에 적대적이지 않다는 것은 요나스가 지식(Wissen)이 아니라 지혜(Weisheit)를 염두에 둔 것인데, 이 지혜를 통해 "어떤 방향으로 나아가야 할지, 어떤 종류의 과학분야가 더 연구되어야 할지, 어디에서 '지금까지 충분히 알았기에 더 이상 연구할 필요가 없어'라고 말할 수 있는가 하는 것들을 결정할 수 있다(ebd. 317)." 이상의 논의를 정리해보면, 제 삼의 힘은 결국, 요나스에 의하면, 우리가 기술의 발전에 내재한 무한한 진보의 이념을 지혜의 도움으로 제한할 수 있어야 비로소 얻을 수 있다는 것이다. 그러나 이 제한이 행해져야 하는지, 행해져야 한다면 언제, 어떻게 그리고 어느 정도까지인지는 여전히 열려 있는 물음이다. 요나스는 이에 대해 두가지 지침을 말하고 있는데, 하나로 지식과 지혜의 구분이고 다른 하나는 "선보다는 악이 보다 쉽게 인식될 수 있다(Jonas 1979: 63)"는 전제를 가진 공포의 방법(Heuristik der Furcht). 그러나 현실적으로 구체적인 경우에서 적용의 가능성이 지닌 상이함은 늘 열려져 있으며, 현대사회에서 구체적인 제한을 설정하는 것이 점점 더 어려워지고 있다.

5 책임의 유형

5.1. 힘의 상관관계로서의 책임

요나스는 책임을 힘과 지식의 상관관계 내지 함수로 규정하고 있다(Jonas 1979: 222, 230, 1985: 272, 1992: 133).[21] 이것은 힘을 가진 자가 책임을 진다

---

[21] "책임은 힘의 상관관계이다. 그래서 힘의 범위와 종류가 책임의 범위와 종류를 결정한다...인간의 힘은 책임의 당위성의 근거이다. 의도와 당위를 연결해주는 것, 그것이 바로 힘이며, 이 힘이 책임을 도덕의 중심으로 몰아넣는 것이다(Jonas 1979: 230-3)."

는 것을 나타낸다. 누군가가 어떤 책임을 져야만 한다는 당위는 그가 힘을 가졌다는 기술적(記述的) 사실에서부터 생겨난다. 그렇게 본다면 힘이 책임의 당위의 근거가 된다. 여기서 이 힘이 누구에게 속한 것이냐 하는 물음이 제기된다. 이 물음에 대한 대답은 분명 인간이지만, 이 인간이 개별자로서의 인간인가 아니면 종 전체로서의 인간인가? 현대 사회에서는 인간이외에도 집단이 책임의 주체가 된다. 요나스 역시 현대 기술 문명이 윤리적으로 제기하는 큰 문제들의 대부분이 집단적인 정치의 문제가 되었다(Jonas 1985; 275)"라고 인정하고 있다. '거대한 주체(Super-Subjekt)'의 힘이 개개인의 힘보다 훨씬 강력하다. "힘없는 자는 책임을 지지 못한다"는 말은 힘 있는 자가 힘이 적은 자보다 더 많은 책임을 진다는 것을 나타낸다. 그렇다면 이것은 강자의 논리인가? 만약 보다 힘있는 자가 자신의 책임을 받아들이지 않는다면, 즉 "힘의 양심(Jonas 1979: 175)"을 회피한다면 어떻게 될 것인가? 요나스가 주장한 책임으로서의 힘은 자연을 지향하는 것이고, 그는 인간 자신에 대한 인간의 힘과 힘있는 자들의 갈등가능성을 고려하지 않고 있다.

5.2. 책임의 구분

5.2.1. 인과적 책임과 당위적 책임

요나스는 이미 행한 행위에 대한 인과적인 소급으로서의 책임에 대해서 언급한다. "행위자는 자기의 행위에 대해 답변해야 한다: 그는 자기 행위의 결과에 대해 책임져야 하며 특정한 경우에 보상해야 한다(Jonas 1979: 172)." 이 책임유형은 본질적으로 행해진 것에 대한 과거지향적 고려이지만, 요나스는 행위의 결과뿐만 아니라 행위 자체도 이 유형에 속한다고 함으로써 책임개념을 확장시켰다(ebd. 173 참조). 그래서 책임의 대상은 행위의 결과 뿐만 아니라 행위 그 자체이기도 한다.

두 번째 책임유형에 따르면, "나는 내 행동과 그 결과뿐만 아니라 내 행위를 요구하는 것에 대해서도 책임을 느낀다(Jonas 1979: 174)." 이 책임의 대상은 개인의 행위가 아니라 개인의 바깥에 있으면서도 개인의 힘의 영향권 안에 있다. 요나스는 이 책임을 형이상학적 책임이라고 부른다(Jonas 1994/97: 396-7 참조). 여기서 당위의 두 가지 형태를 만날 수 있다: "대상의 존재당위와 특정사태에 소급된 주체의 행위당위(Jonas 1979: 175)."

5.2.2. 자연적(부모적, 비상호적) 책임과 계약적(정치가적) 책임

요나스는 우선 상호적 책임을 비상호적 책임과 구분한다. 그는 상호적인 책임의 예를 전장에서의 전우관계, 혹은 "자기의 안전을 위해서는 다른 구성원을 떠날 수 있는 등반대(Jonas 1979: 177)"의 경우를 들어 설명하고 있다. 비상호적 책임의 예로서는 형제들간의 관계 그리고 부자(父子)관계를 들고 있다. 상호적 책임의 목적은 비상호적 책임의 목적과는 달리 당사자의 행복이나 불행에 있는 것이 아니라 당사자들이 같이 하는 일에 대한 성공에 달려있다. 이 구분은 다음에 다뤄질 계약적 책임과 자연적 책임의 구분으로 연결지어진다.

자연적 책임을 요나스는 "자연에 의해 만들어진, 즉 자연적으로 존재하는 책임(ebd. 178)"이라고 본다. 그 때문에 이 책임은 사전의 합의여부에 상관없으며, 취소할 수 없고, 예측할 수 없으며, 전세계에 공통된다(ebd. 178 참조). 그에 반해 계약적 책임은 계약으로부터 파생하기 때문에 계약적 책임의 당위성은 바로 계약으로부터 나온다. 요나스에게 있어서 이 두 유형

이 책임의 기본 형태로 작용한다.[22]

5.3. 존재론적 책임

요나스의 책임론의 중심적인 생각은 다음의 인용문들에 잘 나타나 있다.

"인간은 책임질 수 있는 유일한 존재이다. 인간이 책임을 질 수 있기에 책임을 갖는다. 책임질 수 있는 능력은 책임져야한다는 책임의 명령 하에 놓여 있음을 의미한다: 능력 그 자체는 당위로 연결된다(Jonas 1992: 130)."

"누군가에 대해 언젠가 어떤 책임을 사실상 가진다는 것은 인간의 존재에 속하는 것이다(Jonas 1979: 185)."

"책임 개념은 당위의 개념을 내포하는데, 우선 어떤 것의 존재당위이고, 그리고 나서 그런 존재당위에 대한 반응으로 누군가의 행위당위를 내포한다(ebd. 234)."

그래서 요나스는 자기의 책임개념을 존재책임 내지 존재론적 책임이라고 부른다(ebd. 91 참조). 그의 논의에서 책임개념은 존재와 당위의 연결점으로서으로서의 역할, 인간적 자유와 존재가 갖는 가치성 사이의 매개로서의 역할을 한다(Jonas 1992: 132-3 참조). 존재론적 책임은 존재론적 사실에서부터 시작해서 존재론적 당위로 전개된다: "인간이 존재한다는 순수한

---

[22] 이 두 유형의 책임간의 자세한 비교에 대해서는 니 책의 1부 3장 책임의 유형 참조.

존재적 사실이...존재론적 명령이 되며(Jonas 1979: 186-7)," 인간의 능력으로부터 인간의 당위로 넘어간다(Jonas 1992: 130 참조).

요나스는 비록 체계적인 분류는 아니지만 책임을 여러 관점에서 분류하고 있다(변순용 2003: 431-434 참조). 우선 인과적 책임과 당위적 책임이다. 인과적 책임은 행위자가 "자기의 행위에 대해 답변해야 한다: 그는 자기 행위의 결과에 대해 책임져야 하며, 특정한 경우에 보상해야(Jonas 1979: 172)" 하는 책임이다. 당위적 책임에 의하면 "나는 내 행동과 그 결과 뿐만 아니라 내 행위를 요구하는 것에 대해서도 책임을 느낀다(Jonas 1979: 174)." 두 번째 분류는 자연적 책임과 계약적 책임인데, 전자는 "자연에 의해 만들어진, 즉 자연적으로 존재하는 책임(Jonas 1979: 177)"이며, 후자는 계약에 의해 발생한다. 전자는 부모적 책임으로, 후자는 정치가의 책임이 대표적인 예이다. 세 번째 분류는 상호적 책임과 비상호적 책임의 구분이다. 이것은 권리와 의무의 상호성을 염두에 둔 것으로서 책임의 당사자들이 서로에게 책임을 가지고 있는 경우와 일방적인 책임의 관계로 생각해볼 수 있다.

그러나 이러한 책임의 분류보다 중요한 것은 요나스가 책임의 원형(Prototyp)으로서 예를 들었던 자녀에 대한 부모의 책임(Jonas 1979: 189, 234 참조)과 그의 책임개념의 핵심인 존재론적 책임이다. 그는 절대적인 책임 내지 책임의 절대적인 근거를 바로 이 책임에서 찾는다. 그에게 있어서 아이는 존재와 가치(혹은 당위)의 결합이라는 존재적인 패러다임(ontisches Paradigma)의 예로서 등장한다. 자녀에 대한 책임은 비상호성과 절대성을 특징으로 한다. 아마도 요나스는 이러한 책임을 미래세대에 대한 책임으로 확장하여, 인간의 존재론적 책임은 결국 인간존재의 지속이라는 근본적인 전제에 대한 책임으로 해석된다. 그의 존재론적 책임의 근거는 우선 비존재

(das Nicht-Sein)에 대한 존재(das Sein)의 우선성을 들 수 있다(Jonas 1979: 97 참조). 그는 "이 우선성을 인간 일반의 존재론적인 이념에 대한 의무로 설명한다(변순용 2003: 418)." 그래서 '인류는 존재한다(Jonas 1979: 91)'라는 존재적 사실로부터 '인류는 존재해야 한다'라는 당위적 요청으로 나아간다. 결국 이러한 존재론적 책임은 존재로부터 목적을 거쳐 가치로 이어지는 논의 속에서 그는 가치 그 자체(der Wert an sich) 내지 선 그 자체에 의해 그 당위성이 입증된다고 주장한다. 마치 가치 그 자체 혹은 당위는 그 안에 실현의 요청을 내포하고 있는 것처럼, 존재당위(das Seinsollen)역시 행위당위(das Tunsollen)를 내포한다: "책임개념은 당위의 개념을 내포하는데, 우선 어떤 것의 존재당위이고, 그리고나서 그런 존재당위에 대한 반응으로 누군가의 행위당위를 내포한다(Jonas 1979: 234)."

요나스가 제시한 미래윤리[23]는 책임원칙에 근거하고 있다(Jonas 1979: 172-242; 1992: 128 참조). 쿨만은 요나스가 제시한 책임원칙을 다음과 같은 세 가지 과정으로 분석한다(Kuhlmann 1994: 280 참조):

첫째, A라는 인간이 손상되어 위험에 처해있으면서도 살아 있는 그리고 그 때문에 가치가 있는 x를 보는데, 여기서 x는 모든 가능한 위협들로부터 무방비한 상태로 있다.

둘째, A는 x를 보호하고 유지할 수 있는 힘을 가지고 있다.[24]

---

[23] 여기서 미래윤리라 함은 "미래를 고려하는 현재의 윤리(Jonas 1992: 128)"이다.

[24] 여기서 Kuhlmann은 A와 x의 관계를 일면적으로 해석하고 있다. A가 x를 보호 내지 유지할 수 있는 힘은 위기와 관련되어서는 부정적인 측면에서, 즉 A가 x의 존재를 해치거나 파멸시킬 수 있는 가능성 쪽에서 강조되어야 한다. 그가 공포의 방법론(Heuristik der Furcht)을 채택한 이유도 선에 대한 기대 내

셋째, x의 가치와 A가 가진 힘으로부터 A에게는 x를 보호해야할 의무, 즉 x의 유지와 보호를 떠맡아야 할 책임이 생겨난다.

이 책임모델은 x의 가치와 위기, x에 대한 A의 힘이라는 두 전제에서 x에 대한 A의 책임이 정초된다고 보는 것이다. 이러한 책임 모델로부터 다음과 같은 형식적인 특징을 도출해 볼 수 있다(Kuhlmann 1994: 280-1 참조):

첫째, 윤리적인 관계는 동등한 힘을 가진, 동등한 권리를 지닌 주체들의 관계에만 존재하는 것은 아니다.
둘째, 도덕적인 요청과 의무의 발생은 위기에 처해 있는 가치로운 것, 위험에 빠져있는 것, 살아있는 것을 보호할 힘을 가지고 있다면, 그것을 보는 것만으로도 충분하다.
셋째, 윤리적 행위의 본질적 과제는 잘 정의된 선의 실현이나 더 나은 상태가 아니라 위험으로부터 방어하거나 나쁜 것을 방지하는데 있다.
넷째, 행위자의 주관적인 상태, 의향, 선의지가 아니라 선의 실현이 중요하다.

요나스 윤리학의 내용적인 특징은 다음과 같이 제시될 수 있다(Kuhlmann 1994: 281 참조): 첫째, 인류는 자살할 권리가 없다. 인간이 존재해야 한다는 것이(Jonas 1979: 80, 86, 90 참조) 정언명법이다. 둘째, 인간의 본질은 도박에 걸 수 없다. 요나스는 인간의 본질을 인간이 윤리, 의무 내지 책

지 인식보다는 악에 대한 두려움에 대한 인식이 우선한다고 본 점을 고려해볼 필요가 있다.

임질 수 있는 능력에서 찾는다(Jonas 1979: 89 참조). 셋째, 자연은 인간의 생존을 위한 필수적인 조건으로서 뿐만 아니라 그 자체로도 인간의 보호를 요청한다(Jonas 1979: 245이하 참조). 넷째, 인간 행위 특히 집단적인 행위의 의미, 결과 및 부작용에 대한 앎을 얻기 위해 노력해야 한다(Jonas 1979: 64이하 참조). 끝으로, 인간의 일상적인 행위, 특히 행위의 장기적인 부작용에 대하여 교육해야 할 의무가 존재한다(Jonas 1979: 65이하 참조).

결국 책임의 정당화와 관련하여 요나스에게 제기되는 물음은 위험에 빠진 어떤 것의 존재와 그 위험을 제거할 수 있는 힘을 가지고 있는 인간의 의식으로부터 인간에게 무조건적인 실현을 요청하는 당위가 발생하는 지의 여부이다. 존재와 당위의 결합과 관련된 자연주의적 오류는 요나스가 많은 비판을 받는 아킬레스건이기도 하다. 그는 한편으로는 목적을 설정하고 또 목적지향적인 인간이 자연에 속한다는 주장 그리고 인간을 생명체들의 연속성하에서 이해한다는 자연철학적-형이상학적인 주장을 내세우고 있다. 다른 한편으로는 "독자적인 선은 목적이 될 것을 요청한다. 그것은 자유로운 의지로 하여금 선을 인간의 목적으로 삼고자 강요하는 것이 아니라, 이것을 자신의 의무라고 승인하도록 강요할 수는 있다(Jonas 1979: 161)." 그에 따르면 이것은 직관을 통해서 인식될 수 있다. 그가 책임의 원형으로 예를 들었던 아이에 대한 책임에서도 이러한 직관적인 정당화의 방법을 찾아볼 수 있다. 가치 그 자체(Der Wert an sich)는 직관을 통해 인식되며, 특히 그것이 위험에 처해있을 때 인식된다는 것이다.

존재론적 책임 내지 이 책임으로부터 나오는 당위를 일상적인 삶 속에서 어떻게 실현할 것인가? 인간이 구체적으로 무엇에 대해 무엇을 책임져야 하는가? 요나스에 의하면 개인은 존재에 대해서 존재를 책임져야 한다. 이 문장에 나오는 존재의 두 가지 의미는 서로 다르다: "이런 혹은 저런 존재는 개개의 행위가 책임져야할 대상이 되는 것이고, 전체로서의 존재는 책임이 실현되도록 하는 심급인 것이다(Jonas 1992: 132)." 심급으로서의 존재는 가치 그 자체 혹은 선 그 자체를 의미하며, 대상으로서의 존재는 실존하는 존재이다. 존재의 당위에 대한 책임이라는 형식은 봐이쉐델(W. Weischedel)의 '근본의 나(das Grund-ich)'와 '실존의 나'의 형식과 유사해 보인다.[25] 존재와 당위 사이에 요나스는 행위당위(Tunsollen, Jonas 1979: 234 참조)의 개념을 설정하고, 그것을 가지고 지식과 기술로부터 나오는 행위능력(Tunkönnen)과 행위필연(Tunmüssen)을 제한하고자 하였다. 인간의 이념에 근거한 그러한 제한에 대한 몇가지 기준을 제시한다: "공포의 방법론, 의심스러울 땐 안좋은 쪽을 기준으로(Jonas 1979: 8, 63-4)," 원하는 것과 도달가능한 것의 경계설정(ebd. 280 참조), "여기까지, 더 이상은 안됨(ebd. 307), 호기심과 인간의 존엄성의 구분(ebd. 309-310 참조), 그리고 지식과 지혜의 구분(ebd. 317-8 참조).[26] 책임론에서 보여준 요나스의 노력은 기술적 힘의 측면에 대한 불신과 동시에 인간의 자기통제 가능성에 대한 신뢰를 내포한다.

6 나오는 말: 책임윤리의 시민교육적 의미

기술문명이 가져온 위기에 직면해서 요나스는 책임개념의 도덕적 확장을 주장하였다. 그는 과거지향적인 인과적 책임에서 자기 책임의 미래윤리를 제시하였다. 요나스에게 있어서의 책임개념의 확장은 주체의 확장이 아

---

[25] 봐이쉐델의 책임론에 대해서는 2부 1장 참조.
[26] 요나스는 지식을 사태에 대한 지식(Sachwissen)과 가치에 대한 지식(Wertwissen)으로 다시 구분하기도 한다(Jonas 1992: 134).

니라 윤리적인 고려에 있어서의 시공간적 대상의 확장을 의미한다.[27] 이미 요나스 이전에 쉬바이처(A. Schweitzer) 역시 그의 생명외경의 윤리를 통해 "윤리는 살아 있는 모든 것에 대한 무한히 확장된 책임(Schweitzer 1923: 332)"이라고 강조한 바 있다. 요나스 역시 책임을 "다른 존재에 대해서 의무로 인정된 고려(Jonas 1979: 391)"라고 정의한다. 비록 우리가 요나스가 주장한 존재책임을 받아들인다 하더라도, 그 존재가 누구의 존재인가라는 물음이 생긴다. 여기에는 자기의 존재에 대한 고려와 다른 존재간의 고려에 대한 갈등, 그리고 인간에 대한 고려와 생물 전반의 존재에 대한 고려사이에 갈등이 생겨날 수 있다. 불타는 집의 딜레마(Jonas 1979: 188-9)와 구명보트의 딜레마(Jonas 1985: 300-1)에서 도덕적인 결정은 항상 인간의 생명을 제일 중요시하고 있다. 요나스는 "책임이 의미있게 관련되는 것은 실제적인 내지 잠재적인 생명이며, 무엇보다도 인간의 생명이다(Jonas 1979: 189)." 이런 딜레마에 대한 요나스의 대답은 다음과 같다: 그런 극단적인 상황에 대해선 어떤 도덕을 만들어 낼 수 없다. 단지 인간을 그런 구명보트와 같은 상황에 빠지지 않도록 하는 것을 최고의 의무로 만들 수밖에 없다(Jonas 1985: 301)." 이것은 그의 책임원칙이 구체적으로 실현되기 위해서는 항상 그 때 그 때 관련된 문제의 상황이나 영역과 결합된 고려를 필요로 한다는 것을 의미한다.

책임의 여러 유형 중에서 부모의 책임이 책임의 원형으로 여겨지며(Jonas 1979: 189, 234 참조), 이 책임이 책임의 다른 지평으로 확장된다. 부모의 책임이 어떻게 미래 세대나 동시대의 다른 사람에 대한 책임으로 전이되는

---

[27] 이런 의미에서 볼 때, 새롭게 확장된 책임이 기존의 전통적인 책임개념을 대체하는 것이 아니라 상호보완적인 관계를 갖게 된다는 렝크의 주장이 옳다 (Lenk 1997: 77 참조).

가?[28] 요나스는 당위의 근거를 찾을 수 있는 부모의 책임에서 생기는 책임의 비상호성을 강조하면서, 이것을 미래세대에 대한 책임에 적용시키고자 하였다. 어떤 것이 없는 것보다는 있는 것이 낫다는 것을 통해서(Jonas 1992: 132 참조), 그리고 "너의 행위의 결과가 이 지구상에서 진정한 인간적 삶의 지속과 조화되도록 행위하라(Jonas 1979: 36)"라는 요나스적 정언명법을 통해서 가능할까? 요나스는 정서적 동기부여를 그러한 확장의 정초로 끌어들인다.[29] 요나스는 암묵적으로 동감(Sympathie)을 전제하고, 여기에서 확장의 가능성을 찾는다. 그에게 있어서 "무력한 아이는 존재와 당위가 일치하는 존재자의 원형이다(Hösle 1994: 115)." 그는 이것들을 통해 개별적인, 즉 생물학적인 측면에 기초한 책임의 차원을 사회적인 차원으로 확장하고자 하였다.[30] 비록 요나스의 존재당위와 그의 정언명법을 여러 철학자들이 비판했음에도 불구하고,[31] 요나스가 봐이쉐델(W. Weischedel)이나, 레

---

[28] 예컨대 요나스는 유기체의 신진대사에서 자유의 형태를 찾는다. 요나스 철학의 중심개념인 자유, 이원적 통일성, 존재당위 등은 유기체적 삶에 대한 분석에서 찾아진다. 그에게 있어서 생물학과 존재론의 관계에 대한 좋은 예가 다음의 인용문에서 찾아볼 수 있다: "유기체의 존재론적 해석은 그것을(이원론을) 바로 잡고 일반적인 존재론(Seinslehre)에로의 기여를 한다. 유기체의 존재에서 나타나는 '내부'와 '외부', 주관성과 객관성, 자발적인 자아와 인과적 사물간의 본질적인 이원적 통일성에서 물질과 정신의 대립이 해결된다…(Jonas 1987: 24)." 이렇게 본다면 요나스는 후세대에 대한 책임의 근거를 부모의 아이에 대한 책임에서 찾고자 한다는 것을 알 수 있다.

[29] "요나스에게 있어서 도덕적 타당성의 합리적인 정초는 정서적 동기부여를 통해서 보완될 수밖에 없다(Hösle 1994: 115)."

[30] 예를 들어 공포의 방법론 또한 감정에 근거한 방법이다: 여기서 공포란 요나스에 의하면 "미래에 대한 충분히 근거있는 불안(Böhler 1994: 211)"을 뜻한다.

[31] 예컨대 렝크는 요나스적 정초의 시도는 "규범적 오류"와 순환논증에 빠져있다고 비판한다(Lenk 2000: 34 참조); "존재와 당위의 대립, 기술(記述)과 가치평가의 대립은 항상 그럴듯하게 연결될 수밖에 없다(Birnbacher 1997: 224)."

비나스(Emmanuel Lévinas)와 비교해서 순수히 개인적인 책임윤리를 미래세대와의 관련을 통하여, 그리고 또한 기술문명에 대한 비판을 통하여 책임 개념의 고려를 사회윤리, 기술윤리 그리고 환경윤리의 방향으로 자극했다는 것은 간과되어질 수 없다(Kreß und Müller 1997: 75 참조).

요나스의 책임윤리는 미래 시민사회에서 강조될 수 있는 가치로서의 책임에 대한 근본적인 물음과 윤리적 요청을 제기한다. 그의 책임윤리는 아이에 대한 부모의 절대적인 책임처럼 동등하지 않은 관계에서의 책임의 당위적 요청에 근거하여 책임의 규범성을 입증하고, 이러한 관계의 확장을 통해 일차적으로는 생태 시민성의 핵심이라고 할 수 있는 생태계에 대한 인간의 책임으로 확장하고 이차적으로는 현대 과학 기술이 우리의 삶에 미치고 있거나 미칠 수 있는 영향에 대한 윤리적 숙고에 근거한 책임의 필요성을 제기한다.

또한 그의 책임윤리는 "여기까지 그러나 더 이상은 안되"라고 말할 수 있는 지혜의 필요성을 제기한다는 점에서 우리는 과학 기술에 대한 윤리적 제한의 의미를 신중하게 받아들여야 하며, 이를 시민성의 중요한 부분으로 수용해야 한다. 미래윤리로서의 책임윤리가 가지는 시민교육은 생태시민성을 넘어서서 과학기술 자체에 대한 반성을 토대로 과학기술 시대의 문제를 해결할 수 있는 인간의 지혜를 요청한다는 점에서 시민교육적 의미를 가진다.

참고문헌

변순용(1997): "한스 요나스의 책임개념에 대한 연구," 진교훈 외, 『윤리학과 윤리교육』, 경문사, ss. 159-175.
변순용(2002A): "Wilhelm Weischedel의 책임론 연구," 『국민윤리연구』, vol. 50, ss. 45-66.
변순용(2003): "요나스의 존재론적 윤리학," 이석호 외, 『서양 근현대 윤리학』, 인간사랑, ss. 411-440.

Birnbacher, Dieter (Hrsg.) (1997): *Ökophilosophie.* Stuttgart.
Böhler, Dietrich (Hrsg.) (1994): *Ethik für die Zukunft - Im Diskurs mit Hans Jonas.* München.
Byun, Sunyong(2002A), *Die Struktur der Verantwortungsethik im oestlichen und westlichen Denken,* Aachen.
Gehlen, Arnold (1986): *Anthropologische und sozialpsychologische Untersuchungen.* Reinbeck.
Hardon, Getrude Hirsch (2000): *Umwelt, Natur und Moral eine Kritik an Hans Jonas, Vittorio Hösle und Georg Picht.* München.
Heidegger, Martin (1962, 91996): *Die Technik und die Kehre.* Stuttgart.
Hösle, Vittorio (1994): "Ontologie und Ethik bei Hans Jonas", in: Böhler, D.: *Ethik für die Zukunft - Im Diskurs mit Hans Jonas.* München. 105-125.
Jakob, Eric (1996): *Martin Heidegger und Hans Jonas - Die Metaphysik der Subjektivität und die Krise der technologischen Zivilisation.* Tübingen/Basel.
Jaspers, Karl (1983): *Vom Ursprung und Ziel der Geschichte.* München.
Jonas, Hans (1964): "Plotins Tugendlehre - Analyse und Kritik", in: Wiedmann, Franz (Hrsg.) (1964): *Die Sorge der Philosophie um den Menschen.* München. 143-173.
Jonas, Hans (1973): *Organismus und Freiheit Ansätze zu einer philosophischen Biologie.* Götingen; zuerst (1966): *The Phenomenon of Life Toward a Philosophical Biologie.* New York.
Jonas, Hans (1979, zit. N. Aufl. 1984): *Das Prinzip Verantwortung Versuch einer Ethik für die technologische Zivilisation.* Frankfurt a. M.
Jonas, Hans (1981): *Macht oder Ohnmacht der Subjektivität? - das Leib-Seele-Problem im Vorfeld des Prinzips Verantwortung.* Frankfurt. a. M.
Jonas, Hans (1984): "Warum wir heute eine Ethik der Selbstbeschränkung brauchen", in: Ströker, E. (Hrsg.): *Ethik der Wissenschaften? Philosophische Fragen.* München. 75-86.
Jonas, Hans (1985, zit. N. Aufl. 1987): *Technik, Medizin und Ethik - Praxis des*

Prinzips Verantwortung. Frankfurt. a. M.
Jonas, Hans (1987): *Wissenschaft als persönliches Erlebnis.* Götingen.
Jonas, Hans (1988): *Materie, Geist und Schöpfung.* Frankfurt a. M.
Jonas, Hans (1991): "Wissenschaft und Forschungsfreiheit − Ist erlaubt, was machbar ist?", in: Lenk, Hans (Hrsg.): *Wissenschaft und Ethik.* Stuttgart. 193−214.
Jonas, Hans (1992): *Philosophische Untersuchungen und metaphysische Vermutungen.* Nördlingen.
Jonas, Hans (1993A): *Dem bösen Ende näher - Gespräche über das Verhältnis des Menschen zur Natur.* Frankfurt a. M.
Jonas, Hans (1993B): *Rückschau und Vorschau am Ende des Jahrhunderts.* Frankfurt a. M.
Kreß, Hartmut und Müller, Wolfgang Erich (1997): *Verantwortungsethik heute - Grundlagen und Konkretionen einer Ethik der Person.* Stuttgart/Berlin/Köln.
Jonas, Hans (1994/97): *Das Prinzip Leben.* Frankfurt a. M./Leipzig.
Leibniz, Gottfried Wilhelm (1966, zit. N. Aufl. 1995), Herring, Herbert (Übers. und hrsg.): *Fünff Schriften zur Logik und Metaphysik.* Stuttgart.
Lenk, Hans (1997): *Einführung in die angewandte Ethik - Verantwortlichkeit und Gewissen.* Stuttgart/Berlin/Köln.
Lenk, Hans (2000): *Albert Schweitzer - Ethik als konkrete Humanität.* Münster.
Müller, Wolfgang Erich (1988): *Der Begriff der Verantwortung bei Hans Jonas.* Frankfurt a. M.
Sachsse, Hans (1987): "Zur Anthropologie der Technik", in: Menne, A. (Hrsg.): *Philosophische Problem von Arbeit und Technik.* Darmstadt. 122−135.
Schweitzer, Albert (1923, zit. N. Aufl. 1996): *Kultur und Ethik.* München.

8장
헤어의 시민교육[1]

류지한(한국교원대학교)

1 생애와 주요 저술 활동

헤어(R. M. Hare: 1919~2002)는 20세기의 선도적인 도덕 철학자 가운데 한 사람으로 옥스퍼드 대학(1966~1983)과 플로리다 대학(1984~2002)에서 도덕 철학 교수를 지냈다. 헤어는 1919년 3월 21일 영국 섬머셋의 블랙웰에서 태어났다. 그는 잉글랜드 워릭셔주 럭비에 있는 럭비스쿨을 졸업하고, 1937년 옥스퍼드 베일리얼 컬리지에 입학하여 고전학을 공부하였다. 그러던 중 제2차 세계대전이 발발하자 그는 왕립 포병대에 자원 입대하였다. 1942년 싱가포르가 함락되면서 헤어는 일본군에 포로로 잡혔고, 이후

---

[1] 이 장은 추병완 외 지음(2021), 『옴니버스 시민교육』(pp. 93-123)에 게재된 "헤어(R. M. Hare)의 윤리 이론과 시민 교육"을 수정·보완하여 이 책의 성격에 맞게 재구성한 것임.

콰이강의 다리 건설에 동원되는 등 2차 세계대전이 끝날 때까지 혹독한 포로수용소 생활을 하였다. 헤어의 전시 경험은 그의 철학적 견해, 특히 '도덕 철학은 사람들이 도덕적 존재로서 살아가도록 도울 의무가 있다'는 견해에 지속적인 영향을 미쳤다. 그의 초기 철학 작업은 이 시기에 시작되었으며, 그는 '가장 가혹한 조건에서도 삶의 길잡이 역할을 할 수 있는' 도덕 철학의 체계를 개발하고자 하였다. 이를 위해서 헤어는 일생 동안 '도덕적 물음에 합리적으로 답하는 방법'에 관해 연구하였다.

헤어는 도덕 언어의 의미와 논리에 대한 분석을 바탕으로 '보편적 규정주의(universal prescriptivism)' 이론을 전개함으로써 윤리학에서 기술주의의 오류(descriptive fallacy)와 비합리주의의 오류를 극복하고 '합리적 비기술주의(rationalist non-descriptivism)' 윤리학을 발전시켰다. 그의 보편적 규정주의는 도덕과 같은 비기술적 화행(non-descriptive speech act)에도 합리적 논의가 가능함을 도덕 언어 분석을 통해서 보여주었다. 이것은 정의주의(emotivism)의 비합리주의 및 윤리학적 회의주의가 위세를 떨치고 있던 메타윤리학의 지평에 다시 합리주의의 부활을 알리는 신호탄이었다. 보편적 규정주의는 정의주의에 의해서 선전술과 수사학의 지위로 전락했던 윤리학을 다시 이성적 논증이 가능한 학문으로 복권시키는 역할을 하였다.

규범윤리학의 영역에서도 헤어는 일상 언어학파의 언어 분석 방법과 칸트(I. Kant)의 보편화가능성(universalizability)을 결합하여 '황금률 논법(Golden Rule Argument)'으로 알려진 도덕 추리 방법을 정립하였다. 헤어는 플라톤과 아리스토텔레스, 칸트, 밀(J. S. Mill)로부터 유래하는 윤리학적 유산을 논리적으로 설득력 있게 결합하여 윤리학의 근본 문제를 해결하고자 하였다. 그는 플라톤의 지식(episteme)과 올바른 의견(orthe doxa)의 구분, 아리스토텔레스의 올바른 동기와 실천적 지혜의 구별, 지성과 성품의 구별, 이유(the why)와 결론(the that)의 구별 등으로부터 '도덕적 사유의 두 수준 이론'을 발전시켰으며(Hare, 1981: 25), 칸트로부터 보편화가능성 개념을 계승하고, 밀로부터 공리주의 사상을 수용하였다. 이를 통해 그는 '칸트적 두 수준 공리주의(Kantian two-level utilitarianism)'를 발전시켰다. 그의 두 수준 공리주의는 시지윅(H. Sidgwick) 이래로 공리주의에 대한 옹호 논증 가운데 가장 체계적이고 강력한 옹호 논증으로 평가받고 있다.

이 밖에도 헤어는 응용윤리학의 발전에도 크게 공헌하였다. 그는 응용철학회(a Society for Applied Philosophy)의 결성을 주도하고 초대 회장을 역임하였다. 그는 임신중절, 안락사 등의 생명의료 윤리학의 여러 주제들, 정치적 의무와 불복종, 전쟁, 평화주의, 노예제 등과 같은 정치 도덕의 다양한 주제들, 그리고 도시 설계, 환경, 윤리적 준-채식주의(demi-vegitarianism) 등 다양한 응용 윤리 문제들에 관해서 선도적인 논문들을 발표하였다.

프레이(R. G. Frey)의 평가에 따르면 헤어는 아마도 메타윤리학, 규범윤리학, 응용윤리학 세 분야 모두에 중요한 공헌을 한 20세기의 유일한 도덕 철학자이자(Frey, 2001: 650-651), 20세기의 가장 영향력 있는 도덕 철학자 가운데 한 사람이다. 헤어의 제자인 싱어(Peter Singer)는 2002년에 거행된 추도식에서 헤어의 "도덕 철학의 업적"에 대해 강연하면서, "도덕적 논증에 이성을 복권시킨 것, 도덕적 사고의 수준을 직관적 수준과 비판적 수준으로 구분한 것, 응용 윤리학의 발전을 선도한 것," 이 세 가지가 헤어가 남긴 "중요하면서도 길이 남을" 업적이라고 평가하였다(Singer, 2002: 317).

헤어의 대표적인 저서로는 *Language of Morals*(1952), *Freedom and Reason*(1963), *Practical Inferences*(1971), *Applications of Moral Philosophy*(1972), *Moral Thinking*(1981), *Plato*(1982), *Sorting Out Eth-*

ics(1997) 등이 있고, 논문 모음집으로는 *Essays on Philosophical Method*(1971), *Essays on the Moral Concepts*(1972), *Essays in Ethical Theory*(1989), *Essays on Political Morality*(1989), *Essays on Religion and Education*(1992), *Essays on Bioethics*(1993), *Objective Prescriptions and Other Essays*(1999) 등이 있다.

2 헤어의 윤리 이론: 보편적 규정주의, 칸트적 공리주의, 도덕적 사유의 두 수준 이론

1) 보편적 규정주의

윤리학: 도덕적 논증에 관한 연구

헤어에 의하면 소크라테스 이래로 철학의 주된 과제는 '논증에 관한 연구'였다. 도덕 철학도 마찬가지이다. "도덕 철학의 주된 과제는 도덕적 논증에 관한 연구이다(Hare, 1997: 44)." 그래서 헤어는 윤리학을 "도덕적 논증에 관한 연구로서 논리학의 한 분과(Hare, 1989b: 175)"라고 정의한다.

헤어에 의하면 논증에 관한 연구를 수행하기 위한 첫걸음은 우리가 물음을 묻는 데 사용된 단어(말)를 이해하는 것이다. 왜냐하면 모든 논증은 논리에 의존하고, 논리적 타당성 여부는 단어의 의미에 의존하기 때문이다. 이렇게 논리학에 관한 연구는 불가피하게 '언어에 관한 연구'로 이어진다. 예를 들어, 우리는 '정원에는 한 마리의 개가 있다. 그러나 정원에는 동물이 없다'라는 추론을 부당한 것으로 거부한다. 반면에 '정원에는 한 마리의 개가 있다. 그러므로 정원에는 한 마리의 동물이 있다'라는 추론을 타당한 것으로 수용한다. 왜냐하면 '개'는 일종의 동물을 의미하기 때문이다. 이 경우 추론의 타당성은 분명히 '개'라는 단어의 의미에 의존한다(Hare, 1997:

32). 마찬가지로 도덕적 논증도 도덕적 단어의 논리에 의존하고, 도덕적 단어의 논리는 단어의 의미에 의존한다. 따라서 도덕적 논증에 관해서 연구하는 윤리학은 도덕적 논증의 기초가 되는 논리와 도덕적 사유의 규준을 밝히기 위하여 먼저 도덕적 단어의 의미에 관해서 연구해야 한다.

> 도덕적 물음에 합리적으로 대답하기 위한 첫 번째 조치는 물음 자체를 이해하는 것이다. 그리고 도덕적 물음을 이해하는 것은 단어(말)를 이해하는 것과 관계된다. 도덕 언어의 의미와 용법을 이해하는 것은 도덕 언어의 논리적 속성을 이해하는 것을 포함하며, 도덕적 사유를 지배하는 합리적 사유의 규준을 이해할 수 있게 해준다(Hare, 1981: 4).

도덕 언어의 의미: 규정적 의미

헤어는 도덕 언어의 의미와 논리에 관해 연구하는 윤리 이론을 기술주의 윤리 이론과 비기술주의 윤리 이론으로 구분한다. "윤리적 기술주의(ethical descriptivism)는 도덕적 진술의 의미가 그것의 진리 조건(truth-conditions)에 의해서 전적으로 결정된다는 견해이다(Hare, 1997: 48)." 이 견해에 따르면 도덕적 단어나 문장의 의미는 전적으로 기술적 의미(descriptive meaning)만을 가진다(Hare, 1997: 48). 여기서 기술적 의미란 '정보의 전달'을 주된 기능으로 하는 의미를 말한다.

윤리적 기술주의 이론은 도덕적 진술의 의미를 결정하는 진리 조건의 종류에 따라 크게 자연주의(naturalism)와 직관주의(intuitionism)로 구분된다. 두 노선은 도덕적 술어가 모종의 '객관적' 속성을 나타낸다고 생각하는 점에서는 서로 일치한다. 그러나 직관주의가 이 속성이 특유의(*sui generis*) '비자연적 속성'(non-natural property) 또는 '도덕적 속성'(moral property)이라고 생각하는 데 반해서 자연주의는 이 속성이 '자연적 속성'(natural property) 또는 '도덕과 무관한 속성'(non-moral property)이라고 생각한다. 즉, 자연주의는 도덕적 용어를 사용하지 않고도 도덕적 진술의 진리 조건이 상술 될 수 있다고 생각한다. 반면에 직관주의는 도덕적 진술의 진리 조건은 도덕적 용어를 사용하지 않고는 상술 될 수 없다고 생각한다(Hare, 1997: 63).

이에 반해 윤리적 비기술주의(ethical non-descriptivism)는 진리 조건이 도덕적 진술의 의미를 결정하는 유일한 요소라는 기술주의의 주장을 부정한다. 윤리적 비기술주의에 의하면 "도덕적 진술은 진리 조건을 가질 수는 있지만, 그것의 의미를 전적으로 진리 조건에 의존하지는 않는다(Hare, 1997: 51)." 윤리적 비기술주의는 도덕 판단에는 진리 조건에 의해 결정되지 않는 비기술적 의미가 있다고 생각하는 이론이다(Hare, 1991: 452). 이 견해에 따르면, 가치 판단 또는 "도덕 판단은 진리 조건에 제약되지 않고 규정이나 평가 또는 태도를 표현한다(Hare, 1991: 452)."

헤어는 윤리적 비기술주의를 정의주의와 규정주의로 구분한다. 정의주의와 규정주의는 윤리적 기술주의를 거부한다는 점에서는 일치한다. 하지만 양자는 도덕 판단의 주된 의미인 비기술적 의미가 구체적으로 무엇인지에 대해서 그리고 비기술적 화행에서 합리적 논의가 가능한지에 관해서 견해를 달리한다. 정의주의는 도덕 판단의 주된 의미를 정의적 의미(emotive meaning)로 보는 데 비해서 규정주의는 규정적 의미(prescriptive meaning)를 도덕 판단의 주된 의미로 본다. 여기서 정의적 의미란 화자나 청자의 '감정을 표현하고 환기하거나(표현적 기능)' 또는 '감정이나 태도를 야기하고 행동에 영향을 주는(인과적 기능)' 의미이다. 이에 비해서 규정적 의미는 선택이나 행동의 지도(choice-guiding/action-guiding), 권장, 조언, 칭찬, 비난, 금지의 기능을 가지는 의미이다. 정의주의는 도덕 판단이 단순한 감정이나 태도의 표명 또는 환기에 불과하기 때문에 도덕에 관한 합리적 논의는 불가능하다고 주장한다. 이에 비해서 규정주의는 도덕 판단을 지배하는 논리적 추리 규칙이 있기 때문에 도덕에 관한 합리적 논의가 가능하다고 주장한다. 정의주의가 '비합리주의적 비기술주의'라면, 규정주의는 '합리주의적 비기술주의'이다.

헤어의 주장에 따르면 윤리적 기술주의(자연주의와 직관주의)는 기술적 진술에 적합한 것을 모든 종류의 화행에 확대 적용하는 "기술주의적 오류(Austin, 1961: 234; 1963: 3)"로 인해 명령문이나 가치 판단과 같은 비기술적 화행의 의미를 제대로 설명하지 못한다. 자연주의는 도덕 진술(판단)을 사실 진술(판단)과 동일시함으로써 사실로부터 당위를 도출하는 논리적 오류―자연주의적 오류(naturalistic fallacy)―를 범할 뿐만 아니라, 도덕적 진술의 의미를 기술적 의미로 오해함으로써 도덕적 진술에 포함된 비기술적 의미(규정적 의미)를 보지 못하는 오류를 범한다고 비판받는다. 직관주의는 존재론적 위상이 의심스러운 초감각적인 도덕적 속성이나 자명한 도덕적 진리를 가정한다는 점에서 비판받는다. 또한 직관주의는 공인된 인식의 통로가 존재하지 않는 ―그런 의미에서 매우 주관적인― '직관'이라는 특수한 도덕적 인식 능력을 가정한다는 점에서도 비판받는다.

헤어는 이러한 자연주의와 직관주의의 가장 큰 오류는 '기술주의의 오류'에서 비롯되는 상대주의라고 주장한다. 자연주의와 직관주의는 각각 자기 사회의 '언어적 관습'과 '공통의 도덕적 확신'을 진리 조건으로 삼음으로써 불가피하게 상대주의에 빠진다는 것이다. 왜냐하면 언어적 관습과 공통의 도덕적 확신은 문화에 따라 상대적이기 때문이다(Hare, 1989a: 106).

헤어의 규정주의는 자연주의와 직관주의의 기술주의에 반대하여 비기술주의를 수용하면서도 정의주의의 비합리주의를 거부한다. 규정주의는 비기술적 화행의 합리성을 인정한다. 비기술적 화행에서도 합리적 논의가 가능하다는 것을 보여주기 위하여 헤어는 순수한 비기술적 화행인 명령문을 분석한다. 그는 명령문의 분석을 통하여 순수한 비기술적 화행인 명령문에도 그것을 지배하는 논리와 추론 규칙이 존재하기 때문에 비기술적 화행에서도 합리적 논의가 가능함을 밝히고 있다. 헤어는 명령문과 직설문을 지배하는 두 가지 추론 규칙을 제시한다.

(1) 오직 직설문으로부터 타당하게 도출될 수 없는 전제들을 포함하는 전제군으로부터는 어떠한 직설법의 결론도 타당하게 도출될 수 없다.
(2) 적어도 하나의 명령문을 포함하지 않는 전제군으로부터는 어떠한 명령법의 결론도 타당하게 도출될 수 없다(Hare, 1952: 28).

도덕 언어의 논리: 규정성, 보편화가능성, 우선성

명령문에 대한 분석을 통하여 규정적 화행의 합리성을 입증한 후, 헤어는 도덕 언어 분석을 통하여 도덕 언어의 논리를 해명하고 합리적인 도덕적 사유의 가능성을 입증하고자 한다. 그의 분석에 따르면 모든 가치 판단은 규정성(prescriptivity)과 보편화가능성(universalizablity)이라는 논리적 특징을 가진다. 그리고 규범적 가치 판단, 즉 도덕 판단은 이 두 가지 특징에 더해서 우선성(overridingness)을 종차적 특징으로 가진다. 요컨대, 도덕 판단(규범적 가치 판단)은 규정성, 보편화가능성, 우선성의 논리적 특징을 가진다. 그래서 헤어는 도덕을 '우선적인 보편화가능한 규정(overriding universalizable prescription)'이라고 형식적으로 정의한다.

헤어의 분석에 따르면 도덕 판단에 동의하는 것은 그 판단이 함의하는 명령에 동의하는 것이요, 명령에 동의하는 것은 명령이 함의하는 행동을 하는 것이다. 따라서 "도덕 판단을 하면서 나는 그 판단이 행동으로 옮겨져야 한다고 요구하는 것이다. 그리고 내가 성실하다면 나는 이것을 의욕해야만 한다(Hare, 1997: 25)." 이와 같이 '행동을 지도하고 요구하는' 논리적 특징을 규정성이라고 한다. 규정성은 도덕 판단에 동의하는 사람은 그 판단이 요구하는 행위를 할 수 있는 한, 그 행위를 해야 한다는 요구이다. 헤어는 규정성을 다음과 같이 간접적으로 표현한다.

> 어떤 화행에 동의하는 것이 불성실하다는 비난은 받지 않으려면, 그 화행 속에 구체적으로 상술 된 행동을 해야 하는 것일 때 그 화행은 규정적이다. 또는 어떤 화행에 동의하는 것이 누군가 다른 사람에게 그것을 하라고 요구하는 것일 때 즉, 그가 그것을 하기를 기대하는 것일 때, 그 화행은 규정적이다(Hare, 1991: 458).

도덕 판단의 두 번째 논리적 특징은 보편화가능성이다. 도덕 판단은 그 판단의 이유가 되는 도덕과 무관한 속성에 수반되는 특징을 가진다. 즉, 도덕 판단은 그 판단이 내려지는 상황에 관한 어떤 사실을 이유로 해서 내려진다. 도덕 판단은 자연주의의 주장처럼 도덕과 무관한 사실로 환원될 수는 없지만, 반드시 상황에 관한 도덕과 무관한 사실에 근거해서 내려진다. 도덕 판단의 이러한 특징을 수반성(supervenience)이라고 한다. 이러한 도덕 판단의 수반성이 바로 도덕 판단의 보편화가능성의 토대가 된다. 왜냐하면 도덕 판단이 상황에 관한 어떤 사실을 근거로 해서 내려진다면, 그 상황에 관한 사실이 동일한 모든 경우에 대해서 동일한 도덕 판단이 내려져야 하기 때문이다. 만약 동일한 상황에 대해서 서로 다른 도덕 판단을 내린다면, 이는 논리적 일관성의 요구를 위반하는 것이다(Hare, 1997: 12-13). 헤어는 보편화가능성 논제를 다음과 같이 표현한다.

> 우리는 A와 B 두 개체(individual)에 대해서 개체를 지시하지 않고 보편적 용어로 상술된 특정 상황에서, 역시 보편적 용어로 상술된 특정 방식으로 A는 행위 해야 하지만 B는 동일하게 상술된 상황에서 동일한 방식으로 행위해서는 안 된다고 논리적으로 일관되게 말할 수 없다(Hare, 1991: p.456).

보편화가능성의 논리를 따를 경우, 누군가가 '나는 특정한 방식으로 행위 해야 하지만, 관련된 점에서 동일한 상황에 있는 다른 누구도 그와 같은 방식으로 행위해서는 안 된다'라고 말할 수 없다. 누군가 그렇게 말한다면, 그는 논리적 오류를 범하게 된다. 보편화가능성의 논리적 특징은 우리가 똑같은 행위 또는 이 행위와 관련된 유사 행위에 대해서 다른 도덕 판단을 내리는 것을 금지한다. 이처럼 보편화가능성은 "보편적 속성이 동일한 경우에는 동일한 판단이 적용되어야 한다(Hare, 1981: 38)."는 논리적 요구이다.

도덕 판단의 세 번째 논리적 특징은 우선성이다. 도덕 판단은 단순한 가치 판단이 아니라 규범적 가치 판단이다. 그리고 규범적 가치 판단은 우리의 행위와 관련되기 때문에 우리 자신과 이웃의 삶에 심대한 영향을 준다. 이런 까닭에 도덕 판단은 도덕과 무관한 가치 판단보다 더 중요하게 생각되며, 우선성을 가진다. 그래서 도덕 판단과 도덕과 무관한 가치 판단이 갈등하는 경우에 우리는 도덕 판단에 따라서 행위해야 하고 도덕과 무관한 판단에 따라서 행위해서는 안 된다. 헤어는 보편화가능성 논제를 다음과 같이 표현한다.

어떤 원리를 우선적으로 간주하는 것은 그 원리가 다른 원리와 갈등할 때 언제나 그 원리가 다른 원리보다 우선하도록 하는 것이며, 마찬가지로 그 원리를 다른 모든 규정들보다 우선하도록 하는 것이다(Hare, 1981: 56).

헤어는 도덕 언어의 논리인 보편화가능성과 규정성을 결합하여 자신의 분석 윤리 이론을 '보편적 규정주의'라고 부르며(Hare, 1963: 16), 이 보편적 규정주의를 바탕으로 도덕 추리 체계를 구성한다. 즉, 규정성과 보편화가능성을 도덕적 추리의 논리적 장치로 삼고 여기에 사실적 정보를 결합하여 실질적인 도덕적 결론을 산출할 수 있는 추리 체계를 정립한다.

2) 황금률 논법과 칸트적 공리주의

헤어의 도덕 언어 분석에 따르면 도덕 판단은 보편화가 가능해야 할 뿐만 아니라, 규정적이어야 한다. 규정성만 가지고 있고 보편화가능성의 요구를 만족시키지 못하는 판단은 도덕 판단이 아니라 명령문이고, 보편화는 가능하지만 규정성이 결여된 판단은 도덕 판단이 아니라 순수한 기술(사실) 판단이다. 따라서 어떤 판단이나 원리가 도덕 판단이나 도덕 원리로서의 자격을 갖기 위해서는 보편화가능성과 규정성의 요구를 모두 만족시켜야 한다. '보편적으로 규정 가능한' 판단이나 원리만이 도덕 판단이나 도덕 원리가 될 수 있다. 이런 의미에서 도덕적 추리는 '보편적으로 규정 가능한' 도덕 원리를 찾는 과정이라고 할 수 있다. 한마디로 도덕적 추리를 규제하는 논리적 요구는 '보편적 규정가능성'(universal prescribability)의 요구라고 할 수 있다. 이것이 바로 도덕적 개념의 논리에서 도출되는 도덕적 추리의 규준이다. 그래서 헤어는 자신의 도덕 추리론을 '보편적 규정주의 도덕 추리론'이라고 부른다.

보편화가능성은 그 원리나 판단을 보편적 속성이 동일한 모든 상황에 적용해야 한다는 요구이고, 규정성은 도덕 판단이나 원리가 함의하는 규정에 따라 행위하기를 의욕할 수 있어야 한다는 요구이다. 그러므로 규정성과 보편화가능성의 두 특징을 결합한 보편적 규정가능성의 요구는 어떤 원리나 판단이 도덕 원리나 판단으로서 자격을 갖기 위해서는 보편적 속성이 동일한 모든 경우에 대해서 그 원리나 판단을 '기꺼이 보편적으로 규정할 수 있어야 한다'는 요구이다. 즉, 보편적 속성이 동일한 모든 경우에 대해서 그 판단이 함의하는 규정에 따라 행위하는 것을 기꺼이 '의욕할 수 있어야 한다'는 요구이다. 헤어는 칸트의 용어인 '의욕하다'(willing)를 '명령에 동의하다'로 해석하고(Hare, 1963: 34), 이런 의미에서 의욕하기는 규정하기(prescribing)의 일종이며(Hare, 1997: 133), 의지는 규정적 능력이라고 주장한다(Hare, 1997: 130). 그래서 헤어는 '보편적 규정가능성'의 요구가 칸트의 '보편적 의욕가능성'의 요구와 동일하다고 주장한다.

이렇게 해서 보편적 규정(또는 의욕)가능성의 요구는 보편적 속성이 동일한 모든 상황에 대해서 우리가 기꺼이 규정(또는 의욕)할 수 있는 판단이나 원리에 따라 행위해야 한다는 요구로 귀결된다.

> 우리가 어떤 준칙을 채택할 것인가 또는 우리가 수용할 수 있는 도덕 판단은 어떤 것인가 하는 물음은 동일한 모든 상황에 대해서 우리가 기꺼이 규정할 수 있는 것이 무엇인가에 의존하게 된다(Hare, 1991: 460).

그런데 보편적 속성이 동일한 모든 상황에는 내가 나의 행위에 영향받는 사람들의 역할을 차지하는 '가정적' 상황들도 포함된다. 그러므로 나는 보편적 규정가능성의 요구에 따라 내가 현재 처해 있는 상황과 동일한 가정적 상황들, 즉 내가 서로 다른 역할을 하면서 처하게 될 모든 동일한 상황들에 대해서 똑같이 수용할 수 있는 하나의 보편적 규정을 발견해야 하는 문제에 직면한다. 여기서 '보편적으로 의욕 가능한 규정은 무엇인가'라는 물음은 '주어진 종류의 모든 상황에 대해서 내가 어떤 역할을 차지하느냐와 무관하게 내가 기꺼이 그것에 따라 행위하기를 의욕하는 규정이 무엇인가'라는 물음으로 환원된다(Hare, 1997: 25).

그리고 보편화가능성의 요구에 따라 내가 타인의 입장에 처하는 모든 가정적 상황에서 가지게 되는 모든 선호는 '나의 선호'로 표상된다. 즉, 보편화가능성이 요구하는 역할 교환의 과정에서 관련 당사자들의 선호는 모두 나의 선호로 간주된다. 이런 역할 교환을 통해서 개인 간(interpersonal)에 발생할 수 있는 모든 선호의 갈등은 개인 내적인(intrapersonal) 선호의 갈등으로 환원된다(Hare, 1981: 110). 그리고 우리는 이 선호들에 평등한 가중치(비중)를 주어야 한다. 만약 이 두 가지 선호에 평등한 가중치를 부여하지 않는다면, 그것은 내가 타인을 '나'라고 진심으로 생각하지 않는 것이다. 그래서 헤어는 보편적 규정주의 추리 체계는 결과적으로 '타인의 규정을 마치 우리 자신의 규정인 것처럼 대하고, 관련된 당사자들의 평등한 선호에 평등한 가중치를 주어야 한다는 공평성(impartiality)의 요구로 귀결된다고 주장한다.

이런 식으로 보편적 규정주의 도덕 추리 체계에서 개인 간의 선호 갈등은 개인 내적인 선호의 갈등으로 환원되며, 이것이 선호 갈등을 해결할 수 있는 단초를 제시한다. 즉, 나는 나 자신의 선호들 간의 갈등을 해결하는 방법과 동일한 방법으로 나의 선호와 타인의 선호들 사이의 갈등을 처리할 수 있다. 우리는 보통 나의 두 선호가 갈등할 때, 두 선호에 평등한 적극적 비중을 준 다음, 그들 중 더 강한 선호를 우선시함으로써 선호 갈등을 해결한다(Hare, 1981: 110-111). 보편적 규정주의 추리 체계에서 선호 갈등도 동일한 방법으로 해결이 가능하다. 따라서 "우리는 모든 개인이 평등한 선호들에 대해 평등한 적극적 가중치를 줌으로써 우리가 가장 수용할 만한 보편적 규정들을 발견할 수 있다(Hare, 1989d: 109)." 그리고 "모든 선호(의지)가 그것들의 강도에 비례해서 평등한 가중치를 가진다면, 이 의지들을 공정하게 대하는 문제는 모든 선호를 공평하게 대우하고 그것들의 강도에 따라 가중치를 준 다음 최대한으로 선호를 실현하는 도덕적 규정을 선택함으로써 해결될 수 있다(Hare, 1997: 26)." 즉, 전체적으로 선호 만족을 극대화하는 규정만이 보편적으로 규정될 수 있다.

이렇게 해서 보편적 규정주의 도덕 추리 방법은 모든 당사자의 선호 만족을 전체적으로 극대화하는 대안을 보편적으로 규정 가능한 원리로서 제안한다. 달리 말해서, 보편적 규정주의 도덕 추리는 '공평성의 요구'에 기초한 '극대화의 원리'에 의해 규제된다. 이것은 보편적 규정주의 도덕 추리가 실제로 공리주의와 동일한 결론을 산출한다는 것을 의미한다. 왜냐하면 공리주의 역시 가능한 대안 가운데서 우리의 행동에 영향받는 관련 당사자들을 공평하게 고려하고 그들의 선호 강도에 비례하여 가중치를 주었을 때, 관련 당사자들의 선호 만족을 전체적으로 극대화하는 대안을 옳은 것으로 보기 때문이다.

헤어의 보편적 규정주의 도덕 추리론은 '보편적 규정가능성의 논리'와 이것이 요구하는 역지사지(易地思之)를 도덕적 논증의 중추로 삼고 있다. 이것은 '타인과 입장을 바꾸어 생각하라', '네가 대접받고 싶은 대로 남을 대접하라'와 같은 전통적인 황금률 논증을 발전시킨 것이다. 그래서 헤어는 자신의 도덕 추리론을 달리 '황금률 논법'이라고 부른다. 그리고 이 황금률 논법은 보편화가능성 혹은 보편적 의욕가능성이라는 '칸트적' 추리 방법을 통해서 그것의 실질적 결론으로 공리주의에 이르게 된다. 그래서 헤어는 자신의 공리주의를 다른 유형의 공리주의와 구분하여 '칸트적 공리주의'라고 부른다.

3) 도덕적 사유의 두 수준 이론[2]

직관적 사유

헤어는 도덕적 사유의 수준을 직관적 사유(intuitive thinking)와 비판적 사유(critical thinking) 두 수준으로 구분한다. 직관적 수준의 사유는 우리가 이미 주어진 것으로 간주하고 의문을 제기하지 않는 마음의 습관, 성향, 원리, 규칙 등을 개별적 경우에 적용하는 사유 수준이다. 비판적 사유는 직관적 수준의 도덕적 사유에 사용되는 원리나 규칙 또는 성향들에 대해 비판적으로 성찰할 때 관계되는 사유의 수준이다(Hare, 1989c: 237).

헤어에 의하면 직관적 수준의 사유는 대부분의 사람이 일상적 도덕 생활에서 활용하는 도덕적 사유이다. 우리는 일상적인 도덕적 사유에서 우리가 양육과 도덕적 훈련의 결과로서 이미 내면화하고 있는 도덕 원리들이나 규칙들을 '특별한 계산 없이' 개별적인 경우에 적용한다. 이렇듯 우리가 당연한 것으로 받아들이고 있는 원리나 규칙에 준해서 생각하는 것이 헤어가 말하는 직관적 수준의 도덕적 사유이다.

헤어는 직관적 사유를 이끄는 도덕 원리를 직견적 도덕 원리(prima facie moral principle)라고 부른다. 그는 직관적 사유에서 사용되는 원리 또는 규칙은 단순한 대략의 경험 규칙(rules of thumb)이 아니라 직견적 원리임을 강

---

[2] 본 소절에 서술된 '도덕적 사유의 두 수준 이론'은 류지한(2004), "두 수준 공리주의에 관한 연구," 'Ⅲ. 도덕적 사유의 두 수준'을 수정·보완하여 이 책의 성격에 맞게 재구성한 것임.

조한다. 헤어에 따르면 대략의 경험 규칙은 원래 기술자, 포수, 항해사 등이 단순히 시간이나 생각을 절약하기 위해서 사용하는 장치이다. 따라서 그것을 위반해도 도덕 원리의 위반과는 달리 양심의 꺼림이나 양심의 가책을 야기하지 않는다. 이에 비해 직견적 원리는 '직견적 의무'(prima facie duty)를 나타내는 도덕적 규정일 뿐만 아니라, 우리의 성향 및 감정과 연결되어 있어서 그것을 위반할 경우에 양심의 가책을 동반한다. 그리고 이러한 특징으로 인해 직견적 원리들은 도덕 생활에서 이기적 편파성을 극복할 수 있는 동기 유발력을 가지게 된다(Hare, 1981: 38-39).

그리고 직관적 사유에서 사용되는 원리들은 직견적 원리일 뿐만 아니라 어느 정도 간단하고(simple) 일반적(general)인 것들이어야 한다. 헤어는 세 가지 이유를 제시한다. 첫째, 원리는 간단하고 일반적일 때에만 학습이 가능하다. 원리가 일정 수준 이상의 복잡성을 띠게 되면 원리를 학습하는 것은 불가능하다. 둘째, 우리가 처해 있는 상황들은 서로 정확히 똑같지 않기 때문에 원리가 '실용적 지침'으로서 유용한 원리가 되려면 중요한 특징을 공유하는 다양한 상황을 포괄할 수 있을 정도로 일반적이어야 한다. 셋째, 원리는 간단하고 일반적일 때에만 성품 형성에 활용될 수 있다. 상대적으로 간단한 일반적 원리가 우리의 성격과 동기 안에 성향이나 직관의 형태로 확고하게 형성되어 있어야만 우리가 도덕적 사유를 자신의 이익에 맞게 조작하고자 하는 유혹을 극복할 수 있다(Hare, 1981: 35-39).

헤어는 우리가 직면하는 일상적인 도덕적 상황에서는 '간단하고 일반적인 직견적 원리'에 따라 직관적 사유를 하는 것이 올바른 판단을 내리고 옳은 행위를 할 가능성이 가장 크다고 주장한다. 그 이유는 도덕적 결정을 내려야 하는 대부분의 경우에 우리는 정보와 시간의 부족, 명확한 사고력의 결여, 자기 편애의 유혹과 같은 중압의 상황 하에 있기 때문이다. 이런 상황에서는 '간단하고 일반적인 직견적 원리'에 따라 사고함으로써 시간, 정보, 사고력의 결여로 인한 판단의 오류에 적절히 대처할 수 있고, 이기적 유혹의 위험에서도 벗어날 수 있다(Hare, 1989b: 188-189). 헤어는 이런 상황에서 상황 윤리나 실존주의의 주장처럼 우리가 매 경우마다 선택을 하거나 또는 행위공리주의처럼 매 경우마다 비용-편익 분석을 해서 판단을 내리는 것은 마치 자동차 운전 방법을 배우지 않고 자동차 운전을 하는 것이나, 전에 배운 것을 모두 잊어버리고 자동차 운전을 하는 것과 같다고 비판한다(Hare, 1981: 35-36).

직관적 수준의 도덕적 사유는 유사한 상황이나 행동에 대해 실용적 지침을 제공할 뿐만 아니라, 강력한 도덕적 감정을 통해 우리가 이기적 유혹을 극복할 수 있도록 도와준다. 이런 점에서 직관적 수준의 도덕적 사유는 일상적 도덕 실천에서 매우 중요한 역할을 하며, 우리의 도덕적 삶에 반드시 필요한 것이다. 그러나 직관적 사유만으로 도덕적 삶을 영위하기에 충분하지 않다. 헤어에 의하면 직관적 수준의 사유는 세 가지 측면에서 한계를 드러낸다(Hare, 1981: 39-40).

첫째, 직관적 사유는 직견적 원리를 정당화하는 문제에서 한계를 드러낸다. 직관은 자명한 것이 아니기 때문에 스스로 정당화되는 것이 아니다. 교육에 의해서 형성된 직관이나 성향들에 의문이 제기될 때, 그 문제를 해결하기 위해 직관에 호소하는 것은 하나의 직관적 원리를 또 다른 직관적 원리에 호소해서 해결하는 순환 논증이다.

둘째, 직관적 수준에서는 직견적 원리들 간의 갈등을 적절히 해결하지 못한다. 직견적 원리들은 일반적인 까닭에 종종 서로 갈등하는 경우가 발생하며, 그럴 경우 직관적 수준의 사유에서는 갈등하는 두 직관 가운데 어느 것이 옳은지를 결정할 독자적인 방법이 없다. 이 경우에도 직관에 호소하여 갈등을 해결한다면 순환 논증의 오류를 벗어나지 못한다.

셋째, 직관적 사유에 사용되는 원리나 규칙들은 우리가 일상생활에서 직면할 가능성이 큰 일상적인 도덕적 상황에 대처하기 위해서 고안된 것들이기 때문에, 직관적 사유는 비정상적인 예외적 경우들을 적절히 다루지 못한다. 이러한 직관적 사유의 한계를 해결하기 위해서는 직관에 호소하지 않는 다른 종류의 사유, 즉 더 고차적인 새로운 사유가 요구된다.

비판적 사유

헤어는 이 새로운 유형의 사유를 '비판적 사유'라고 부른다. 비판적 사유에서는 어떠한 실질적인 도덕적 직관에도 호소할 수 없다. 왜냐하면 비판적 수준에 실질적인 '도덕적 직관'을 도입하는 것은 비판적 사유가 극복하고자 하는 똑같은 약점—직관주의의 순환 논증의 오류—을 비판적 사유 안에 끌어들이는 것이기 때문이다(Hare, 1981: 40). 그래서 헤어는 비판적 사유를 도덕 언어의 '논리'—규정성과 보편화가능성—와 '사실'의 요구에 따라 사고하는 것으로 특징짓는다. 달리 말하면 비판적 사유는 어떤 상황에서 도덕과 관련성 있는 사실을 고려하여 문제의 경우와 보편적 속성이 동일한 모든 경우에 대해서 보편적으로 규정 가능한 도덕 원리를 찾는 것이다. 즉, 비판적 사유는 '보편적으로 규정 가능한 원리'가 무엇인지 또는 칸트식으로 말하면 '보편적으로 의욕 가능한 준칙'이 무엇인지를 추리하는 사유이다(Hare, 1981: 42-43). 그런데 헤어에 의하면 보편적 규정주의 추리 방법은 논리와 사실의 요구를 충실히 따를 경우 행위공리주의—혹은 칸트적 공리주의—와 동일한 결론을 산출하기 때문에 비판적 사유는 행위공리주의 방식으로 사유하는 것과 실질적으로 동일하다.

직관적 사유가 상대적으로 간단한 일반적인 직견적 원리에 따라 수행되는 데 비해서, 비판적 사유는 그럴 필요가 없다. 헤어는 비판적인 도덕적 사유에서 사용되는 원리를 '비판적 도덕 원리'라고 부르는데, 이 비판적 도덕 원리는 특수한 상황에 적용할 수 있을 만큼 충분히 구체적(specific)일 수 있다(Hare, 1981: 41). 따라서 비판적 사유는 가능한 대안적 행동들의 결과들을 비롯한 상황의 모든 속성을 고려하여, 그 상황에서 행위자가 누구인가에 관계없이 보편적으로 수용할 수 있는 매우 구체적이고 보편적인 행위의 원리에 따라 사유하는 것이다. 달리 말하자면, 비판적 사유는 매 경우마다 보편적 행위공리주의의 원리를 적용하여 사유하는 것이다.

헤어는 비판적 사유가 인간의 도덕적 사유에서 수행하는 역할을 규명하기 위해서 이상적 존재인 '아크앤젤'과 약점을 지닌 존재인 '인간'을 비교한다.[3] 비판적 사유는 초인간적 지식과 사고력 및 공평성을 지닌 '이상적 규정자'(ideal prescriber)인 아크앤젤에게 적합한 도덕적 사유이다. 아크앤젤은 비판적 사유를 수행하는 데 필요한 자질을 모두 갖추고 있기 때문에, 도덕적 문제가 제기되는 매 경우마다 '구체적·보편적 행위공리주의의 원리'에 따라 비판적으로 사유할 수 있다. 아크앤젤에게는 비판적 사유 이외의 어떤 다른 형태의 사유도 필요하지 않다. 이에 비해 우리 인간은 비판적 사유

---

[3] 헤어는 플라톤의 『국가론』에 나오는 최상 계급과 최하 계급을 이념형화 하여 각각 아크앤젤(archangel)과 프롤(prole)이라고 부른다. 아크앤젤은 초인간적 지식과 초인간적 사고력 및 어떠한 인간적 약점도 지니지 않는 존재로서 '이상적 관찰자'(ideal observer) 또는 '이상적 규정자'를 의미한다. 아크앤젤은 완전한 비판적 사유를 할 수 있기 때문에 어떠한 직관적 사유도 필요로 하지 않는다. 이에 비해 프롤은 극단적일 정도로 인간적 약점을 지니고 있어서 비판적 사유를 전혀 할 수 없고, 오직 직관적 사유만을 할 수 있는 존재이다. 헤어에 의하면, 우리 인간은 정도의 차이는 있지만 아크앤젤과 프롤의 특징을 모두 가지고 있다. 즉, 인간적 한계로 인하여 우리의 비판적 사유는 아크앤젤 만큼 완전하지는 못하지만 그렇다고 프롤처럼 비판적 사유를 전혀 못하는 것도 아니다(Hare, 1981: 44-46).

를 수행하는 데 요구되는 지식과 사고력 및 공평성의 성향 등이 부족하다. 우리가 '프롤'처럼 이러한 능력을 전적으로 결여하고 있는 것은 아니지만, 완전한 비판적 사고를 하기에 충분할 만큼 가지고 있는 것도 아니다. 그래서 우리 인간은 아크앤젤처럼 매 경우마다 비판적 사유를 수행할 수 없다. 우리가 아크앤젤처럼 매 경우마다 비판적 사유를 한다면, 우리가 지니는 인간적 약점 때문에 실패할 가능성이 더 크다. 헤어는 이러한 인간적 약점을 감안할 때, 인간에게 있어서 직관적 사유는 불가피하다고 본다. 왜냐하면 인간적 약점을 고려할 때, 우리가 아크앤젤의 사유에 가능한 최대로 일치할 수 있는 최상의 방법은 우리 자신과 우리가 영향을 미치는 타인들에게 일련의 성향과 동기, 직관과 직견적 원리들을 주입시키는 것이기 때문이다(Hare, 1981: 46-47).

이처럼 인간적 약점을 지닌 우리가 매 경우마다 비판적 사유를 하는 것은 바람직하지 못하다. 그래서 우리는 많은 경우에 직관적 사유에 의존해야 한다. 그렇기 때문에 인간의 도덕적 사유에서 비판적 사유의 역할은 직관적 사유와 관련해서만 적절하게 설명될 수 있다. 헤어는 비판적 사유의 역할을 다음 세 가지로 제시한다(Hare, 1981: 48-50).

첫째, 인간적 한계를 고려할 때, 비판적인 도덕적 사유의 일차적 목표는 직관적 사유에서 사용하기 위한 최상의 '직견적 원리의 집합'을 선정하고 정당화하는 것이다. 여기서 말하는 최상의 직견적 원리란, 우리가 그것을 수용할 경우, 우리가 항상 비판적 사유를 할 수 있다면 선택하게 되는 성향, 행동 등에 가장 근접하는 행동이나 성향을 산출하는 원리를 말한다. 달리 말해서, 직견적 원리들은 최고의 '수용 공리(acceptance-utility)'를 가지는 원리들이다. 이렇게 선정된 직견적 원리에 따라 직관적으로 사유함으로써 우리는 가능한 한 비판적 사유에 접근할 수 있게 된다.

둘째, 비판적 사유는 직견적 원리—도덕 규칙—들 간의 갈등을 해결하는 역할을 한다. 원리들이 잘 선택되었다면 갈등은 단지 예외적인 상황들에서만 발생할 것이다. 하지만 일단 직견적 원리의 갈등이 발생하면, 그것은 직관적 사유에 의해서 해결될 수 없다. 직견적 원리의 갈등을 또 다른 직관적 원리를 통해서 해결하는 것은 악순환적 절차이기 때문이다. 직견적 원리의 갈등은 비판적 사유에 의해서 즉, 행위공리주의를 직접 적용하여 해결해야 한다.

셋째, 비판적 사유는 직관적 사유가 다룰 수 없는 매우 예외적인 경우들을 다루는 데 사용될 수 있다. 도덕적 문제 상황 가운데는 직견적 원리들 간에 갈등을 일으키지는 않지만, 직견적 원리들이 정말로 그러한 경우를 다루는 데 적합한지에 대해 의문이 제기되는 매우 비정상적인 예외적 경우들이 있을 수 있다. 직견적 원리들은 우리가 일상생활에서 직면하는 보통의 경우들을 다루도록 고안된 원리들이기 때문에, 이와 같은 비정상적인 예외적 경우를 다루는 데 적합하지 않다. 따라서 이와 같이 비정상적인 예외적 경우에서 도덕 판단은 비판적 사유에 의해서 해결되어야 한다.

헤어는 인간의 도덕적 사유에서 비판적 사유가 수행하는 역할을 감안할 때, 비판적인 도덕 사유와 직관적인 도덕 사유는 경쟁적 절차가 아니라 서로 다른 역할을 하면서 하나의 구조를 이룬다고 주장한다(Hare, 1981: 44). 비판적 사유는 일상의 현실에서 사용될 때, 최고의 수용-공리를 가지는 직관이나 직견적 원리를 선정하며, 나아가 직관적 사유에서 해결할 수 없는 비정상적인 예외적 경우나 원리들의 갈등을 해결하는 데 사용된다. 반면에 직관적 사유는 비판적 사유에 의해 선정된 직견적 원리들을 개별적인 경우에 적용하고, 준수함으로써 우리의 행동을 비판적 사유에 근접하도록 하는 기능을 한다.

헤어에 의하면 이러한 비판적 사유와 직관적 사유의 관계는 아리스토텔레스의 지성과 성품의 관계와 유사하다. 아리스토텔레스에 의하면 지성과 성격의 관계는 '가부장적 관계'이다. 즉, 인간의 동기와 성향이 합리적인 것은 그것들이 마치 자녀가 아버지 말씀에 귀를 기울이듯이 이성에 귀 기울이기 때문이다. 마찬가지로 비판적인 도덕적 사유와 직관적인 도덕적 사유의 관계도 가부장적 관계이다. 즉, 직관적인 사유는 그것의 정당성을 단지 비판적인 사유에 의해서만 부여받을 수 있다. 비판적인 사유는 스스로를 정당화할 수 있는 데 비해서, 직관적 사유는 스스로를 정당화할 수 없다. 이 점에서 비판적 사유가 직관적 사유보다 인식론적으로 선행한다(Hare, 1981: 46).

이처럼 도덕을 비롯한 모든 규범적 사유는 직관적 수준과 비판적 수준으로 구성되며, 이 두 수준을 구분하기만 하면, 직관적 수준과 비판적 수준은 각각의 수준에서 서로 다른 역할을 하면서 하나의 구조를 이룬다. 즉, 비판적 수준과 직관적 수준이 결합하여 하나의 전일적 구조를 가진 '두 수준 사유' 체계를 구성한다(Hare, 1981: 43).

3 도덕 교육 이론

헤어가 윤리학 이외의 문제에 특별히 관심을 보였던 분야가 교육, 특히 도덕 교육이다. 그는 체계적인 도덕 교육론을 전개하지는 않았다. 그러나 그는 자신의 도덕 철학적 논의, 특히 도덕 언어의 의미와 논리에 대한 개념 분석이 도덕 교육에 대하여 특별한 의의를 지닌다고 생각하고, 그 의의를 분석하였다. 헤어는 자신의 대표 저작인 『도덕의 언어 *The Language of Morals*』, 『자유와 이성 *Freedom and Reason*』, 『도덕적 사유 *Moral*

Thinking』에서 도덕 언어 및 도덕적 사유에 대한 자신의 도덕 철학적 분석이 교육 철학, 특히 도덕 교육에 주는 시사점을 제시하였다. 하지만 헤어의 교육에 대한 견해를 가장 포괄적으로 살펴볼 수 있는 저작은 종교 및 교육 관련 논문집인 『종교와 교육 논집 *Essays on Religion and Education*』이다. 이 책에서 그는 자신의 도덕 언어 분석과 보편적 규정주의 이론이 도덕 교육의 목표, 내용, 방법에 대해서 가지는 이론적·실천적 함축을 구체적으로 논의하고 있다.

1) 도덕 교육의 목표
교육과 교화의 구분

헤어는 "미성년에서 성년으로(Adolescents into Adults)"(Hare, 1992a)라는 논문에서 윌슨(John Wilson)의 교육 목표론에 관해 논하면서 교육과 교화(indoctrination)의 구분 및 교육의 목표에 관하여 자신의 견해를 밝히고 있다. 그는 교육과 교화의 구분을 통해서 교육의 목표가 교화와는 다르며, 그 차이의 핵심이 '자율성'에 있음이 드러난다고 본다. 헤어에 의하면 교육과 교화는 방법, 내용, 목표의 세 가지 기준에 의해 구분될 수 있다. 하지만 이 가운데서 교육과 교화를 구분하는 적절한 방법은 '목표에 의한 구분'이다. 그의 주장에 따르면 목표가 무엇이냐에 따라 동일한 방법과 내용이 교화가 될 수도 있고, 교육이 될 수도 있다. 교화와 교육을 구분하는 본질적 기준은 그 내용이나 방법이 아니라 목표이다. 즉, 교육의 방법과 내용은 교화를 위해서 사용될 수도 있고, 교육을 위해서 사용될 수도 있다. 그렇기 때문에 이 두 기준에 의해서는 교화와 교육이 구분되지 않는다. 그 방법과 내용을 어떤 목표의 달성을 위해서 사용하느냐에 따라서 교육과 교화가 구분된다는 것이다(Hare, 1992a: 113-116).

먼저, 헤어는 방법의 측면에서 보자면 교화의 방법과 정당한 교육 방법 사이에는 본질적인 차이가 없다고 주장한다. 왜냐하면 동일한 방법이 교육을 위해서도 사용될 수 있고, 교화를 위해서도 사용될 수 있기 때문이다. 예를 들어 어린 아이에 대한 초기 단계의 교육에서는 몰합리적(합리적인 것과 무관한) 교수 방법이 사용되어야 한다. 아주 어린 아이나 유아 교육에서 사용되는 방법은 합리적인 방법에 가깝다기보다는 오히려 세뇌나 최면에 가깝다. 그러므로 때때로 민주적인 의견의 교환뿐만 아니라 교화의 주된 방법인 세뇌나 최면과 같은 방법도 정당한 교수 방법이 될 수 있다. 그리고 교육에서 이러한 방법을 사용하는 것은 불가피한 면이 있다(Hare, 1992a: 115). 그러므로 교화와 교육의 근본적 차이는 방법의 차이가 아니라는 것이 헤어의 주장이다.

> 가능한 한 학생들과 도덕적 문제에 대하여 진지하고 정직한 대화를 할 용의를 가지고 있는 교사도 학생들이 어리기 때문에 [불가피하게] 비합리적 방법을 사용하는 경우가 있다. 이런 경우에 [비합리적인 방법을 사용한다고 해도] 그 교사는 교화자가 아니다. 방법은 그 자체로 나쁜 것이 아니다. 그것은 단지 논의에 개방적이지 않은 태도를 산출하기 위해서 사용되는 경우에 한해서 나쁜 것이다(Hare, 1992a: 119).

다음으로, 헤어는 내용의 측면에서도 교화와 교육의 차이는 본질적인 것이 아니라고 주장한다. 그의 주장에 따르면 내용의 견지에서 교육과 교화를 구분하기 위해서는 올바른 내용이 있다는 것과 그 내용을 알고 있는 교사가 있다는 전제가 있어야 한다. 그러나 비록 그런 내용과 교사가 있다고 하더라도, 그래서 바람직한 규칙과 도덕적 내용을 가르친다고 할지라도,

그런 가르침의 목표가 어떤 특별한 도덕의 내용을 주입시키는 것이라면 그것은 교화이다. 우리의 궁극적 목적이 피교육자가 스스로 이 도덕의 내용을 평가하게 하는 것이 아닌 한, 그것은 교화이다(Hare, 1992a: 116-117). 반대로 우리가 특정한 도덕의 내용을 가르친다고 할지라도 그 목적이 피교육자로 하여금 스스로 도덕의 내용을 평가하게 하는 한, 이것은 교화가 아니다.

> 도덕의 내용을 가르치지 않고 순전히 도덕의 형식만을 가르치는 것은 물론 불가능하다. 우리는 아이들에게 구체적 도덕 원리를 가르치지 않고는 도덕 원리의 추상적 이념을 가르칠 수 없다. 따라서 우리는 이러한 목적을 위해서 우리가 생각하기에 그 자체로 바람직한 도덕 원리들을 선정해야 한다. 우리의 목적이 궁극적으로 아이들로 하여금 이 원리들을 스스로 평가하게 하는 것인 한, 이것은 교화가 아니다(Hare, 1992a: 124).

그래서 헤어는 교육과 교화의 근본적 차이는 내용과 방법이 아니라 그 목표에 있다고 주장한다. 교화의 목표는 특정한 도덕 규칙이나 원리 또는 도덕의 내용을 마치 객관적 사실이나 진리인 것처럼 피교육자에게 주입하고 전수하는 것이다. 그래서 교화는 피교육자가 그런 도덕 규칙, 원리, 내용에 따라 행위하고 살도록 만들고자 한다. 교화에는 도덕 규칙, 원리, 내용에 대한 비판, 즉 평가가 결여되어 있다. 이에 반해서 도덕 교육의 목표는 피교육자가 도덕 문제에 관해서 스스로 사유하도록 하는 데 있다. 즉, 피교육자에게 "스스로 도덕적으로 생각하는 법을 가르쳐서(Hare, 1992a: 123)" 그들이 "스스로 자신의 도덕적 견해를 채택하도록 하는 것(Hare, 1992a: 124)", 이것이 도덕 교육의 목표이다.

이런 목표하에 다양한 방법으로 다양한 내용이 가르쳐질 수 있을 것이다. 물론 도덕적으로 사유하는 법을 가르치기 위해서 때로는 구체적인 도덕 원리를 가르치는 것이 불가피할 수도 있고, 때로는 비합리적인 방법을 사용하여 교육하는 것이 불가피할 수도 있다. 그러나 이런 경우에 내용의 교육과 비합리적 방법의 사용은 그 목적에 비추어서 교화가 아니라 교육의 일환이 된다. 따라서 같은 내용을 같은 방법으로 가르친다고 할지라도, 그 목표가 무엇이냐에 따라 그 내용과 방법은 교육의 일환일 수도 있고 교화의 일환일 수도 있다. 같은 내용을 같은 방법으로 가르친다고 하더라도, 아이들이 선대로부터 전수된 도덕을 항상 고수하기를 바란다면, 그것은 교화이다. 하지만 아이들이 가능한 한 빨리 혼자 힘으로 도덕에 대해서 생각하기를 바라면서 동일한 내용을 같은 방법으로 가르친다면, 그것은 교화가 아니라 교육이다(Hare, 1992a: 116-117). "교화는 단지 우리가 도덕적 문제에 대하여 스스로 생각하는 아이들의 능력 신장을 방해할 때에만 생긴다(Hare, 1992a: 117)."

도덕 교육의 목표로서 '자율성'

헤어에 의하면 도덕 교육의 목표는 '스스로 도덕적으로 사유하는 방법을 가르치는 것', 달리 말해서 '도덕에 관해서 합리적으로 사유하는 방법'을 가르침으로써 '도덕 문제에 관해서 스스로 자신의 견해를 채택하도록 하는 것'이다. 이러한 헤어의 도덕 교육의 목표 설정은 '합리성'과 '자율성'의 결합으로 특징지을 수 있다. 즉, 헤어는 '합리적인 도덕적 사유 방법'을 교육함으로써 '자율적인 결단 능력의 발달'을 도모하는 것을 도덕 교육의 목표로 제시한다. 그리고 이런 도덕 교육의 목표는 도덕 교육의 방법 및 내용과 긴밀하게 연계되어 있다.

교화와 교육을 구분시켜주는 목표는 교육의 방법 및 내용과 밀접히 관련되어 있다. 단지 이것들은 근본적인 것이 아닐 뿐이다. 방법과 내용이 목적에서 유래하는 것이지, 목적이 방법과 내용에서 비롯되는 것은 아니다. 만약 당신이 아이가 성인이 되어서 도덕적 문제에 대하여 스스로 생각하기를 바란다면, 당신은 비합리적 방법으로 아이에게 영향을 주고 있을 때에도 항상 아이가 도덕에 관한 합리적 사유에 관심을 가지도록 해야 한다 (Hare, 1992a: 117-118).

'자율적이고 합리적인 도덕적 사유 능력의 발달'이라는 도덕 교육의 목표 설정은 도덕 교육의 내용에 있어서도 차이를 낳는다. 도덕은 아이들에게 자연적으로 생기지 않는다. 도덕은 교육되는 것이다. 즉, 도덕은 선천적인 것이 아니라, 전수되는 것이다(Hare, 1992a: 124). 그렇다면 '자율적이고 합리적인 도덕적 사유 능력의 발달'이라는 도덕 교육의 목표 달성을 위해서 무엇을, 어떤 내용을 전수해야 할까? 이 물음에 대해서 헤어는 '도덕 그 자체'라고 답한다. 달리 말해서 '스스로 도덕적으로 생각하는 법'을 전수해야 한다는 것이다.

우리가 정말로 전수해야 하는 것은 어떤 구체적인 도덕 원리가 아니라, 도덕이 무엇인지에 대한 이해와 도덕적 방식으로 생각하고 그에 따라 행동하고자 하는 마음가짐이다. 이것은 달리 말하면, 아이들이 '옳은'과 '그른'과 같은 도덕적 단어를 사용하는 법을 배우고 그 의미를 이해하도록 해야 한다는 것이다. …… 다시 한번 강조하건대, 전수되어야 할 것은 어떤 특별한 도덕의 내용이 아니다. 도덕 교육의 목표가 이와 같이 특수한 도덕 원리를 주입시키는 것이라면, 그것은 교화이다. 우리가 가르쳐야 할 것은 어떤 특수한 도덕이 아니라, 도덕 그 자체이다. 즉, 우리는 이러 저러한 도덕 규범을 가르칠 것이 아니라 스스로 도덕적으로 생각하는 법을 가르쳐야 한다(Hare, 1992a: 124).

물론, 구체적인 도덕의 내용을 가르치지 않고 순전히 도덕의 형식만을 가르치는 것은 불가능하다. 구체적 도덕 원리를 가르치지 않는다면 도덕 원리의 추상적 이념도 가르칠 수 없다. 도덕적 사유 방법이라는 도덕의 형식을 교육하기 위해서라도 구체적인 도덕의 내용을 교육해야만 한다. 우리가 과학의 내용을 가르치지 않고 과학적 관점을 가르칠 수 없는 것과 마찬가지로 우리는 구체적인 도덕을 가르치지 않고 도덕의 관점을 가르칠 수 없다(Hare, 1992a: 125).

과학 교사는 그가 생각하기에 진리인 것을 가르친다. 그러나 그가 가르친 내용은 나중에 거짓인 것으로 밝혀질 수도 있다. 그러나 그가 그것을 통해 과학적 관점을 가르쳤다면 그의 가르침은 결코 헛된 것이 아니다. 마찬가지로 우리가 어떤 [구체적] 예를 들어 도덕적 사유를 하는 법을 가르친다면 그것으로 우리의 임무를 다한 것이다. 비록 나중에 그 도덕적 사유가 다른 도덕적 결론을 이끈다고 해도 그렇다(Hare, 1992a: 125).

이처럼 도덕 교육은 구체적인 내용의 교육에서 시작해야 한다. 그러나 헤어는 그것이 도덕 교육의 중심일 수는 없으며, 또한 아무 제한 없이 임의의 도덕 규범이나 내용을 교육할 수도 없다고 주장한다. 도덕 교육을 시작함에 있어서 우리가 가르쳐야 하는 구체적인 도덕 내용에도 일정한 제약이 있어야만 한다는 것이다. 왜냐하면 그렇지 않을 경우에 특정한 도덕의 내용이 도덕의 형식 교육을 제약할 수도 있기 때문이다. 이 문제에 관해서 헤어는 도덕의 형식과 내용의 밀접한 연관성을 해법으로 제시한다. 그의 논의에 따르면 다행히도 도덕의 형식과 내용은 밀접한 연관성이 있다. 그래서 일단 우리가 도덕의 형식을 우리의 도덕적 사유 안에 수용하고 나면, 그것은 우리가 채택하는 도덕 원리의 내용을 상당히 긴밀하게 제한한다(Hare, 1992a: 125). 예를 들어, 도덕 언어의 논리인 보편화가능성은 역지사지와 인류애 같은 규범 내용이 도덕 교육의 내용이 되어야 함을 함축한다. 도덕 교육의 목표에 관한 이상의 논의를 바탕으로 헤어는 '도덕 교육의 두 가지 유형'에 관한 논의 및 '두 수준 도덕 교육론'을 전개한다.

2) 도덕 교육의 두 가지 유형: 기술주의 교육과 규정주의 교육

헤어는 자신의 보편적 규정주의 이론이 도덕 교육에 대해서 가지는 의미 함축을 탐구한다. 먼저 그는 "도덕 교육에서 플라톤주의: 두 가지 변형(Platonism in Moral Education: Two Varieties)"(Hare, 1992d)이라는 논문에서 도덕 교육의 목적은 '도덕적으로 선한 사람의 양성' 또는 '도덕적으로 선한 성품의 형성'에 있다고 전제하면서, 플라톤주의로부터 유래하는 도덕 교육의 두 가지 유형을 대비시켜서 논하고 있다. 헤어는 이 두 가지 유형의 도덕 교육에 대해 고유한 명칭을 부여하지는 않았다. 다만 이 두 가지 유형의 도덕 교육은 각각 기술주의 윤리 이론과 규정주의 윤리 이론에 기초하고 있는 점에서 구별된다. 이런 점을 감안할 때, 이 두 가지 도덕 교육의 유형을 각각 '기술주의 도덕 교육'과 '규정주의 도덕 교육'이라고 부를 수 있을 것이다.

기술주의 도덕 교육: 내용 중심 도덕 교육

헤어에 의하면, '기술주의 도덕 교육'은 도덕이 무엇인지에 대해 '도덕의 내용'의 견지에서 대답을 제시하고, 그 내용을 교육하는 '내용 중심 도덕 교육 접근법'이다. 이 입장은 선한 사람을 양성하는 방법을 알기 위하여 먼저 '선한 사람'이 무엇을 의미하는지를 밝히고, 다음으로 어떤 교육 방법이 그러한 인간을 양성하는 데 적합한지를 탐구한다. 즉, 먼저 선한 사람에 대한 '기술적 정의'(descriptive definition)를 확립한 다음, 이 정의가 지시하는 인간을 만드는 데 적합한 방법을 찾는다(Hare, 1992d: 182).

그런데 헤어에 의하면 어떤 사회의 선한 사람에 대한 기술적 정의는 불가피하게 그 정의 안에 그 사회의 도덕 규범을 포함시킬 수밖에 없다(Hare, 1992d: 182). 그리고 주지하는 바와 같이 선한 사람의 전형이나 이와 관련된 도덕 규범은 사회마다 다르다. 따라서 이러한 전형에 알맞은 인간을 양성하고자 하는 기술주의 도덕 교육은 불가피하게 상대주의적 성격을 띠게 된다. 그럼에도 불구하고 기술주의 도덕 교육은 이와 같이 상대주의적 성격을 띠는 각 사회의 도덕적 이상(moral ideal)이나 도덕에 대한 기술적 정의를 마치 객관적 사실이나 객관적 진리인 것처럼 가르치게 된다. 그 결과로 서로 다른 사회의 도덕적 이상이 갈등을 일으킬 경우, 각각의 사회는 자기 사회의 이상을 끝까지 고수하게 되어 폭력에 의한 해결로 이어질 가능성이 커진다(Hare, 1992d: 184).

나아가 헤어는 기술주의 도덕 교육이 권위주의적 도덕 교육으로 이어질 위험성을 경고한다. 헤어의 논의에 따르면, 플라톤의 『국가론』에 제시된 권위주의적 도덕 교육의 진정한 원천은 플라톤의 '형이상학'이 아니라 '기술주의'이다(Hare, 1992d: 180). 여기서 헤어는 기술주의에 기초해서 도덕 교육을 실시하는 한, 도덕 교육은 권위주의적 성격을 띠게 된다고 주장한다.

기술주의적 도덕 교육은 특정 사회의 도덕 규범을 반영하는 '기술적 정의'를 확립하고, 이 기술적 정의 안에 상술 된 대로 학생들을 만들어 내고자 노력한다(Hare, 1992d: 183). 그리고 이런 종류의 교육에서는 자연히 학생들 스스로가 '나는 어떤 인간이 될 것인가'를 자유롭게 탐색하는 과정이 도덕 교육의 중심에서 배제될 가능성이 크다. 그것보다는 오히려 그 사회에 공유된 규범을 학생들에게 주입하고, 학생들로 하여금 그 규범이 요구하는 선한 인간의 전형을 따르도록 하는 권위주의적 교육이 이루어질 가능성이 크다. 이것은 교육과 교화에 대한 헤어의 정의에 따르면 교육이 아니라 교화이다. 기술주의 도덕 교육은 그것의 권위주의적 성격으로 인해서 근본적으로 교화의 위험을 안고 있다. 그래서 헤어는 기술주의적 도덕 교육이 시행될 경우, 타율적이고 동조주의적 인간을 양성할 수는 있어도 자율적 인간을 육성하기는 어렵다고 본다. 기술주의적 도덕 교육은 그것의 권위주의적 성격으로 인하여 도덕의 자율성을 심각하게 침해한다는 것이다. 그것은 도덕 교육이라기보다는 도덕 교화에 가까운 것이다.

이러한 이유를 들어서 헤어는 기술주의 도덕 교육에 반대한다. 하지만 그가 기술주의 도덕 교육을 전적으로 거부하는 것은 아니다. 헤어는 '두 수준 도덕 교육 이론'의 관점을 채택하면 기술주의 도덕 교육이 자율적인 도덕적 인간 육성이라는 도덕 교육의 목표를 달성하기 위한 방법과 내용으로서 적절한 자리를 부여받을 수 있다고 본다.

규정주의 도덕 교육: 형식 중심 도덕 교육

헤어는 기술주의 교육에 반대하고, 바람직한 도덕 교육의 접근법으로서 '규정주의 도덕 교육'을 제안한다. 기술주의 도덕 교육이 '도덕의 내용'을 교육하는 것인데 비해서, 규정주의 도덕 교육은 '도덕의 형식'을 교육하는 것이다. 여기서 '도덕의 형식'이란 도덕 언어의 의미와 논리 및 이에 기초한 도덕적 사유의 방법 – 보편적 규정주의 도덕 추리 방법 – 을 의미한다. 규정주의 도덕 교육에서 가장 중요한 것은 도덕 언어의 의미와 논리적 속성을 밝혀내고 그것을 교육하는 것이다. 즉, 특정한 방식으로 말하고 생각하는 것을 가르치는 것이다(Hare, 1992d: 187). 헤어는 "도덕 교육의 가장 본질적 측면은 도덕 언어 즉, '보편적인 규정적 언어'를 학습하는 것(Hare, 1992d: 188)"이라고 주장한다. 이렇게 도덕 언어를 학습함으로써 학생들은 도덕 언어의 논리적 특징을 깨닫고, 그 논리적 특징이 제시하는 사유의 규준에 따라 생각하는 법을 배우게 된다. 그리고 이러한 학습 과정을 통해서 학생들은 자율적인 도덕적 인간으로 성숙해 간다는 것이 헤어의 주장이다.

헤어는 자율(autonomy)의 어원적 의미가 자기 자신이 스스로(auto) 규범(norm) 또는 일정한 절차에 따르는 것이라는 점을 언급하면서, 자율적인 도덕적 사유는 자기 스스로 일정한 절차나 규준에 따라 도덕적으로 사유하는 것이라고 주장한다(Hare, 1992b: 131). 그리고 이 도덕적 사유의 일정한 절차나 규준은 도덕 언어의 논리에 의해서 제공된다는 것이 헤어의 일관된 주장이다. 학생들은 도덕 언어의 사용법을 배움으로써 도덕 언어의 논리적 특징(규정성과 보편화가능성)을 깨닫고, 이 논리적 특징이 제공하는 도덕적 사유의 규준에 따라 자율적으로 도덕적 사유를 할 수 있게 된다는 것이다.

헤어는 도덕 교육의 본질적 측면은 내용을 가르치는 것이 아니라, 도덕 언어에 대한 학습을 통해 '도덕적 사유의 형식'을 가르치는 것임을 누누이 강조한다. "도덕의 형식이 진실로 그리고 분명하게 이해된다면 내용은 저절로 알게 된다. 그렇기 때문에 도덕 원리의 내용에 대해서는 걱정할 필요가 없다(Hare, 1992c: 171)." 따라서 도덕 언어를 '보편적 규정주의적으로' 사용하는 방법을 가르치는 것 즉, '도덕의 형식'을 가르치는 것이 도덕 교육의 중심이 되어야 한다.

그리고 앞에서 살펴본 바와 같이 도덕적 사유의 형식은 동기 유발력을 지니는 '규정성'과 자신의 규정을 보편화하라는 '보편화가능성'에 의해 규제된다. 그렇기 때문에 보편적인 규정적 언어의 학습을 통해 '도덕의 형식'을 교육하는 것은 단순한 언어 학습이나 추리 연습이 아니라, '행동의 동기를 동반하는' 자율적인 도덕적 사유 학습이다. 따라서 "만약 규정적 언어를 제대로 가르쳤다면, '의지의 나약함'(weakness of will)을 제외한 다른 이유 때문에 추리의 결론에 따라 행위하는 데 실패하는 것은 염려하지 않아도 된다(Hare, 1992d: 188)."는 것이 헤어의 주장이다.

이처럼 '형식' 중심의 도덕 교육에 대한 강조는 자연히 도덕 교육에서 '지적 훈련'에 대한 강조로 이어진다. 헤어는 "방종한 삶보다는 불명료한 사유가 젊은이들을 더욱 타락시켜 왔다(Hare, 1992d: 189)."고 하면서 도덕 교육에서 지적 훈련의 중요성을 강조하고 있다. 다만 헤어가 강조한 지적 훈련은 단순히 판단 능력이나 추리 능력의 신장을 목표로 하는 것이 아니라, '보편적으로 규정 가능한 원리'를 선택하는 것이라는 점이 강조되어야 한다. 왜냐하면 헤어의 도덕 교육론에서 무엇보다도 중요한 것이 규정성이라는 도덕의 형식적 특징을 분명히 이해하는 것이기 때문이다.

요컨대, 헤어의 '인지 중심 도덕 교육'은 도덕적 사유와 행동의 밀접한 연관성을 강조하는 점에서 기존의 인지 중심 도덕 교육론과 구별된다. 헤어가 말하는 '인지'는 정보나 지식을 의미하는 것이 아니라, 보편적 규정주의의 사유 방법 또는 추리 방법으로서의 '인지'를 가리킨다. 이런 점에서 헤어의 제안은 기존의 인지 중심 도덕 교육의 단점으로 지적되어온 실천 동기의 결여를 보완할 수 있는 인지 중심 도덕 교육론이라고 할 수 있다. '인지 중심 도덕 교육'을 강조하는 점에서 그리고 도덕적 인지와 실천의 밀접한 관련성을 주장하는 점에서 헤어의 도덕 교육적 제안은 소크라테스적인 도덕 교육론의 전통 위에 서있다고 볼 수 있다.

이처럼 도덕 교육은 내용 중심의 기술주의 도덕 교육과 형식 중심의 규정주의 도덕 교육, 두 유형으로 구분될 수 있다. 두 유형은 도덕 교육에 대하여 상이한 접근을 주장한다. 그러나 헤어는 '기술주의 도덕 교육'과 '규정주의 도덕 교육'이 양립 불가능하다거나 양자 가운데 하나를 선택해야 하는 것은 아니라고 주장한다. 그는 우리가 도덕적 사유의 두 수준을 적절히 구분하고 이것을 도덕 교육에 적용한다면 양자를 조화시키는 것이 가능하다고 주장한다(Hare, 1992d: 179). 여기서 헤어는 자신의 교육 철학 및 도덕 교육의 기반 이론으로 '도덕적 사유의 두 수준 이론'을 도입한다.

3) 두 수준 도덕 교육론[4]

직관적 수준의 도덕 교육

헤어는 도덕적 사유의 두 수준 이론이 "특히, 교육 철학에 많은 통찰을 줄 수 있다(Hare, 1981: 25)."라고 하면서, 도덕 교육 역시 이 도덕적 사유의 두 수준 구조를 반영하여 이루어져야 한다고 주장한다. 그래서 도덕 교육은 먼저 직관적 수준의 도덕적 사유가 가능하도록 우리가 이미 주어진 것으로 간주하고 의문을 제기하지 않는 마음의 습관, 성향, 원리, 규칙 등을 체계적으로 교육해야 한다. 그래야만 대부분의 경우에서 올바른 도덕적 의사결정에 효율적으로 도달하고 올바르게 행위할 가능성이 커진다(Hare,

---

[4] 헤어는 도덕적 사유의 두 수준 이론이 도덕 철학과 도덕 교육에 많은 통찰을 줄 수 있다고 주장한다. 하지만 그는 두 수준 도덕 교육론을 구체적으로 제시하지는 않았다. 본 소절에 제시된 '두 수준 도덕 교육론'은 도덕적 사유의 두 수준 이론 및 도덕 교육에 대한 헤어의 주장을 필자가 재구성하여 발전시킨 것임을 밝힌다.

1981: 58-60). 따라서 도덕 교육은 일차적으로 직관적 수준의 도덕 교육, 달리 말해서 기술주의적 도덕 교육이 이루어져야 한다. 그래서 학생들이나 시민들은 자기 사회의 공유된 도덕적 확신이나 도덕 규칙을 내면화하고, 이를 통해 대부분의 경우에서 올바른 도덕적 의사결정과 행위를 할 수 있는 준비를 갖추게 된다.

우리의 도덕적 삶을 위해서 직관적 수준의 도덕 교육은 반드시 필요하지만 그것만으로는 충분하지 않다. 직관적 수준의 기술주의 도덕 교육은 공유된 도덕 원리나 규칙을 마치 하나의 사실이나 진리처럼 받아들이도록 내면화시키기 때문에 실천 성향을 제고하는 장점이 있다. 반면에 직관적 수준의 도덕 교육은 그러한 원리나 규칙들 자체에 의문이 제기되거나, 그것들이 서로 갈등하는 경우에 어떻게 대처해야 하는지를 교육하는 데는 한계를 드러낸다. 또한 기존의 원리나 규칙으로 처리하기에 곤란한 새로운 사례나 비정상적인 경우들에도 직관적 수준의 도덕 교육은 적절히 대처하지 못한다.

무엇보다도 직관적 수준의 도덕 교육은 각각의 사회마다 자기 사회의 공유된 도덕 규범을 하나의 사실이나 진리처럼 교육하기 때문에, 각각의 사회마다 도덕적 진리의 기준이 다를 경우에 그 상이한 도덕적 기준을 모두 인정해야 하는 상대주의를 초래한다. 그리고 이렇게 직관적 수준의 사유에서 비롯된 상대주의는 각각의 사회들 간에 도덕적 불일치가 발생하는 경우에 각각의 사회로 하여금 자기 사회의 도덕적 견해가 옳다고 고집하게 만들고, 상대의 견해를 비도덕적인 것으로 취급하게 만들 위험이 있다. 이런 상황에서 직관적 수준 도덕 교육만으로는 도덕적 불일치와 갈등을 평화적이고 합리적으로 해결하는 방법을 교육하기 힘들다. 적어도 직관적 수준의 사유와 교육의 차원에서는 그렇다. 특히, 오늘날처럼 다원적이고 다문화적인 사회에서 그리고 그런 사회들 간에 전 지구적인 소통과 교류가 항상 일어나는 여건에서 직관적 수준의 도덕 교육은 문화들 간에 또는 사회들 간에 발생하는 도덕적 불일치와 갈등을 합리적이고 평화적으로 해결하는 것을 어렵게 만든다.

비판적 수준의 도덕 교육

직관적 수준의 도덕 교육의 한계를 극복하기 위해서는 비판적 수준의 도덕 교육이 요구된다. 비판적 수준의 도덕 교육은 보편적 규정주의 추리 방법에 따라 사유하는 법을 직접 교육하는 것이다. 비판적 수준의 도덕 교육은 직관적 수준의 도덕 교육처럼 도덕의 내용을 교육하는 것이 아니라 도덕의 형식, 즉 비판적인 도덕적 사유 방법 자체를 교육하는 것이다. 그럼으로써 피교육자(학생과 시민)들은 보편적으로 규정(의욕) 가능한 원리나 준칙이 무엇인지를 '자율적으로' 사유하고 결정하는 법을 배우게 된다.

비판적 수준의 도덕 교육을 받음으로써 학생이나 시민들은 스스로 비판적 사유를 통해서 직견적인 도덕 원리나 규칙의 정당성을 확인하고, 그런 원리나 규칙들이 갈등하는 경우에 해결책을 제시하며, 원리나 규칙이 적용될 수 없는 새로운 사례나 비정상적인 경우에 직접 보편적 규정주의 추리 방법을 적용할 수 있게 된다. 요컨대, 비판적 수준의 도덕 교육은 관습적 도덕을 넘어서 반성적 도덕으로 나아갈 수 있도록 추동하는 도덕 교육이다. 비판적 수준의 도덕 교육을 통해서 반성적 관점에 서게 됨으로써 피교육자들은 스스로 각자는 자기 사회의 관습 도덕과 상대주의를 넘어서 자기 사회 및 다른 사회의 도덕 규범과 관행을 비판적으로 평가할 수 있는 자율적 역량을 함양하게 된다.

그러나 비판적 수준의 도덕 교육 역시 도덕적 삶과 교육을 위해서 반드시 필요하지만, 그 자체로 충분하지는 않다. 왜냐하면 우리는 인간적 약점으로 인해서 비판적 사유를 하는 데 필요한 시간, 사고력, 정보 등이 부족하기 때문이다. 그래서 우리가 모든 경우마다 비판적 사유를 하는 것은 인간 능력의 한계를 벗어나는 것이고, 그 결과도 일반적으로 바람직하지 않다. 이런 한계를 보완하기 위해서는 일상의 대부분의 경우에서 비판적 사유에 접근할 가능성이 가장 큰 간단한 도덕 원리나 도덕 규칙을 마련하고 그것에 따라 사유할 필요가 있다. 그리고 일상적인 보통의 경우에서 우리는 비판적 사유보다 이런 간단한 도덕 원리나 규칙을 따르는 직관적 사유에 의존하는 것이 더 효율적이고 도덕적으로도 더 안정적이다(Hare, 1981: 46-49). 이런 경우를 위해서, 즉 이런 간단한 도덕 원리나 규칙을 교육하기 위해서는 직관적 수준의 도덕 교육이 필요하다. 비판적 수준의 도덕 교육과 사유는 단지 직관적 수준의 도덕 교육과 사유가 분명한 한계를 노정하는 경우—직관적 원리나 규칙이 정당화를 요하는 경우, 갈등하는 경우, 적용될 수 없는 새로운 경우—를 위해서 필요한 것이다.

이상의 두 수준 도덕 교육론은 앞서 논의한 '기술주의 도덕 교육'과 '규정주의 도덕 교육'을 하나로 결합할 수 있는 방법을 제시한다. 도덕적 사유의 두 수준을 적절히 구분함으로써 '기술주의 도덕 교육'과 '규정주의 도덕 교육'은 각각 '직관적 수준의 도덕 교육'과 '비판적 수준의 도덕 교육'의 역할을 하게 되며, 이를 통해서 양자를 조화시키는 것이 가능하게 된다. 직관적 수준의 도덕 교육은 비판적 수준의 도덕 교육보다 실천적으로 우선하고, 비판적 수준의 도덕 교육은 직관적 수준의 도덕 교육보다 인식론적으로 우선한다. 기술주의 교육(내용 교육)은 두 수준 도덕 교육론 아래에서 단순한 교화가 아니라 교육으로서 위상을 갖게 되며, 자율적인 도덕적 인간 육성에서 중요한 역할을 하게 된다. 규정주의 교육(형식 교육) 역시 두 수준 도덕

교육론의 관점을 도입함으로써 형식 교육의 한계를 넘어서 구체적인 도덕 내용을 교육할 수 있게 된다. 도덕적 사유에서 직관적 사유와 비판적 사유가 서로 다른 역할을 하면서 하나로 결합하여 전일적인 구조를 지닌 도덕적 사유 체계를 구성하듯이, 도덕 교육도 직관적 수준과 비판적 수준의 도덕 교육을 통해서 하나의 완결 구조를 이루게 된다.

4 시민교육에 대한 시사점

앞서 상론한 헤어의 윤리 이론(보편적 규정주의 이론, 칸트적 공리주의, 도덕적 사유의 두 수준 이론)과 도덕 교육론(교육과 교화의 구분, 기술주의 교육과 규정주의 교육, 두 수준 도덕 교육론)은 시민 교육에 대해서도 많은 이론적·실천적 함의를 지닌다. 그 이유는 시민 교육이 무엇보다도 시민으로서의 바람직한 행동을 지도하고, 삶의 선택을 안내하는 '규정적 교육'이기 때문이다. 도덕 교육과 시민 교육은 모두 규범을 교육하는 규정적 교육에 속한다. 시민 교육은 가치 교육의 일종이기 때문에 단순히 정보 전달을 위한 '기술적 교육'에 머물 수만은 없다. 헤어는 이 규정적 교육의 핵심이라고 할 수 있는 규정적 화행의 논리와 규정적 사유의 본질에 대한 이론을 제시하고 있다. 바로 이 점에서, 즉 시민 교육이 규범을 교육하는 규정적 교육이라는 점에서 헤어의 보편적 규정주의, 도덕적 사유의 두 수준 이론, 도덕 교육론은 시민 교육에 대해서도 적지 않은 이론적·실천적 함축을 지닐 것으로 생각된다. 특히, 헤어의 도덕 교육론은 시민 교육의 목표, 내용, 방법에 대하여 많은 시사점을 주며, 시민 교육이 지향해야 할 방향에 대하여 성찰해야 할 바를 제시한다.

1) 시민 교육의 목표: 자율적 결단 중심의 교육

시민 교육의 목표로서 자율성

앞에서 살펴본 바와 같이, 헤어는 목표를 기준으로 교육과 교화를 구분하고, 도덕 교육의 목표로서 '합리적인 도덕적 사유 방법의 교육과 그를 통한 자율적인 결단 능력의 발달'을 제안한 바 있다. 구체적인 도덕 규범의 내용을 단순히 전수하는 것은 헤어의 관점에서 보면 '도덕 교육'이 아니라 '도덕 교화'에 불과하다. 구체적인 도덕 규범을 단순히 전수하는 사회화는 도덕 교육의 목표가 아니라 자율적인 도덕적 인간 육성이라는 진정한 도덕 교육의 목표를 달성하는 하나의 방법일 뿐이다. 이러한 도덕 교육의 목표 설정은 시민 교육의 목표에 대해서도 다음과 같은 중요한 시사점을 제시해 주고 있다.

먼저, '시민 교육'과 '시민 교화'는 구분되어야 한다. 가령, 헤어의 관점에서 보면 피교육자에게 특정 국가나 사회에서 공유되고 있는, 시민으로서 따라야 할 바람직한 행동 규범이나 삶의 방식을 일방적으로 주입하거나 전수하는 것은 시민 교화이지 시민 교육이라고 할 수 없다. 비록 대한민국에서 시행되는 국적이 있는 시민교육이라고 할지라도, 시민 교육은 단순히 우리 사회의 공유된 시민 관련 행동 규범이나 삶의 방식을 전수하는 것이 되어서는 안 될 것이다. 그런 수준의 교육은 시민에 대한 교화이지 교육이라고 할 수 없기 때문이다. 그런 시민 교육으로는 타율적이고 동조주의적인 시민을 육성할 수는 있어도, 자율적인 시민을 육성할 수는 없다. 따라서 공유된 행동 규범이나 삶의 방식을 단순히 주입하는 것은 시민 교육의 목표가 될 수 없고, 되어서도 안 된다. 그러한 교육은 시민 교육을 위한 하나의 방법이나 내용의 일부일 수는 있어도, 그것이 시민 교육의 목표가 되어서는 안 된다.

다음으로, 시민 교육의 목표는 헤어가 교육 일반의 목표 가운데 하나로 제시하는 자율성 발달에 기초해야 한다. 도덕 교육의 목표가 '자율적인 도덕적 인간' 육성이듯이, 시민 교육의 목표 역시 '자율적인 시민' 육성이 되어야 한다. 시민 교육에서도 사회화는 교육의 목표가 아니라 자율적 시민 육성이라는 목표를 달성하는 하나의 수단일 뿐이다. 그러므로 시민 교육은 특정한 국가나 사회의 시민으로서 따라야 할 행동 규범이나 삶의 방식을 전수하는 것이 아니라, 피교육자들이 스스로 자신의 행동 규범과 삶의 방식을 결단하고 그것이 자신의 삶에서 궁극적으로 어떤 의미를 가지는지 그리고 그것이 우리에게 어떤 행동과 선택을 요구하는지를 성찰할 수 있는 기회를 제공해야 한다. 그럼으로써 시민 교육은 자율적 시민 의식의 발달을 교육의 목표로 삼아야 할 것이다. 이러한 시민 교육의 목표 설정은 도덕 언어 또는 가치 언어의 논리적 특징인 규정성의 요구에 의해서 더욱 강화된다.

결단 중심 시민 교육

헤어가 주장하는 도덕 언어의 논리인 규정성은 도덕 교육뿐만 아니라 시민 교육에 대해서 중요한 실천적 결과를 가진다. 헤어가 분명히 밝힌 바와 같이 규정성은 도덕 판단뿐만 아니라, 가치 판단 일반이 공유하는 논리적 특징이다. 그러므로 도덕 언어의 규정성이 도덕 교육에 대하여 시사하는 목표, 내용, 방법에 대한 제안은 시민교육에 대해서도 타당하다고 할 수 있다.

도덕 교육에서 규정성은 도덕 원리에 대한 결단의 중요성을 함축한다. 헤어에 의하면 도덕 원리가 규정성을 가지는 이유는 행위 주체가 자신의 행위를 지도할 원리로서 그 도덕 원리를 채택하기로 결단했기 때문이다. 원리에 대한 결단(decision)을 통해서만 행동의 원리는 특수한 명령을 함의

한다(Hare, 1952: 55). 따라서 도덕 원리에 대한 주체의 결단이 없다면, 도덕 원리의 규정성도 없다. "결단은 도덕의 본질적 요소(Hare, 1952: 54-55)"이다. 그리고 이 원리의 결단은 다른 사람이 대신해줄 수 없다. "우리는 스스로 원리를 결단해야 한다. 우리가 먼저 다른 사람에게 조언을 요청하기로 결단하거나 그들의 지시에 따르겠다고 결단하지 않는 한, 다른 사람들이 우리를 위해서 원리를 결단할 수는 없다(Hare, 1952: 70).''

그리고 헤어에 의하면 특정한 규범 원리의 집합을 채택하기로 결단하는 것은 특정한 '삶의 방식'을 선택하는 것이다. 따라서 규범 원리의 본질적 요소인 규정성을 교육하기 위해서는 학생들 스스로 자신의 규범 원리의 집합을 채택하기로 결단하고, 특정한 삶의 방식을 선택하도록 교육하는 것이 필수적이다. 헤어는 이렇게 도덕 원리를 결단하고 삶의 방식을 선택하도록 교육할 때 도덕 원리를 일상적인 사실 진술처럼 다루어서는 안 된다는 점을 강조한다. 학생들에게 도덕을 가르치는 것은 사실 지식을 가르치는 것과는 다르다. 왜냐하면 우리가 학생들에게 그들이 어떻게 살아야 하는가를 단순한 '사실'의 문제로서 가르친다면, 교육을 통해서 그들이 삶의 방식을 채택하도록 만들 수는 없기 때문이다. 삶의 방식의 선택은 역사적 사실이나 과학적 사실을 배우는 것과는 분명히 다르다. 따라서 '도덕에 관한 사실' 즉, 그들이 어떤 것을 해야 하고 어떤 것을 해서는 안 되는지에 관한 사실을 가르치는 것은 진정한 도덕 교육이 아니다. 아이들이 도덕을 단순한 도덕에 관한 사실의 문제로 배운다면, 아이들은 도덕 규범에 관한 사실을 알고 있음에도 불구하고 그것에 따라 행동하겠다는 동기를 가지지 못하게 된다. 도덕 판단이나 원리를 사실처럼 교육하게 될 경우, 도덕이 궁극적으로 도덕적 주체의 합리적 결단에 의존한다는 점을 간과하게 되고, 그래서 도덕의 규정적 성격을 제대로 교육하지 못하게 된다. 교육자들은 학생들이 자신의 도덕 원리 또는 삶의 방식을 스스로 선택할 수 있도록 도와주어야 한다(Hare, 1992c: 159-160). 그럴 경우에만 도덕 원리의 규정성에 대한 교육이 가능하다.

> 도덕 판단은 사실의 진술이나 정보가 아니기 때문에 유럽 여러 나라의 수도 이름을 가르치듯이 교과서를 통해서 가르칠 수 없다. 도덕 교육은 학생들에게 정보를 전달하는 것이 아니라 학생들이 스스로 자신들의 견해를 채택하도록 하는 것이다(Hare, 1992a: 123).

이러한 헤어의 주장은 도덕 교육뿐만 아니라 규정성을 강조하는 규범 교육 일반에 적용 가능한 주장으로 보이며, 따라서 시민 교육에서도 고려할 가치가 있는 주장이다. 규정성과 결단 및 삶의 방식 선택 간의 밀접한 관련성은 시민 교육에 대해서도 중요한 실천적 함축을 가진다. 도덕 원리를 비롯한 규범 원리의 본질적 기능이 규정성에 있고, 그 규정성이 주체의 결단에서 유래하는 것이라면, 규정적 교육인 시민 교육도 원리에 대한 결단 및 삶의 방식의 선택을 시민 교육의 과정 안에 반드시 포함시켜야만 할 것이다. 시민 교육이 단순히 피교육자에게 특정한 삶의 방식을 성공적으로 전수하고자 한다면, 그런 시민 교육은 교육이 아니라 교화의 수준을 벗어나지 못할 것이다. 요컨대, 시민 교육에서 사용하는 가치 언어의 논리적 특징 가운데 하나인 규정성은 시민 교육의 목표가 '자율적 결단 중심의 교육'이 되어야 함을 시사한다.

2) 시민 교육의 내용: 역지사지 교육과 인류애 교육

　헤어는 도덕 교육의 두 유형을 내용 중심의 기술주의 도덕 교육과 형식 중심의 규정주의 도덕 교육으로 구분하고, 이 가운데 형식 중심의 규정주의 교육이 도덕 교육의 중심이 되어야 한다고 주장한다. 또한 그는 도덕의 형식과 내용은 밀접한 연관성이 있기 때문에 도덕 언어의 논리가 도덕의 내용을 상당히 긴밀하게 제한한다고 주장한다. 이러한 헤어의 주장은 형식 중심의 도덕 교육이 내용 중심의 도덕 교육에 일정한 제약을 가한다는 주장으로 이어진다. 달리 말해서 도덕 언어의 논리를 중심으로 도덕적 사유 방법을 교육하는 것은 우리가 수용해야 할 도덕의 내용에도 일정한 제약을 가하고, 이것은 다시 도덕 교육의 내용에도 일정한 제약을 가한다는 것이다. 특히, 도덕 언어의 보편화가능성은 역지사지와 인류애를 도덕 및 도덕 교육의 중심 내용이 되도록 제약한다.

　이상과 같은 헤어의 주장은 시민 교육에도 타당하게 적용 가능한 것으로 보인다. 가치 교육으로서 시민 교육도 '내용 중심의 기술주의 시민 교육'보다 '형식 중심의 규정주의 시민 교육'이 주가 되어야 할 것이다. 왜냐하면 그래야만 시민 교육이 교화로 흐르지 않고 자율적 시민 양성이라는 시민 교육의 목표를 달성할 수 있을 것이기 때문이다. 또한 시민 교육은 그 내용에 있어서도 가치 언어의 논리가 가하는 제약을 수용해야 할 것이다. 왜냐하면 보편화가능성은 도덕 언어의 논리적 특징이지만 동시에 도덕 언어를 포함하는 모든 가치 언어의 논리적 특징이기도 하기 때문이다. 따라서 보편화가능성이 도덕 및 도덕 교육의 내용에 대해서 가하는 제한은 시민 교육의 내용에 대해서도 똑같이 적용될 수 있을 것이다. 이것은 역지사지와 인류애 교육이 도덕 교육뿐만 아니라 시민 교육의 중심 내용이 되어야 함을 시사한다.

역지사지 교육

가치 언어의 논리적 특징인 보편화가능성 역시 시민 교육에 대해서 중요한 실천적 함축을 가진다. 도덕 판단이 보편화 가능해야 하는 것처럼 시민 교육에 사용되는 규범 판단이나 가치 판단 역시 보편화 가능해야 한다. 따라서 규범 판단이나 가치 판단을 내리는 사람은 자신이 타인의 입장에 처하는 경우에도 동일한 판단이 적용될 수 있는지를 검토해 보아야 한다. 그리고 이것을 검토하기 위해서는 자신의 행동에 의해서 영향받는 타인의 입장에 자기 자신을 둘 수 있어야 한다. 이 '타인의 입장에 설 수 있는 능력'—역지사지 능력, 관점 채택 능력, 역할 교환 능력—을 기르는 것은 도덕 교육의 본질적 부분 가운데 하나이며(Hare, 1992c: 166), 따라서 시민 교육의 본질적 부분 가운데 하나이기도 하다.

그리고 헤어에 의하면 우리가 타인의 입장에 서서 원리의 수용 가능성을 평가하기 위해서는 자신의 '행동의 결과를 아는 능력'과 '타인의 감정을 이해하는 능력'이 필요하다. 첫 번째 기능은 우리의 행동의 결과가 무엇인가를 아는 것으로서 내가 어떤 행위를 한다면 나는 무엇을 하게 되는가를 아는 능력이다. 두 번째 능력은 우리의 행동이 타인의 감정에 어떤 영향을 주는지를 인식하는 능력이다. 헤어는 이 두 가지 기능이 윌슨이 주장하는 GIG(행동의 결과를 아는 능력)와 EMP(타인의 감정에 대한 이해)에 상응한다고 주장한다(Hare, 1992c: 166-167).

헤어는 GIG의 경우에는 일반적 교육의 일상적 방법을 사용하여 성공적으로 교육할 수 있는 반면에, EMP를 교육하기 위해서는 특별한 학습이 필요하다고 본다. 헤어는 다른 사람들이 어떤 정서적·동기적 상태에 있는지를 이해하기 위해서는 공감적 상상력의 계발이 필요한데, 이것은 쉬운 일이 아니라고 말한다(Hare, 1992a: 125). 우리는 보통 상상적인 문학과 드라

마와 예술이 타인의 감정을 이해하는 학습에 도움을 준다고 생각한다. 그러나 헤어는 이것을 강조할 필요가 없다고 주장한다. 학생들이 타인의 감정을 이해하는 능력을 신장시키기 위하여 학교의 커리큘럼에 이러한 상상적 작품들을 포함시키는 것은 어느 정도 정당성을 가진다. 그러나 헤어는 이것을 강조할 경우, 오히려 타인의 감정에 대한 이해를 저해할 위험이 있다고 우려한다. 소설과 같은 상상적 문학 작품들은 인간의 감정을 실제 그대로 그려내기보다는 극적이고 낭만적으로 과장하는 경향이 있기 때문이다. 따라서 학생들이 소설로부터 세계에 관한 모든 지식을 얻는다면, 그들은 인간이 처하는 일반적 상황에 적절하게 대처하지 못할 가능성이 커진다. 그래서 헤어는 소설에서 사람들의 아주 극적인 감정을 탐구하는 것보다는 가정과 학교에서 사람들의 실제 감정을 배우는 것이 훨씬 중요하다고 주장한다(Hare, 1992c: 168-169).

인류애 교육

헤어에 따르면 규범의 보편화가능성은 '동료 인간에 대한 사랑'을 도덕 교육 및 시민 교육의 핵심 요소 가운데 하나로서 포함할 것을 요구한다. 이것은 윌슨이 말하는 PHIL에 상응하는 것이다. 우리의 '행동의 결과에 대한 지식'과 '타인의 감정에 대한 이해'를 가지는 것만으로는 바람직한 시민성을 지닌 사람이 되기에 충분하지 않다. 왜냐하면 유능한 고문 기술자는 그의 행동이 고문당하는 사람의 감정에 어떤 영향을 주는지를 아주 잘 알고 있기 때문이다. 타인의 감정에 대한 지식에 '동료 인간에 대한 사랑'이 부가되어야 한다. 헤어에 의하면 이 동료 인간에 대한 사랑은 보편화가능성의 요구로부터 직접적으로 생기는 것이다. 왜냐하면 보편화가능성의 논리는 우리의 도덕 원리 안에 개체에 대한 지시를 포함시키지 말 것을 요구하며,

그런 한에서 우리는 우리가 도덕적으로 사유하는 한, 타인의 이해관심(이익)보다 우리 자신의 이해관심을 더 선호할 수 없기 때문이다.

> 인간을 사랑하는 것은 그들의 이해관심(이익)을 우리 자신의 이해관심처럼 대우하는 것이다. 또는 아리스토텔레스가 표현한 것처럼 그들의 선을, 그리고 사실상 그들의 실존을 우리 자신의 선 및 실존과 똑같이 중요한 것으로 대우하는 것이다(Hare, 1992c: 170).

이처럼 보편화가능성의 논리는 도덕 교육에서와 마찬가지로 시민 교육의 중심 내용으로 역지사지와 인류애를 포함할 것을 요구한다. 물론, 역지사지 교육과 인류애 교육이 시민 교육의 중심 내용이긴 하지만 그것의 전부는 아니다. 시민 교육의 내용 가운데는 특정 국가나 사회에서 공유되고 있는 시민으로서의 바람직한 삶의 양식과 행위 규범에 대한 교육도 당연히 포함된다. 이와 같은 기술주의 시민 교육은 시민 교육의 필수적 내용 요소이다. 그러나 헤어의 관점에서 보면, 이런 기술주의 시민 교육은 단지 시민 교육의 한 수준을 차지할 뿐이다. 그것은 보다 고차적인 시민 교육인 규정주의 시민 교육과의 관련 속에서 진행되어야 한다.

3) 시민 교육의 방법: 두 수준 시민 교육과 수범지교
두 수준 시민 교육

헤어의 도덕적 사유의 두 수준 이론에 기초한 두 수준 도덕 교육론은 시민 교육에서 '직관적 수준의 시민 교육(기술주의 시민 교육)'과 '비판적 수준의 시민 교육(규정주의 시민 교육)'을 종합적으로 추구하라는 이론적·실천적 함축을 가진다. 시민 교육 역시 도덕 교육과 마찬가지로 교육의 목표, 내용,

방법이 직관적 수준과 비판적 수준으로 구분되어 설정되고 추진될 필요가 있다. 시민 교육은 일차적으로 우리 사회에서 널리 공유되고 있는 시민적 규범을 지키고 시민으로서의 덕성을 갖춘 시민 육성을 목표로 삼고, '내용 중심의 접근'에 의거해서 시민적 규범과 덕성을 직접적으로 교육해야 할 것이다. 직관적 수준의 시민 교육을 통해서 학생과 시민들은 시민으로서 마땅히 따라야 할 간단한 원리와 규칙들을 습득하게 되고, 그것을 지키고자 하는 덕성을 기를 수 있게 된다. 이러한 직관적 수준의 시민 교육을 바탕으로 시민 교육은 궁극적으로 비판적 수준의 시민 교육으로 나아가야 한다.

비판적 수준의 시민 교육의 목표는 단순히 시민적 규범을 준수하는 성향을 지니는 것이 아니라, 그런 규범과 덕목의 정당 근거를 스스로의 사유를 통해서 정립할 수 있는 자율적 시민을 육성하는 것이다. 그리고 이런 비판적 사유 능력을 통해서 학생과 시민들은 자기 사회의 시민적 규범과 덕목의 타당성과 그 한계를 비판적으로 성찰할 수 있고, 다른 사회의 시민 규범과 덕목들을 비판적인 관점에서 평가할 수 있게 된다. 이런 비판적 시민 교육을 위해서는 내용 중심 접근이 아니라 형식 중심의 접근에 근거해서 보편적 규정주의 추리 능력을 길러주는 교육을 실시할 필요가 있다.

수범지교(垂範之敎)의 중요성

마지막으로, 도덕 교육과 마찬가지로 시민 교육은 규정성을 강화하는 교육이 되어야 하며, 이를 위하여 수범지교의 중요성이 강조되어야 한다. 시민 교육이 규정적 교육(규범 교육)이고 규정적 교육의 중심 기능이 '행동을 지도하는' 것이라면, 시민 교육을 실시하는 교육자는 그가 주창하는 규범 원리에 따라서 성실하게 살고자 노력하는 모습을 보여주어야 한다. 만약 그가 스스로 자신이 주창한 규범 원리에 따라서 살고자 노력하지 않는다면, 이것은 즉시 그가 진실로 그리고 성실하게 그 원리들을 준수하지 않고, 단지 말로만 규범 원리를 외친다는 의심을 불러일으키게 된다. 이런 교육자에게서 규범 원리를 배운 학생이 그 규범 원리에 따라 자신의 행위를 지도하기를 기대하기는 어렵다. 따라서 교육자의 실천이 따르지 않는 규범 교육은 그만큼 성공할 가능성이 줄어들게 된다(Hare, 1992c: 159).

도덕 교육에서 수범지교의 중요성이 강조되는 이유가 바로 도덕 판단의 규정성 때문이듯이, 시민 교육도 규정적 교육이기 때문에 수범지교의 중요성이 강조되어야 한다. 규범의 교육자는 도덕 교육과 시민 교육을 막론하고 자신의 규범 원리에 따라 몸소 실천하는 모습을 보여줌으로써 규범 원리의 규정적 특징을 학생들에게 가르칠 수 있다. 따라서 규범 교육자는 규범의 규정성을 교육하기 위하여 자신의 규범 원리에 따라 살고자 진정으로 노력하는 모습을 보여주어야 한다.

5 비판과 쟁점

이상에서 상론한 바와 같이, 헤어는 도덕 언어 및 도덕적 사유에 대한 철학적 분석을 통하여 "관습적으로 수용되는 도덕적 기준을 진리라고 가정하지 않고 도덕 문제들에 대해 사유하는 방법을 교육하는 것이 도덕 발달을 위해서 중요하다는 점을 보여주고자 노력하였다(J. E. Hare, 2013: 2298)." 헤어는 도덕 교육이 기술주의 교육이 아니라 규정주의 교육이, 권위주의 교육이 아니라 자율적 교육이 되어야 함을 강조한다. 또한 그는 도덕 교육에 대해서 '형식 중심 교육', '인지 중심 교육', '자율적 결단 중심 교육', '수범지교', '역지사지와 인류애 교육'을 목표로 '직관적 수준의 교육'과 '비판적 수준의 교육'을 종합할 것을 제안한다. 그리고 이러한 헤어의 제안은 도덕

교육과 마찬가지로 일종의 규정적 교육인 시민 교육에서도 반드시 고려해야 할 중요한 통찰을 제공하고 있다.

하지만 헤어의 윤리 이론 및 도덕 교육론, 그리고 이를 응용한 시민 교육론 역시 다른 독창적이고 통찰력 있는 이론들과 마찬가지로 다양한 비판과 반론의 대상이 되고 있다. 이런 비판들 가운데 시민 교육과 관련해서 특히 주목할 것은 두 수준 이론에 대한 비판과 보편주의적 지향에 대한 비판이다. 두 수준 이론과 보편주의 지향에 대한 비판이 타당하다면, 이를 기반으로 하는 도덕 교육론과 시민 교육론도 그 타당성이 의심받을 것이다.

헤어의 두 수준 이론은 비판적 사유와 직관적 사유의 역할 구분을 통해서 반성적 도덕(공리주의)과 관습적 도덕(직관)을 하나의 전일적 구조하에 통합한 이론으로 평가받고 있다. 그러나 두 수준 이론은 그것의 '불안정성'과 '심리적 비현실성'의 반론에 직면한다. 매키(J. L. Mackie)는 비판적 사유와 직관적 사유가 서로를 방해하여 각각의 수준에 고립되기 쉽기 때문에 두 수준 이론은 불안정하다고 비판한다. 윌리엄스(B. Williams)도 직관적 원리들을 궁극적인 것으로 대하면서 동시에 도구적인 것으로 대하라는 두 수준 이론의 요구는 심리적으로 비현실적이고, 그 요구를 따를 경우 인격의 온전성(personal integrity)이 파괴된다고 비판한다.

먼저, 매키는 두 수준이 상호 고립되는 문제를 지적한다. 그의 논의에 따르면 공리주의적 방식으로 사유하는 비판적 사유를 주로 하게 되면, 이것이 직관적인 도덕적 사유와 행동에 악영향을 미쳐서 직관적 사유를 못하게 방해한다. 이렇게 되면 도덕적 사유는 직관적 수준에 고립된다. 반대로 우리의 성격에 뿌리박혀 있는 덕들과 원리들에 호소하는 직관적 수준의 사유 역시 비판적 사유를 약화시켜서 비판적 사유로 나아가지 못하고 직관적 수준에 고립된다. 결국, 비판적 사유와 비판적 사유의 두 수준은 사라지고,

각각의 고립된 수준만 남는다(Mackie, 1985: 110-111).

윌리엄스도 헤어의 두 수준 모델의 심리적 비현실성을 비판한다. 윌리엄스에 따르면 헤어의 두 수준 모델에서 진정한 도덕적 사유는 공리주의적으로 사유하는 비판적 수준에서 일어나며, 직관적 수준에서 이루어지는 것은 단지 비판적 사유에 의해 결정된 공리주의적 의무를 우리가 수행하도록 도와주는 수단일 뿐이다. 그러나 직관적(직견적) 원리가 구속력을 가지려면, 그것을 단순한 도구가 아니라 궁극적인 것으로 간주해야 한다. 그래야만 두 수준 모델이 직견적 원리가 직관적 수준에서 수행하기를 기대하는 역할 —강력한 도덕적 감정을 수반해서 행위자가 교묘한 반성에 의해 오도되는 것을 막을 수 있을 만큼 확고한 원리로 작용하는 것—을 다할 수 있다. 요컨대, 헤어의 두 수준 모델은 직관적 원리를 비판적 사유를 위한 수단으로 여기면서도 동시에 직관적 원리에 대해서 그것을 궁극적인 것으로 대할 때에만 가능한 역할을 기대한다. 그러나 이것은 우리에게 직관적 원리들을 직관적 수준에서는 궁극적인 것으로 대하라고 요구하면서도 동시에 비판적 수준에서는 비판적 사유를 위한 수단으로 대하라고 요구하는 것이다. 이러한 요구는 명백히 정합적이지 않을 뿐만 아니라, 심리적으로 비현실적인 요구라는 것이 윌리엄스의 비판이다(Williams, 1988: 189-190). 즉, 우리가 직관적 원리들을 궁극적인 것으로 대하면서 동시에 도구적인 것으로 대하기는 심리적으로 어렵다는 것이다.

이러한 비판에 대해 헤어는 비판적 사유와 직관적 사유의 결합에 대해서 그렇게 큰 우려를 하는 이유를 이해할 수 없다고 하면서, 도덕적 사유에 대한 자신의 경험에 비추어 볼 때 두 수준의 양립 가능성을 보여주는 증거는 많다고 응수한다(Hare, 1988: 289).

이러한 반론은 내가 보기에 도덕적으로 선한 삶을 살고자 노력해본 경험이 있는 사람에게는 유지될 수 없는 것처럼 보인다. 직관적 수준에서 도덕적 의무나 덕을 궁극적인 것으로 간주하면서 … 동시에 이러한 성격 특징들이 정말로 덕을 구성한다는 것과 직관적인 도덕 원리들이 정말로 우리가 준수해야 하는 원리라는 것을 입증하기 위해서는 단순한 직관 이상의 사고가 요구된다는 것을 인정하는 것은 완전히 가능하다(Hare, 1997: 158).

쇼(William H. Shaw)도 많은 사람이 보통의 경우에 직관적 원리를 확고하게 신봉하면서도 동시에 필요한 경우에 그 원리의 내용에 관해서 그리고 그것들의 정당성과 한계에 관해서 비판적 거리를 유지하면서 사유한다는 사실을 지적한다. 이런 점을 감안하면 오히려 헤어의 두 수준 모델이 우리의 일상적인 도덕적 사유의 경험에 더 잘 부합하며, 따라서 도덕적 사유의 두 수준 이론에는 심리학적으로 건 철학적으로 건 어떤 불안정성이나 비일관성도 없다고 헤어를 옹호한다(Shaw, 1999: 163).

헤어의 도덕 교육론과 이를 응용한 시민 교육론은 보편적 규정주의와 두 수준 이론에 기초하고 있다. 이 두 이론은 공히 상대주의를 거부하고 보편주의를 강하게 지향하는 특징을 가진다. 헤어가 윤리적 기술주의―자연주의, 직관주의―를 거부하는 궁극적 이유도 기술주의에 기초한 윤리 이론과 도덕 교육이 상대주의를 초래한다고 보기 때문이다. 비록 헤어가 두 수준 이론을 통해서 직관적 수준에서 특정 사회나 국가의 공유된 삶의 양식이나 행위 규범을 일정 부분 수용한다고 하더라도, 그래서 상대주의적 특징을 일정 부분 수용한다고 하더라도, 그것은 어디까지나 하위 수준에서 작용하는 것일 뿐이다. 보다 상위 수준인 비판적 사유 수준과 규정주의 교육에서 헤어는 보편화가능성을 중심으로 강한 보편주의적 지향을 지닌 윤리와 도덕 교육을 지향한다.

하지만 이러한 강한 보편주의적 지향을 지닌 도덕 교육과 이를 응용한 시민 교육은 개별 국가나 사회의 특수성을 무시한다는 비판에 직면하기 쉽다. 특히, 시민 교육에 있어서 강한 보편주의적 지향은 자칫 시민 교육과 세계 시민 교육의 차이를 희석시키고, 시민 교육을 세계 시민 교육화할 가능성이 있다. 시민 교육이 세계 시민으로서 삶의 방식과 행동 규범을 반드시 배제해야 하는 것은 아니지만, 시민 교육이 특정 국가나 사회의 시민으로서 삶의 방식과 행동 규범을 중심으로 이루어지고 있고, 또 일정 부분 그래야 한다는 것은 부인할 수 없는 사실이다.

보편성과 특수성을 기준으로 시민 교육과 세계 시민 교육을 구분해 본다면, 세계 시민 교육이 보다 보편주의적 지향을, 시민 교육이 보다 특수주의적 지향을 가지는 것으로 볼 수 있다. 이렇게 볼 때, 자율성의 발달을 강조하는 헤어의 도덕 교육론은 그 방점이 자율성에 찍혀 있고, 그 자율성은 강한 보편주의적 지향을 가진다. 그렇기 때문에 헤어의 도덕 교육론을 응용하는 시민 교육론 역시 강한 보편주의적 지향을 가지며, 따라서 그것은 시민 교육의 특수성을 희석시키고 보편성을 부각하여 시민 교육을 세계 시민 교육으로 만든다는 비판에 직면할 수 있다.

하지만 시민 교육과 세계 시민 교육이 반드시 배타적인 대립 관계에 있는 것은 아니며, 시민 교육과 세계 시민 교육을 통합하는 것이 불가능한 것도 아니다. 어쩌면 헤어의 두 수준 시민 교육론이 그러한 통합의 기반을 제공하는 것일지도 모른다. 왜냐하면 그의 두 수준 이론 안에는 시민 교육과 세계 시민 교육을 각각 직관적 수준과 비판적 수준으로 구분하여 통합할 수 있는 방안과, 시민으로서의 특수성과 세계 시민으로서의 보편성을 조화할 수 있는 시민 교육의 방안이 포함되어 있기 때문이다.

   이상에서 살펴본 헤어의 교육적 제안은 체계적인 도덕 교육론 또는 시민 교육론으로는 미흡한 점이 있다. 특히, 교육 방법과 관련한 그의 언급은 원론적이고 초보적인 수준을 벗어나지 못하고 있다. 그의 제안은 구체적인 교육론으로 제시된 것이라기보다는 자신의 도덕 철학과 정합적인 교육 철학이 지향해야 할 바를 그려보는 수준에서 제시된 것이라 볼 수 있다. 헤어도 인정하고 있는 바와 같이 구체적인 교육론의 전개는 교육학자나 심리학자의 몫이라고 할 수 있다(Hare, 1992d: 190).

참고문헌

강정인, 김성환 편역(1991), 『플라톤의 이해』, 서울: 문학과지성사.
류지한(2003), "도덕적 개념의 논리와 도덕적 추리: 헤어의 반직관주의 · 비자연주의 도덕 추리론", 『대동철학』, 21, 대동철학회, 1−27.
류지한(2004), "두 수준 공리주의에 관한 연구," 『국민윤리연구』, 제55호, 한국국민윤리학회, 201−230.
류지한(2014), "헤어(R. M. Hare)의 윤리 이론과 도덕 교육," 『윤리연구』, 97호, 한국윤리학회, 151−171.
박종현 편역(1993), 『플라톤 : 메논 · 파이돈 · 국가』, 서울: 서울대학교출판부.
최호연 편역(1997), 『프로타고라스, 메논』, 서울: 도서출판 두로.
Austin, J. L. (1961), *Philosophical Papers*, Oxford: Oxford U · P.
Austin, J. L. (1963), *How to Do Things with Words*, Oxford: Oxford U · P.
Frey, R. G. (2001), "Hare, R. M.", Becker, Lawrence C. & Becker, Charlotte B., ed., Encyc*lopedia of Ethics 2nd* ed. vol Ⅱ, New York: Garland Publishing, Inc.
Hare, John E. (2013), "Hare, R. M.", LaFollette, Hugh ed., *The International Encyclopedia of Ethics vol. IV*, MA: Wiley−Blackwell.
Hare, R. M. (1952), *The Language of Morals*, Oxford: Clarendon Press.
Hare, R. M. (1963), *Freedom and Reason*, Oxford: Oxford U · P.
Hare, R. M. (1981), *Moral Thinking*, Oxford: Clarendon Press.
Hare, R. M. (1982), Plato, Oxford: Oxford University Press.
Hare, R. M. (1988), "Comments on Williams," D. Seanor & N. Fotion ed., *Hare and Critics*, Oxford: Clarendon Press, 287−293.
Hare, R. M. (1989a), "How to Decide Moral Questions Rationally," *Essays in Ethical Theory*, Oxford: Clarendon Press, 99−112.
Hare, R. M. (1989b), "The Structure of Ethics and Morals," *Essays in Ethical Theory*, Oxford: Clarendon Press, 175−190.
Hare, R. M. (1989c), "Utilitarianism and the Vicarious Affects," *Essays in Ethical Theory*, Oxford: Clarendon Press, 231−244.
Hare, R. M. (1991), "Universal Prescriptivism," P. Singer ed., *A Companion to Ethics,* Oxford: Basil Blackwell, 451−463.
Hare, R. M. (1992a), "Adolescents into Adults," *Essays on Religion and Education*, Oxford: Clarendon Press, 113−130.
Hare, R. M. (1992b), "Autonomy as an Educational Ideal," *Essays on Religion and Education*, Oxford: Clarendon Press, 131−136.
Hare, R. M. (1992c), "Language and Moral Education," *Essays on Religion and Education*, Oxford: Clarendon Press, 154−172.

Hare, R. M. (1992d), "Platonism in Moral Education: Two Varieties," *Essays on Religion and Education*, Oxford: Clarendon Press, 178-190.

Hare, R. M. (1997), *Sorting Out Ethics*, Oxford: Clarendon Press.

Mackie, J. L.(1985), "Can There Be A Right-Based Moral Theory?," *Persons and Values*, vol. Ⅱ, John Mackie and Penerope Mackie eds., Oxford: Clarendon Press, 105-119.

Shaw, William H.(1999), *Contemporary Ethics: Taking Account of Utilitarianism*, Malden MA: Blackwell Publishers Inc.

Singer, P.(2002), "R.M. Hare's Achievements in Moral Philosophy", Utilitas, 14: 309-17.

Williams, Bernard(1988), "The Structure of Hare's Theory," D. Seanor & N. Fotion eds., *Hare and Critics*, Oxford: Clarendon Press, 185-196.

Wilson, John(1990), *A New Introduction to Moral Education*, London: Cassell Educational Limited.

9장
롤스의 시민교육

이범웅(공주교육대학교)

  도덕과 교육의 목표는 한 마디로 좋은 인간과 좋은 시민의 양성이라고 할 수 있다. 좋은 시민의 문제를 논의할 때에는 국가나 사회와 같은 공동체와 함께 논의되기 마련이다. 좋은 시민이 많아야 좋은 공동체라고 할 수 있고, 좋은 공동체이어야만 좋은 시민이 길러질 수 있기 때문이다. 이렇게 국가와 시민, 공동체와 시민은 마치 바늘과 실처럼 서로가 서로를 전제하고 있는 개념이다.

  이처럼 도덕과의 '사회·공동체와의 관계' 영역에서 정의는 핵심 가치이다. 국가의 통치를 항해하는 배에 비유한다면 정의란 항해의 기준 즉 나침반이나 북극성과 같은 역할을 한다. 국가라고 하는 배를 아무렇게나 항해하면 암초에 걸려 좌초되기 때문에 반드시 정의를 향해 제대로 항해 해야만 한다(조주현, 2016: 82-83). 이와 같이 정의는 늘 도덕철학과 정치사상에서 중요한 개념이었으며, 학자마다 다양하게 정의되어 왔다.

롤스의 정의론은 다른 윤리 사상들에 비해 비교적 자세하고 깊게 다루어져 왔다. 20세기에 소개된 정의론들 중에서 가장 영향력이 크고 중요한 것은 롤스의 정의론이라고 할 수 있다(Sen, 이상호 외 역, 2008: 138). 그리고 롤스의 정의론은 "로크나 루소 그리고 칸트에 의해 제시된 사회계약론의 전통적 이론을 보다 일반화하고 추상화한 것이라 할 수 있다(Rawls, 황경식 역, 2016: 26). 롤스는 당시 주류였던 공리주의를 비판적으로 극복하고자 하였다. 그에 따르면 공리주의는 민주주의를 설명하는데 최우선 사항인 자유롭고 평등한 인격체로서의 시민, 그리고 시민의 기본적 권리와 자유에 대해 올바르게 해명하지 못한다는 것이다. 롤스는 권리와 자유에 대한 자유주의적 해명과 공리주의에 대한 대안을 제시하고자 정의관을 구성했던 것이다(Rawls, 황경식 역, 2006: 16).

특히 롤스에게 정의란 공적 문제에 관한 올바른 판단 기준이다. 공적 문제에 관한 한, 나한테 좋다고 해서 그것이 올바른 판단의 기준이 될 수 없다는 것이다. 여기서 롤스는 나에게 좋은 방향으로 판단을 내릴 근거를 세워 무지 속에서 생각해 보는 것이었다(김상준, 2008: 327). 이러한 롤스의 논거에 기반하여 본고에서는 롤스의 생애, 롤스의 정의론과 시민성을 탐색한 후 그의 정의론에 대한 비판적 검토와 함께 시민교육의 지향점을 살펴보도록 하겠다.

1 롤스의 생애와 업적

1.1 생애

롤스는 1921년 2월 21일에 미국 메릴랜드 주 볼티모어에서 출생했다. 그는 볼티모어의 유명한 변호사인 윌리엄 리 롤스(William Lee Rawls)와 여성 유권자 연맹의 지부장이었던 애나 에이벨 스텀프(Anna Abell Stump Rawls) 부부 사이의 다섯 아들 중 둘째였다. 롤스는 1949년에는 브라운 대학을 졸업한 폭스(Fox)와 결혼했다. 그들은 앤 워필드, 로버트 리, 알렉산더 에모리, 엘리자베스 폭스 등 4명의 자녀를 두었다. 롤스는 자신으로부터 감염된 두 형제의 죽음으로 인해 생겨난 말더듬증과 세상의 이목이 쏠리는 것에 대한 대인공포증으로 생전에 인터뷰를 거의 하지 않았다. 그러므로 그의 명성에도 불구하고 그는 대중 지식인이 되지 않은 대신에 주로 학업과 가족 생활에 전념했다. 현실 정치에 대해서도 롤스는 가급적 언급하려 하지 않았다.

롤스는 1995년 몇 차례의 뇌졸중으로 고생했고, 이로 인해 자신의 일을 계속하기 힘들어졌다. 그럼에도 불구하고 그는 말년에 국제 정의에 대해 기술한 『만민법』을 완성할 수 있었고, 죽기 직전인 2001년에는 『공정으로서의 정의: 정의론 비판에 대한 응답, 그 수정』을 출판하였다. 롤스는 2002년 11월 24일, 81세의 나이로 세상을 떠났다. 매사추세츠의 마운트 오번 공동 묘지에 영면하였다.

1.2 군 복무

롤스는 1943년 2월에 미 육군에 입대하였다. 그는 2차 세계대전 중 태평양 지역에서 보병으로 참전하였으며, 뉴기니를 의무 순회하였고, 여기서 브론즈 메달을 수여받았다. 그리고 필리핀에서는 격렬한 참호전을 겪으면서 폭력과 유혈이 낭자한 충격적인 장면을 목격했다. 그는 그곳에서 기독교 신앙을 버리고 무신론자가 되었다.

일본이 항복하자 롤스는 맥아더 장군의 점령군 일원이 되었으며, 상사로 진급했다. 그러나 그는 히로시마 원폭의 참상을 보고 군에 환멸을 느꼈다.

이 와중에 롤스는 자신의 친한 동료 병사를 징계하라는 명령에 "어떤 처벌도 정당화될 수 없다."고 항변하며 불복종했다. 그 결과 그는 이등병으로 강등된 후 1946년 1월에 군을 떠났다.

1.3 학력 및 경력

롤스는 볼티모어의 칼버트 학교를 졸업하고 코네티컷의 성공회 예비 학교인 켄트 학교에 등록했다. 그는 1939년 졸업과 동시에 프린스턴대학교에 다녔고, 그곳에서 아이비 클럽과 미국 휘그—클리오소픽 협회에 가입했다. 롤스는 프린스턴대학교와 코넬대학교에서 공부했으며, 그곳에서 비트겐슈타인(Wittgenstein)의 제자인 말콤(Malcolm)의 영향을 받았다. 프린스턴대에서의 마지막 2년 동안에는 신학의 교리에 대해 깊은 관심을 가졌었다. 그는 성공회 사제직을 위한 공부를 하려고 신학교에 들어가는 것을 고민하는 와중에, 종교적으로 매우 강렬한 논문인 "죄와 믿음의 의미"를 썼는데 이것이 인문계열의 수석논문이 되었다.

1950년, 『윤리적 지식의 근거들에 대한 연구(A Study in the Grounds of Ethical Knowledge: Considered with Reference to Judgments on the Moral Worth of Character)』라는 논문으로 박사 학위를 받았다. 프린스턴대학교에서 학생들을 가르치다가, 1952년 미국 국비장학생 자격으로 영국 옥스퍼드대학교에 방문 연구자로 활동하였다. 그곳에서 그는 자유주의 정치이론가 벌린(Berlin)과 법률 이론가인 하트(Hart)의 영향을 받았다. 귀국 후 그는 코넬대학교에서 처음에는 조교로, 그 이후에 부교수로 재직했다. 1962년 그는 코넬대학교에서 철학 정교수가 되었고, 곧 MIT에서 종신직 교수를 얻었다. 같은 해에 하버드대학교로 옮긴 후 계속 하버드대학교에서 수많은 제자들을 양성하였다.

1.4 학문적 업적

1960년대에 롤스는 흑인과 가난한 미국인을 차별한 베트남 전쟁 징병을 반대했다. 베트남 전쟁으로 인한 갈등은 롤스로 하여금 부당한 전쟁을 무자비하게 추진하는 미국 정치체제의 문제를 지적하고, 시민들이 정부의 부당한 정책에 양심적으로 저항할 수 있는 방법을 생각하게 만들었다. 또한 이 무렵에 발생한 마르틴 루터 킹 목사의 흑인 인권운동에 롤스는 깊은 감명을 받았다.

그는 1971년에는 이런 연구 결과를 집대성한 『정의론(A Theory of Justice)』을 발간하였다. 『정의론』에서 롤스는 '공정으로서의 정의'를 강조하여 사회과학계에 수많은 논쟁을 불러 일으켰다. 이 책은 자유지상주의자 노직과 공동체주의자 샌델과 같은 많은 정치철학자들에게 자극을 주었으며, 자유주의와 공동체주의의 논쟁의 중심에 놓이게 되었다.

클린턴 대통령은 1999년 롤스에게 국가예술훈장(National Medal of Arts)을 수여하면서 이렇게 말했다. "도덕적 요구의 측면에서 뿐만 아니라 논리적인 측면에서도 부유한 사람이 가난한 사람을 돕는 사회를 입증함으로써, 롤스는 거의 혼자 힘으로 철학과 윤리학이라는 학문을 되살려 놨다." 이런 평가와 함께 롤스는 40년 동안 '정의' 개념을 파고든 20세기 위대한 정치철학자이자 윤리학, 정치철학에서 규범적 논의를 부활시킨 선구자라는 평가를 받는다. 그는 많은 책을 쓰지는 않았다. 『정의론』이후에 1993년에 『정치적 자유주의』, 1999년에 『만민법』, 2001년에 『공정으로서의 정의』를 발표하였다. 이 책들은 출간과 함께 정치철학, 윤리학 등에 많은 논쟁을 야기하며, 정책으로 구현되는데 크게 기여하였다.

2 롤스의 정의론

지금가지 제기된 정의의 원칙은 엄밀히 말해 진리가 아니라 가장 합당한 것으로서, 원칙적으로 수정의 대상이 될 수 있다. 이러한 전제하에 롤스는 정의론을 전개함에 있어 규범적 원칙의 본성을 다루는 형이상학적 관점에 매몰되기를 피하였다(Costa, 김상범 역, 2020: 48). 롤스 정의론이 정의를 하나의 체계로서 작동하는 사회의 주요 사회적·정치적 제도의 속성으로 간주한다는 점이다. 그런 의미에서 "정의는 사회 제도이자 제일의 미덕"이라고 롤스는 주장하였다. 콜버그(Kohlberg)도 미덕으로서 정의를 수용하였으며, 그가 제시하는 정의의 원칙도 롤스의 정의론에 기초하고 있다.

롤스는 당사자들이 보다 많은 사회적 재화(social goods)를 가져다 줄 정의로운 판단의 원칙, 합의의 원칙을 도출해 내게 되는 치밀한 논증을 전개한다. 이 논증 과정에서 롤스는 공리주의나 도덕적 직관주의, 완전설을 불완전한 것으로 폐기하고 주로 칸트의 윤리론에 의거하여 '정의의 두 원칙'을 도출했다(김상준, 2008: 328). 여기에서는 정의 원칙에 토대가 되는 원초적 입장(original position)과 무지의 베일(veil of ignorance)을 알아보고 정의의 원칙과 원칙들간의 축차적 서열에 대해 살펴보도록 하겠다.

2.1 원초적 입장

롤스는 정의를 내용에서 찾기보다는 공정한 절차에 의한 합의에서 찾는다. 공정한 절차를 보장하기 위해 롤스가 도입한 장치가 원초적 입장이다. 롤스가 상정한 원초적 입장은 자신의 개인적 특성이나 사회에서 위치를 모르며 서로에게 무관심한 이른바 무지의 베일에 가려진 합리적 당사자들이 모든 사람에게 적용되기를 바라는 분배의 원칙을 선택하는 가상적인 상황이다(김혜성, 2003: 78). 특히 원초적 입장은 자유롭고 평등한 시민들 간의 공정한 협동체계를 가정한다(Costa, 김상범 역, 2020: 35).

롤스의 원초적 입장은 홉스-로크-루소-칸트로 이어지는 사회계약론의 연장이다. 원초적 입장 속의 당사자들은 자신에 관한 어떤 종류의 특정 사실을 알지 못한다고 가정된다. 무엇보다도 당사자자는 사회에서 자기의 위치, 즉 계급적 위치나 사회적 지위 그리고 자연이 준 자원과 능력, 지능, 힘 등과 같은 천부적인 운의 주어진 상태를 모른다. 자신이 무엇을 좋아할지 그리고 자신의 합리적 인생 계획이 무엇인지에 대해서도 전혀 모른다. 위험을 무릅쓰기를 싫어한다든가 또는 비관주의적이라거나 낙관주의적이라거나 하는 자기 심리의 경향과 특징까지도 모른다. 더 나아가 자신이 속한 사회의 특정한 정황 역시 모른다고 가정한다. 또한 원초적 입장 속의 사람들은 그들이 어떤 세대에 속하는지에 대해 전혀 정보가 없다(Rawls, 1999: 136-137).

따라서 원초적 입장의 당사자들은 합리적인 인간이며, 그들은 이타적인 존재도 아니고 그렇다고 해서 다른 사람에게 손해만 입힌다면 자신의 어떠한 손실도 선뜻 받아들이는 그러한 파괴적인 시기심에 가득 찬 존재도 아니라는 점이다(김항규, 2008: 11; 한신영, 2013: 12에서 재인용). 그리고 원초적 입장에 있는 당사자들은 시기심과 같은 특정한 심리적 경향성에 의해 움직이지 않으며, 차등을 부정의한 것으로 간주하지 않으며, 다른 사람과의 격차가 과도하지 않다면 시기심(envy)[1]에 사로잡히지 않는다는 것이다. 원초적 입장에 있는 당사자들은 상호 무관심의 합리성을 바탕으로 자신의 이익

---

[1] 롤스는 시기심이라는 개념을 엄격한 의미로 사용하면서 그러한 시기심은 그 주체나 상대방 모두에게 손실을 주게 될 증오의 형식이므로 도덕적 감정이 아니라고 본다(Rawls, 황경식 역, 2006: 680-682).

을 추구하는 성향을 갖고 있지만 불평등 자체를 혐오하면서 엄격한 평등주의를 추구하는 성향을 갖고 있지는 않다(손철성, 2020: 107). 롤스에 따르면 원초적 입장에 놓인 인간은 서로에 적절히 무관심하지만 합리적 사고를 하는 존재로 그려진다.

2.2 무지의 베일

원초적 입장을 특징짓는 조건 중 하나가 무지의 베일이다. 원초적 입장 속의 당사자들은 마치 '무지의 베일' 뒤에 가려진 상태에 있는 것으로 간주된다. 따라서 이 무지의 베일이야말로 롤스의 원초적 입장의 핵심이다(김상준, 2007: 18). 무지의 베일 속에 있는 인간은 자신의 인종, 민족, 성별, 타고난 능력, 재능, 또는 기타 개인적 특성에 대한 정보를 가지고 있지 않다. 하지만 합의 당사자들이 서로에 대해 완전히 무지한 것은 아니다. 그들은 사회 조직, 정치 문제, 경제, 그리고 인간 심리 등과 관련된 어떤 일반적 사실에 대한 지식을 갖고 있고, 이러한 지식의 도움으로 인간은 과연 어떤 원칙이 안정적인 사회적 협동을 이끌 가능성이 더 크다고 여겨지는지를 결정하게 된다(Costa, 김상범 역, 2020: 37).

무지의 베일 속의 당사자들은 합리성의 원칙에 따라 그 주어진 정보를 판단한다는 것이다. 합리성이란 원칙을 선택함에 있어 각자는 자기 이익을 증진하기 위해 가능한 최선을 다하거나 보다 적은 것보다는 보다 많은 사회적 가치나 재화를 선택하게 되리라는 것을 의미한다. 거기에 덧붙여 당사자들은 상호 무관심하다는 것이다(Rawls, 1971: 142-144; 김상준, 2007: 20에서 재인용).

무지의 베일은 원초적 입장의 조건 중에서 지식에 관련된 조건으로서 원초적 입장의 당사자들이 그와 그가 소속된 사회의 특수한 상황에 무지하다는 것을 전제한다. 당사자들은 자신의 사회가 처한 특정 여건, 그리고 자기가 무엇을 선이라고 생각하는가에 대한 가치관이나 지식도 배제된다. 나아가서 그가 처한 정치적, 경제적 상황이나 문명 및 문화에 대해서 알아서도 안 되며, 이에 관한 어떠한 정보까지도 제외된다(김항규, 2008: 10; 한신영, 2013: 12에서 재인용). 따라서 원초적 입장에 있는 당사자들은 서로 무관심하고 자신의 이익을 최대한으로 추구하고자 하는 합리적인 존재이지만, 무지의 베일에 의해 그들이 선택해야 하는 특정 사회체제 아래서 자신의 처지를 모르는 불확실한 상황에서 결정에 참여하게 된다.

복합체계론에서 기존의 시스템을 대체하는 시기가 '두갈래치기점(bifurcation point)'이 도래한 시점일 수 있다. 그러한 시점에서는 비평형 열역학에서 말하듯 '혼돈의 임계점'에서 새로운 질서가 창출된다. 롤스가 특별한 통찰력으로 그 중요성을 간파했던 '무지의 베일'의 영역은 바로 그 '혼돈의 임계점'과 유사하다(김상준, 2008: 336). 당사자들은 원초적 입장의 무지의 베일 상태에서 자신의 삶의 질서를 창출하는 존재라는 것이다. 비록 롤스가 전통적 시각에서 정치, 그리고 시민정치를 생각했다 하더라도, 롤스는 '무지의 베일'이라는 발상을 통해 우리가 전혀 새로운 유형의 시민정치를 논의할 장을 마련 한 것이다.

2.3 정의의 제1원칙: 동등한 기본적 권리와 자유

롤스의 정의의 원칙은 다음의 진술에 함축되어 있다.

> "첫째, 각자는 타인의 유사한 자유의 체계와 양립할 수 있는 평등한 기본적 자유의 가장 광범위한 체계에 대하여 평등한 권리를 가져야 한다.
> 둘째, 사회적, 경제적 불평등은 다음과 같은 두 조건을 만족시켜야 한다.

(a) 모든 사람들의 이익이 되리라는 것이 합당하게 기대되고,

(b) 모든 사람들에게 개방된 직위와 직책이 결부되게끔 편성되어야 한다."

(Rawls, 황경식 역, 2006: 105).

제1원칙은 동등한 기본적 권리와 자유를 보장하는 것이고, 제2원칙은 공정한 기회 균등의 원칙과 차등의 원칙에 연결된다(Rawls, 황경식 역, 2006: 156-158). 여기서 공정한 기회 균등의 원칙은 평등 관념에, 차등의 원칙은 인류 박애정신을 실현하는 것이기도 하다. 롤스는 계약의 합의자들이 자유인이자 시민이기 때문에 기본적 자유권에 근본적인 이해 관심을 갖는다고 가정하였다. 이는 최고 차원의 이해관심이므로 권리를 축소하는 것은 아무리 많은 경제적 이익이 주어진다 하더라도 용납할 수 없는 것이다.

이처럼 제1원칙은 자유의 중요성을 강조한다. 이때 자유는 헌법의 자유권에 해당하는 것으로서 참정권이나 언론의 자유, 양심의 자유, 신체의 자유, 재산 소유 및 처분의 자유(사유 재산권)를 의미한다. 그렇기 때문에 자유는 헌법의 근간이 되기도 하며, 인권 개념의 시금석 역할을 담당하기도 한다. 또한 자유는 그 자체로 의미가 있으며, 다른 가치의 작동 원리이기도 하다. 다음에서 논의할 제2원칙은 제1원칙이 구현될 수 있도록 사회적·경제적 불평등을 해소시킬 수 있는 동력이라 할 수 있다(곽영근, 2018: 146).

그리고 제1원칙은 '평등한 자유의 원칙'으로 모든 사람은 타인의 유사한 자유와 상충되지 않는 한도에서 최대한 기본적 자유에 대한 평등한 권리가 인정되어야 한다. 개인의 권리를 다른 어떤 의무보다도 앞선 것으로 여긴다. 평등한 자유의 자아는 사회의 여러 부분에 평등한 상태로 참여하게 된다. 롤스는 정의로운 사회를 모든 개인이 소외됨 없이 평등한 자유가 있다고 보았으며, 이는 경제적·정치적 의미뿐만 아니라 인간은 동일한 가치를

지닌다는 것을 의미한다(한신영, 2013: 13).

제1원칙이 규정하는 평등한 기본적 자유의 목록은 언론과 결사의 자유, 양심의 자유와 사상의 자유가 자유로운 선관 형성에 핵심적인 기본적 자유임은 분명하며, 투표의 자유와 공무담임권을 포함한 정치적 자유와 심리적 억압과 신체적 폭행 및 절단에서 자유로울 인신의 자유, 사유 재산을 소유할 권리와 법치의 원칙에 부합하지 않는 체포와 구금으로부터의 자유 등은 국가나 공동체가 개인의 선관을 부당하게 좌우하지 못하도록 막는 방벽 기능을 수행한다. 제1원칙이 세운 방벽 덕분에 당사자들은 정의감이 자연스럽게 내면화되리라는 기대를 갖게 된다(서요련, 2022: 273).

개인의 자유는 오직 더 크거나 보다 근원적인 자유를 위해 제한될 수 있을 뿐, 사회 전체의 경제적 복지 증진을 위해서도 희생될 수 없으며, 기본적 자유를 확대하기 위해서 소수의 기본적 자유가 희생될 수는 없다는 점을 분명히 함으로써 롤스는 공리주의적 정의관의 한계를 극복하고자 했다.

2.4 정의의 제2원칙

정의의 제1원칙이 주로 정치적 자유 및 권리의 분배와 관련된다면 정의의 제2원칙은 사회적·경제적 불평등이 정당화되기 위해서는 다음과 같은 두 가지 원칙이 준수되어야 한다고 본다. 먼저 '기회 균등의 원칙'은 모든 이에게 공직이나 사회적 지위에 오를 수 있는 기회가 평등하게 주어져야 한다는 것이고, '보편적 이익의 원칙'은 모든 이에게 이익이 돌아가야 한다는 것이다(손철성, 2020: 93). 간단히 말해 정의의 제2원칙은 '공정한 기회 균등의 원칙'과 '차등의 원칙'이 결합된 것이다. 두 가지 원칙이 결합하여 적용된 입장을 '민주주의적 평등(democratic equality)'이라고 한다. 롤스는 다소간 사회적 불평등 지양의 장치를 제2 정의의 원칙을 통해 해결하고자 했다(최현실·최자영, 2020: 320). 다음에서는 기회균등의 원칙과 차등의 원칙으로 나누어 살펴보도록 하겠다.

2.4.1. 공정한 기회 균등의 원칙

공정한 기회 균등의 원칙은 직책, 직위 및 선호할만한 직업에 접근할 수 있는 공정한 기회균등이 있는 한 사회적·경제적 불평등이 용인될 수 있다고 주장한다. "재능이 있으면 누구나 출세할 수 있다."라는 구호로 간단히 정리할 수 있다. 특히 성별, 인종, 종교, 또는 관련 업무를 수행하는 사람의 자격과 무관한 기타 요인에 기반한 법적 차별이 있어서는 안 된다는 것이다. 이를 위해 유사한 재능과 동기를 가진 사람이 선호할만한 사회적 지위를 위해 공정한 조건에서 경쟁할 수 있도록 교육의 기회를 제공하는 조치를 취해야 한다(Costa, 김상범 역, 2020: 54-56).

또한 공정한 기회균등의 원칙은 모든 사람이 바람직한 모든 사회적 지위에 대한 동일한 법적 접근권을 가져야 한다고 요구한다. 그래서 롤스는 "동일한 수준의 재능과 능력을 가지고 있고, 그것을 사용하고자 하는 동일한 의지가 있는 사람은 사회적 체계에서 최초의 위치와 무관하게 동일한 성공의 가능성을 가져야 한다."라고 주장한다. 이는 누구나 동일한 출발선에서 시작할 수 있음을 보장하면서, 자신의 노력과 능력에 따라 부자가 될 수 있다는 것을 의미한다.

2.4.2. 차등의 원칙

롤스에 따르면 이해 당사자들이 택할 합리적 선택 규칙은 최소 극대화 규칙이다. 당사자들은 그 사회의 최소 수혜자로 태어날 가능성을 배제할 수 없으니, 최소수혜자가 될 가능성에 무게를 두고 안전성을 극대화하며,

최악의 상황에서도 얻을 수 있는 최소한의 만족을 보호하는 규칙을 정하게 된다는 것이다. 여기서 최소 수혜자 집단은 가장 적게 고용되고, 가장 소득이 적은 사람들의 계층이다. 먼저 구체적인 방법으로 교육체계 전체의 작동은 사회 모든 구성원, 특히 최소 수혜자에게 이익을 주는 재능과 기능의 개발로 이어질 수 있다. 그리고 차등의 원칙을 사려 깊게 적용하려면, 권력의 분산과 취약한 계층의 보호가 중요하게 고려되어야 한다.

또한 차등의 원칙은 신자유주의의 관점에서 발생한 실제적인 문제에 대한 해결 방식을 보여 주고 있다. 사회주의 체제에서 주장하는 결과적 평등은 사회적·경제적 불평등을 해소할 수 있으나 경제 발전에 한계가 있다. 신자유주의로 대변되는 시장경제에 모든 것을 맡길 경우 심각한 빈부의 격차로 인한 문제점이 발생할 것이다. 롤스는 차등의 원칙을 통해 양자 사이에서 적절한 조치를 취했다고 평가 할 수 있다(곽영근, 2018: 147).

따라서 롤스가 이야기하고 있는 정의로운 사회란 개인의 자유와 존재에 대해 우월성을 인정하는 사회이면서, 동시에 그 결과로 생기는 특권을 상쇄하기 위해 보다 유능한 사람들이 지니고 있는 자원을 보다 불행한 사람들의 처지를 개선하는 데 활용되는 배분적 정의가 실현된 복지 사회이기도 하다(한신영, 2013: 15). 자연적·사회적 행운에 의해 얻은 개인의 재능이나 능력을 사회의 공동 자산으로 보고 이것을 사회의 최소 수혜자의 최대 이익을 도모하는 데에 활용하자는 것이다.

차등의 원칙은 사회적·경제적 불평등이 최소 수혜자에게 이익이 될 때 정의로우며, 특히 최소 수혜자에게 최대의 이익이 될 때 가장 정의롭다고 간주한다(손철성, 2020: 101). 차등의 원칙에 따라 롤스는 세 유형의 체제로 나누어 설명하였다.

첫째, 완전히 정의로운 체제는 최상의 체제이자 최소 수혜자의 기대치가 극대화된 경우이다. 여기서는 더 나은 처지에 있는 사람들의 기대치를 증가시키거나 감소시켜도 더 불리한 처지에 있는 사람들의 기대치가 더 이상 향상될 수 없다.

둘째, 대체로 정의로운 체제에서는 더 나은 처지에 있는 사람들의 기대치의 증가가 더 불리한 사람들의 복지 증진에 공헌하며, 반면에 더 나은 처지에 있는 사람들의 기대치가 감소하면 최소 수혜자의 기대치도 감소한다. 하지만 아직 최소 수혜자의 기대치가 최대가 된 상태는 아니다.

셋째, 정의롭지 못한 체제에서는 더 나은 처지에 있는 사람들의 기대치가 과도한 경우이다. 여기서는 나은 처지에 있는 사람들의 기대치가 증가하면 최소 수혜자의 기대치는 감소하고, 더 나은 처지에 있는 사람들의 기대치가 감소되면 최소 수혜자의 기대치가 향상된다(Rawls, 황경식 역, 2006: 126-127; 손철성, 2020: 101에서 재인용).

롤스는 차등의 원칙이 상호 이익을 추구한다는 점에서 호혜성(reciprocity)의 원칙을, 불리한 처지에 있는 사람들의 이익 증진을 고려한다는 점에서 박애(fraternity)의 원칙을 보여주고 있다고 주장한다. 차등의 원칙은 상호 이익을 추구하면서 불리한 여건에 있는 최소 수혜자의 이익을 고려하지만 개인이 처한 여건을 동일하게 만들려고 하지 않으며, 적절한 불평등을 허용한다(손철성, 2020: 106). 롤스는 차등의 원칙을 효율성의 원칙보다 우선시하기 때문에 차등의 원칙을 위해서는 그러한 비효율적인 변화를 어느 정도 허용하는 것이다(Rawls, 황경식 역, 2006: 128).

차등의 원칙은 시기심 때문에 불평등 그 자체를 혐오하는 것은 아니며, 최소 극대화를 선호하여 불평등도 허용하는 것이다. 즉 자신의 이익이나 복지를 극대화하는 합리적 선택을 한다는 것이다(Callinicos, 선우현 역, 2006: 68-71). 롤스의 차등의 원칙은 통상적으로 결과의 평등을 의미하는 획일적 평등주의는 결코 아니며 평등주의적 성향을 어느 정도 지향하고 있다고 보아야 한다. 다시 말해 능력주의의 경쟁을 통해 만들어진 새로운 사회 불평등은 다시 기회의 평등을 위협함으로, 최소수혜자들이 부를 가진 사람들과 동등한 기회의 평등을 가질 수 있게끔 사회공동의 세금으로 지원해주자는 것이 롤스의 분배 정의관이다.

그런데 롤스는 차등의 원칙을 성인 근로자들에게만 적용되는 상호성의 원리로 특정 짓는다. 그 결과 질병이나 장애가 있는 가족 구성원뿐만 아니라 아이들을 돌보는 사회적으로 꼭 필요한 무급 노동을 고려하지 못하기 때문에 중대한 결함을 안고 있다(Costa, 김상범 역, 2020: 101). 최소 수혜자의 가족에게도 수혜의 폭을 넓히는 고려도 필요하다는 것이다.

2.5 축차적 우선성

롤스의 축차적 우선성에 따르면 정의의 제1원칙인 평등한 자유의 원칙이 가장 우선적으로 충족되어야 하며, 이를 바탕으로 제2원칙에 속하는 공정한 기회 균등의 원칙과 차등의 원칙이 순서대로 충족되어야 한다. 여기서 평등한 자유의 원칙이 충족된 것이 자연적 자유 체제[2]이며, 여기에 추가하여 공정한 기회균등의 원칙까지 충족된 것이 자유주의적 평등[3]이고, 여기에 다시 추가하여 차등의 원칙까지 충족된 것이 민주주의적 평등이다(손철성, 2020: 97).

제1원칙인 자유의 우선성은 오직 자유를 위해서만 제한될 수 있다. 여기

---

[2] 선천적인 개인의 재능이나 능력과 같은 자연적 우연, 또는 출신 계층이나 가정환경과 같은 사회적 우연에 의해 사회적·경제적 격차가 발생하는 것을 허용한다.

[3] 사회적 우연의 영향을 배제하고 공정한 능력주의를 추구한다.

에서 자유의 제한은 두 가지 경우가 있는데, (a)덜 포괄적인 자유는 모든 이가 공유하는 자유의 전 체계를 강화할 경우에, (b)덜 평등한 자유는 더 적은 자유를 가진 이들에게 용납될 수 있을 경우에 허용될 수 있다. 정의의 제2원칙은 서열상 효율성의 원칙이 이득 총량의 극대화 원칙에 우선적이며, 공정한 기회의 원칙은 차등의 원칙에 우선해야 한다(Rawls 1971: 302-303).

롤스에 따르면 '질서 정연한 사회(well-ordered society)'는 축차적 서열이 있는 정의의 두 원칙이 그 기본 구조를 유효하게 규제하는 사회이다. 여기서 질서 정연한 사회의 이상은 (a)정의의 원칙이 기본 구조를 규제한다는 것이 공적으로 알려지고, (b)시민이 이 원칙을 공정한 것으로서 지지하며, (c)시민이 정의로운 사회 제도의 유지를 뒷받침하는 식으로 행동할 동기를 충분히 갖추고 있다는 것을 함축한다. 이러한 조건이 충족될 때 정의의 원칙을 시민들이 경합하는 요구들의 우선순위를 정하기 위해 이용할 수 있는 공유된 관점을 제공한다(Rawls, 1996: 35; Costa, 김상범 역, 2020: 65에서 재인용).

2.6 민주주의사회에서 정의의 원칙에 대한 합의

롤스는 정의의 원칙을 실현하기 위해서는 사회가 공정한 협동 체계(fair system of cooperation)가 되어야 하며, 시민은 자유롭고 평등하게 살아야 한다고 보았다. 그런 사회에서 시민은 규칙 및 절차에 따라 자발적으로 자신의 역할을 하고, 그 결과로 생기는 공동의 사회 활동으로부터 모두가 이익을 얻게 된다는 것이다. 롤스는 지역적 정의(특정한 지역적 제도나 단체의 정의)나 국제적 정의[4]의 중요성을 부정하지는 않았지만 그의 공정으로서의 정

---

[4] 롤스의 국제 정의의 원칙들은 다음과 같다.
①만민은 자유롭고 독립적이며, 그들의 자유와 독립은 다른 만민에 의해 존중

의론은 오직 민주사회의 기본 구조에만 적절히 적용되는 정의의 원칙을 정당화하기 위해 정립된 것이다. 공정으로서의 정의론을 구축하는 일은 민주사회에 관한 특정 사실을 고려함으로써, 그리고 그러한 사회의 주요 사회적·정치적 제도의 기능에 대한 해석을 제시함으로써 시작한다(Costa, 김상범 역, 2020: 29-33).

민주주의 사회에서 포괄적 교설은 개인이 갖고 있는 종교적, 철학적, 도덕적 신념이다. 자유주의자인가 아니면 공동체주의자 인가, 기독교 신자인가 아니면 불교 신자인가에 따라 서로 다른 포괄적 교설을 갖는다는 것이다. 롤스는 민주주의 사회에서 각 개인이 서로 다른 포괄적 교설을 갖는 것을 당연한 것으로 받아들였다. 이것이 롤스가 다원주의를 수용하는 토대이기도 하다. 롤스는 이러한 다원주의 사회에서는 어떤 특정한 포괄적 교설을 정치제도로서 강요하는 정치철학은 바람직하지 않다고 보았다. 그 대신 서로 다른 포괄적 교설들이 중첩되는 지점에서 중첩적 합의(overlapping consensus)를 도모해야 한다.

롤스는 민주사회에서 정의의 원칙이 합당한 포괄적 교설들의 중첩적 합의에 근거하기 때문에 안정성이 가능하다고 주장한다. 중첩적 합의의 개념

받아야 한다.
②만민은 조약과 약속을 준수해야 한다.
③만민은 평등하며, 그들을 구속하는 합의의 당사자이다.
④만민은 불간섭의 의무를 준수해야 한다.
⑤만민은 자기 방어의 권리를 갖지만 자기 방어 이외의 이유로 전쟁을 일으킬 권리는 없다.
⑥만민은 인권을 존중해야 한다.
⑦만민은 전쟁 수행에서 어떤 특정한 제약을 준수해야 한다.
⑧만민은 정의롭거나 적정 수준의 정치적·사회적 체제를 갖지 못하도록 하는 불리한 여건 하에 살아가는 다른 만민을 원조할 의무가 있다(Rawls, 1999b: 37; Costa, 김상범 역, 2020: 30에서 재인용).

은 자신의 독특한 도덕적, 종교적, 철학적 견해를 지닌 각 시민이 그 자신의 관점과 연계해서 공정으로서의 정의를 수용 가능한 것으로 여길 것을 요구한다. 롤스는 중첩적 합의와 잠정 협정(modus vivendi[5])으로 나눈다. 중첩적 합의는 도덕적 이유에 근거한 합의를 일컬으며, 잠정 협정은 실용적 합의를 의미한다. 잠정 협정은 이해관계의 우연한 일치와 힘의 균형에 의존하기 때문에 불안정할 수 있다.

롤스는 심원하고 광범위한 도덕적 합의가 존재하는 마지막 단계를 '중첩적 합의'라고 불렀다. 특히 롤스는 말년에 정의론이 어떤 인간 본성에 대한 특정한 가정에서 비롯된 게 아니라 입헌민주주의의 정치제도와 불가분의 관계를 맺는 것으로 논증하였다. 입헌민주주의에 기초하여 서로 다른 철학적, 종교적, 형이상학적 신념을 지닌 시민들 간의 '중첩적 합의'를 통해 정의론을 정초할 수 있다는 점을 논증하고자 하였다.

3 롤스의 인간관, 도덕성, 시민성

롤스에 따르면 사회의 기본 구조에 속하는 제도는 모든 시민들의 인생 및 미래 전망뿐만 아니라 인성, 목표, 그리고 열망에까지 심원하고 광범위한 영향을 미친다(Costa, 김상범 역, 2020: 26). 즉 정의의 원칙에 따라 운영되는 사회의 각종 제도는 거기에 살고 있는 사람들의 인간관, 도덕성, 시민성에 심대한 영향을 준다는 것이다. 여기에서는 롤스가 상정하는 인간관, 도덕성, 시민성을 알아보도록 하겠다.

---

5   영어가 된 라틴어로 생활 방식과 생활 태도라는 의미와 함께 국제관계에서 잠정 협정을 의미한다.

3.1 인간관

롤스에게 '옳음'을 추구하는 자아란 좋음에 대한 옳음의 우선성을 주장하는 것으로 이는 공리주의에 반대되는 개념이라 할 수 있다. 우리가 선택하지 않은 가족, 민족, 문화, 전통의 성원으로서 연고 깊은 정체성이 부여한 목표를 성취할 의무가 있는 존재로 바라보는 관점에 대해 롤스는 분명히 반대한다(한신영, 2013: 14). 공동체주의에서 주장하는 사회적 자아나 사회적 관계망 속의 자아가 아니라 롤스는 도덕적 연대에 속박되지 않고 자기 목표를 스스로 선택할 수 있는 자유롭고 독립적인 자아로서 인간을 바라본다. 다음에서는 롤스가 상정하고 있는 인간관이 갖는 의미에 대해 구체적으로 알아보도록 하겠다.

첫째, 롤스의 인간관은 정의론의 체계 전체를 떠받치는 근본 이념이다. 근본 이념이란 "공정으로서의 정의를 전체적으로 조직하고 구조화하는 데 사용되는 이념"을 말한다. 이 주장은 롤스의 인간관 없이는 정의론의 타당성을 담보할 수 없음을 의미한다(Rawls, 2001: 28-29; 서요련, 2022: 270에서 재인용).

둘째, 롤스의 인간관은 자유롭고 평등한 시민관을 규정하는 규범적 개념이며, 경험과학에서 요구되는 기술적 논증이 아니라 규범적 논증이 요구된다(Rawls, 2001: 58; 서요련, 2022: 270에서 재인용).

셋째, 롤스의 인간관은 합당성 및 합리성과 개념적으로 연결되어 있다. 합당성이란 평등한 존재들 간의 공정한 협동의 조건인 원칙과 기준을 제시하고 이를 준수할 태도가 있음을 의미한다. 여기서 합리성이란 자신의 최종 목적을 저울질하거나 목적에 대한 가장 효율적인 수단을 채택할 수 있음을 의미한다. 합당성과 합리성은 공정한 협동 체계를 살아가는 시민이 모두 갖추어야 하는 상호 보완적인 개념이다(Rawls, 장동진 역, 2016: 141-

144; 서요련, 2022: 271에서 재인용).

그러므로 정의감의 능력(the capacity for a sense of justice)을 올바르게 발휘하는 사람의 행위는 합당하며, 선관 형성의 능력(the capacity for a conception of the good)을 자신의 인생 계획에 능숙하게 활용하는 사람의 행위는 합리적이라는 것이다. 칸트의 인간관에 근거하여 롤스는 무연고적 자아에 기초한 인간관을 기반으로 자신의 목적을 이루어 나가는 존재로 보았다.

3.2 도덕성

3.2.1. 시민에게 필요한 도덕적 능력

바로 위에서 언급된 것처럼 롤스는 시민이 자유롭고 평등하게 살기 위해 두 가지 도덕적 능력이 필요하다고 보았다. 하나는 선관 형성의 능력이고 다른 하나는 정의감 능력이다. 선관 형성의 능력에서 선관은 "인간의 삶에서 무엇이 가치 있는지에 대한 어떤 사람의 생각을 구체화하는 잘 짜여진 최종 목적과 목표"를 의미한다(Rawls, 2001: 50; 서요련, 2022: 269에서 재인용).

롤스가 말하는 도덕적 인간은 인생 경로를 밟다가 새로운 선관을 형성할 수도 있고, 기존의 선관을 버리고 다른 선관을 채택할 수도 있으며, 자신의 선관을 진지하게 추구할 수 있다. 선관 형성의 능력이 없다면, 스스로 인생 계획을 선택 하고 추구하며 수정하는 삶의 단계를 순조롭게 밟을 수 없다는 것이다(서요련, 2022: 270). 롤스는 시민이 선관을 형성·수정·추구하는 데 긴요한 자유를 보장받는 과제에 최고 수준의 우선성을 부여하였다. 선관 형성의 능력은 민주적 법치국가의 시민이 자율적 삶을 살기 위해 필수적으로 갖춰야 한다고 보았다.

그리고 정의감의 능력은 정의의 원칙을 이해하고 추론하며, 이를 준거 삼아 구체적인 법과 제도를 평가하고, 스스로 정당하다고 인정하는 법질서를 존중하는 구체적 역량을 의미한다. 정의감의 발달에 대한 롤스의 설명은 정의로운 사회 제도 아래 성장한 사람은 이러한 제도가 자기에게 이익이 됨을 인식하게 될 것이고, 결국 이런 인식이 정의로운 제도를 지지하고 싶은 욕구를 불러일으킬 것이라는 생각을 전제로 한다(Costa, 김상범 역, 2020: 134).

따라서 정의감의 능력은 "공정한 사회 협력 조건을 구체화하는 정치적 정의의 원칙을 이해하고 적용하며, 정의의 원칙에 의거해 행위할 수 있는 능력"을 뜻한다. 정의감의 능력이 있는 사람은 법과 제도의 정당성을 평가하고 그에 기초하여 그 법과 제도를 존중하는 마음을 품을 수 있게 된다(Rawls, 2001: 50). 결과적으로 선관 형성의 능력은 주로 개인의 도덕성에 관련이 크며, 정의감의 능력은 사회 구성원으로서 살아가는 데 필요한 도덕성과 관련이 있다고 볼 수 있다.

3.2.2. 롤스의 도덕성 발달

롤스는 피아제(Piaget)와 콜버그의 도덕성 발달이론에서 착안한 것으로, 도덕성 발달 3단계를 주창하였다. 롤스의 설명에서 도덕적 능력의 발달은 권위의 도덕성, 공동체의 도덕성, 그리고 원리의 도덕성이라는 3단계의 순서를 따른다.

1단계: 권위의 도덕성(The morality of authority)

아동은 부모의 사랑과 애정을 경험하고 그 보답으로 부모를 사랑하고 믿게 되는 정의로운 가족에서 성장한다. 이러한 감정은 부모가 제시하는 가르침을 존중하고 지키려는 성향을 강화한다. 이 단계에서 도덕성에 대한 아동의 최초 개념은 일련의 임의적 명령이라는 데 있으며, 아동은 계율과 규범이 정당화될 수 있는 보다 포괄적인 체계를 이해하지 못한다. 아동은 부모와 비슷해지기를 바라며 부모의 지시를 행동의 평가 기준으로 내면화한다. 이러한 이유로 아동은 자신의 행동이 부모를 실망시킬 때 죄책감을 느끼게 된다.

2단계: 공동체의 도덕성(The morality of association)

아동은 자라면서 사회적 협력이 이루어지는 여러 다른 공동체에 참여한다. 아동은 공동체들 중에는 가족과 학교에서 협력적인 여러 활동에 참여하게 된다. 이런 식으로 가정과 학교에서 아동은 다양한 권리 및 의무의 체계를 배우게 되는데, 이것은 공동체의 유형 및 복잡성 수준에 따라 달라진다. 이러한 서로 다른 공동체에 참여하는 것은 또한 아동에게 다른 참가자의 관점을 이해하는 법을 가르쳐 준다. 아동은 각종 단체 활동의 장점을 인식하면서 다른 참여자에 대한 신뢰와 우정의 감정, 그리고 자신의 의무를 존중하려는 마음의 자세를 갖게 된다. 아동은 또한 협동 체제에서 자신이 제 몫을 하지 못할 때 죄책감을, 다른 사람들이 제 몫을 못할 때는 분노를 느낀다.

3단계: 원리의 도덕성(The morality of principle)

청소년 또는 청년은 사람들이 정의로운 사회 제도로부터 혜택을 받는다는 것을 이해하게 되고 정의의 원리 자체에 대한 애착을 갖게 된다. 일단 정의의 원리가 자신의 선과 자신과 가까운 사람들의 선을 증진한다는 것을 깨닫게 되면, 그는 정의로운 협동의 이상을 인식하고, 완전히 보편적인 원칙에 따라 행동하고 싶은 생각을 키우게 된다. 이 단계에는 정의감의 일반화가 포함되며, 이것이 사랑이나 우정의 감정에 의해 매개되지 않는 협동을 설명한다. 우정과 신뢰의 감정이 개인적인 정의의 덕을 발휘하는 데 도움이 되는 경우가 많지만 어떤 상황에서는 특정한 사람에 대한 사랑과 우정의 감정 없이도 정의로운 규칙과 절차를 준수하려는 성향이 발휘된다. 이 단계에서는 정의의 원리를 따르지 않는 것에 죄책감이 동반되며, 정의감이 발달하게 된다(Costa, 김상범 역, 2020: 75-76).

권위의 도덕성에서는 부모의 규범을 따르는 수준이라면, 공동체의 도덕성에서는 협동, 책임, 의무, 신뢰를 배양하는 수준이다. 공동체의 도덕성 이후에 최종 단계로 자연스럽게 뒤따른 원리의 도덕성 단계에서는 특정인에 대한 사랑과 우정의 감정 없이도 보편적인 원칙인 정의로운 규칙과 절차를 준수하려는 성향이 발달하게 된다. 피아제와 콜버그처럼 롤스의 도덕심리학은 다분히 사변적인 성격을 띤다.

3.2.3. 사회적 기본적 가치의 목록

사회적 기본 가치는 시민의 도덕적 능력을 개발하고 행사하기 위해 필요하며, 상이한 가치관을 추구하기 위한 다목적 수단이다. 이 가치를 내면화해야 개인의 도덕성 발달은 물론 정의로운 사회의 실현도 가능하다고 보았다. 사회적 기본 가치의 목록은 다음과 같다.

① 사상의 자유와 양심의 자유, 결사의 자유, 법의 지배뿐만 아니라 인신의 자유 및 불가침성에 의해 규정되는 자유, 그리고 끝으로 정치적 자유 등과 같은 기본적 자유의 보장이다.
② 다양한 기회의 제공과 함께 거주 이전과 직업 선택 자유의 보장이다.
③ 책임 있는 직책과 직위에 따르는 권한 및 특권, 특히 주요 정치적·경제

적 제도에서 권한 및 특권의 존중이다.

④ 소득과 부의 보장이다.

⑤ 자존감을 지켜줄 사회적 기반을 형성하는 것이다(Rawls, 1999c: 362-63; Costa, 김상범 역, 2020: 38에서 재인용).

롤스는 개인의 자유, 권리, 자존감을 지켜주는 것이 시민의 도덕적 능력을 함양하는 기본 전제라는 것이다.

3.3 시민성

롤스는 시민이 선에 대한 상이한 견해를 갖고 있을 뿐만 아니라 공통적이면서도 상충하는 이해관계를 갖고 있기 때문에, 민주 사회의 주요 사회 제도는 시민들 사이를 공정하게 중재하는 방식으로 수립되어야 한다고 보았다(Costa, 김상범 역, 2020: 31). 그는 사회를 하나의 협동 체계로 본다. 협동을 통해 각 개인은 사회를 이루고 살지 않을 때보다 더 잘 살 수 있다는 점에서 이해관계가 일치한다는 것이다. 그런 협동체계를 지속하기 위해 시민에게 요구되는 역량을 살펴보도록 하겠다.

3.3.1. 정의감의 담지자로서 시민

롤스에 따르면 정의로운 사회의 안정성은 정의로운 제도하에 성장하는 사람이 유효한 정의감을 습득할 수 있느냐에 크게 의존한다. 롤스는 시민들이 그들 자신과 동료들을 자유롭고 평등하며 일정한 권리의 담지자로 보아야 한다고 생각한다. 둘째로 시민들이 그들 자신의 삶에 대한 선택과 사회의 자원에 대한 그들 자신의 요구에 대해 책임을 져야 한다고 주장한다. 셋째로 시민들이 공정한 조건으로 타인과 협력할 용의가 있어야 하며, 넷째로 경험적, 평가적 문제에 관한 합당한 불일치의 존재를 인정해야 한다고 주장한다. 이 네 가지 공약은 시민이 사회의 기본 구조를 이루는 제도의 기능을 규제하는 원칙으로서 정의의 두 원칙의 타당성을 수용해야 한다는 주장 속에 함축되어 있다(Costa, 김상범 역, 2020: 242).

롤스의 이론에서 정의의 원칙에 대한 합의는 시민들 사이에서 안정성의 주요 원천이다. 이런 합의가 없다면 시민들은 사회·경제적 격차뿐만 아니라 종교적 교설을 비롯한 그들이 지지하는 선에 대한 포괄적 교설의 불일치로 분열될 것이라고 보았다. 그래서 롤스는 정의의 핵심 원칙을 가르치는 것이야말로 분명 시민교육의 중심 목표여야 한다고 보았다.

롤스는 자신의 정의론이 포괄적 교설의 다원성에서 비롯된 갈등과 관련이 있음을 분명히 하지만 민족, 성별, 인종 등의 차이에서 비롯된 갈등을 다루려고 하지 않는다는 것을 분명히 밝힌다(Rawls, 1999b: 177; Costa, 김상범 역, 2020: 242에서 재인용). 그래서 롤스에게 다민족, 다문화 사회의 시민성 관련 논의를 찾아볼 수 가 없다.

3.3.2. 합당한 시민의 특성

합당한 시민은 두 가지 특수한 도덕적 능력과 함께 사고, 판단, 추론을 위한 일반적 능력을 갖는다. 이 두 가지 도덕적 능력은 정의감을 위한 능력(정의감의 능력)과 가치관을 위한 능력(가치관의 능력)이다. 정의감의 능력은 정의로운 규칙이나 원칙에 따라 이해하고 행동할 수 있는 능력을 말하고, 가치관의 능력은 자신의 삶을 구조화하는 목표 및 가치를 형성할 뿐만 아니라 더 나아가 수정할 능력을 포함한다.

롤스가 추가하는 합당한 시민의 두 가지 다른 중요한 특징으로 먼저 합당한 시민은 타인도 똑같이 제 몫을 다하고 상호 신뢰한다는 조건하에 사회적 협력의 공정한 조건을 기꺼이 제시하고 준수할 의지가 있다는 것이다. 다음으로 합당한 시민은 이른바 '판단의 부담(burdens of judgment)'을 인정한다. 여기서 판단의 부담은 다원주의적 민주 사회에서 많은 평가적·사실적 문제에 대해 지속적인 불일치가 존재하는 사실을 설명하는 데 도움을 주거나 이러한 불일치가 인간의 이성 능력의 올바른 사용과 양립 가능한 이유를 설명할 근거로 여겨질 수 있다(Costa, 김상범 역, 2020: 69, 73). 합당한 시민은 일련의 도덕적 역량과 성향을 지니며, 정의로운 제도를 자발적으로 지지한다고 보았다.

3.3.3. 공동선의 추구

롤스에 따르면 인간이 각자의 선 관념(conception of the good)을 추구할 여지를 만들어줄 뿐 아니라, 정의로운 제도를 유지하기 위한 공동의 헌신을 요구받는다는 것이다. 롤스는 가치관의 결정이 개인의 선택의 결과라고 보았으나 샌델은 공동체적 가치관이 개인의 선택과 무관하게 미리 공동체에 주어진 것이라고 본 것이다. 롤스는 장기적으로 평등 사회를 지향했다는 점에서 공동체의 가치를 부정하지 않았다. 그의 절차적 자유주의는 개인의 자아를 출발점으로 하여 공동체 이상으로서의 평등을 지향하고 있기 때문이다. 반면에 샌델은 공동체 가치관에서 출발하여 시민의 자발적인 정치 참여를 장려하고 있다는 점에서 롤스와 순서만 다를 뿐이다(최현실·최자영, 2020: 320).

롤스는 진정한 정치 공동체라는 것이 만약 획일적인 포괄적 교설에 의해 통합된 정치사회를 의미하는 것이라면 우리는 마땅히 그러한 형태의 정치 공동체를 포기해야 한다고 단언한다(Rawls, 1999: 182, 248-251). 자유주의는 공동체로서의 정치사회를 거부한다. 왜냐하면 무엇보다도 그런 공동체의 정치사회가 기본 자유를 체계적으로 부정하고 정부의 독점적인 권력을 강압으로 사용할 가능성이 있기 때문이다(Rawls, 1999: 182). 롤스는 개인의 권리와 자유의 우선성을 분명히 밝히고 있다.

그렇지만 롤스의 '무지의 베일', '원초적 입장' 속에서의 주체는 분명 자신의 이익만을 추구하는 이익 추구적 시민이 아니라, 공적 문제를 정의의 관점에서 바라보고 판단하는 진정한 의미에서의 '주권적 시민'이다.

3.3.4. 기본적 권리와 자유의 담지자로서 시민

롤스에 따르면 평등한 자유의 원리는 모든 시민에게 평등한 기본적 권리와 자유의 평등한 분배를 보장하는 것이다. 롤스는 다음과 같은 기본적 권리와 자유의 목록을 제시한다.

① 양심의 자유와 사상의 자유: 양심의 자유는 어떤 특정 종교도 믿을 수 있는 자유, 또는 어떤 종교도 믿지 않을 수 있는 자유를 포함한다. 사상의 자유는 매우 다양한 주제, 가령 예술, 과학, 문학 등에 관한 신념의 표현에까지 확장된다.

② 결사의 자유: 우리가 선택한 누구와도 교제할 수 있는 자유, 그리고 다양한 목적을 증진할 목표를 지닌 상이한 종류의 집단을 형성할 자유를 포함한다.

③ 평등한 정치적 자유: 투표할 권리, 공직을 담당할 권리, 정치적 표현의 자유, 집회의 자유, 정부를 비판할 자유 그리고 정당을 결성하고 가입할 자유 등을 모두 포함한다.

④ 인신의 불가침성 및 자유를 보호할 권리 및 자유: 강제와 신체적 해악 그리고 노예화에 대한 금지, 직업 선택의 자유, 일정한 사유 재산을 소

유할 권리 등을 포함한다.

⑤ 법의 지배에 의해 보장되는 권리 및 자유: 자의적 체포와 재산 몰수로부터의 자유, 공정한 재판을 받을 권리, 불리한 진술을 강요받지 않을 권리, 그리고 기타 적법 절차의 권리 등을 포함한다. 롤스는 법의 지배가 수많은 자유의 향유를 위한 전제 조건이라고 주장한다. 왜냐하면 법적 지배는 법적으로 허용 가능한 것과 불가능한 것의 경계를 설정하여 시민이 타인의 행동에 대해 합당한 기대를 형성할 수 있게 해주기 때문이다(Rawls, 1996: 291; Costa, 김상범 역, 2020: 50에서 재인용).

롤스는 주로 지난 몇 세기에 걸친 현실 민주주의의 역사적 발전 과정을 검토함으로써 시민의 기본적 권리 및 자유의 목록을 만든 것으로 보인다. 롤스는 자유에 대한 관련 제약을 법에 의해 규정되는 것으로 본다. 기본적 자유의 목록은 시민의 핵심적 이익으로 간주되는 것에 대한 보호의 범위를 설정한다. 롤스의 모든 기본적 자유는 시민의 자유이며, 정치적·법적 제도로써 보장된다. 그는 이러한 자유를 누리기 위해서는 시민이 자유의 적절한 체계가 있어야만 하며, 그래야 시민이 정치적·법적 제도에 입각해서 개인, 집단, 또는 국가의 행위에 의해 행해지는 통제와 간섭으로부터 효과적으로 보호받을 수 있다고 주장한다.

그리고 롤스에 따르면 정의로운 사회는 시민이 좋은 삶에 대한 서로 다른 관념을 발전시키는 것에 대해 존중하고 지지하며, 시민이 스스로 구상하는 대로 이러한 관념을 추구할 수 있도록 허용하는 사회이다. 그러나 자유의 가치는 항상 시민의 가치관, 성향, 재능, 물적 자원, 사회적 위치에 따라 좌우될 수 있다는 것이다. 어떤 사람은 정치 문제에 깊이 관여하여 정치적 자유를 더 중시할 것이다. 다른 사람은 언론인, 시인, 예술가로 활동하면서 표현의 자유를 보다 폭넓게 누릴 것이다(Costa, 김상범 역, 2020: 170-171).

기본적 자유는 시민의 도덕적 능력을 개발하고 행사하는 데 핵심적이라고 보았다. 기본적 자유는 법적으로 보호되는 경로와 기회의 틀이기도 하다. 따라서 시민은 기본적 자유를 양도하거나 다른 재화와 교환할 수도 없다고 보았다. 또한 롤스는 사유 재산에 대한 권리가 개인의 자립을 위해서나 자존감의 개발을 위해서도 꼭 필요하다고 생각한다. 자유를 갖는다는 것은 단적으로 타인이나 국가에 의한 어떤 형태의 간섭으로부터 안전을 보장받는다는 것이다.

3.3.5. 다수결의 강조

롤스는 일정한 형태의 다수결 원칙이 정의롭고 효율적인 입법을 보장하는 최선의 방법이라고 보았다. 다수결은 롤스가 추구하는 '평등한 자유'라는 정의의 제1 원칙과 양립할 수 있으며, 당위성을 갖는다. 다만 다수결 원칙은 기본적으로 배경적 정의의 조건을 만족시켜야 한다. 롤스는 이상적인 민주 절차는 이상적인 시장의 형성과 대비할 수 있다고 한다. 시장과 투표는 서로 유사성이 있으나 중요한 관점에서 차이도 있다. 시장은 가능한 한 효율성을, 투표는 가능한 한 정의성을 높이 사는 것이다(Rawls, 황경식 역, 2003: 367, 372).

롤스는 다수결의 결정이 불완전할 수 있다는 점을 지적한다. 때로는 정의의 원칙이 요구하는 바가 불분명하거나 명확하지가 않을 수도 있다(최현실·최자영, 2020: 335-336). 롤스는 다수결이 갖는 결점에 대한 견제장치로서 정의의 원칙을 준수하고, 법과 정책에 대해 안목을 갖춘 합리적 입법자들이 다수결의 이상적 주체가 되어야 하는 것으로 보았다.

3.3.6. 국가관

여기에서는 국가의 중립성과 국가 정체성에 대한 롤스의 입장을 함께 살펴보도록 하겠다. 그러한 탐색은 국가의 구성원으로서 시민성을 규정하는 데 필요한 과업이라고 본다. 롤스는 국가의 중립성을 주장하면서 국가 정체성에 대한 소극적인 입장을 견지하였다. 먼저 롤스는 반(反)완전주의의 입장에서 국가가 가치관의 문제에 있어서 중립적이어야 한다는 것이다. 일반적으로 중립적인 입장은 무엇이 도덕적으로 선한 삶에 기여하고, 무엇이 그로부터 멀어지게 하는가와 같은 문제에 국가가 중립적이어야 하거나, 국가가 도덕적 가치에 관한 이상적 목표에 기초하여 무언가를 결정해서는 안 된다는 입장이다.

따라서 국가의 중립성은 칸트의 형이상학에서 출발하는 것이 아니라, 현대 민주주의 사회의 인간이 대체로 좋음에 대해 서로 다른 의견을 갖고 있다는 잘 알려진 사실에 대한 실천적 응답이라는 것이다(최현실·최자영, 2020: 330). 롤스는 선에 관하여 국가가 침묵하는 '최소주의적 자유주의(minimalist liberalism)'를 주장하였다. 그러므로 롤스의 '국가의 중립성'은 개인의 자유를 억압할 수 있는 국가 권력의 부작용을 배제하려 했던 것이다.

그래서 국가는 자신이 추구할 가치와 목적을 선택할 수 있는 자유롭고 독립적인 자아로서 인간을 존중하는 권리 체계를 제공해야 하며, 특정한 목적을 강요해서도 안 된다는 것이다. 설혹 국가가 목적을 선택해야 할 필요성이 요구될 때에도 그에 앞서서 보다 공정한 절차가 우선되어야 한다고 주장한다. 이렇게 공정한 절차를 강조한다는 점에 주목해서 절차적 공화정이라 불리기도 하는 자유주의 공공철학은 개인의 권리의 우선성 및 좋음에 대한 옳음의 우선성, 좋은 삶에 대한 정부와 국가의 중립성을 핵심 원리로 삼는다(맹주만, 2012: 73-74).

캘런(Callan)은 애국심을 "전 세대에 걸친 정치 공동체로서 자신의 특정한 국가와 자신을 적극적으로 일체화하는 것으로, 국가의 번영을 소중히 여기고 국가의 발전을 도모하는 것"이라 정의했다(Callan, 2002: 468; Costa, 김상범 역, 2020: 208에서 재인용). 그는 공동체 도덕의 마지막 단계는 시민의 역할 채택을 촉진하는 애국적 감정의 습득을 필요로 한다고 주장한다. 애국적 감정 덕분에 사람들은 동포를 위해 기꺼이 희생할 수 있다는 것이다.

그리고 캘런은 정의감을 지닌 애국자는 비록 자국에 이익이 되더라도 외국인에 대한 불공정한 정책을 지지하거나 용납하지 않을 것이라고 보았다. 실제로 애국자가 공동체의 도덕을 넘어 진정한 원칙의 도덕성을 획득하지 않는다면 문제가 될 것이다. 롤스는 시민이 자신과 동료 시민을 자유롭고 평등하며 특정한 권리의 보유자이자 자신의 목적과 주장에 책임이 있다고 보는 것이 중요하다고 생각한다.

따라서 롤스는 시민이 자신이 속한 민족과 공통된 역사와의 애국적 일체감을 계발할 필요가 있다고는 주장하지 않는다. 롤스에게 중요한 것은 단지 시민이 스스로를 자유롭고 평등하다고 생각한다는 것과 시민이 정의로운 제도를 지지하고 발전시킨다는 것뿐이다. 롤스는 공정으로서의 정의론에서 특정한 정치 공동체에 대한 애착이 시민의 자기 이해의 필수 요소가 아니라고 보았다(Costa, 김상범 역, 2020: 210). 롤스에 따르면 애국적 감정이 일반적으로 정의를 훼손한다고 보는 것이 타당하다.

그렇지만 롤스의 만민은 정의롭거나 적어도 적정 수준의 정부를 가진 민족 국가의 구성원이다. 그에게 자신의 정치 공동체와의 애국적 일체감이 정의로운 정치 제도를 유지하는 데 중요하다는 것을 강력히 시사한다. 롤스는 정의로운 제도의 유지에 가장 유리한 조건은 시민이 한 민족과 국가를 동일시하는 것이라고 생각하는 것 같다. 그는 만민을 위한 가능한 정치

구조로서 다민족주의(multinationalism)를 결코 언급하지 않는다.

그런데 국가가 통합된 정치 공동체라는 것, 시민들이 오직 하나의 국가에만 속한다는 것, 그리고 이 국가의 일체화가 그들의 가장 중요한 정치적 정체성이라는 것은 그야말로 거짓이다. 대부분의 사회는 다문화적이고 다민족적이며, 그 사회의 구성원들은 중첩되고 때로는 상충하는 정치적 충성심과 일체감을 지니고 있다(Costa, 김상범 역, 2020: 214-215). 롤스는 애국심의 필요성이나 유용성에 대해 그가 어떤 견해를 가질지는 분명하지 않다. 그가 정의감 획득으로 이어지는 과정에 결정적 역할을 하는 가족 내 부모와 자식 간의 사랑에 의존하는 것처럼, 우리는 그가 자신의 정치 공동체를 향한 애국심의 발달에 암묵적으로 의존한다고 추정할 수도 있다.

롤스는 애국심이 정의로운 제도의 안정성을 위한 필수 요건이라고 주장하지 않는다. 그는 교육적 권고 목록에 애국심 함양을 명시적으로 포함시키지도 않는다(Costa, 김상범 역, 2020: 243). 롤스는 애국심이나 국가 정체성에 대해 지지하지는 않지만 민주화된 민족국가나 국민국가를 정의의 원칙이 작동하는 범위로 상정하고 있다.

지금가지 살펴본 내용을 정리하면 롤스가 지배 관계에서 드러나는 시민의 자유의 축소를 대체로 고려하지 않는 것은 사실이다(Rawls, 2001: 130-32). 그 이유 중 하나는 그의 주된 관심사가 시민이 정의의 원칙을 준수하고 사회 제도의 정의로운 작동에 역사적 장애물이 없다고 상정하는 이상적 정의론을 정당화하는 데 있기 때문이다. 롤스는 한 사회가 자유롭고 평등한 시민이라는 이상을 구현하는 핵심적인 사회적·정치적 제도를 갖춘 민주주의 사회가 아니라면 정의로울 수 없다고 생각한다. 모든 시민에게 투표할 권리, 정치적 견해를 표현할 권리, 다양한 정치 결사체에 참여할 권리, 또는 소송 제기 같은 시민적 행동에 나설 수 있는 권리를 부여하는 것은 시민이 국가에 의해 지배되지 않도록 보장하는 역할을 한다(Costa, 김상범 역, 2020: 183-185).

그래서 누구도 다른 사람에 대해 견제 받지 않는 권력을 가질 수 없게 해야 한다고 보았다. 공정으로서의 정의가 자유롭고 평등한 시민의 지위를 보장하려면 국가나 사회적 행위자의 자의적 간섭 가능성으로부터 그들을 보호해야만 한다. 롤스의 '국가의 중립성'은 개인의 자유를 억압할 수 있는 국가 권력의 부작용을 배제하려 했던 것이다.

❹ 롤스의 시민교육

시민교육의 목표, 내용, 방법은 철학적 기반, 정치적 지향, 도덕적 이상, 사회문화적 특수성에 따라 다양하다. 여기에서는 롤스의 정의론에 기초하여 사회 정의를 높이기 위한 시민교육의 목표, 내용, 제도와 정책 등을 체계적으로 살펴보고자 한다.

4.1 시민교육의 목표

롤스는 시민교육의 목표에 대해 최소한의 설명을 제시했을 뿐이다. 롤스에 따르면 아이들의 교육에 대한 국가의 관심은 미래 시민으로서의 역할에 초점을 두고 있다. 따라서 아이들이 공적 문화를 이해하고 그 제도에 참여할 능력을 획득하는 것에 교육의 목표를 두었다. 그리고 아이들이 일생 동안 경제적으로 독립적이고 자립적인 사회 구성원이 되고 정치적 덕성을 발전시키는 데 있다(Rawls, 2001: 157; Costa, 김상범 역, 2020: 147에서 재인용).

또한 롤스에게 시민교육은 학생들이 정의의 원칙, 그것을 구현하는 특정한 정치적 제도, 또는 국민과 그 정치 제도의 역사와 학생을 스스로 일체화 도록 장려하는 데 목표를 두고 있다. 그리고 롤스의 시민교육은 국가에 지배 받지 않을 시민의 자유 증진에 기여한다고 보았다. 따라서 시민이 정치적·사법적 체계의 기능에 대한 지식과 함께 자신의 권리에 대한 지식을 갖게 되면 자신의 목소리를 경청하게 하고, 자신의 이익을 중요하게 고려하도록 만들 수 있다는 것이다.

롤스가 정의의 제1 원칙에 정치적 자유의 공정한 가치 보장을 포함시킨 것은 이러한 유형의 시민교육을 정당화하기 위한 중요한 근거를 제공한다. 종합하면 시민교육의 목표는 학생들이 선관 형성의 능력을 온전하게 발휘하는 정치 공동체에서 살기를 바라는 마음을 키워주고, 정치 공동체의 법질서를 비판적으로 평가하고, 합당한 방식으로 존중하는 데 필요한 역량과 태도를 함양하는 데 있다(서요련, 2022: 285).

4.2 시민교육의 내용

교육은 복합적인 사회적 가치이기 때문에 그 가치를 순전히 원하는 직업과 권위 있는 직위를 위해 성공적으로 경쟁하기 위한 수단으로만 이해할 수는 없다. 그보다 교육은 시민의 정의감, 개인의 인생 계획을 형성할 수 있는 능력 같은 지성적·도덕적 능력의 개발을 위해 필요하다. 그리고 코스타(Costa)는 지배가 자유롭고 평등한 시민의 지위를 훼손하는 것은 악이며, 정의로운 사회가 심각한 형태의 지배를 용납할 수 없기에 비지배를 위한 교육이 롤스의 '정치적' 관점에서 옹호될 수 있다고 주장한다. 교육적 측면에서 시민교육이 지배와 굴종의 대인 관계뿐만 아니라 국가의 지배를 막는 데 중요한 기여를 할 수 있다고 롤스는 보았다(Costa, 김상범 역, 2020: 19, 57).

따라서 롤스는 학교가 아이들의 자율성이나 개성의 발전을 장려하려고 해서는 안 된다는 것을 강조한다. 그보다 학교는 훨씬 더 적은 일을 하게 될 것이다. 롤스를 포함한 자유주의 교육론자들은 아이들에게 헌법상의 권리 그리고 시민적 권리에 대한 지식 등을 가르치는 것에 머물러야 한다고 보았다. 자유주의 시민교육은 아이들에게 사회의 완전히 협력적인 구성원이 되도록 준비시키고, 자립적이 될 수 있게 해주어야 하며, 사회의 다른 부분과의 관계에서 기꺼이 공정한 사회 협력의 조건을 존중하도록 정치적 덕성을 장려해주어야 한다고 보았다(Rawls, 2001: 156; Costa, 김상범 역, 2020: 146-147에서 재인용).

그래서 롤스는 정의의 제1 원칙에 정치적 자유의 공정한 가치 보장에 기초하여 아래와 같은 시민들의 기본적 권리와 자유를 명시하였다.

① 양심의 자유와 사상의 자유
② 결사의 자유
③ 평등한 정치적 자유
④ 인신의 불가침성과 자유를 보호하는 권리 및 자유
⑤ 법의 지배가 보장하는 권리 및 자유(Rawls, 1996: 291)

롤스는 정의의 원칙을 이해하고 실천할 수 있는 교육내용을 구성하는 데 방점을 두고 있음을 유추할 수 있다. 반면에 롤스는 교사 주도의 적극적인 교육을 지양하고자 한다.

4.3 시민교육의 정책과 정의로운 제도의 강조

4.3.1. 시민교육의 정책

롤스는 교육 정책에 대해 상세히 논하지 않았다. 그가 고려하고 있는 교육 제도는 다원주의와 사회적 다양성을 존중하면서 사회 정의 증진에 중요한 역할을 수행하는 것이다. 교육 정책은 아이들이 피고용인으로서든 자영업자로서든 성인으로서 독립적인 소득을 얻을 수 있도록 아이들의 역량과 기능을 개발하는 것을 도울 수 있어야 한다는 것이다. 교육 체계 전체의 작동은 사회 모든 구성원, 특히 최소 수혜자에게 이익을 주는 재능과 기능의 개발로 이어져야 한다는 것이다(Rawls, 1999a: 86-87).

롤스는 교육 제도의 역할에 대한 아주 간단한 소견만을 제시한다. 그는 학교가 미래 시민에게 자신의 권리와 의무에 대해 가르쳐야 하며, 정치적 덕성을 장려해야 한다고 말할 뿐이다(Rawls, 2001: 156-57; Costa, 김상범 역, 2020: 89).

4.3.2. 정의로운 제도

롤스는 기본적으로 정의로운 제도가 그 제도하에 사는 시민에게 정의의 원칙에 필요한 지지를 '저절로' 산출해줄 것이며, 합당한 시민의 특징인 덕성의 개발 및 행사를 장려할 것이라고 확신한다. 롤스는 주로 정치적·사법적 제도의 기능이 갖는 효과를 믿는다. 그는 특히 이 제도가 넓은 의미에서 교육적 역할을 담당한다고 생각한다. 그에 따르면 정의로운 제도에 기초가 되는 인간관과 사회관이 시민으로서의 자신에 대한 관념을 형성시켜 준다는 것이다.

롤스는 공적 문화에 내재된 특정한 개념이 정의로운 민주사회의 구성원들에 의해 이해되고 수용될 것이라고 주장한다. 사법 제도가 모든 시민들이 법 앞에 평등하다는 규범적 이상을 지지하고 전달하는 측면을 갖는 것도 사실이다(Costa, 김상범 역, 2020: 132-134). 따라서 정의로운 사법제도를 마련하는 것이 합당한 시민의 양성에 매우 중요하다고 본 것이다.

4.4 시민교육의 주체

4.4.1. 가정의 기능

롤스는 가정이 최초의 '정의의 학교(school of justice)'로서 중요한 역할을 한다고 보았다(Okin, 1989: 17-24). 가정은 아이들의 도덕적, 정치적 역량의 발달이 시작되는 곳이다. 가정이 아이들의 교육적 성공에도 영향을 준다는 사실이다. 가정은 정의의 제 1학교로서 중요한 기능을 한다. 아이들은 가정의 맥락에서 최초의 규범을 배운다. 롤스에 따르면 부모의 사랑과 지지는 부모처럼 되고자 하고 그들의 행동을 모방하고자 하는 욕구를 아이들에게 불러일으킬 뿐만 아니라, 그에 상응하는 규범의 내면화에도 결정적인 역할을 한다는 것이다. 아이들은 가족 구성원들 간의 책임 분배를 위한 규칙을 배우고 받아들이게 된다.

롤스는 가족 구성원이 자녀 교육에 힘쓰는 것을 정당한 것으로 간주하였다. 즉, 공정한 기회 균등의 원칙을 가족이라는 제도에 직접 적용할 수 없음을 받아들이는 것은 가족이 그 구성원의 인생 전망에 상당한 영향을 끼친다는 사실을 결코 무시하는 것이 아니다. 롤스는 가정의 이러한 내적 기능의 차이가 아이들의 인생 전망과 기회에 불공정한 결과를 초래할 수 있음을 인정한다. 공정한 기회균등의 원칙을 충족시키려면 그러한 차이를 보상해 주는 사회 정책이 필요하다. 가령 학교에는 가정 배경이 다른 학생들 사이의 성취도 격차를 줄이기 위한 프로그램이 마련되어야 한다(Costa, 김상범 역, 2020, 100).

롤스에게 가정은 아이들의 도덕성 발달을 뒷받침할 수 있게 정의로워야 한다는 것이 핵심적 주장이다. 롤스는 만약 아이들이 심각하게 부정의한 가정에서 자라면 도덕적 역량을 계발하고, 성숙한 정의감이나 합당한 가치관을 갖기 어렵다고 보았다. 이러한 롤스의 의견에 동의한 오킨(Okin)은 정의로운 사회의 안정성이 가정의 맥락에서 시작되는 정의감 습득에 결정적이라고 보았다. 오킨은 가족 중 어른들 사이의 관계가 상호성과 평등한 배려가 아니라 지배와 착취에 기반한 것일 때, 아이들이 공정하고 평등한 규범을 배우게 될 수 없다고 주장한다. 더 나아가 그녀가 꿈꾸는 이상사회에는 남성과 여성이 하는 역할의 구분을 없애는 것이다.

소년 소녀 모두가 자신들과 자신들의 평등한 권리에 대한 확고한 인식을 습득하기 위해 충분한 사랑, 지지, 격려를 받아야 한다는 것이다. 또한 타인의 주장과 요구에 적절히 반응하는 법을 배우고, 공정성의 감각, 타인의 관점을 이해하는 능력, 그리고 분쟁 해결을 위한 타협 능력을 계발하는 것도 중요하다. 이러한 핵심적인 정치적 가치를 가르치지 못하는 가정은 아이들이 자랄 때 지배와 굴종의 관계를 형성하는 것을 더 쉽게 할 수 있기 때문에 정의를 가르치는 곳으로는 불충분하다(Costa, 김상범 역, 2020: 105-111).

롤스는 아이들의 돌봄과 교육 모두에서 필수적인 기능을 하기 때문에 가정을 사회의 기본 구조의 일부로 포함시킨다. 롤스는 아이들의 건강한 도덕적·정서적 발달이 적어도 한 명의 어른과의 친밀하고 사랑하는 관계를 필요로 하며, 이것이 가정이라는 제도의 존재를 정당화한다고 주장한다. 아울러 그는 가족 체제에서 공정성에 대한 어떤 특정한 관념을 지지하기를 거부한다.

가정이 아동, 청소년, 성인이 참여하는 유일한 제도나 협회는 아니기 때문에, 롤스의 이론은 정의의 도덕적 능력이 특히 가족 내에서 적절하게 길러져야 한다는 것만을 요구한다(Lloyd, 1995: 1335). 그러나 모든 가정이 아이들의 도덕적, 정치적 발달을 위해 완벽한 지원 환경을 제공하는 것은 아니므로 가정은 보다 넓은 사회의 다양성 및 복잡성을 그대로 반영할 수 없다는 한계가 있다. 롤스의 이론이 가정으로부터 기대하는 것은 합당한 시민성을 위한 최소 수준의 능력을 계발해 주는 것이다. 일부 가정은 이러한 최소 수준의 도덕적·정치적 능력 발달을 제공하지 못한다. 이처럼 아주 부정의한 가족이 있다는 사실을 롤스는 외면하거나 무관심하다.

4.4.2. 학교의 기능

학교의 핵심 목표 중 하나는 사회의 서로 다른 구성원들이 존중 받는 민주적 방식으로 함께 잘 지낼 수 있도록 해주는 공통의 규범, 원칙, 절차의 폭넓은 수용을 촉진하는 것이다. 시민들이 지지하는 포괄적 교설의 다원성을 고려한다면, 좋은 삶에 대해 자신과 다른 견해에 직면했을 때, 이해, 열린 마음, 관용의 태도를 장려하는 것도 필요하다. 이러한 태도는 타인과 상호작용의 조건에서 협력하고 판단의 부담을 받아들이는 성향을 포함하는 합당성 역량의 표현이다.

앞서 논의한 것처럼 롤스는 합당한 시민을 길러내는 데 있어서 가정의 역할은 학교에 의해 보완될 필요가 있다는 것이다. 가정과 학교의 과업이 서로 보완되어야 한다는 것이다. 학교는 잘 작동하는 가정이 주는 정서적, 도덕적 지원을 제공할 수 없고, 가정은 또한 잘 작동하는 학교가 그러하듯 합리성 역량 발달을 장려하는 다양한 규칙 기반의 학교 환경을 제공할 수 없다. 롤스의 이론은 아이들이 대략 18세가 될 때까지 질 높은 초·중등 교육에 대한 접근을 보장받아야 하며, 또한 고등교육에 접근할 수 있는 공정한 기회를 가져야 한다는 것을 시사한다(Costa, 김상범 역, 2020: 15).

주요 사회·정치 제도의 집합이 정의의 원칙을 만족하도록 그런 보상의 역할을 할 수 있는 최고의 후보는 다름 아닌 학교이다. 학교가 정의로운 제도에 대한 시민의 지지를 장기간에 걸쳐 재생산하거나 정의로운 제도의 창출에 기여하는 데 핵심적 역할을 한다고 주장한다. 더 나아가 학교가 어린이들 간의 한 사회 문화의 재생산을 담당하는 분명한 역할이 있다고 보았다. 아동의 초기 교육은 상당 부분 가정에 의해 제공되는 것이 사실이며, 가정을 폐지해야 한다고 생각하지 않는 한 이러한 사실은 아동의 미래 전망에 큰 영향을 미칠 것이다. 이는 학교가 아이들이 받는 다양한 유형의 비공식적 교육을 통해 생겨나는 불평등을 완화하는 데 중요한 역할을 해야 한다는 점을 시사한다(Costa, 김상범 역, 2020: 27, 57).

학교는 아이들이 가족 구성원이 아닌 어른 및 아이들과 교류해야 하는 더 다양한 환경을 제공한다는 것이다. 또한 학교는 아이들에게 정치적·법적 체계의 구조와 시민의 권리 및 책임에 대해 가르쳐야 한다. 이러한 정보는 대게 부모가 완전히 또는 부분적으로조차 전해주지는 않기 때문이다. 시민교육에 대한 롤스의 간헐적 주장을 통해 유추하면 롤스는 학교가 합당한 시민을 양성하는 데 기여할 수 있다는 데 그다지 관심을 기울이지 않았다. 정의로운 사회의 안정성은 국가가 규제하는 시민교육을 필요로 하지 않는다고 롤스는 주장할 수 있다. 오히려 사회 정의에 대한 학교의 최소한의 제공이 롤스의 이상적인 질서 정연한 사회에 적합할 수도 있다(Costa, 김상범 역, 2020: 135).

여러 자유주의 사상가들은 학교 이외의 사회 제도 및 단체들이 이러한 특정한 종류의 시민교육을 제공하기에 충분할 것이므로 학교가 정부 조직에 대한 기초적인 사실을 가르치는 것을 넘어설 필요가 없다는 점을 분명히 한다. 그리고 롤스도 이러한 생각을 공유하고 있다고 볼 수 있다. 그래서 가정교육이든 학교교육이든 교육에서 도덕교육과 시민교육의 양을 줄이려 한다. 그 논리로 기본적인 도덕 규범을 내면화한 시민은 일반적으로 타인의 선택을 위협, 강요, 조작하는 것을 삼갈 것이라고 보았다.

4.5 시민교육의 중립성과 최소주의

위에서 살펴본 것처럼 콜버그나 롤스의 교육관은 사회 또는 환경에 대한 아동의 자연적 상호작용을 함양하는 것을 목표로 둔다. 문화적으로 주어진 규칙의 수동적 학습이라기보다는 사회적 상황에 대한 반응 양식의 능동적 변화에 초점을 둔다. 이 관점은 윤리적 자유주의에 기초를 두고 있으며, 윤리적 보편성에 입각한 윤리 원칙의 제시와 인간의 자율적 판단을 중시한다. 그리고 이 교육방법은 인지구조가 도덕성의 기본적인 존재 방식을 규정하는 것으로 보고 형식주의적 경향을 띤다(Kohlberg, 1981: 54; 김혜성, 2003: 72에서 재인용).

그리고 롤스는 시민교육의 중립성을 주장한다. 우선 롤스의 인간관은 특정한 선관이나 좋은 삶의 신념을 가치 있다는 이유로 지지하지 않는다. 롤스의 인간관은 선관 형성의 능력이 있는 인간을 상정할 뿐이다. 다만 롤스의 인간관은 민주적 법치국가의 규범적 질서에 부합하다는 사실이다. 또한 롤스는 시민교육의 최소주의적 목표(minimalist aims of citizenship education)를 지향한다. 이 교육의 목표는 ①정당한 법질서를 존중하는 시민을 길러내는 것이며, ②학생이 장래에 성인이 되어 정당한 법이 부여하는 권리를 존중하고 의무를 다하도록 교육하는 것이며, ③자율적으로 삶을 살아갈 수 있는 시민을 길러내는 것이다. 이는 개별 시민이 타인과 정치 공동체의 간섭에서 일정 부분 독립된 삶의 영역을 향유해야 한다는 근대적 발상과 관련이 있다. 이와 같은 최소 수준에서 시민교육은 정당한 법질서를 존중하고 자율적으로 삶을 살아갈 수 있는 시민을 길러내는 것이다(서요련, 2022: 283, 284).

롤스는 한결같이 정의감의 능력이 없는 시민은 어떤 법질서가 정당한지를 판별할 수도 없고, 정당한 법질서를 존중하는 마음을 품을 수도 없다는 것이다. 반대로 정의감의 능력을 잘 계발한 시민은 자신이 속한 법질서의 정당성을 능숙하게 평가할 수 있을 뿐 아니라 정당한 법질서를 준수하는 태도를 형성할 수 있다. 따라서 정의감의 능력은 시민교육의 최소주의적 목표가 상정하는 시민관의 핵심 요소이다(서요련, 2022: 285).

그렇지만 합당한 시민의 이상을 실현하기 위한 교육은 롤스가 시사하듯이 최소적일 필요가 없다. 도덕적 쟁점을 가르칠 때, 우리는 다음을 구분해야 한다. 하나는 정치적 관점 그리고 합당한 시민이 지닌 어떠한 포괄적 교설의 관점에서도 완전히 수용 가능한 것(예를 들어, 기본 인권의 타당성)이고, 다른 하나는 정치적 관점에서는 수용 가능하지만 어떤 합당한 포괄적 견해에서는 완전히 수용 가능하지는 않은 것(예를 들어, 결혼하지 않은 성인 간 성 행위의 도덕적 허용 가능성)이다. 이러한 교육적 과제는 선에 대한 합당한 불일치의 존재를 인정하면서도 공공 정책의 공통 원칙, 규범, 절차의 틀에 동의하는 합당한 시민의 형성에 필수적인 것으로 보인다(Costa, 김상범 역, 2020: 154-155). 따라서 공정으로서의 정의를 강조하는 교육은 시민들이 그들 자신의 가치관을 개발하고 추구할 수 있는 제도의 틀을 마련하는 것 이외에도 보편타당한 가치에 대한 적극적인 교육적 노력도 부가되어야 한다.

5 롤스의 정의론과 시민성 교육에 대한 평가

5.1 자유주의적 침묵에 대한 평가

스트라이크(Strike)가 말한 '자유주의적 침묵(liberal silence)'은 학교가 도덕적인 질문을 피하고자 오직 공통의 도덕성을 가르치는 최소한의 노력만 기울일 때 발생한다. 롤스의 시민교육에 대한 입장도 자유주의적 침묵의 범주에 속한다는 비판을 받기도 한다. 자유주의적 침묵이 만연한 학교에서는 특정한 도덕 공동체의 목소리가 공유되지 않기 때문에 침묵한다는 것이다. 그래서 우리는 상호 존중과 관용을 높이 평가하면서도 경쟁하는 도덕적 비전에 대한 진정한 탐구를 거부하는 학교를 만든다(Strike, 1993: 178; Costa, 김상범 역, 2020: 151-152에서 재인용).

자유주의적 침묵 전략을 택하는 이유는 학교가 학생들의 가치관 발달과 관련하여 그들의 신념 및 가치에 과도한 영향을 미치는 것을 피하려고 하기 때문이다. 이런 유형의 추론은 다원주의적 민주 사회에서 교육은 논쟁점에 대해 침묵을 지켜야 하며, 논쟁점을 명시적으로 피하는 것이 학생들이 자신의 소신을 개발할 수 있는 가장 적절한 방법이라는 것을 가정한다. 일부 교육정책을 지지하는 또 다른 이유는 논쟁점에 대해 침묵하는 것이 갈등을 피하는 좋은 방법이라는 믿음 때문이다. 이는 사회 구성원들이 좋은 삶을 영위할 수 있는 조건을 조성하기 위해 다양한 가치관을 차별적으로 취급할 수 있어야 한다는 뜻이다(김비환, 2011: 102; 최현실·최자영, 2020: 330에서 재인용).

그렇다면 롤스의 공정으로서의 정의가 진정 자유주의적 침묵을 함축하는가? 합당한 시민이 지지할 수 있는 가치관의 다원성을 인정하는 것은 국가에 일정한 요건을 부과한다. 하나의 요건은 국가가 학교에 특정한 가치관을 강요하도록 요구할 수 없다는 것이다. 이는 부정적 요건에 해당된다. 다른 하나의 요건은 학교가 관용과 상호 이해의 성향, 그리고 기타 정치적 덕성과 함께, 공적인 규범, 원칙, 절차의 적극적 수용을 장려해야 한다는 것이다. 이는 긍정적 요건에 해당된다.

자유주의적 침묵 정책을 택하는 것은 부정적 요건과는 양립 가능해 보이지만 긍정적 요건과 관련해서는 충돌 지점이 있다. 긍정적 요건을 충족하고자 하는 교육은 부정적 요건을 어느 정도 위반할 것이다. 다양한 가치관에 대한 탐구와 토론을 장려해야 하는지, 반대로 그 가치관과 불가피한 불일치에 대해 침묵을 유지해야 하는지를 물어야 한다. 롤스는 미래 시민교육에 대한 간략한 언급에서 매우 신중을 기하면서 그 교육의 요구 조건을 최소한으로 줄이려고 노력한다. 이 때문에 그가 자유주의적 침묵 정책을 선호한다는 추론이 나올 수 있다.

그러나 정의의 원칙의 충족을 열망하는 사회의 통합과 안정은 새로운 세대가 그 원칙을 성찰적으로 수용하지 않고는 지속될 수 없다. 그러므로 자유주의적 침묵은 롤스주의자에 의해 지지될 수 없는 것이기도 하다. 강한 형태의 롤스적 시민교육은 개인의 자율성 행사를 선호한다는 반론에 직면함과 동시에 완전주의[6]로부터의 반론에 직면할 수 있다. 완전주의 반론은 자율성이 롤스의 시민교육으로 정당화될 수 없는 방식으로 어떤 특정 가치관의 핵심에 있다고 가정한다. 합당한 시민성 교육은 좋은 삶이 무엇인지에 대한 어떠한 개인적 견해에서도 많은 핵심 쟁점을 미결정 상태로 남겨두어야 하며, 학생의 합당한 신념에 도전하는 것을 목표로 하지 않아야 한다는 것이다(Costa, 김상범 역, 2020: 157).

또한 롤스의 제안이 정치적 덕성의 가르침을 권장하기 때문에 완전주의를 부정하지 않는다고 볼 수 있다. 덕성의 가르침을 권장하는 것은 모든 합당한 시민이 지지하지는 않을지라도 인간적 탁월성과 인간적 번영이라는 이상에 대한 암묵적 동의를 포함한다. 롤스는 정치적 덕성에 대해서는 별로 언급하지 않지만, 그것을 정의의 두 원칙을 뒷받침 하는 합당한 시민의

---

[6] 완전주의는 우리가 무엇이 좋은 삶인지 알고 그러한 좋은 삶 또는 이상적인 삶에 도달할 수 있다는 입장이다. 따라서 완전주의 정책은 어떤 가치관을 추구할지 스스로 결정할 시민의 능력에 대한 존중과 양립하기 어렵다.

품성으로 기술한다. 이러한 덕성은 일반적으로 공정한 사회적 협동의 유지에 필수적인 인지, 감정, 판단, 행동의 복합적 성향으로 이해될 수 있다.

그렇지만 여전히 롤스의 정의론과 같은 현대 자유주의적 정의관은 모든 인위적인 요소, 혹은 우연적 결과를 배제한 원자적 개인을 전제로 사회 정의의 문제를 접근하기 때문에 고립적이고 분석적인 관점을 노정한다는 문제점을 가지고 있다(McWilliams, 1980: 4; 조주현, 2016: 82에서 재인용). 이와 달리 그리스와 로마의 정의관에서 정의란 공통된 원칙을 가지고 있었다는 결론에 도달하게 된다. 그것은 다름 아닌 정의라고 하는 것은 공동체의 조화와 화합을 위해 개인 또는 집단의 탐욕을 절제하는 원칙을 강조했다는 점이다.

후기 들어 롤스도 정치적 측면에서 옹호될 수 있는 덕성 중 하나는 관용이고, 또 하나는 정중함을 주장했다. 사회가 완전히 정의롭기 위해서는 시민의 일정 수준의 덕성을 갖추어 법을 보완해야 한다(Costa, 김상범 역, 2020: 159-160). 이런 면에서 보면 덕의 함양을 통해 정의사회를 구현하고자 했던 고전적 정의론자(예를 들어 플라톤)의 주장과 흡사하다. 그동안 도덕과에서는 공동체의 조화와 화합을 강조하는 시민의 의무와 공동선보다는 개인의 자유와 권리만을 지나치게 강조하는 내용을 가르치고 있다. 롤스를 비롯한 자유주의 정의관의 한계를 고전적 정의론이 극복할 수 있을 것이다. 플라톤은 개인의 내적 영혼이 조화로운 상태를 정의롭다고 여길 뿐만 아니라 공동체 전체가 화합과 조화를 달성했을 때에 정의롭다고 보는 것이다(조주현, 2016: 101).

지금까지 살펴본 바로 롤스의 시민교육은 국가가 개인이 추구하는 가치관의 옳고 그름에 무관심해서는 안 되며, 개인들이 건전하고 가치 있는 인생관을 추구할 수 있도록 적극 도와주어야 한다는 입장과는 상충될 수밖에 없다. 하지만 롤스의 주장을 종합하면 보편적 가치에 대한 교육과 함께 개인과 공동체의 조화, 권리와 책임의 조화, 자율성과 질서의 조화 및 균형을 모색하는 논리적 추론이 가능하다고 볼 수 있다.

5.2 정의론에 대한 비판적 고찰

사회적 최소 수혜자에 대한 이익의 수준이 낮은 복지 후진국의 경우에는 롤스가 자신의 정의론에서 행하는 주장은 공허하게 다가올 뿐이라는 것이다(최현실·최자영, 2020: 319). 사회적·경제적 불평등의 심화로 인해 정치적 자유의 평등이 심하게 훼손될 수 있는 상황에서 롤스가 절대 불가침의 영역으로 상정하고 있는 정의의 제1 원칙인 평등한 자유의 원칙 역시 유명무실한 선언에 불과 할 것이라고 염려한다(김기덕, 2011: 76).

샌델은 롤스의 정의론을 비현실적인 '의무론적 도덕론'으로 규정하면서 폄하한다. '원초적 입장'과 '무지의 베일'의 개념은 그의 자유주의가 획일적이고 사변적인 철학적 전제에서 출발했으며, 현실성 없는 철학의 원칙이라는 것이다(최현실·최자영, 2020: 321). 샌델에 따르면, 인간의 자기 이해에는 근본적으로 공동체적 가치가 개입되어 있으므로 이런 사회성을 백안시하는 개인주의는 잘못된 것이다(Sandel, 이양수 역, 2012: 83-86). 롤스를 비롯한 현대 자유주의는 공동체 가치관이 결핍된 개인주의를 기조로 하고 있다고 샌델은 주장한다(Sandel, 김선욱 외 역, 2008: 68-69).

이처럼 롤스는 가치관의 결정이 개인의 선택의 결과라고 보았으나, 샌델은 공동체적 가치관이 개인의 선택과 무관하게 미리 공동체에 주어진 것이라고 본 것이다. 롤스는 장기적으로 평등 사회를 지향했다는 점에서 공동체의 가치를 전면적으로 부정하지는 않았다. 즉, 롤스의 절차적 자유주의는 개인의 자아를 출발점으로 하여 공동체 이상으로서의 평등을 지향하고 있다. 반면에 샌델은 공동체 가치관에서 출발하여 시민의 자발적인 정치 참여를 장려하고 있다는 점에서 롤스와 순서가 다를 뿐이다.

그러나 롤스는 진정한 정치공동체라는 것이 만약 획일적인 포괄적 교설에 의해 통합된 정치사회를 의미하는 것이라면 우리는 마땅히 그러한 형태의 정치공동체를 포기해야 한다고 단언한다. 획일적이거나 강압적인 공동체를 단연코 거부한다는 것이지 자발적인 공동체의 지향을 부정하는 것은 아니라는 것이다. 다만 자유주의는 공동체로서의 정치사회를 거부한다. 왜냐하면 무엇보다도 그것이 기본 자유를 체계적으로 부정하고 정부의 독점적인 권력을 강압으로 사용할 가능성이 있다(Rawls, 1999: 182; 최현실·최자영, 2020: 322-323에서 재인용). 이런 점에서 롤스나 샌델은 자유주의와 공동체주의의 첨예한 대립을 지양하면서 개인의 자율의 가치와 공동체의 가치를 동시에 실현하는 목표에 도달할 수 있을 것이다.

롤스는 정의론이 자원이 희소한 상황에 적용되는 것이라고 했다. 자원이 풍부하면 서로 충돌할 필요가 없기 때문이라고 한다. 그러나 자원의 풍부 여부를 떠나서 인간의 탐욕은 더 많은 것을 갖기 위해서 불평등을 초래하고, 무엇보다 자원의 존재 여부를 떠나서 지배욕이 발동하게 될 수도 있다. 자유롭고 평등한 칸트의 인간관을 이은 롤스의 정의론이 현실과 괴리를 빚는 것은 '무지의 베일'이나 '원초적 입장'이 인간의 합리성에 지나치게 경도되어 인간의 비합리적 욕망의 요소를 결여한 데 있기 때문이다.

이처럼 롤스는 인간이 합리적 계산 이전에 본능적인 욕망의 동물이라는 사실을 간과했다. 그래서 그의 정의론은 도덕론에 머물 수밖에 없었다. 롤스의 정의론이 사회경제적 평등이 일정 정도 달성된 서구의 자유민주주의를 전제로 한 이론이라는 것이다(최현실·최자영, 2020: 339, 341). 따라서 모든 지역이나 모든 체제에 보편타당하게 적용될 수 없는 한계를 안고 있다.

앞서 살펴본 차등의 원칙 때문에 롤스는 처음에는 사회주의와 고전적 자유주의 양쪽에서 비판을 받았다. 왜냐하면 롤스의 자유주의는 순수하게 자유만을 주장하는 고전적 자유주의와도 구별되며, 자본주의적 시장 경제를 배제하지 않는다는 점에서 사회주의와도 거리를 두고 있기 때문이다. 이러한 비판에도 불구하고 롤스의 분배적 기획이 오히려 자유를 내세우면서도 분배 정의와 평등의 문제를 적절하게 조화시키려는 대담하면서도 대단히 체계적인 시도임이 알려지면서 양 진영에서도 롤스를 지지하는 사람들이 점점 많아졌다.

6 결론

롤스는 공리주의에 대한 대안으로 권리론을 그리고 정의론의 기초로 계약론을 발전시켜 하나의 합리적 의사 결정론과 관련시켜 자신의 정의론을 제시하고 있다. 롤즈 정의론의 방법론적 특징은 공정으로서의 정의관이다.[7] 롤스의 목적은 공정으로서의 정의에 입각한 질서 정연한 사회를 지향하는 데 있지만, 사상의 근원적 동기는 인간의 자기 존중과 자아실현에 있다(이창희, 2017: 220). 그리고 롤스는 불평등한 결과를 재분배하는 것보다는 연속하는 세대들의 구성원들의 출발점을 평등하게 만드는 것을 더 중시한다(Hausman & McPherson, 주동률 역, 2010: 388-390).

그리고 롤스는 기본 구조를 규제하는 정의의 원칙이 합당한 시민들의 '중첩적 합의'에 기반한다고 주장한다. 그는 또한 헌법과 기본적 정의의 문제에 대한 공적 토론이 '공적 이성'의 관점에서 이루어져야 한다고 권고한

---

[7] 서울대학교 철학사상연구소: https://terms.naver.com/entry.naver?docId=800838&cid =41978& categoryId=41982

다. 롤스는 정부가 가치관의 문제에 있어서 중립적이어야 한다는 반(反)완전주의 입장에 서 있다. 그 입장에 따르면 무엇이 도덕적으로 선한 삶에 기여하고, 무엇이 그로부터 멀어지게 하는가와 같은 문제에 중립적이어야 하거나, 도덕적 가치에 관한 이상적 목표에 기초하여 행위해서는 안 된다는 입장이다. 현실 사회에서 이러한 정치철학 원리로서 반완전주의는 정당화될 수도 없을뿐더러, 가능하지도 않다(김영기, 2017: 91; 최현실·최자영, 2020: 330에서 재인용).

롤스는 선에 관하여 국가가 침묵하는 '최소주의적 자유주의'를 옹호하였으며, 합리적 당사자이므로 정의원칙에 동의하거나 합의에 도달할 수 있다고 보았다. 그런데 인간은 미래에 자신의 처지가 어떻게 될 것인지를 계산해서 현재 합리적 선택을 하는 그런 타산적인 존재도 아니다. 대개는 현재 생물적 본능이 요구하는 바에 따라 혹은 무의식적 본능에 따라 행동하는 경향이 있다.

롤스는 불확실한 상황에서 인간의 선택은 보수적이라고 하고, 또 도박의 심리보다는 사회의 기본 욕구를 충족하는 정도에서 선택이 이뤄질 수밖에 없다고 했으나, 현실은 흔히 그 반대가 된다. 인간은 절대로 기본 욕구를 충족하는 선에서 그치는 법이 없고, 또 기본 욕구라는 개념 자체가 기준이 없고 사람마다 같지 않아서 '충족'이라는 개념 자체가 비현실적이다. 롤스는 현실적으로 헌법의 규정에 의해 규정된 입법자가 성실이 아닌 사욕, 선의가 아닌 악의를 가지고 임했을 때를 대비한 방책이 구체화되어 있지 않다(최현실·최자영, 2020: 340-342).

롤스에게 강한 의미나 적극적인 의미에서의 시민정치론이란 사실은 존재하지 않는다고 말할 수도 있다(김상준, 2008: 323). 반면에 샌델은 시민들이 미덕을 적극적으로 배양할 수 있도록 교육적 노력을 해야 한다고 주장한다. 그리고 롤스는 정치를 도덕과 '분리'하려는 데 반해, 샌델은 정치를 도덕화하려고 한다. 그렇지만 롤스는 헌법의 권리, 개인의 권리, 양심의 자유, 생각의 자유, 결사의 자유에 대한 확신을 갖고 있었으며, 이를 바탕으로 존립 가능한 민주주의에 대해서도 매우 강력한 신뢰를 가졌다.

참고문헌

곽영근 (2018), "자유주의와 공동체주의의 변증법적 논의에 비추어 본 도덕과 교육의 의미- 롤스와 샌델의 논의를 중심으로 -", 한국초등도덕교육학회, 『초등도덕교육』제59집, 37-163.

김기덕 (2011), "롤스의 정의론에 관한 철학적 고찰: 윤리적 측면과 인식론적 측면을 중심으로", 동국대학교 동서사상연구소, 『철학·사상·문화』, 제10호.

김비환 (2011), "라즈의 자유주의적 완전주의의 전제들: 자율성, 다원주의 그리고 실천철학", 한국법철학회, 『법철학연구』제4권 1호.

Costa, M. V.저, 김상범 역 (2020), 『존 롤스 시민과 교육』, 서울: 어문학사.

김상준 (2007), "시민사회와 공공성 ; 원칙이자 과정으로서의 공공성 -존 롤스 〈정의론〉을 넘어서", 한양대학교 제3섹터연구소, 『시민사회와 NGO』 5권 1호, 5-35.

(2008), "새로운 시민정치 : 존 롤스 '무지의 베일'을 단서로", 참여연대 참여사회연구소, 『시민과세계』, 322-336.

김항규 (2008), "공리주의와 롤즈 정의론의 복지 정책관 비교 연구", 목원대학교 박사학위 논문.

김혜성 (2003), "시민교육에서 인지발달론적 가치, 도덕교육의 공헌과 한계: "정의" 원칙을 중심으로", 한사회과교육학회, 『시민교육연구』, 35권 1호, 69-88.

맹주만 (2012), "샌델과 공화주의 공공철학", 중앙대학교 중앙철학연구소, 『철학철학탐구』제34호, 65-94.

서요련 (2022), "롤스적 인간관의 시민교육적 함의", 한국도덕윤리과교육학회, 『도덕윤리과교육』, 제74호, 267-298.

손철성 (2020), "롤스의 차등의 원칙에 대한 고찰 : 도덕교육에서 논쟁점을 중심으로", 한국도덕윤리과교육학회, 『도덕윤리과교육』, 제69호, 91-114.

이창희 (2017), "적극적 자유 - 밀과 롤스", 한국도덕윤리과교육학회, 『도덕윤리과교육』제57호, 207-230.

조주현 (2016), "사회 정의와 도덕과 교육- 고전적 정의론을 중심으로", 한국초등도덕교육학회, 『초등도덕교육』제54집, 81-108.

최현실·최자영 (2020), "롤스의 정의론이 생략한 인간의 탐욕과 사회적 갈등", 동국대학교 동서사상연구소, 『철학·사상·문화』, 제34호, 317-346.

한신영 (2013), "자유주의와 공동체주의 자아관이 다문화교육에 주는 시사점-롤스와 메킨타이어의 차이점을 중심으로-", 『다문화 콘텐츠 연구』, 제15집, 7-33.

Callinicos, A., 선우현 역 (2008), 『평등』, 서울: 울력.

Callan, E.(1997), Creating Citizens: Political Education and Liberal Democracy, Oxford : Oxford University Press.

Freeman, S. ed.(1999), Collected Papers, Cambridge: Harvard University Press.

Hausman, D. M. & McPherson, M., 주동률 역(2010), 『경제분석, 도덕철학, 공공정책』, 파주: 나남.
Kelly, E. ed.(2001), *Justice as Fairness: A Restatement*, Cambridge: Harvard University Press.
Kohlberg, L.(1981), *Essays on Moral Development, Vol.1 : The Philosophy of Moral Development*, N.Y.: Haper and Row.
Lloyd, S.A.(1995), "Situating the Feminist Criticism of John Rawls' Political Liberalism", *Loyola LA Law Review,* 28:1319-44.
McWilliams, W.C.(1980), "Justice: Ancient and Modern", released by Institute for the Study of Civic Values, Philadelphia.
Okin, S. M.(1989), *Justice, Gender and the Family*, New York: Basic Books.
Rawls, J.(1996), *Political Liberalism*, revised edn. New York: Columbia University Press.
_____, 황경식 역 (2006), 『정의론』, 서울: 이학사.
_____(1971), *A Theory of Justice,* Cambridge: Harvard UP.
_____(1999a), *A Theory of Justice*, Cambridge: Harvard University Press.
_____(1999b), *The Law of Peoples*: with "the Idea of Public Reason Revisited", Cambridge: Harvard University Press.
_____, 김주휘 역 (2016), 『공정으로서의 정의: 재서술』, 서울: 이학사.
_____, 장동진 역 (2016), 『정치적 자유주의』, 파주: 동명사.
Sandel, M., 김선욱 외 역 (2008), 『공동체주의와 공공성』, 서울: 철학과 현실사.
_____, 이창신 역 (2010), 『정의란 무엇인가』, 파주: 김영사.
_____, 이양수 역 (2012), 『정의의 한계』, 멜론.
Sen, A., 이상호 외 역 (2008), 『불평등의 재검토』, 파주: 한울.
Strike, K.(1993), "Ethical Discourse and Pluralism " in Strike, K. and L. Ternasky eds., *Ethics for Professionals in Education*, N.Y.: Teachers College Press.

10장
아인 랜드의 객관주의적 인간 이해와 시민

김진선(춘천교육대학교 시민교육역량강화사업단)

이성적인 정신은 그 기능과 동기에 있어서 완전한 독자성을 요구합니다.

1 생애와 주요 저서

아인 랜드(Ayn Rand, 1905-1982)는 러시아에 위치한 상트페테르부르크의 유대인 중산층 가정에서 태어났다. 본명이 알리사 지노브예나 로젠바움(Alisa Zinov'yevna Rosenbaum)인 그는 9살이 되던 해에 작가가 되기로 결심한다. 1917년에 이르러 러시아에서는 볼셰비키 혁명이 발발하고 뒤이어 공산당의 혹독한 지배가 본격화된다. 그들은 공산주의의 기치를 내세워 부유한 자본가들의 재산을 몰수하기 시작했다. 약사였던 랜드의 아버지 역시 운영하던 약국을 빼앗겼으며 이로 인해 랜드의 가족은 빈곤에 빠지게 된다. 이런 경험을 통해 랜드는 집산주의의 가치에 깊은 회의를 품게 되었으며 그런 경향은 그의 전 작품에서 뚜렷하게 나타나고 있다(A. Bernstein, 2009: 1).

볼셰비키의 억압을 피해 크림으로 이주했던 아인 랜드의 가족은 그가 고등학교를 졸업한 1921년에 상트페테르부르크(페트로그라드)로 돌아왔다. 랜드는 국립 대학교에 입학한 최초이자 소수의 여성 가운데 한 명이었다. 대학에서 그는 미국 및 서양의 역사, 정치 및 예술에 열광하게 되었으며 나아가 자신의 저술과 사상에 토대를 제공하게 되는 다른 사상가들에 대한 탐구를 이어갔다.

1924년에 대학교를 졸업한 랜드는 시나리오 작가가 되기로 결심하고 레닌그라드에 있는 국립 영화 대학(Cinematic Institute)에 입학한다. 이 시기에 그는 아인 랜드라는 이름을 선택한다. 랜드는 공산주의가 자유로운 사유와 표현을 억압한다는 것을 실감하고 미국으로의 이주를 결심한다. 1926년, 랜드는 다시 러시아로 돌아오지 않을 결심을 하고 시카고에 살고 있는 친척들을 방문한다는 이유로 비자를 발급받아 미국으로 떠났다. 그리고 그곳에서 본격적으로 자신의 경력을 시작하게 되었다.

랜드는 시카고에 도착한 후 친척과 친구들의 도움으로 캘리포니아의 할리우드에서 일자리를 찾게 된다. 그리고 영화 현장에서 만난 배우 프랭크 오코너(Frank O'Connor)와 결혼함으로써 그는 1931년에 미국 시민의 자격을 얻었다. 랜드는 비평가, 의상팀 일원 등 영화와 관련해 다양한 작업을 하는 가운데 작가로서의 역량을 꾸준히 발휘하였고, 뉴욕으로 이사한 1934년 즈음에는 성공적인 작가의 대열에 합류하고 있었다.

그러나 소설가로서는 랜드가 처음부터 미국에서 성공적인 가도를 달린 것은 아니었다. 1934년에 발표된『위 더 리빙(We the Living)』은 혹평에 시달렸다. 그의 소설은 미국이 아닌 유럽에서 먼저 주목받기 시작했고『앤섬(Anthem)』(1936)은 영국에서 처음으로 출판되었다. 이후 미국 평론가들의 이목을 끌면서 랜드는 미국에서 소설가이자 사상가로서 입지를 다지게 된다(에이먼 버틀러, 2019: 32-35).

랜드는 합리적인(rational) 자기 이익에 토대를 두고 도덕성에 대한 견해를 밝히는 방식으로 자신의 사상을 전개하고 있다. 이것은 상당 부분 개인주의에 토대를 두고 있다고 할 수 있을 것이다. 주로 소설을 통해 표현된 그의 사상은 전쟁 이후 미국에서 발생한 보수주의적이고 자유주의적인 지식인 운동에 많은 영향을 주었다. 이는 '객관주의(objectivism)'라는 고유한 사상으로 결실을 맺었다.

객관주의적 사유를 분명하게 보여주는 랜드의 대표작으로 소설『파운틴헤드(The Fountainhead)』(1943)와『아틀라스(Atlas Shrugged)』(1957), 그리고 객관주의의 핵심 내용을 담고 있는 에세이 모음집인『이기심의 미덕(The Virtue of Selfishness)』(1964)를 꼽을 수 있다.『파운틴헤드』의 주인공인 하워드 로크(Howard Roark)는 아인 랜드가 그리고 있는 개인주의의 방향을 잘 보여준다. 방대한 분량의『아틀라스』는 많은 사람들이 랜드의 가장 중요한 저작으로 여기는 작품이다. 이 소설을 통해 아인 랜드는 자유주의자와 시장주의자들의 열렬한 지지를 얻게 되었다. 작품 후반의 대부분을 차지하는 존 골트(John Galt)의 연설은 객관주의의 정수를 담고 있다고 할 수 있다.『아틀라스』의 발간을 끝으로 아인 랜드는 더 이상 소설을 집필하지 않았다. 그는 주로 방송 등 대중매체를 통해 대중을 대상으로 자신의 주장을 개진해 나가는 모습을 보였다. 이는『이기심의 미덕』을 비롯해『자본주의: 알려져 있지 않은 이상(Capitalism: The Unknown Ideal)』(1966),『낭만주의자 선언(The Romantic Manifesto)』(1969),『철학: 누가 그것을 필요로 하는가(Philosophy: Who Needs It)』(1982) 등으로 출판되었다. 흥미로운 점은 랜드의 저술과 사상은 학계에 종사하는 연구자들과 전문적인 비평가들에게는 혹평을 받기 일쑤였지만 그 외의 사람들에게는 열렬한 지지를 이끌어 내기도 했다는 것이다. 혹자는 그런 지지를 일종의 컬트(Cult)에 비유하기도 한다.

이와 같은 양면적인 평가는 랜드의 사상이 가진 특징을 잘 보여준다. 사상가로서 랜드는 매우 체계적이며 주도면밀했다고 말하기는 어려울 것이다. 간혹 그는 자신의 기존 주장과 대비되는 입장을 표명하기도 했으며[1], 자신의 주장을 논리적으로 그리고 학술적으로 엄격하게 구성하는 태도와는 거리가 있는 모습을 보이고 있기도 하다. 이것은 비판받을 만한 일임에는 분명하다. 그러나 그런 느슨함은 랜드가 철학은 일상 속에서 보통 사람들에게 영향력을 행사할 수 있다는 신념을 따르고 있기 때문에 나타나는 것이기도 하다. 실제로 특히 미국에서 아인 랜드는 개인주의, 자유주의, 나아가 자본주의를 이해하는 데 있어 가장 중요한 인물 중 한 명으로 회자되고 있다. 그러므로 아인 랜드의 사상을 검토하는 일은 현대 사회의 면면을 현실과 동떨어져 있지 않은 시선으로 살피는 것이라고 말할 수 있을 것이다.

2 객관주의의 주요 개념

아인 랜드는 자신의 사유에 영향을 끼친 사상가 가운데 한 명으로 아리스토텔레스(Aristotle)를 꼽고 있다. 가치와 현실이 분명하게 소통하는 것으로 바라보고 있다는 점, 또한 행복을 삶의 목적으로 삼고 있다는 점에서 그

---

[1] 대표적으로, 그는 인종주의를 비판하면서도, 한편으로는 미국의 노예제도를 합리화하는 모습을 보이기도 했다.

런 면모가 특히 두드러진다고 할 수 있다. 한편, 랜드의 객관주의 혹은 객관주의 윤리(objectivist ethics)는 이기주의(egoism)에 토대를 두지만 동시에 무정부주의(anarchism)과는 거리를 두고 있다. 이런 특징은 랜드의 사상 체계 내에서 다소 독특한 권리 개념이 나타나는 데 영향을 미쳤다고 볼 수 있다. 이 장에서는 가치 및 덕에 대한 접근, 행복에 대한 옹호, 개인주의와 이기주의에 기초한 권리의 개념을 검토한다. 이를 통해 아인 랜드가 객관주의를 통해 그리고자 했던 인간상을 이해하기 위한 기초를 쌓고자 한다.

1) 객관주의 윤리의 기본 가치와 미덕

아인 랜드가 주창한 객관주의에서는 모든 인간에게 해당하는 궁극적인 목적을 '생존(survival)'이라고 주장한다. 여기에서 말하는 생존은 하나의 생명체로서 살아있는 상태가 지속되고 있는 것을 포함하고 있다. 그러나 인간이 아닌 다른 생물체와 달리 인간의 생존은 그것만으로는 충분하지 않다. 객관주의는 개인이 인격적으로 성장할 수 있는 기회가 곧 인간의 생존이라는 입장을 취한다. 또한 개인의 생존에 있어 선이 객관적이고 형이상학적인 필수품이라고 주장한다(김진선, 2021: 39). 이런 점이 아인 랜드가 자신의 사상을 때때로 '객관주의 윤리'라고 부르는 이유라고 할 수 있을 것이다.

랜드는 객관주의 윤리의 기본적인 가치가 이성(reason), 목표(purpose), 자존감(self-esteem)이라고 주장한다. 나아가 각각의 가치에 상응하는 미덕이 합리성(rationality), 생산성(productiveness), 긍지(pride)라고 진술하고 있다. 합리성은 다시 독립의 미덕, 무결성의 미덕, 정직의 미덕, 정의(正義)의 미덕으로 구분된다(아인 랜드, 2017: 46-49: A. Rand, 1964: 27). 생산성의 미덕은 사람의 정신이 생명을 지탱해 나가는 과정이 곧 생산적인 노동이라는 점을 함의하고 있다. 생산적인 노동은 모든 사람에게 획일적인 형태로 이루어지지 않는다. 그것은 각자의 능력에 맞는 수준에서 생산적인 경력을 의식적으로 선택하고 추구함으로써 완성된다. 긍지의 미덕은 스스로 완벽을 성취함으로써 달성할 수 있다. 이를 통해 개인은 자신의 최고의 가치를 지켜가는 권리를 확보하고 나아가 자기 희생을 도덕적 견해나 미덕으로 보는 것을 거부할 수 있다(아인 랜드, 2017: 47; A. Rand, 1964: 27-28).

랜드의 객관주의에서는 이 모든 가치와 미덕이 자기 자신을 향한다고 할 수 있을 것이다. 랜드는 다른 사람을 위해 자신을 희생시키지도 말고 자신을 위해서 다른 사람을 희생시키지도 말며 오직 자기 자신을 위해 살아야 한다(아인 랜드, 2017: 51; A. Rand, 1964: 30)는 점을 역설한다. 다시 말해, 객관주의에서 말하는 생존은 자기 완성을 뜻하며 이로써 생존은 윤리적 의의를 획득하게 된다. 랜드는 다른 사람의 행복을 위해 자신을 희생하도록 하는 모든 것들에 도전하며 그것에 투쟁할 것을 강조한다. 『파운틴헤드』의 주인공인 하워드 로크의 진술에서도 그런 점이 분명히 나타나고 있다.

> 창조자에게 반드시 필요한 건 독자성입니다. 이성적인 정신은 강요를 받는 상황에서는 기능할 수 없습니다. 어떤 형태의 구속이나 희생, 예속도 거부합니다. 이성적인 정신은 그 기능과 동기에 있어서 완전한 독자성을 요구합니다. 창조자에게 모든 인간관계는 부차적인 것입니다(에인 랜드, 2권, 2011: 663; A. Rand, 2007: 712).

앞서 언급한 미덕 가운데 생존, 즉 자기 완성을 위해 특히 주목할 만한 것은 합리성이다. 이것은 아인 랜드가 이성을 강조하고 있는 부분과 직결된다고 할 수 있을 것이다. 합리성의 기초인 이성은 감각 및 경험에 의미를 부여하고 동기를 발생시키는 요소로써 중시될 만하다(김진선, 2021: 42). 객관주의에 관해 연구를 지속해 온 타라 스미스(Tara Smith)는 이성은 인간의 감각에 주어진 재료를 식별하고 통합하는 능력이라고 말하는 아인 랜드의 진술에 더해 이런 통합은 세계에 대한 우리의 인식에 중요한 역할을 하며 감각에서 지각으로 통합하는 것과 같은 심리학에 의해 운영된다(T. Smith, 2006: 53)고 밝히고 있다.

이성을 통해 합리화된 욕구는 보다 확실하게 실제적인 것이 되며 이는 이성과 목표의 관련성을 더욱 강화시킨다고 할 수 있을 것이다. 올바른 목표, 즉 객관주의식으로 말하면 '내가 원하는 방식으로 생존하는 것'을 정하고 달성하기 위해 이성이 역할이 필요하기 때문이다(김진선, 2021: 42). 결국 합리성은 생존을 위해 개인이 내리는 판단과 결정이 올바른 방향을 향하도록 이끄는 데 결정적인 역할을 담당한다고 볼 수 있다.

이와 같이 이성-합리성과 더불어 목표-생산성, 자존감-긍지가 향하는 궁극적인 방향은 물론 생존, 즉 자기 완성이다. 그리고 이것은 '행복을 추구하는 것'으로 이어진다.

2) 행복주의(welfarism)

아인 랜드가 주장하고 있는 객관주의는 행복에 대해 긍정적인 입장을 취한다. 사실, 행복에 대한 그의 입장은 다소 모순되는 부분이 있다는 점을 부인하기 어려워 보인다. 그는 행복이 아니라 합리적인 존재로 생존하는 것이 삶의 목적이라는 점을 명시적으로 강조하고 있다. 그러나 동시에 행복이 인간의 삶에서 추구되어야 한다는 점을 분명하게 밝히고 있다. 다시 말해 그의 진술 여러 곳에서 행복 역시 인간의 궁극적인 목적으로 여기는 태도가 나타난다.

이는 객관주의 진영에서 공리주의를 비판하는 방식에서도 확인할 수 있다. 랜드는 칸트(Kant)의 사상이 현실에 대해 분명하게 말하는 것이 없다는 점에서 그것을 강하게 비판한다. 반면에 공리주의에 대해서는 상대적으로 온건한 태도를 보인다. 공리주의는 행복을 중시하는 사상체계이기 때문이다. 그러나 동시에 그것이 행복을 목적으로 삼지 않고 수단화하고 있다고 비판하고 있다. 이런 점에서 아인 랜드는 분명히 행복을 하나의 목적으로 그리고 있다고 해석할 수 있을 것이다.

행복에 대한 입장 및 태도에서 랜드가 아리스토텔레스로부터 많은 영향을 받았다는 점을 더욱 확실하게 확인할 수 있을 듯하다. 그가 객관주의를 통해 강조하는 행복은 아리스토텔레스가 말하는 에우다이모니아(eudaimonia)에 가까운 것이다. 물론, 누구나 인간에게 또한 각자에게 가장 적절한 형태로 생존하기를 추구해야 한다고 주장하는 그는 행복 역시 생존과 밀접한 것으로 바라보고 있다. 그러므로 랜드의 행복주의는 곧바로 아리스토텔레스식의 덕론과 합치하지 않는다. 그러나 행복은 실존적 그리고 심리적으로 "성공적인 삶의 상태"(A. Rand, 1964: 27; Stanford Encyclopedia of Philosophy: 11/31 재인용)라고 명시하는 데에서 양자 사이의 관련성을 볼 수 있을 것이다.

나아가 랜드는 행복이라는 정서가 분명한 규범적 기준에 부합한다고 여기고 있으며 그것은 "모순점이 없는 즐거움(joy)의 상태, 즉 응보나 죄책감이 없는 즐거움"(Stanford Encyclopedia of Philosophy: 11/31)이라고 말한다. 행복은 합리적인 목적을 바라고, 합리적인 가치를 추구하며, 합리적인 행위에서 즐거움을 찾는 사람에 의해 성취된다는 것이다. 결국 행복은 삶을 긍정하는 것을 뜻한다. 객관주의 윤리에서 이는 객관적으로 가치 있는 삶의 상태에서 긍정적인 정서 상태에 놓인다(Stanford Encyclopedia of Philosophy: 11/31)는 의미이기도 하다. 여기에서 가치는 도덕성과 연관된다. 랜드의 입장에서 도덕성은 적절한 생존을 위해 개인에게 필요한 부분이다. 따라서 도덕성은 생존과 행복을 달성하기 위해 인간에게 요구되는 요소라고 할 수 있다.

3) 권리

객관주의에서 권리는 인간의 궁극적인 목적인 생존과 연관된 것으로 나타난다. 또한 인간은 행복을 추동하는 존재라고 여긴다는 점에서 행복 역시 권리와 상관성을 갖는다. 다시 말해 인간에게는 자신의 생존과 행복을 추구할 권리가 있다고 할 수 있다. 객관주의에서 권리에 대해 논의할 때, 그것은 확장된 의미에서의 생존권이라고 해야할 것이다. 랜드는 인간의 권리는 '자신의 생명에 대해 갖는 권리'(아인 랜드, 2017: 207; A. Rand, 1964: 110)에서 파생한다고 말한다. 나아가 이로써 합리적인 존재는 자신의 생명을 지탱하고, 증진시키고 실현하며, 즐기기 위해 필요한 모든 행위를 할 수 있는 자유(아인 랜드, 2017: 207-208; A. Rand, 1964: 110)를 획득하게 된다.

랜드가 주장하는 내용에 따르면, 권리의 주된 성격은 다음과 같이 유추할 수 있을 것이다. 첫째, 권리는 자기 자신의 생존과 행복 및 그것을 달성하는 수단을 선택하는 행위를 보장하는 것이다. 둘째, 그것은 다른 사람의 생존과 행복을 보호해야 하는 의무나 책임과는 무관하다. 셋째, 한 개인에게 속한 권리는 타인의 권리를 침해하지 않을 책무를 포함하는 개념이다. 그러므로 권리는 어디까지나 개인에게서 그리고 개인 사이의 관계에서 그 특징이 두드러지게 나타난다고 할 수 있다. 객관주의에서 권리의 행사가 공동체를 위해 행사되는 방식은 비판의 대상이 된다. 그것은 무능한 이타주의에 호소하는 데 지나지 않기 때문이다.

수백 년 동안 개인주의에 반대하는 설교를 해온 자기희생의 도덕성인 이타주의가 지금은 문명화된 국가들에 반대하는 설교를 하고 있다. 지구상에서 인간의 성공에 벌을 주기 위해, 인간의 자신감을 도려내기 위해, 인간의 독립성을 무능하게 하기 위해, 인간이 삶을 즐기는 것에 해독을 끼치기 위해, 인간의 자존심을 거세하기 위해, 인간의 자부심 성장을 방해하고 정신을 마비시키기 위해 사용되는 원시적인 무기인 자기희생의 신조는 이제 동일한 파괴를 문명국가들과 그러한 문명에 가하는 것에 의존하고 있다(아인 랜드, 1998: 476).

여기에서 랜드가 강조하는 권리는 철저하게 자신의 이익과 자유를 보존하는 데 필요한 것이라는 점을 확인할 수 있다. 물론 이는 암묵적으로 분류되는 것이 아니다. 권리는 사회 체계 안에서 명시적으로 드러나고 합의되며 상호간 존중되어야 한다. 이에 객관주의에서는 권리를 크게 세 개의 영역으로 구분한다.

(1) 자유에 대한 권리: 자신의 판단에 따라 행동할 수 있는 (쓰고 말하는 것을 포함) 권리
(2) 행복 추구에 대한 권리: 자신의 고유한 성취를 향한 목적을 추구할 수 있는 권리
(3) 소유물에 대한 권리: 물질적 가치들을 얻고, 유지하고, 사용하며, 나아가 그것을 처분할 수 있는 권리

그런 권리는 개인의 도덕 양식과 사회의 법적 양식 사이의 연결고리로 기능한다. 한편으로 그것은 도덕 법칙에 종속된 사회의 수단이기도 하다.

위에서 말하는 권리가 적절하게 그리고 충분하게 보장되는 사회가 이상적인 사회라고 할 만할 것이다. 랜드에 따르면 이상적인 사회는 독립적인 개인들로 이루어진 사회이다. 그들은 타인의 삶과 자유, 소유물에 대한 권리를 존중한다. 그런 가운데 물질적 및 정신적으로 가치와 가치를 거래한다.

여기에서 랜드가 염두에 둔 사회의 특징을 유추할 수 있을 것이다. 그것은 자본주의 사회, 자유시장경제체제이다. 랜드가 정치적 체제로서의 사회를 완전히 부정했다고 보기는 어렵다. 다만 그는 현실 속에서 나타나는 정치적 입장과 그 차이로 인해 발생하는 정쟁은 개인의 권리를 보장하는 것과 거리가 있다고 여기는 듯하다. 이 때문에 아인 랜드는 보수주의와 진보주의의 입장을 모두 비판하는 모습을 보인다. 양측 모두 사회 제도 및 체제가 역할을 하는 데 공동체를 전제하고 있기 때문이다. 랜드는 공공 혹은 공익을 강조하는 태도에서는 개인의 이익이 적극적으로 공익을 해치는 것이 아니라 그저 무관한 것으로 보일 때조차 그것을 억제하려는 경향을 보이기 쉽다고 진단한다. 『아틀라스』에서 주인공 가운데 한 명인 대그니 태거트(Dagny Taggart)가 혁신적인 모터를 설계한 사람을 찾는 과정에서 만난 어느 철학자의 말은 랜드의 이런 시각을 잘 드러내고 있다.

> 이런 모터는 절대로 만들어져서는 안 됩니다. 설령 누군가 만들어 낼 수 있다고 해도요. 이건 기존의 그 어떤 모터보다 월등히 뛰어나서 무능력한 과학자들이 더 이상 도전과 성취의 기회를 갖지 못하도록 만들테니까요. 나는 강자라고 해서 약자의 자존심을 짓밟을 권리는 없다고 생각합니다(에인 랜드, 2권, 2013: 41-42: A. Rand, 1996: 328).

집단이나 공동체를 중시하는 입장에서도, 객관주의 입장에서도 개인이 권리를 보장받아야 한다는 점에서는 두 입장이 유사할 수 있을 것이다. 그러나 객관주의의 시각에 의하면 권리의 내용에 있어서 양자의 차이점이 나타난다. 전자에서 말하는 권리는 개인이 발전 및 그에 따른 분배에서 소외되지 않을 권리를 의미한다고 볼 수 있을 듯하다. 설령 발전에 기여한 것이 없는 사람의 것이라고 해도 보장의 내용은 바뀌지 않아야 한다. 반면, 후자는 자신의 발전을 추구하고 그에 따른 이익을 보호받을 권리를 강조한다. 이 때 감정은 권리를 정당화하는 도구로 중요하게 받아들여지지 않는다. 객관주의 혹은 객관주의 윤리에서는 타인에 대한 배려나 동정심이 권리의 기반을 이루는 인간의 도덕적 완성과는 거리가 있다고 보기 때문이다.

그렇다고 해서 객관주의에서 강조하는 형태의 권리가 타인에 대한 존중을 배척하는 것은 아니다. '개인'에게 속한 권리가 온전히 보장받아야 한다고 주장하는 데에는 자신은 물론 타인의 권리 역시 그러해야 한다는 의미를 포함하고 있다.

> 새로운 지식의 발견은 사람들이 그 지식을 자유롭게 이용하고 또 그 전에 알려진 것들의 혜택을 누릴 수 있을 때에만 가치를 지닌다. 새로운 발견은 모든 사람들에게 하나의 잠재적 가치이긴 하지만 사람들의 실제 가치를 희생시킨 대가로 이뤄져서는 안 된다. 어느 누구에게도 혜택을 주지 않는, 무한한 공간으로 확장되는 '진보'는 무서운 부조리이다. 몇몇 사람들에 의한 '우주의 정복'도 마찬가지이다. 구두 한 켤레를 구할 수단도 없이 비참한 상황에서 지내는 사람들의 노동을 착취함으로써 성취된다면, 우주의 정복도 무시무시한 부조리일 뿐이다(아인 랜드, 2017: 184; A. Rand, 1964: 97).

결과적으로, 객관주의에서 말하는 권리는 앞의 절에서 검토한 가치-미덕 및 행복과 관련된다. 즉 권리는 개인이 가치에 기반을 두고 생존 및 완성을 합리적으로 도모하는 가운데 미덕을 성취하며 그것이 또 다시 개인의 행복으로 온전히 머무는 것을 보장하는 것이다. 이 때 정부나 사회의 역할은 그것을 체계적으로 보호하는 데 머물러야 한다. 그들은 가치의 주체가 될 수 없으며 그것을 검토할 이성을 가진 어떤 존재가 아니기 때문이다.

3 객관주의의 인간상

객관주의에서 그리는 이상적인 인간은 합리적으로 자신의 생존을 추구하며 그 가운데에서 행복을 누림으로써 도덕적 완성을 이루는 존재이다. 그리고 그런 존재는 자신의 성취를 위한 투쟁을 마다하지 않는다. 아인 랜드는 그런 인간상을, 대표적으로, 『파운틴헤드』(에인 랜드, 1·2권, 2011; A. Rand, 2007)의 하워드 로크와 『아틀라스』(에인 랜드, 1·2·3권, 2013; A. Rand, 1996)의 존 골트를 통해 그리고 있다.

『파운틴헤드』의 주인공인 하워드 로크는 출중한 능력을 가진 건축가이다. 고전적 양식을 뛰어난 것으로 인정하는 그 사회의 분위기와 달리 로크는 단순하고 현대적인 건축 양식을 고집한다. 그에게 있어 건축은 그 건물의 쓰임새에 따라 의미를 획득하는 것이기에 그것을 가장 잘 드러내는 설계를 포기할 수 없는 것이다. 그런 탓에 로크는 건축업계에서 주류에 속하지 못한다.

『파운틴헤드』에서는 하워드 로크와 대비되는 등장인물을 통해 이상적인 인물의 특징이 더욱 선명하게 나타나도록 하는 기법을 사용하고 있다. 그 대표적인 존재로 피터 키팅(Peter Keating)과 엘즈워스 투히(Ellsworth Toohey)를 꼽을 수 있다. 키팅은 건축에 대한 열정이 아니라 부와 명예를 얻기 위해 건축 설계를 하는 인물로 묘사된다. 키팅은 그런 목적을 위해 로크에게 의존하며 그의 작품을 자신의 것으로 둔갑시키기조차 한다. 자신의 도덕적 완성을 기피하던 키팅은 결국 삶에서 많은 것을 잃게 된다.

피터 키팅은 '무지한 존재'라고 말할 수 있을 것이다. 그는 진정으로 자신이 원하는 것이 아닌 가치를 선택했다. 그는 어떤 합리적이고 치열한 사유도 없이 타인의 가치에 순응하는 모습을 보여준다. 그렇기에 키팅은 자신의 일과 성취에 대해 자신감을 갖지 못한다. 그저 유명한 언론가인 엘즈워스 투히와 동료인 하워드 로크의 평가에 스스로와 자기 결과물의 가치를 내맡길 뿐이다. 그는 자존감과 긍지를 갖지 못하고 로크를 질시하면서 무너져 내린다. 키팅은 자신의 생존과 행복에 대해 숙고하지 않는 것이 개인에게 있어 삶의 가치를 잃게 만든다는 것을 여실하게 보여준다.

『파운틴헤드』에서, 객관주의의 방식으로, '악'이라고 지칭할 수 있는 인물은 키팅이라기보다 엘즈워스 투히라고 해야 할 것이다. 그는 '뉴욕배너(New York Banner)' 신문사의 평론가로 대중의 존경을 한 몸에 받는 존재이다. 따라서 투히의 칼럼이 가진 영향력은 매우 높으며 그 스스로 이 점을 잘 알고 있었다. 그는 대중들 사이에서 이견이 적은 사회를 이상으로 여긴다. 그리고 하워드 로크의 개성은 이상적인 사회에 해가 될 것이라고 생각해 자신의 칼럼에서 반복적으로 로크와 그의 작품에 대해 비판을 가한다.

투히가 악한 존재라고 말할 수 있는 데에는 두 가지 이유를 들 수 있을 것이다. 첫째, 그는 대중을 이용하고 선동하기 위해 좋은 성품을 가진 사람으로 스스로를 가장하고 있다. 다시 말해 그는 거짓된 사람이다. 둘째, 투히는 개인성 혹은 개성을 줄이기 위해 누군가, 특히 뛰어난 누군가에게 '희생'을 강요하거나 조장한다. 객관주의에서 희생은 자신에게 부과된 것이든 타인에게 지워진 것이든 간에 윤리적인 결함으로 간주된다. 아인 랜드는 이에 대해 다음과 같이 말하고 있다.

> 아마도 이타주의를 둘러싸고 현대 지성인들 사이에서 보이는 지겨운 유산은 야만적인 억압과 누군가의 희생을 인간 사회에서 평범하고 필연적인 부분으로 자명하게 받아들이는 것이다. 그리고 인간들 사이의 비희행적, 비강제적인 공존과 행동의 가능성을 고려하기를 거부하는 것이다 (A. Rand, 1961: 47).

랜드의 이와 같은 생각은 『파운틴헤드』에서 하워드 로크가 더욱 강력하게 "기생자에게 반드시 필요한 건 인간관계입니다. 기생자는 타인들과의 관계를 가장 우선시합니다. 기생자는 인간은 타인에게 봉사하기 위해 존재한다고 주장합니다. 기생자는 이타주의를 설파합니다."(에인 랜드, 2권, 2011: 663; A. Rand, 2007: 712)라고 말하는 데에서도 드러나고 있다. 그러므로 각자는 자신의 역량과 능력이 자신에게 어떻게 행복과 생존을 보장할 수 있는지를 관습이나 타인의 평가에 기대어 모색할 필요가 없을 것이다. 타라 스미스는 누군가의 의식에 독립적인 요소이며, 그와 같은 실재에 토대를 두고 정의된다면 그것은 객관적인 것(T. Smith, 2016: 211)이라고 진술한다. 이처럼 객관주의에서는 스스로의 삶을 자기가 마주하는 실재에 적절하도록 선택하고 행위하기를 요청하고 있다.

아인 랜드의 가장 대표작으로 손꼽히는 저술은 소설 『아틀라스』이다. 방대한 분량의 이 소설에서 〈내가 존 골트입니다〉라는 제목의 장은 대부분 존 골트의 연설로 채워져 있다. 아마도 이 부분은 객관주의의 백미라고 해도 좋을 것이다.

『아틀라스』는 다소 디스토피아적인 분위기를 담고 있다. 소설의 배경은 전체주의 분위기가 팽배해져 가는 미국이다. 과학과 기술마저 '사회 구성원들의 공평한 이익'을 위해 통제되어야 한다고 보는 이들이 사회의 권력층을 이루고 있다. 그들은 『파운틴헤드』의 엘즈워스 투히와 비슷하게, 선의를 가장하며 국가 안에서 가장 뛰어난 성취를 보이는 이들에게 희생을 강요하거나 그런 사람들을 견제하려는 시도를 이어간다. 이에 환멸을 느낀 뛰어난 이들, 즉 이성의 힘을 신뢰하는 이들은 파업을 선언하고 자취를 감춘다. 기업가, 발명가, 학자, 음악가 등 그 사회에서 가장 훌륭한 업적을 남긴 동참자들은 깊은 골짜기에 '아틀란티스'라는 세계를 세우고 다른 위대한 이성의 소유자들에게도 동참하기를 권유한다. 뛰어난 이들이 사라짐으로써 사회 체제는 점차 무너지고 그 이후에 그들이 사회로 돌아오는 과정을 그리고 있는 것이 『아틀라스』의 주요 내용이다.

  소설 속에서 파업을 주도한 이가 존 골트이다. 그는 혁신적인 모터를 설계한 당사자이기도 하다. 골트의 연설은 객관주의에서 주장하는 인간과 그의 도덕성이 어디에 있는지를 드러내고 있다.

  여러분이 미덕이라고 부르는 악의 누더기 보호막인 '겸손'을 버리세요. 그것은 곧 자신의 행복을 위해 싸우는 것입니다. 자부심이 모든 미덕의 총합임을 깨닫게 되면 인간답게 사는 법을 알게 됩니다.

  자아존중의 기본 단계로, 누구든 여러분에게 도움을 요구하는 사람은 식인종으로 취급하는 법을 배우세요. 여러분에게 도움을 요구하는 것은 여러분의 삶이 자기 소유라고 주장하는 것이니까요. 그런 요구도 혐오스럽지만 그보다 더 혐오스러운 것은 여러분의 동의입니다. 다른 사람들을 돕는 것이 바람직한 일이냐구요? 만일 상대가 그것을 자신의 권리나 여러분의 도덕적 의무라고 여기며 도움을 요구한다면 그를 돕는 것은 바람직한 일이 아닙니다(에인 랜드, 3권, 2013: 845; A. Rand, 1996: 970).

어떤 측면에서는 이런 언사가 폭력적인 것으로 보일 수도 있을 것이다. 그러나 이것의 본질은 타인을 배려하지 않아야 한다거나 다른 사람에게 친절을 베풀지 말라는 권유가 아니다. 이에 이어지는 연설은 "상대의 가치에 이기적인 즐거움을 느끼며 스스로 원해서 그를 돕는다면 그것은 바람직한 일"(에인 랜드, 3권, 2013: 845; A. Rand, 1996: 970)이라는 구절로 이어진다. 골트의 연설을 통해 우리는 자신의 도덕적 완성이 외부로부터의 강요 등에 의한 것이 아니라 자신에 의한 것이어야 한다는 주장을 이끌어낼 수 있을 것이다.

여기에서 윤리가 일종의 가언명령이라고 보는 랜드의 시각을 짚어볼 수 있다. 그는 개인이 처해 있는 현실과 무관하게 무조건 따라야 하는 행위 양식이 있다는 주장을 신뢰하지 않는다. 랜드는 인간은 현실을 이해하고 '스스로' 행복해 질 수 있는 가장 적절한 선택을 해야 한다고 강조하며 그것이 바로 윤리적인 삶이라고 본다.

아인 랜드가 『파운틴헤드』와 『아틀라스』에서 묘사하고 있는 이상적인 인간—일종의 영웅—이 현실 속에서도 완벽한 인간이라고 보기는 어려울 것이다. 나아가 그들이 일종의 상식 도덕(common sense morality)을 온전하게 반영하거나 실천한다고 할 수도 없다. 『파운틴헤드』와 『아틀라스』 및 이 소설 속의 또 다른 주인공들은 공통으로 몇 가지 약점과 한계를 지닌다. 우선 문학적인 측면에서 랜드의 소설은 배경과 인물의 설정이 단순하며 평면적이다. 그 안에서 대립구조는 매우 분명한 것으로 그려진다. 이것은 이 소설들이 객관주의 사유를 전개하는 역할을 담당하고 있다고 볼 때에도 관여할 수 있다. 객관주의의 이상을 합리적으로 전개한다기보다 그저 과시적으로 옹호하는 것으로 비추어질 수 있을 것이다. 또한 주인공들의 가치관은 객관주의식으로는 추종될 만하더라도 그것만으로는 그들의 행위를 도덕적으로 정당화하기 어려운 면모도 보인다. 예를 들어, 『파운틴헤드』의 하워드 로크는 여성에 대한 호감을 상대에 대한 성적인 억압으로써 드러내기도 한다. 『아틀라스』에서 소위 위대한 이들의 파업은 부당하게 희생을 강요했던 권력층뿐만 아니라 자신의 자리에서 일상을 열심히 살아가는 사람들의 피해를 유발하고 있다. 또 다른 시각으로 보면 이것 역시 일종의 희생을 강요하는 것으로 여겨질 수 있을 것이다. 이와 같은 한계는 '객관주의를 따르는 것은 언제나 옳다'는 전제가 성립하지 않는다면 정당화될 수 없다. 그리고 당연하게도 그런 전제는 항상 맞지 않다.

그럼에도 불구하고 객관주의를 통해 아인 랜드가 제시하는 인간상을 톺아볼 필요가 있다고 본다. 그것은 윤리적 이상을 현실과 가까운 상태로 고찰하고 묘사한다. 고귀한 자기희생은 도덕적으로 칭송받아야 마땅한 일일 것이다. 하지만 한편으로 그것은 동시에 초과의무적 행위이기도 하다. 그런 행위에 당위성을 느끼지 못해 스스로를 희생으로 내몰지 못하는 경우라면 특히 그렇다. 그런 점이 '모두를 위해'라는 기치로 강요된다면, 그 도덕은 행복이 아닌 죄책감이나 부채의식에 기초한 것이 될 가능성이 높다. 이는 지속가능한 도덕이라고 말할 수 없다. 이런 점에서 자신의 도덕적 완성을 행복과 강하게 연관짓는 객관주의의 현실적인 접근법은 도덕적 성장에 기여할 수 있을 것이다. 나아가 이는 현대 사회에서 시민의 방향을 짚어보는 데에도 유효할 것이다.

4 객관주의의 이상과 시민

아인 랜드가 강조하는 내용에 주목하면 그가 당대(1900년대 중후반)의 사회 체계 및 질서, 규범 등에 대해 비판적인 시각을 견지하고 있었다는 점을 추론할 수 있다. 그런데 그것은 '정치적 영역'에 국한된 것으로 보아야 정확할 것이다. 경제적인 측면에서는, 완전하지 않지만, 그가 자본주의 체제에 대한 옹호하고 있다는 점이 드러난다고 할 수 있다. 보통 신자유주의자들의 지지 덕에 랜드의 사상은 그들을 대변하는 것으로 여겨지기도 한다. 그렇지만 더욱 명확히 말하면 랜드가 지향하는 사회 체제의 성격은 애덤 스미스가 『국부론』에서 다음과 같이 제시한 시장 체제 및 그 안에서 발생하는 가치에 가깝다.

> 만일 어떤 종류의 노동이 뛰어난 솜씨와 창의력을 필요로 한다면, 그런 재능에 대해서 사람들이 가지는 존경심은 당연히 그 재능의 생산물에, 그것에 소비된 시간에 상당하는 것보다 뛰어난 가치를 부여할 것이다. 그런 재능은 오랜 노력의 결과가 아니면 여간해서 얻을 수 없는 것이며, 그 재능의 생산물에 주어지는 가치는 흔히 그런 재능을 획득하는 데 소비되어야 하는 시간과 노동에 대한 적절한 대가에 지나지 않는 일이 많다. 진보된 사회에서는 노동 임금에, 이런 특히 힘든 일이나 특별한 숙련도에 대한 배려가 이루어지는 것이 보통이며, 매우 초기의 미개한 사회에서도 틀림없이 이와 비슷한 배려가 있었을 것이다.
>
> 사물의 이런 상태에서는 모든 노동 생산물은 노동자의 것이고, 어떤 상품을 획득하거나 생산하는 데 통상 사용되는 노동의 양이 그 상품을 통상 구매하고, 지배하고, 또한 교환되어야 하는 노동의 양을 규제할 수 있는 유일한 사정이다(애덤 스미스, 2008: 60-61).

이와 같이 개인이 생산한 가치가 정당하게 평가받고 개인에게 온전히 귀속되는 것을 지향하는 것은 랜드의 생각과 상통한다. 이것은 사회의 이상을 어떻게 상정하는지와도 관련된다고 할 수 있다. 고전적인 자유시장에 기초한 자본주의 체제를 지향하는 것은 개인의 가치와 그것을 토대로 자유로운 교류가 가능하기 때문이다. 그 이면에는 어디까지나 각 개인들의 이기적인 동기가 전제되어 있다. 자신에게 이익을 증진하는 수단으로 원리에 충실하거나 혹은 다른 사람들에게 이익을 가져다 주는 행위가 이기적인 동기에 기초(G. Salmieri, 2016: 131)한다고 말할 수 있다. 객관주의에서 지향하는 사회는 여기에 따라 누구나 자신의 가치를 자유롭게 성취하고 간직하며 지켜나갈 수 있는 체제이며 우리의 의무는 그것을 유지하는 것(아인 랜드, 2017: 98; A. Rand, 1964: 44)이다.

따라서 사회에서 개인의 자유와 함께 그것을 누리기 위해 사회 역시 특정 이익집단의 가치에 종속되지 않을 자유 역시 중요한 것으로 보아야 마땅하다. 그것은 자유로운 사회 안에서 개인은 다른 이로부터 배움을 얻을 기회를 갖고(D. Wright, 2016: 175) 사회적 존재인 인간이 얻을 수 있는 지식과 교환의 가치를 누릴 수 있다. 즉 인간의 상호작용에 있어 중심적인 원리는 교환자 원칙(trader principle)(D. Wright, 2016: 160)이라고 말해야 할 것이다.

사회의 의의를 이런 식으로 받아들이는 것은 객관주의에서 시민을 이해하고 그 개념을 분명히 하는 데 필요한 절차라고 할 수 있을 것이다. 사회가 시민을 규정하는 것이 아니라 시민이 사회의 지향점을 설정한다는 이런 접근방식은 시민에게 있어 의무가 아닌 자발적인 책임이 사회적 관계를 지탱하는 힘이 된다는 의미를 담고 있다. 이는 민주주의 사회의 본질과도 상통한다.

민주주의는 다시 한 번 자기 자신과 같은 다른 사람들과의 함께함에로 개인들을 이끈다. 그 같은 사람들의 연대를 통해 사회는 새로이 세워질 수 있다고 민주주의는 믿는다. 민주주의의 개인들은 더 이상 하나의 유기체적 전체로서가 아닌 자유로운 개인들의 하나의 결사로서 인식된다(노르베르트 노비오, 1992: 53)

이것을 전제하면 시민의 자유와 권리는 동질성에서 기인하는 것이 아니라 다양성을 존중하고 포용하는 데에서 온다고 말할 수 있을 것이다. 따라서 객관주의에서 말하는 시민은 바로 그런 자격을 갖추어야 한다. 이는 민주주의는 개인들에게 비전제적인 공동의 힘을 제도화하는 여러 가지 절차들을 마련해 줌으로써 고립을 극복할 수 있게 될 개인의 능력을 최우선으로 강조(노르베르트 보비오, 1992: 53)한다는 보비오의 입장과 다르지 않다.

그러므로 시민은 우선 추상적인 동질성과 그것에 토대를 두고 강조되는 가치에 거리를 둘 필요가 있다. 집단을 중심으로 보는 태도는 개인을 종속적으로 만들기(E. Journo, 2019: 9/13) 때문이다. 그 대표적인 경우로 민족주의를 들 수 있을 것이다. 아인 랜드는 이를 부족주의(tribalism)라고 부르기도 한다. 부족은 인종이나 선조, 종교적이거나 전통적인 교육 및 그 외 선택되지 않은 특징들의 결합이자, 선택된 가치에 기초한 자발적 조합과 구분되는(T. Bowden, 2018: 3/12) 개념이다. 시민은 부족주의에 빠지는 일을 경계하고 자유롭고 합리적인 존재로서 자발적인 협력을 도모해 나갈 필요가 있다.

그 출발을 '거래'에 둘 수 있을 듯하다. 객관주의에서는 사회적 관계의 특징을 거래에서 찾는다. 이것은 랜드가 시장을 바라보는 시각과 관련이 있다. 그의 견해에 따르면, 시장은 개인들의 사적 영역이 중첩되는 공간이다.

또한 공권력의 개입 없이 이익이 조정되는 공간이기도 하다. 시장의 공적 역할은 공공선의 달성에 있지 않고 사적 영역의 합리적 공론장을 제공하는 데 있다고 할 수 있다(김진선, 2013: 98). 이를 통해 객관주의의 거래는 물질적 가치에 한정되지 않고 그 자체가 개인의 생존과 행복을 위한 하나의 수단이라고 볼 수 있다.

그렇다면 거래에 참여하는 이에게 요구되는 특성 및 자질이 곧 시민의 요건이라고 할 수 있을 것이다. 이 때 객관주의 시민성에서 주요한 것으로 꼽을 수 있는 것은 '정의(正義)'이다. 랜드에 따르면 사람들이 정의롭게 공존할 수 있는 사회, 다른 말로 그들 간 정의로운 거래가 통용되는 사회 속에서 사람들은 거래를 통해 엄청난 이득을 이끌어 낸다(아인 랜드, 2017: 236). 정의의 성립은 객관주의에서 개인이 사회적 존재이게 만드는 원인 중 하나이다. 이런 정의는 우선 거래와 연결해 볼 수 있을 것이다. 정의는 거래에서 교환자 원칙으로 구체화된다고 볼 수 있다. 여기에서 정의는 동등함의 성격을 갖게 된다. 거래에 참여하는 이들의 동등한 자격이 정의로써 보장받는 것이다. 이것은 거래에 동참하고 있거나 그럴 의사가 있는 사람, 혹은 참여할 가능성을 가진 모든 사람들의 지위와 목적을 동등한 것으로 보게 한다. 다른 한편, 정의는 누군가의 성취에 대한 보상 그리고 타인이 목적을 성취하는 데 위해를 가하는 등의 부당한 선택에 대한 제재를 정당한 것으로 만든다. 정의는 그런 보상 및 제재가 행위 당사자의 도덕적 성품과 그가 선택한 행위 외에 다른 요인에 의해 발생하지 않도록 하는 기제이다.

한 개인이 가진 가치와 목적, 즉 생존과 행복은 당연히 타인으로부터 존중받아야 한다. 정의로 대표되는 시민성은 그런 존중에 대한 공통의 인식이 사회적 합의로 기능할 수 있도록 돕는다. 따라서 객관주의에 기초한 시민교육은 정의에 대한 이해와 함양에 초점이 맞추어져야 한다. 이는 크게 두 개의 영역으로 나누어 볼 수 있을 것이다.

첫째, 시민교육은 정의에 대한 개념적 이해를 전달해야 한다. 정의는 여러 상황 속에서 두루 사용되는 개념이자 가치이다. 그만큼 정의가 사회적 관계에서 중요한 것이라는 점을 알 수 있다. 한편으로 그런 범용성은 이것이 오용될 수 있는 위험성을 내포하고 있다는 점을 반증하고 있다. 누군가 정의의 가치를 독점한다면 개인이나 소수의 바람이 정의로운 것으로서 호도될 가능성을 배제하기 어렵다. 따라서 그것의 의의를 제대로 이해하는 일이 중요하다고 할 수 있다.

객관주의를 전제로 하고 정의의 특성 등을 생각할 때, 역시 '거래'라는 배경을 간과할 수 없다. 객관주의는 인간 및 인격의 동등함을 거래—물질적 가치의 교환에 국한하지 않는다는 점을 주지할 필요가 있다—의 양식을 통해 예증한다. 여기에서 고찰할 수 있는 정의의 특성은 일차적으로는 등가교환이다. 동등한 가치를 지니는 것의 교환이 그 관계를 정의로운 것으로 만든다. 상태가 다른 것은 등가를 추정하기가 쉽지 않다. 이것은 거래 당사자들의 자유로운 합의를 통해 서로가 승인하는 방식으로도 성립할 수 있을 것이다. 나아가 교환의 과정이 서로에게 적절한 보상의 형태로 나타나야 한다는 점 또한 정의에 대한 이해에 포함될 필요가 있다고 본다.

둘째, 시민교육과정에서 의사소통능력의 증진이 추구되어야 한다. 이것은 정의의 실현이 거래의 과정에서 이루어질 수 있다는 점과 연관된다. 동등한 거래가 이루어지기 위해서는 그것에 참여하는 사람들의 동등한 자격이나 지위가 인정받을 필요가 있다. 이것은 주어지는 것이기도 하겠지만 그것만으로는 충분하지 않다. 거리 및 관계맺음에 있어 동등함은 획득되어야 하는 것이 사실이다. 이를 다시 말하면 증명되어야 한다고도 할 수 있을 것이다. 인간은 누구나 자신의 생존과 행복을 가장 실제적인 것으로 체감하는 존재이다. 타인의 그것을 나의 영역에서도 나의 것에 못지 않은 실재로 인정할 때 거래는 성사될 수 있다. 이를 증명하는 하나의 방식이 의사소통능력일 것이다. 의사소통능력은 가치를 적절하게 드러내고 설득하는 기법이다. 이와 같은 점에 주의를 기울이지 않은 채 상대의 인정을 요구한다면 그것은 타인의 선의에 기대는 일이 된다. 그리고 그것은 자기 삶의 주도권을 다른 이에게 대가없이 양도하는 것과 다르지 않다.

여기에서 또 다시 주목할 만한 점이 있다. 이런 의사소통능력은 리터러시와 관련이 있다. 다른 사람의 희생을 이용하고자 하는 이는 선의를 가장하고 대의를 주장하는 경우가 적지 않다. 그로써 희생을 유도하는 것이다. 대표적인 예가 『파운틴헤드』의 엘즈워스 투히이다. 언론은 대의 혹은 민심을 대표하는 것처럼 스스로를 규정할 수도 있다. 현재는 소통의 수단이 기하급수적으로 늘어나면서 소통 자체가 다양한 정보로 치환되고 있다. 그 가운데 어떤 정보가 진실을 다루는 것인지를 판별하는 능력과 상대의 인격이 나와 동등하다는 점을 존중하면서 가치와 정보에 참여하는 방법이 의사소통능력 함양의 핵심이라고 해야 할 것이다.

객관주의가 그리는 인간은 개인, 즉 개별적인 존재이다. 이것이 공적 영역에 존재하는 시민으로 전환될 때, 객관주의에서는 그것이 개별성에 대한 존중으로 나타난다고 말할 수 있다.

5 마무리

객관주의는 합리적인 이기주의를 추구한다. 먼저, 이것은 인간은 누구나 자신의 생존과 행복을 추구하는 존재라는 데에서 출발한다. 여기에서 객관주의는 그것을 '생존과 행복을 추구할 수 있다'라는 가능성에서 시작하고 있지 않다는 점에 주목할 필요가 있을 듯하다. 랜드를 포함해 객관주의자들은 그것이 인간에게 있어 하나의 사실로 나타난다고 본다. 나아가 이로부터 '인간은 누구나 자신의 생존과 행복을 추구해야 한다'라고 하는 당위로 나아간다. 이 점에서 있어 사실에 대한 진술을 분명하게 논증하는 모습이 부족하다는 점은 객관주의의 한계라고 지적될 만하다. 그러나 다른 한편으로 그런 확신은 인간 및 인간성에 대한 신뢰를 보여주는 것이기도 하다.

> 가치의 창조자들은 인류의 가장 위대한 영웅들이다. (중략) 이것은 우리 중 누구라도 될 수 있다. 우리는 흔들림 없이 자신의 고유한 믿음, 신념, 그리고 가치에 전념하기 위해 천재일 필요가 없다. 우리가 실재, 건강, 삶을 발전시키는 가치들을 지지하며, 어떤 그리고 모든 장애물에 직면하고자 할 때, 우리는 영웅의 지위를 달성한다. 인간 본성은 잠재적으로 고귀하다(A. Berstein, 2009: 77).

여기에서 나타나는 '잠재적'이라는 표현에서 객관주의가 객관주의 윤리로도 성격규정되는 면모를 알 수 있을 것이다. 그것은 인간의 도덕성 및 인격이 인간으로 존재하는 것을 넘어, 그것을 완성하기 위한 실천을 통해 실제적인 것으로 나타날 수 있다고 보기 때문이다. 조금 더 구체적으로, 객관주의에서는 그 실천이 합리적인 실천을 통해 각자에게 가장 적절한 방식으로 스스로의 생존과 행복을 지향하는 모습으로 드러난다.

당연하게도 객관주의에 토대를 둔 시민성 역시 이와 같은 의미를 포함해야 할 것이다. 생존과 행복에 대한 권리가 사회 안에서 서로가 서로에게 존중하고 존중받을 수 있는 합의 양식으로 시민성을 실천할 수 있으리라고 기대한다. 그런 합의는 정의의 토대 위에서 성립하지만 이는, 예컨대, 존 롤즈(John Rawls)가 말한 무지의 베일처럼 최소수혜자에 대한 가정에 기대지 않는다. 객관주의 윤리의 가정은 일차적으로는 자신을 향한 것이다. 즉 이 선택 혹은 거래가 나의 생존을 보장하고 행복을 증진시키는 일의 조건을 충족하는지를 묻는다. 이것이 시민의 영역으로 확대된다면 이 선택은 관계자의 도덕적 지위, 다시 말해 생존을 보장하고 행복을 증진시킬 자격을 훼손하지는 않는지의 조건을 추가하게 될 것이다.

객관주의는 약점이 적지 않은 체계라고 말할 수 있을지도 모른다. 당위에 치중한 듯한 진술들은 공격적인 비판에 항상 노출되어 있는 것처럼 보이기도 한다. 그런 반면, 객관주의는 열렬한 지지자도 가지고 있다. 이는 객관주의가 추구하는 이상이 어디까지나 한 사람이 스스로의 삶에서 수용할 수 있는 형식으로 그려지고 있기 때문일 것이다. 시민상 역시 마찬가지이다. 객관주의식의 정의, 즉 교환자 원칙에 기초한 시민의 성장은 생존으로부터 파생된 권리를 자율적으로 상호 존중하도록 만들 것이라고 기대한다.

참고문헌

김진선(2021), "선의 편협성과 객관주의적 극복, 『윤리연구』, 134.
김진선(2013), "아인 랜드의 '객관주의'에 나타난 합리적 이기주의 연구", 동국대학교 박사학위논문.
노르베르트 보비오(1992), 황주홍 옮김, 『자유주의와 민주주의』, 서울: 문학과지성사.
아인 랜드(2017), 정명진 옮김, 『이기심의 미덕』, 서울: 부글북스.
아인 랜드(1998), 강기춘 옮김, 『자본주의의 이상』, 서울: 자유기업센터.
애덤 스미스(2006), 유인호 옮김, 『국부론』, 서울: 동서문화사.
에이먼 버틀러 지음, 황수연 옮김(2019), 『아인 랜드 개론』, 부산: 도서출판 리버티.
에인 랜드(2013), 민승남 옮김, 『아틀라스』 1, 2, 3권, 서울: 휴머니스트.
에인 랜드(2011), 민승남 옮김, 『파운틴헤드』 1, 2권, 서울: 휴머니스트.
Bernstein, A.(2009), *Ayn Rand for Beginners*, Danbury: For Beginners LLC.
Bowden, T.(2018), "Tribalism Divides Us – Only Individualism Can Unite Us", http://newideal.aynrand.org/tribalism-divides-us-only-individualism-can-unite-us/
Journo, E.(2019), "The Vice of Nationalism", http://newideal.aynrand.org/the-vice-of-nationalism/
Gotthelf, A. & Salmieri, G., eds.(2016), *A Companion to Ayn Rand*, West Sussex: John Wiley & Sons.
Rand, A.(2007), *The Fountainhead*, London: Penguin Books.
Rand, A.(1996), *Atlas Shrugged*, New York: Signet.
Rand, A.(1964), *The Virtue of Selfishness*, New York: Signet.
Rand, A.(1961), *For the New Intellectual*, New York: Penguin Books.
Salmieri, G.(2016), "Egoism and Altruism: Selfishness and Sacrifice", in Gotthelf, A. & Salmieri, G., eds., *A Companion to Ayn Rand*, West Sussex: John Wiley & Sons.
Smith, T.(2016), "Objective Law", in Gotthelf, A. & Salmieri, G., eds., *A Companion to Ayn Rand,* West Sussex: John Wiley & Sons.
Smith, T.(2006), *Ayn Rand's Normative Ethics*, New York: Cambridge University Press.
Wright, D.(2016), ""A Human Society" Rand's Social Philosophy", in Gotthelf, A. & Salmieri, G., eds., A *Companion to Ayn Rand*, West Sussex: John Wiley & Sons.
"Ayn Rand", in Stanford Encyclopedia of Philosophy, https://plato.stanford.edu/entries/ayn-rand/

11장
프레이리(Freire)의 시민교육

추병완(춘천교육대학교)

> 의식화는 비판적 인식의 각성을 표상한다. 의식화는 사회적 · 정치적 · 경제적 모순을 인지하고 현실의 억압적인 요소에 대해 저항하려는 적극적인 행동을 취하는 법을 배우는 것을 의미한다.
>
> —프레이리(1983)

1 생애와 주요 저술 활동

프레이리(Freire, 1921-1997)는 20세기에 가장 유명하고 영향력 있는 급진적인 교육 이론가 중 한 사람이다. 시민교육, 평화교육, 성인교육, 비공식 교육, 비판적 문해력에 대한 그의 영향력은 헤아릴 수 없을 정도다. 1921년 브라질 북동부의 헤시피(Recife)에서 태어난 프레이리는 대공황 동안 힘든 시기를 겪은 중산층 가정에서 자랐다. 그 결과, 그의 전체 경력을 얼룩지게 만든 방식으로 교육 기회에 대한 빈곤의 영향을 직접 경험했다. 프레이리가 헤시피의 대중문화 운동에 참여하고 헤시피 대학교의 문화 확장 학과에서 활동하면서 교육 불평등에 대해 비판한 것은 교육학 분야에 큰 영향을 미쳤다(추병완, 2022: 42).

프레이리의 초기 경력은 라틴 아메리카와 카리브해 지역에서 발생한 엄청난 정치적·문화적 변화의 영향을 받았다. 쿠바 혁명(1959-1961)은 이 지역 전체의 사회주의 운동에 영감을 주었다. 더욱이 제2차 바티칸 공의회(1965) 이후 가톨릭교회는 점점 더 해방 신학과 가난한 사람들에 대한 헌신을 받아들였다. 프레이리 사상의 형성 시기는 브라질 북동부에서 급진적 정치의 전반적인 비등과 일치했다. 농민 연맹은 농촌 노동자에게 노동권을 요구했다. 가톨릭교회는 평신도를 성경 해석과 교회 사업의 관리에 참여시키기 위해 지역 차원에서 기초 공동체를 형성했다. 문화계는 지역 전체에 형성된 대중문화와 사회적 비평을 촉진하는 데 초점을 맞추었다. 좌파 지도자들이 시, 주, 연방 차원에서 선출되었다. 그 당시(실제로 브라질에서는 1988년까지) 문해력(literacy)이 투표의 요건이었기 때문에 좌파는 포퓰리스트(populist) 정치 기반을 구축하기 위해 문해력을 가르치는 데 에너지를 집중했다.

이러한 맥락에서 프레이리는 급진적인 인본주의 교육학으로 유명해졌다. 1963년에 그는 교육 프로젝트를 개발하기 위한 북동부 개발 위원회(Northeast Development Board)에서 일하기 위해 연방 교육부에 고용되었다. 지역 정치인의 초청으로 프레이리와 그 동료는 안지초스(Angicos)에서 대화적(dialogical) 문해력 캠페인을 벌였다. 얼마 지나지 않아 구라트(Goulart) 대통령의 포퓰리스트 국가 행정부는 프레이리를 초청하여 국가 문맹 퇴치 캠페인을 조정했다. 이 계획은 1964년 군사 쿠데타로 인해 중단되었다. 쿠

데타 지도자들이 프레이리를 추방했을 때, 그들은 아이러니하게도 프레이리의 아이디어가 국제적인 주목을 받을 수 있는 조건을 마련했다. 칠레에서 일정 기간을 보내고 하버드대학교 교육대학원에서 더 짧은 기간을 보낸 후 프레이리는 제네바에 소재한 세계 교회 협의회의 교육부에 합류했다. 그 자리에서 그는 라틴 아메리카와 아프리카의 프로젝트에 적극적으로 참여했다(추병완, 2022: 43).

15년간의 망명 생활 후, 군사 독재 정권이 점차 민주화되기 시작했을 때 프레이리는 그가 사랑하는 브라질로 돌아왔다. 그는 노동당에 입당했는데, 이는 좌파의 공식적인 정치 개입을 활성화하고 제도화하기 위한 새로운 노력이었다. 프레이리는 이 시기에 적극적으로 글을 쓰고 가르쳤다. 이론과 실천에 동참하겠다는 특유의 각오로 1988년부터 1991년까지 상파울루(Sao Paulo) 교육부 장관이라는 막중한 임무를 수행했다. 1997년 사망 당시 프레이리는 30년 넘게 20여 권의 책을 저술하거나 공저했는데, 이 책들의 내용은 학교 교육의 목적과 가망에 대한 사고방식을 크게 바꾸어 놓았다.

동시대의 탈학교 운동 옹호자들과는 달리, 프레이리는 학교가 불평등한 사회에서 사회적 이동성을 높일 수 있는 몇 안 되는 길 중 하나일 뿐만 아니라, 더 민주적인 제도가 됨으로써 사회 변혁에 기여할 수 있다고 믿었다. 이것은 학교가 학생들에게 비판적 사고와 시민성 기술을 갖추게 하고, 기회를 균등하게 하며, 지역 문제를 해결하기 위해 지역사회와 협력하는 것을 통해 가능하다(Bartlett & Schugurensky, 2021: 56-57). 학교 문화를 바꿔야 한다는 그의 제안은 'inédito viável' 개념에 뿌리를 두고 있다. 이것은 '전혀 알려지지 않은, 검증되지 않은 실현 가능성', '실행 가능한 해결책'을 의미한다. 프레이리는 전통적인 권위주의 문화가 시간이 지남에 따라 변할 수 있지만, 그것은 일관된 노력과 더 참여적이고 대안적인 과정의 연속성을 요구한다고 주장했다. 이러한 민주주의를 집단적으로 구현하는 것은 패러다임 이동을 요구한다. 프레이리는 은행식 교육, 간섭주의, 엘리트주의, 하향식 의사결정을 버리고, 공유된 비전으로 안내되는 새로운 에토스와 혁신적 관행의 출현을 육성하는 방식에 관심을 가졌다(Bartlett & Schugurensky, 2021: 56-57).

시민교육의 이론과 실천에서 브라질의 교육학자였던 프레이리(Freire)의 업적은 탁월하다. 프레이리의 저술은 주로 비공식적인 성인교육에 관한 것이지만, 그의 아이디어는 공식적인 학교 교육의 이론과 실천에도 많은 도움을 준다. 프레이리의 사상은 비판 교수법(Apple, 1982; Giroux, 1983, 1997; McLaren, 2000, 2006; Kincheloe, 2008), 리터러시 교육(Muro, 2012), 시민성 교육(Johnson & Morris, 2010; McCowan, 2006; Schugurensky & Madjidi, 2008; torres, 2017), 사회 정의 교육(Gibson, 2012; Zembylas, 2014), 민주 교육(Bolin, 2017; Carr, 2008; Portelli & McMahon, 2004), 평화교육(Bajaj & Hantzopoulos, 2016; Harris & Morrison, 2003; Kester & Booth, 2010; Reardon & Snauwaert, 2015) 등 여러 교육 분야에 지대한 영향을 미쳤다. 프레이리는 20권 이상의 저서를 출판했지만, 그중 가장 돋보이는 것은 1970년 그가 칠레로 추방되었을 때 출판한 『피억압자의 교육학』(Pedagogy of the oppressed)이다. 이 책의 피인용 횟수는 무려 75,000번이 넘는다.

2 프레이리의 핵심 개념

프레이리는 시민교육에 관한 풍부한 아이디어를 담고 있는 『피억압자의 교육학』에서 사회 변화를 위한 핵심 개념으로 의식화(conscientization), 대화(dialogue), 프락시스(praxis), 은행식 교육(banking education), 문제 제기 교육

(problem-posing education)을 제시했다. 그러므로 여기서는 먼저 이러한 핵심 개념의 분명한 의미를 파악하는 데 초점을 맞출 것이다.

1) 의식화 개념

프레이리의 목표는 문맹 상태의 사람들이 신속하게 읽고 쓰는 것을 배우는 동시에 사회가 그런 식으로 작동하는 이유를 배우게 하는 것이었다(Horton & Freire, 1990). 그는 이렇게 말했다(Freire, 1970/2005: 85). "그들의 상황에 대해 깊이 파묻힌 의식은 사람들이 그 상황을 변혁할 수 있는 역사적 실체로 파악하도록 이끈다." 그는 의식화라는 용어를 만들어냈는데, 이것은 비판적 의식(critical consciousness)과 동의어이다(Smidt, 2014). 프레이리의 의식화는 인간 해방을 위하여 현실의 문제를 비판적으로 인식하고 행동하는 것을 뜻한다. 다시 말해, 의식화는 자신이 속한 사회의 사회적·정치적·경제적 모순을 인식하고 현실의 억압적 요소에 적극적으로 맞서 행동하는 것을 의미한다. 따라서 의식화는 사회 현실과 역사적 경험에 대해 사람들이 비판적으로 성찰할 때 생긴다(Dale & Hyslop-Margison, 2010). 이렇듯 의식화는 성찰과 행동을 통해 자신의 사회적 현실에 대한 비판적 인식을 발전시키는 과정이고, 이때 행동은 현실을 바꾸는 과정이기 때문에 기본이다.

프레이리는 '비판적 의식을 위한 교육'이라는 책에서 의식의 세 가지 형태를 구분하였다. 반-비이행(semi-intransitive) 의식에서 개인의 지배적인 초점은 커다란 역사적 과정의 신민으로서 자신의 생존과 제한된 참여에 맞추어진다. 여기서 억압받는 사람들은 그들의 생존 자체가 권력자의 계략과 이익에 얽매여 있다는 점에서 무심코 지배적인 이데올로기에 동일시되는 경향이 있을 수 있다. 개인이 인식을 세계로 확장하면서 이행(transitive) 의식을 반영하는 방식으로 우리는 행동한다. 이것은 다른 사람들과 대화할 수 있는 우리의 능력을 증가시키고 우리의 즉각적인 생존에 대한 선입견을 넘어 우리 자신을 확장하는 침투성을 특징으로 한다. 끝으로 우리는 비판적 이행(critical transitive) 의식으로 이동하는데, 이것은 문제와 세계에 대한 우리의 해석에서 더 큰 변증법적 깊이를 갖는 것, 비판적 관여에 대한 우리의 능력 제고, 상식적인 개념과 조건의 문제화, 수정에 대한 개방성, 수동성에 대한 거부, 그리고 비판적 성찰과 대화 실천에 들어가는 능력을 주요 특징으로 삼는다. 그는 이 과정이 사회 변혁이라는 이름으로 비판적 대화와 지속적인 해방 행동에 참여함으로써 추진된다고 생각했다(Darder, 2015: 83). 하지만 이러한 의식화가 자동으로 또는 자연적으로 생기지 않는다. 우리는 의식화를 진화하는 선형적인 현상으로 이해해야 한다. 인간과 세계와의 변증법적 관계를 강화하는 유기적인 인간 참여의 과정을 통해 우리는 진정한 해방 의식에 도달할 수 있다.

  프레이리는 비판적 의식의 중요성을 강조하면서, 의식화의 개념적 의미를 몇 가지 핵심 개념으로 설명하였다(Darder, 2015: 84-85). 첫째, 우리의 특정한 환경이나 삶의 조건의 진정한 인과관계를 더 정확하게 파악할수록 우리의 현실에 대한 이해가 더 비판적일 수 있다. 그런데 이것에는 한 가지 단서가 있다. 오늘 참이라고 여겨지는 것이 무엇이든 그것이 내일에도 반드시 참이라고 여겨지지는 않는다. 이렇듯 프레이리는 관계적·맥락적으로 이해되어야 하는 의미에 대한 역사적·변증법적 이론을 강조했다. 역사가 움직이고 환경이 변화함에 따라 우리가 해방된 삶을 가능하게 하려면, 세계에 대한 우리의 독해도 변화해야 한다. 두 번째 개념은 첫 번째 개념의 결과이며, 비판적 인식은 그것의 생성에 영향을 미치는 특정 상황 내에서 경험적·체험적으로 존재하는 현상이나 사실을 포괄한다. 삶의 특정한 사회적·경제적 조건에 뿌리를 둔 세계에 대한 비판적 인식을 통해 우리는 의식 및 의식이 상응하는 현상으로 알려주는 행동을 더 쉽게 이해할 수 있다. 이러한 세계관에 고유한 것은 인정되고 변증법적으로 유지되어야 할 의식과 물질성 간의 불가분 관계이다. 셋째, 인간 행동과 사회 구조의 본질은 공동생활을 위한 구조를 알려주는 지배적인 인식론과 이데올로기의 본질에 해당한다. 프레이리의 의식화 개념은 의식, 인간 행동 그리고 우리가 다시 고안하려는 세계 간의 친밀한 관계의 유기적인 형성을 수반한다. 그러나 그는 그러한 관계 형성에서 가장 중요한 것으로 공동체적 또는 사회적 환경을 강조했다.

의식화된 인간은 현실에 절대 안주하지 않고 항상 의문을 제기하며 비판적으로 사고하고 현실의 변화를 위해 실천하는 인간이다. 인간은 의식화를 통해 객체적·종속적인 상태에서 주체적·독립적인 존재로 변화한다. 다시 말해, 의식화를 통해 인간은 억압으로부터 해방되는 과정을 경험한다. 프레이리는 우리는 모두 지배적인 경향을 가진 사회적 신화를 습득한다고 말한다. 그래서 배움은 실제 문제와 실제 욕구를 발견하는 데 달린 중요한 과정이다. 의식화의 목표는 문맹 상태의 성인이 빈곤과 실업의 상황에 자신이 처한 이유를 비판적으로 인식하고, 무엇이 자신을 그런 상황에 놓이도록 만들었는지를 조사하는 것을 돕기 위해 글자를 읽고 쓸 줄 알고, 세상을 이해하는 것을 가능하게 만드는 일이다. 그래야만 개인적 변혁과 사회적 변혁이 가능하다. 대화는 의식화의 과정을 지원한다.

2) 의식화에 필수 불가결한 것으로서 대화

프레이리는 그의 초기 경력을 문맹자, 특히 브라질 시골의 농부들을 위한 언어 프로그램으로 시작했다. 그가 개발한 교육 방법은 단어의 맥락과 구체적인 의미에 많은 관심이 집중되었다. 단어는 추상적인 관념이 아니라 개념으로 표현된 세계라고 그는 생각했다. 학생들은 단어에 표현된 세계를 배우고 의미 부여의 과정을 분석해야 한다(Veugelers, 2017: 413). 성인 리터러시 프로그램은 고용주와 직원이 일에 대해 말하는 방법처럼, 단어의 다른 의미 그리고 단어의 의미와 맥락에 상이한 이해관계와 관점이 어떻게 내장되어 있는지에 초점을 맞췄다. 정상적인 보통의 언어로 보면, 고용주는 직원에게 일을 준다. 이를 달리 읽어 직원의 관점에서 살펴보면, 직원은 열심히 일을 하고 고용주는 직원이 일한 것을 가져간다.

"세상에 이름을 붙이는 것에 의해 사람들이 세상을 변혁하는 것이 그들의 단어를 말하는 것에 있다면, 대화는 그들이 인간으로서 의미를 달성하는 방식으로서 그 자체를 강제한다. 그래서 대화는 실존적 필연성이다."라고 프레이리는 주장했다(Freire, 1970/2005: 88). 프레이리는 인간이 다른 살아 있는 존재들처럼 사회적·역사적 존재라고 생각했다. 인간은 자신을 알 수 있는 능력을 소유한다. 달리 말해, 인간은 다른 살아 있는 생명체와는 달리, 자신의 불완전함을 인식한다. 이러한 특징 때문에 인간은 다른 사람들과의 만남에 의해 자신을 교육할 수 있다. 사람들이 서로 만나는 것을 의미하는 대화는 세상을 통해 체험하면서 세상의 이름을 짓는다. 따라서, 세상의 이름을 짓기를 원하는 사람과 그렇지 않은 사람 간에는 대화가 불가능하다. 대화는 실존적 현실이기 때문에 교육학에도 적용해야 한다(Freire, 2011). 그래서 프레이리는 대화를 인간 본성의 요구로만 간주하지 않는다. 대화는 또한 교육자의 민주적 입장을 보여주는 신호이기도 하다. 그러므로 민주적 교육자는 본질적으로 대화론자이다.

대화를 교육학적인 의사소통의 요소로 여긴 프레이리에 따르면 교육은 공유를 뜻한다. 그래서 교육은 관계적 기회가 만들어지는 대화에 근거해야만 한다. 그러한 교육에서 권위 기반의 이유는 타당하지 않고, 어떤 사람도 다른 사람을 가르칠 수 없다. 대화의 과정에서 교사는 학생에게 그리고 학생은 교사에게 배워야 한다. 교사와 학생의 역할은 번갈아 일어난다. 그래서 대화의 과정에서 교사는 교사와 학생이 함께 학습하는 과정의 발달을 촉진해야 한다.

프레이리는 참된 대화가 이루어지려면 몇 가지 전제 조건이 필요함을 명시하였다(Shih, 2018: 232). ① 각자는 말할 권리를 갖는다. 대화는 세상의 이름을 짓기 위해 세상에 의해 매개되는 인간들 사이의 만남이다. 따라서, 세상의 이름을 붙이려는 사람과 이 이름을 붙이지 않으려는 사람 사이에는 대화가 일어날 수 없다. 다시 말해서, 각 사람은 말할 권리와 대화에서 세계를 명명할 권리를 가지고 있다. ② 대화는 한 사람의 생각을 다른 사람에게 전달하는 행위가 될 수 없다. 대화는 한 사람의 아이디어를 다른 사람에게 예치하는 행위가 될 수 없으며, 토론자가 소비하는 단순한 아이디어의 교환이 될 수도 없다. 게다가, 대화는 지배의 행위가 될 수 없고, 오히려 지배에 대한 도전을 형성해야 한다. ③ 대화는 적대적이고 논쟁적인 언사가 아니다. 대화는 자신의 진리를 강요하는 것에 전념하는 사람들 사이의 적대적이고 논쟁적인 언사가 아니다.

대화의 구체적인 요소를 향상하는 것도 매우 중요하다. 교육은 민주적이고 대화적이어야 한다. 프레이리는 교사와 학생 간의 대화를 특히 중시했는데, 대화의 여러 가지 요소들은 다음과 같다. ① 사랑: 대화에 들어가는 것은 참가자 간의 평등을 전제로 한다. 각자는 다른 사람을 신뢰해야 한다. 상호 존중과 사랑(돌봄과 헌신)이 있어야 한다. 사랑은 두려움의 행동이 아니라 용기이다. 사랑은 타인에 대한 헌신이다. 프레이리는 교육은 사랑의 행위이며, 교육자들은 사랑의 행위를 감수해야 하며, 교육은 사랑하기 더 쉬운 세상을 만드는 것을 목표로 해야 한다고 주장했다. ② 겸손: 대화는 겸손이 없이 존재할 수 없다. 세상에 이름을 붙이는 것은 오만의 행위가 될 수 없다. ③ 희망: 희망이 없이 대화가 존재한 적이 아직 없다. 인간 조건의 관점에서 희망은 본질적인 구성 요소이지 침입자가 아니다. 희망은 대화의 매트릭스이다. 희망은 행동에서 표현된다. ④ 유머: 대화는 침략하거나 조작하거나 구호를 만드는 것이 아니다. 하지만, 대화는 유머에 의해 풍부해진다. 유머는 대화의 매트릭스이다. ⑤ 침묵: 대화에서 사람들은 침묵할 권리가 있다. 의사소통의 맥락에서 침묵의 중요성은 근본적이다. ⑥ 비판적 사고: 대화는 비판적 태도를 생성한다. 대화를 하는 사람들이 비판적 대화에 참여하지 않는 한, 진정한 대화란 불가능하다. ⑦ 믿음: 대화는 믿음으로 길러진다. 참가자들 사이의 신뢰와 함께 세상에 이름을 붙이는 다른 사람들의 능력에 대한 믿음, 그리고 비인간화가 극복될 수 있다는 희망을 갖는 것이 중요하다.

이렇듯 둘 혹은 그 이상의 사람들 간의 교환 혹은 대담으로서 대화는 평등을 전제해야 한다. 불평등한 교환에서 정보를 건네주는 것은 대화가 아니다. 그것은 반(反)대화(anti-dialogue)이다. 대화는 앎과 배움에서 교사와 학생을 수평적인 위치에 놓는다. 교사만 개별적으로 아는 수직적인 관계가 아니다(Darder, 2015). 대화의 중요한 측면은 사람들 사이에 사회적·정서적으로 배려하는 관계를 세우는 대화의 능력이다. 프레이리는 대화가 의식화 과정에 필수적인 것으로 생각했다. 왜냐하면 대화는 세계를 변혁하고 아는 행동이기 때문이다(Freire, 1983). 학생들은 비판적인 대화를 통해 문제화 과정(problematization process)에 들어가고, 이것은 학생들이 역사적 상황과 현재 상황을 재고하는 것에서 나타나는 지식의 타결을 경험하는 것으로 이끈다.

3) 프락시스 = 성찰 + 행동

프레이리는 교육에 대한 그의 개념을 1950년대 후반 브라질에서 그가 수행한 다양한 성인교육 프로젝트에 대한 비판적인 성찰로부터 자유의 실천으로 발전시켰다. 프락시스는 '세상을 변혁하기 위한 세상에 대한 성찰과 행동'을 뜻한다(Freire, 1970: 36). 다시 말해, 프레이리에게 프락시스는 변혁되어야 할 구조를 지향한 성찰과 행동을 의미한다. 이 용어는 인간의 정치적·윤리적 삶을 형성하는 사고와 행동을 서술한다. 프레이리는 인간이 프락시스의 존재이고, 인간을 다른 생명체로부터 구별시켜 주는 의식을 가지고 있다고 믿었다. 동물은 세계를 고려하지 않고 단지 세계 안에 갇혀 있다. 인간은 세계로부터 나오고, 세계를 객관화하며, 자신의 노력으로 세계를 이해하고 변혁한다. 그는 사람들이 세상을 연구하는 것으로는 충분하지 않으며, 그들은 또한 더 정의로운 세상을 만들기 위해 행동해야 할 책임이 있다고 주장했다. 인간의 활동은 이러한 행동과 실천으로 이루어져 있다. 그것이 바로 프락시스이고, 그것이 바로 세계를 변혁한다(Freire, 1972). 이렇듯 프레이리의 프락시스 개념은 존재론적 주장에 근거한다. 프락시스는 인간의 삶을 규정하는 특징이고, 자유의 필수 조건이다. 인간의 본성은 역동적인 역사적·문화적 맥락에 자리를 잡은 의도적·성찰적이고 의미 있는 활동을 통해 표현된다. 역동적인 역사적·문화적 활동은 인간의 활동을 조형하고 제한을 가한다(Glass, 2001: 16).

프레이리는 억압 구조를 변혁하기 위한 혁명적인 시도에서 그 운동의 지도자는 생각하는 사람으로, 피억압자는 행동하는 사람으로 불려서는 안 된다는 사실을 강조했다(Freire, 1970/2005: 126). 인간의 활동은 이론과 실천이다. 인간의 활동을 제대로 조명하기 위해서는 성찰과 실천의 지속적인 상호작용이 필요하다. 그러므로 프락시스는 이론과 실천의 분리가 아닌 통합을 지향한다. 프락시스는 아는 것, 행동하는 것, 존재하는 것 모두를 포함한다. 프락시스는 성찰과 행동에 내장되어 있고, 행동은 성찰과 이론에 내장되어 있다. 따라서 그것은 행동, 성찰, 이론 구축의 순환으로 볼 수 있다.

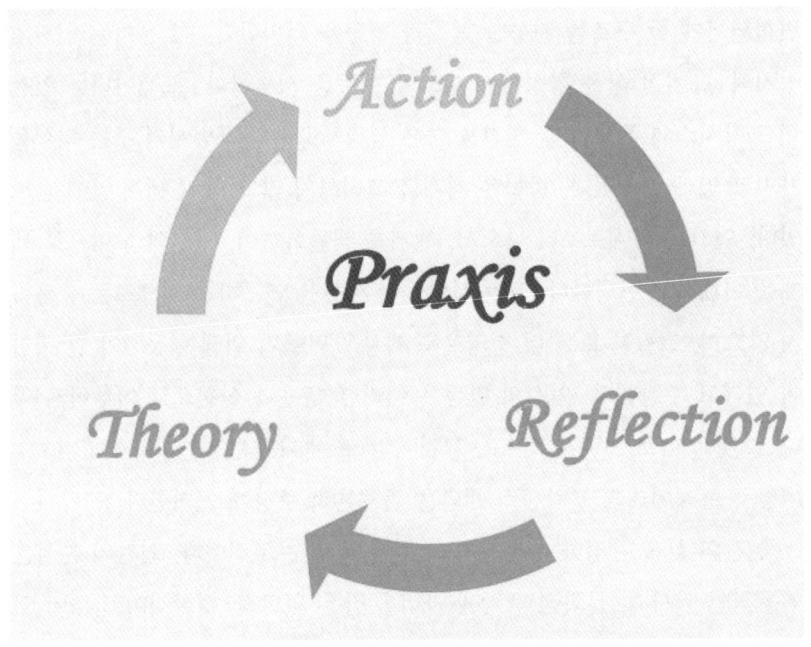

<그림 1> 프락시스 개념

4) 은행식 교육

교육과 정치 사이의 강한 관계를 확립한 프레이리는 새로운 교육 모델을 제안했다. 그는 중남미에서의 경험을 바탕으로 자신이 은행식 교육이라고 부르는 전통적인 교육 방식을 비판했다. 그에 따르면, 사회적 관계를 필수적이고 지배적으로 만드는 특권층은 억압자 계급 출신이다. 사회의 다른 구성원들은 피억압자를 구성한다. 게다가, 이 필수적인 과정은 많은 기구에 의해 촉진되며, 이러한 도구 중 하나는 바로 프레이리가 은행식 교육이라고 이름을 붙였던 전통적인 교육이다.

프레이리의 비판 교육학의 가장 중요한 주제인 은행식 교육은 지식이 학생들에게 직접 전달되고, 교사가 지식의 유일한 분배자이며, 학생이 이 지식의 수동적 수용자임을 의미한다. 이러한 조건에서 학습자는 학습 과정의 대상이지 결코 주체가 아니다. 이 과정에서 지식은 아무런 비판 없이 소비되고, 학습자들은 문화적 소외감을 경험하게 되어 결국 문화적 제국주의에 무방비 상태가 된다.

프레이리는 교사가 정보를 수동적인 학생에게 가르치는 교수 양식을 인정하지 않으면서 그것을 은행에서 일어나는 일에 비유했다. 그런 교육은 나중에 출금할 돈을 빈 통장에 입금하는 방식과 유사하기에, 프레이리는 그것을 은행식 교육이라고 불렀다(Freire, 1972). 은행식 교육은 학생의 수동성에 의존한다. 학생은 교사가 혼잣말하는 방식으로 답변, 메시지, 교재 이면의 의미를 전해줄 때까지 기다린다. 이 정보는 학생에게 예치되고, 암기되고, 나중에 시험을 통해 평가된다. 정보가 학생의 빈 머릿속에 예치되어 학생은 지식으로 가득 차게 된다. 이 방법은 대화와 같은 관계적 방법의 정반대에 해당한다. 은행식 교육에서 지식은 교사와 학생 둘 모두의 비판적 성찰을 불러일으키는 매개체라기보다는 오히려 교사의 재산이다(Freire, 1970/2005: 80). 다더(Darder, 2015: 18)가 주장했듯이, 은행식 교육은 개인주의, 무의존성, 경쟁의 가치에 교수·학습의 관념을 고정시킨다. 프레이리는 은행식 교육이 더 광대한 억압 역학의 반영인 교실에 영향을 줄 뿐만 아니라 인간의 주도성과 사회 변혁에 장기적인 함의를 갖는다고 주장했다. 학생은 교사가 전달하는 정보를 수동적으로 받아들여 저장하고, 세계의 상태 및 그 안에서 자신의 수동적인 역할을 수용하여 적응하며, 단편적인 현실에 대한 관점을 습득한다. 비판적 사고가 억류되므로, 학습자는 사회 변화를 위한 자신감, 태도, 기술, 행동을 달성할 가능성이 거의 없다. 프레이리는 은행식 교육의 전형적인 모습을 다음과 같이 묘사하였다(Freire, 1970/2005: 59).

- 교사는 가르치고, 학생은 배운다.
- 교사는 모든 것을 알고 있고, 학생은 아무 것도 모른다.
- 교사는 생각하고, 학생은 그것을 고려한다.
- 교사는 말하고, 학생은 온순하게 듣는다.
- 교사는 훈육하고, 학생은 훈육된다.
- 교사는 자신의 선택을 고르고 강화하며, 학생은 순응한다.
- 교사는 행동하고, 학생은 교사의 행동을 통해 행동에 관한 환영을 갖게 된다.
- 교사는 프로그램 내용을 선택하고, 학생은 그것에 적응한다.
- 교사는 지식의 권위를 자신의 전문적 권위와 혼동한다.
- 교사는 학습 과정의 주체이지만, 학생은 단지 대상일 뿐이다.

프레이리에 따르면, 은행식 교육은 억압자의 목적에 봉사하기 위해 고안되었고 그것은 비인간화를 야기한다. 이 모델은 인간과 세계 사이에 극성(polarity)이 있다는 가정에 은밀하게 기반을 두고 있다. 이 가정에 따르면, 인간은 단지 세상에 존재할 뿐이지, 세계나 다른 사람들과 함께 있지 않다. 이 가정은 인간이 의식적인 존재라는 것을 거부하고, 인간이 의식했다는 것을 받아들인다. 교육이 이 가정에 근거한다면, 그것은 인간화보다는 소외를 초래한다. 프레이리는 인간이 불완전한 존재가 아니기 때문에 인간의 인간화와 비인간화 둘 다 가능하다고 주장한다. 사람들의 인간화 과정은 불공평함, 착취, 압력과 같은 도구들을 통해 방해된다. 프레이리에 따르면, 은행식 교육은 사람들의 인간화 과정을 가장 크게 방해하는 도구 중 하나이다. 이 모델은 개인을 작업이 수행하는 객체로 만들고, 학습자를 교육의 목적을 달성하기 위한 도구로 간주한다. 따라서 은행식 교육의 목표는 학습자에게 이질적인 의식을 만드는 것이다.

5) 문제 제기 교육

프레이리는 교육의 주요 목적이 사람들의 사회적 인식과 비판적 사고 능력을 개발하는 것이라고 제안한다. 이 틀 안에서, 프레이리는 교육을 자신의 인식을 높이기 위한 보조 과정으로 간주한다. 그는 이러한 목적이 문제 제기 교육을 통해 달성될 수 있다고 믿으며, 문제 제기 교육을 은행식 모델 교육의 대안으로 간주한다. 프레이리는 문제 제기 교육이 의식의 핵심과 일치하고, 의사소통을 실천에 옮기기 때문에 해방과 인간화를 옹호하는 사람들은 은행식 교육을 거부하고 그것을 문제 제기 교육으로 대체해야만 한다고 주장했다. 이렇듯 프레이리는 전통적인 은행식 교육의 문제점에 대한 대안으로 문제 제기 교육을 강조했다. 이것은 흔히 해방교육이나 자유교육이라고 불리기도 한다. 이 방법은 학습자를 위한 대화, 탐구, 토론, 집단 프로젝트를 강조하고 교육을 자유의 실천으로 간주한다. 문제 제기 교육의 목표는 세계를 변혁하기 위해 의식화 과정과 비판적 사고를 통해 불평등한 사회 제도적 권력 구조를 끊임없이 폭로하는 것이다. 은행식 교육과 문제 제기 교육의 차이점을 요약하면 다음과 같다(Schugurensky, 2011: 73).

- 은행식 교육은 정보 전수를 강조하고, 문제 제기 교육은 교사와 학생 모두를 해방시키는 인식 활동을 권면한다.
- 은행식 교육은 사회적 관계에 대한 어떤 사실을 숨겨서 현실을 신화화하지만, 문제 제기 교육은 현실의 다양한 층을 탈신화화하고 폭로하는 것을 목표로 한다.
- 은행식 교육은 대화를 거부한다. 문제 제기 교육은 대화를 인식 활동에 필수적인 것으로 여긴다.
- 은행식 교육은 학생을 도움의 대상으로 대우한다. 문제 제기 교육은 학생을 비판적으로 사고하는 사람으로 간주한다.
- 은행식 교육은 남성이 여성도 역사적 존재임을 인식하는 데 실패한다. 문제 제기 교육은 인간 나름의 역사와 경험에서 출발한다.
- 은행식 교육은 사전 설계되고, 고정된, 정적인 교육과정을 갖는다. 문제 제기 교육에서 내용은 학습자의 현실과 꿈에서 생성된다.
- 은행식 교육의 목적은 사회적 불평등의 영속화이다. 문제 제기 교육의 목적은 의식화의 발달 및 사회 세계에 대한 적극적인 개입을 키워주는 것이다.
- 은행식 교육은 운명론과 지배를 강화하는 것에 관한 것이다. 문제 제기 교육은 자율성과 변혁을 키워주는 것에 관한 것이다.

교육의 일반적인 목적이 해방이라는 것을 강조하면서, 프레이리는 문제 제기 교육 모델의 구현에 대한 구체적인 목표를 설정한다. 그에 따르면, 문제 제기 교육은 학생의 지식 대상과 존재 이유에 대해 비판적으로 생각하거나 숙고하는 능력의 강화를 목표로 삼는다. 이 목표가 달성되면 학생은 인식론적 호기심의 감정을 통해 지식을 습득하기 시작할 것이다. 호기심

없이 체계적인 지식을 습득하는 것은 불가능하다. 이런 점에서, 호기심은 지식을 습득하는 도구이다. 프레이리는 지식 습득 과정을 다음과 같이 요약했다. "지식은 발명과 재발명을 통해서만, 즉 인간이 세상에서, 세상과 그리고 서로에게서 추구하는 가만히 못 있는, 하고 싶어 안달하는, 지속적이고, 희망적인 탐구를 통해서만 나타난다."(Freire, 2011: 51).

문제 제기 교육의 실행을 위해서는 교사가 절대적인 지식을 가지고 있다는 생각을 버려야 한다. 문제 제기 교육 모델에서, 교사는 대화 기반 관계 형성을 위한 준비를 해야 하며 학생의 이야기를 경청할 수 있어야 한다. 또한, 교사는 자신을 지식의 주체로 간주해서는 안 된다. 은행식 교육은 자신이 아는 사람이라고 생각하는 사람들이 지식을 아무것도 모른다고 생각하는 사람들에게 주는 선물로 간주하는 반면, 문제 제기 교육에서 지식은 교사에 의해 가르쳐질 뿐만 아니라 학생들과 함께 교사도 배우는 진정한 인식이다. 그러므로, 문제 제기 교육은 교사를 지식을 전달하는 사람이 아니라 학생들과 함께 인식하고 지각하는 사람으로 간주한다. 이 과정에서 학생들은 순응적인 청취자가 되기보다는 교사와 함께 비판적인 연구를 수행한다. 문제 제기 교육의 실행에서 교사는 학생의 행동을 방해하지 않는다. 교사는 또한 학생과 함께 인식하고 지각하는 과정에 들어간다. 따라서 인식 대상을 자신의 사유 재산으로 여기지 않는다. 이런 식으로, 교사와 학생은 그들이 찾은 세계와 그들의 세계에서 그들이 존재하는 방식을 비판적으로 이해하는 힘을 키운다.

문제 제기 교육에서 사람들은 세상을 안정된 현실이 아니라 변혁 과정의 현실로 인식하기 시작한다. 그러므로 사람들은 세상과 자신을 생각하고, 생각하는 행위와 행동을 분리하지 않는다. 문제 제기 교육 모델은 사람들을 완료되는 과정에 있는 존재로 정의한다. 다른 생물체와 달리 인간은 자신이 완전하지 않고 유능하지 않다는 사실을 인지하고 있다. 이러한 불완전성과 그것을 인식하는 것은 교육이 인간 고유의 표현 방법으로서 지속적인 활동이 되도록 강요한다. 그러한 교육을 받는 사람들은 사고와 행동의 실제 형태를 만든다.

3 시민교육에 대한 시사점

지금까지 프레이리의 교육에 관한 핵심 개념을 살펴보았다. 이제 이러한 핵심 개념이 시민교육에 시사하는 바가 무엇인지를 살펴보고자 한다. 우리나라를 비롯한 대부분 국가에서 전통적인 시민교육 모델은 두 가지 문제점을 드러내었다. 하나는 시험과 관련된 역사적·지리적·제도적 내용의 단순 암기를 강조한다는 사실이다. 물론 이러한 사실이 좋은 시민성에 중요하고, 시민교육과 관련된 교육과정에서 자리를 잡을 가치가 있음은 분명하다. 그러나 사실을 암기하는 것에 과잉 의존하는 것은 분명히 문제가 있다. 학생들은 시험을 본 후에 정보를 잊기 쉽다. 학생들의 삶과 무관하고 거리가 먼 정보일수록 더 쉽게 망각한다. 또한, 단순 사실이나 정보를 지나치게 강조하는 것은 민주적 역량, 성향, 마인드세트의 발달에 관심을 덜 기울이게 만든다. 게다가, 패권주의적 역사 지식에 대한 노골적인 관심은 종종 주변화되고 소외된 사람들의 역사적 사건에 대한 다양한 관점과 반대-서사(counter-narrative)를 배제하고, 여전히 존재하면서 오늘날 학생들의 삶에 영향을 주는 이야기와 경험을 포함하여 유혈의 이야기(gory stories)의 영향을 인정하고 탐구하는 대신에 국수주의적인 영광스러운 이야기(glory stories)를 영속시킬 수 있다(Bartlett & Schugurensky, 2021: 57).

다른 하나는 학생들의 시민 참여 기회의 구조와 관련된다. 사실 대부분

학교는 이미 참여를 위한 더 많은 수단과 능력을 보유하고, 그래서 민주적 참여의 이득과 혜택을 더 많이 받는 일부 학생들에게 참여의 기회를 더 많이 부여하고 있다. 이러한 시민 참여 기회의 격차는 점점 커지고 있으며, 그 결과 시민 참여에서 빈익빈 부익부를 뜻하는 매튜 효과(Matthew effect)를 강화하는 데 일조한다. 많은 나라에서, 저소득층 학교와 문화적 소수에 속하는 학생들은 오랫동안 시민적 학습 기회에 불평등하게 접근해왔다. 따라서 시민교육 기회의 격차는 역사적으로 소외된 청소년과 가정에 빚진 시민교육 부채의 일부분이다(Bartlett & Schugurensky, 2021: 58).

시민성 학습 기회에 대한 불공정하고 불평등한 접근은 평등한 민주적 대표성을 약화하고, '국민에 의한 통치'의 개념에 의문을 제기한다. 학생들이 학교를 떠날 때쯤, 그들이 시민성 지식, 태도, 기술, 그리고 실천을 발전시켜야 했던 기회들은 성인으로서의 시민 참여와 선거 참여 성향에 크게 영향을 미칠 것이다. 학교생활에서 고르지 못한 참여는 성인기에서 고르지 못한 정치 참여로 이어지기 때문이다.

프레이리의 핵심 개념에 근거하여 이러한 시민교육의 문제점을 다루기 위한 한 가지 방법은 시민교육, 시민 참여, 학교 민주주의를 연결하는 생태계를 발전시키는 것이다. 이것은 프레이리의 핵심 개념의 시사점을 시민교육 차원에서 거시적으로 탐색하는 것이다. 그러한 생태계는 학생들에게 진정한 시민 행동 참여를 제공하는 다양한 민주적 학습 기회를 생성하고, 프로젝트 기반 학습, 체험적인 시민교육, 자치 활동에 대한 적극적 참여를 통한 참여 준비성의 토대를 마련한다. 학생들에게 심의와 의사결정 과정에 참여할 기회를 제공하는 학교는 민주적 참여 문화의 창달에 이바지한다. 학생들이 학교에서 민주적 과정에 관여할 때, 학생들은 그들의 시민적·정치적 관심, 지식, 기술, 사회 정서 학습의 효과를 높일 수 있다.

학교가 시민교육, 시민 참여, 학교 민주주의의 생태계를 발전시켜야 하는 주된 이유는 대부분 학교가 각 분야에 많은 주도권과 프로그램 및 과정이 있지만 대개 서로 간의 연결고리가 거의 없는 사일로(silos) 형태로 운영되기 때문이다. 이러한 생태계는 학생의 행위 주체성을 촉진해야 하지만 동시에 권력 공유 관계에서 일부로서 학생의 권한을 지지하고 자율적인 의사결정을 허용하는 교직원의 지지와 협력의 중요성을 인식해야 한다. 프레이리가 1980년대와 1990년대 초반에 상파울루 지역의 교육부 장관으로 재직하던 시절에 운영에 영향을 미쳤던 시민학교(citizen school)는 이러한 생태계를 잘 보여준다.

시민학교 프로젝트는 반패권주의적인 정책과 관행을 수용하여 민주적 과정과 시민교육을 배우기 위한 변혁적인 사회적 공간을 만드는 것을 목표로 하는 교육 개혁의 세계적인 사례이다. 시민학교 프로젝트는 1989년 시작되어 민중 정부 시절 산업노동자와 농민들이 주축이 되어 결성된 브라질 노동당과 함께 그 성장이 더 촉진되었다. 이 프로젝트는 프레이리의 많은 아이디어 중 특히 학교 교육의 현상에 대한 변혁을 추진하고, 지식의 새로운 구조를 촉진하는 조직 구조를 설계하는 것에 의해 주도되었다. 시민학교는 권리와 책임을 육성하고 다양한 공동체 내의 담론을 중시하는 시민성 학습 센터로서 기능을 수행하였다. 시민학교는 전통적인 시민교육 모델의 단점을 완화하기 위해 민주화의 실천에 기반을 두었고, 그 개념을 세 가지 방식 ① 접근성 및 교육 구조, ② 교육과정과 참여, ③ 모든 학교 관련 이해관계자 간의 거버넌스 및 의사결정 관계로 운용하였다. 시민학교는 전략적으로 브라질의 가장 낙후된 지역에 설립되었고, 개별 학생의 성공을 위해 학년 수준 대신에 순환(cycles) 및 특수한 욕구를 가진 학생을 위한 학습 실험실과 같은 지원 구조를 마련하였다. 프레이리의 은행식 교육 비판에 기초하여, 시민학교의 핵심 교의는 교육과정을 재구성하는 것이다. 시민학교는 지역사회 자체에 교육과정을 내장하고 맥락화하여, 역사적으로 무시되었던 교육과정을 '배제되고 억압된 지역사회'의 경험과 관점으로 대체하였다.

학생들이 그들의 가족, 문화, 그리고 공동체의 역사를 통해 배운다는 점에서 학습은 학생 자신의 문화 및 지역사회의 선언을 조형한다. 시민학교는 학생, 가족, 교육자, 관리자 사이의 관계에서 협력과 연대를 중요시한다. 이 틀 안에서 모든 학교 공동체의 구성원이 학교의 운영과 지식의 재조직화 및 구성에서 역할을 담당한다. 학교 공동체 구성원들은 정기적으로 모여 행정 원칙, 자원 할당, 프로젝트 중점, 교육과정 구성을 설계하고 심의한다.

이제 프레이리의 핵심 개념이 도덕 교과에서 시민교육에 주는 시사점을 미시적인 차원에서 살펴볼 차례다. 여기서 나는 프레이리의 핵심 개념이 도덕교육과 도덕 교과에서 시민교육에 대한 기존의 실천과 아이디어에 덧붙여줄 수 있는 새롭고 독창적인 의미가 무엇인지를 제시하는 데 초점을 맞추려고 한다.

첫째, 프레이리의 교육 사상에서 중심 개념은 다른 교육철학자들이 주변부로 내몰았던 교육의 중요한 개념이다. 내가 보기에 가장 의미심장한 프레이리의 업적은 대화에 대한 그의 독특한 개념화 작업이다. 피터스(Peters), 셰플러(Scheffler), 듀이(Dewey), 나딩스(Noddings) 등 우리가 익히 알고 있는 교육 사상가들도 대화를 언급했다. 그러나 피터스와 셰플러는 주로 교사 및 교사가 전달하려고 하는 것에 초점을 맞추었고, 듀이의 주된 관심사는 학생들과 그들이 실제로 배우고 있는 것에 있었다. 나딩스는 배려에서 관계에 초점을 맞추긴 했지만, 대화의 주제보다는 대화의 파트너에게 초점을 맞출 것을 강조했다. 하지만 프레이리는 교사와 학생에게 거의 동등하게, 그리고 그들이 함께 하는 것에 초점을 맞췄다. 프레이리의 말처럼 학생과 교사는 학생들의 현실을 함께 조사하는 사람이다. 함께 일하고 활동하면서, 그들은 학생들이 교사보다 더 많이 알고 있는 구체적인 현실의 표현과 교사가 학생보다 더 많이 알고 있는 생성적 단어를 포함하는 성문화(codifications)를 조사한다. 프레이리는 대화를 통해 교사와 학생이 작업을 진행하면서 교사가 점점 교사-학생이 되고, 학생이 점점 학생-교사가 되어, 결국 교사와 학생이 비판적인 공동 조사자가 되어야 한다는 것을 강조했다. 서로에 대해 자신을 측정하고, 상대방이 만족시킬 수 있는 욕구와 상대방이 만족할 수 있는 욕구를 파악하는 것, 함께 탐색할 수 있는 공통 관심사를 찾는 것은 특히 프레이리의 대화 개념에서 풍부한 시민교육적 함의를 담고 있다. 또한, 앞에서 부분적으로 살펴보았듯이 프레이리는 비판적 의식 함양이 교사와 학생 간의 대화를 통해 일어난다는 것을 강조했다. 특히 교사와 학생의 대화는 그들의 주체성을 깨우쳐줄 수 있다. 프레이리는 침묵 문화의 속박에서 사람들을 해방시키는 교육적 수단을 찾는 데 관심을 두었고, 교사와 학생 간의 대화는 그들의 비판적 의식을 촉진하는 핵심적인 방법이다. 특히, 도덕교육 그리고 도덕 교과에서 시민교육이 긍지 높은 자유인이 되도록 교육하는 과정이 아닌 사회 체제에 순응하는 온순한 시민을 만들어내는 데 그치고 있다는 비판에서 벗어나기 위해서는 프레이리의 대화 개념과 그것의 실천에 우리가 더 많은 귀를 기울일 필요가 있다.

둘째, 프레이리는 사회 정의와 권한 증진(empowerment)과 같은 특정한 도덕적 가치를 강조하였다. 하지만 그는 그것을 주로 정치적 의미에서 사용했다. 콜버그(Kohlberg)는 롤즈(Rawls)를 따라서 도덕적 가치로서 정의를 강조했다. 사회 정의는 정의보다 더 적극적인 의미를 담고 있고, 특히 불평등에 저항하는 것을 언급한다. 정의는 주로 투입(행동)에 초점을 맞추지만, 사회 정의는 산출(영향이나 효과)에 대한 관심도 포함한다. 프레이리의 의미에서 사회 정의는 사회적·정치적 권력관계에 내장되어 있다. 프레이리의 입장은 정의에 관한 센(Sen, 2011)의 관점과 매유 유사하다. 센은 추상적인 정의의 개념에 도전하면서, 사회 정의에 관해 정치적으로 내장된 관점을 선호했다. 센은 다양한 이들의 권리와 주장이 자유롭게 제시되는 열린 공평함 속에서 부정의를 제거해야 한다고 말한다. 정의는 이 과정에서 점진적으로 실현된다. 센은 현실에서 부정의를 제거하고 실현 가능한 정의를 찾는 방식으로 공적 추론과 공개 토론을 강조한다. 민주주의는 다수결 투표보다 공적 추론과 정밀 조사가 더 중요하다. 더 많은 사람이 적극적으로 자신의 가치 판단을 밝히고 공적 추론, 토론에 참여해야 한다. 이런 형태의 민주주의 과정을 심의 민주주의라는 개념으로 부른다.

셋째, 콜버그는 도덕 발달에서 자율성을 강조하면서 도덕교육 이론의 발전에 크게 기여했다. 사람들은 도덕 추론과 도덕 판단을 독립적으로 실행하는 기술을 발달시켜야 한다. 이러한 도덕 발달은 사람들이 자율적인 주체가 되는 데 도움을 준다. 콜버그는 사람들의 사회적·문화적 토대에 대해 인지하고 있었고, 정의 공동체 접근법과 같은 그의 교육 프로젝트에서 사회 구성주의 관점에서 정체성 발달에 접근했다. 하지만 프레이리가 중시했던 권한 강화는 추상적인 자율성이 아니라 문제가 되는 권력관계를 변화시키려는 권한 강화를 가리킨다. 그것은 개인의 권한 강화와 사회적·정치적 권력관계를 더 평등한 관계와 참여로 바꾸는 것을 말한다. 권한 강화는 자율성과 같은 개별적인 용어가 아니라 관계적인 용어이며 권력관계에 내재된 상대적 자율성이다.

넷째, 교육에 의한 변혁과 행동의 중요성이다. 사실 프레이리에게 도덕성은 정치의 한 부분이다. 그는 인간의 삶의 모든 부분을 정치 무대로 끌어들이면서 도덕성에 대해 거의 말하지 않았다. 실제로 이 무대는 종종 지배의 형태와 불평등한 권력관계의 영향을 받는다. 교육은 학생들이 개인적 힘을 얻기 위한 변화와 행동을 지원해야 하며, 더 많은 인간적이고 평등한 관계를 맺도록 도와야 한다. 비록 프레이리가 보편적 가치에 대해 말하지 않지만, 그는 인간이 된다는 것이 무엇을 의미하는지, 그리고 인간성이 무엇을 의미하는지를 탐색했다. 그에게 인간은 사람들의 능력, 이상에 대한 인간애, 좋은 삶에 대한 인간애를 의미한다. 이러한 인본주의적 입장은 구조가 인간 생활의 모든 측면을 지배하는 것으로 보지 않았던 청년 마르크스(Marx)의 전통에 그를 더 가깝게 만든다. 이러한 인본주의적이고 인류애적인 입장은 또한 변혁에 대한 그의 결정론적인 관점이 아닌 낙관적인 관점을 뒷받침한다. 그는 사람들이 관계를 바꿀 수 있다고 믿었다. 사회적·문화적 운동은 이러한 변화에 기여할 수 있다. 이러한 낙관적인 견해는 특히 교육학과 해방에 대한 그의 생각에서 분명하게 드러난다. 교육은 사람들이 그들의 의식과 행동을 바꾸도록 자극할 수 있다.

다섯째, 프레이리는 학생을 의미와 지식의 잠재적 적극적 창조자로 파악했다. 앞에서 말했듯이, 그는 해방을 위한 도구로 문제 제기 교육을 강조했다. 프레이리는 학생의 건설적인 학습 역량을 무시하거나 감소시켜서는 안 되며, 학생들이 자신의 의미, 지식, 개념 틀을 구성하도록 도울 것을 제안했다. 프레이리에 따르면, 학습 과정은 자신의 경험과 실천 그리고 교육으로 제공된 내재된 지식 간의 적극적인 타협과 협상이다. 또한, 프레이리는 교사와 학생 사이의 교육학적 관계가 본래 동등한 관계가 아니라는 사실을 알고 있었다. 하지만 그는 교사들도 배우고, 지식 구성은 대화적인 과정이며, 교사는 평등을 추구해야 한다고 끊임없이 주장한다.

끝으로, 학습자를 참여시키고 행위 주체성을 높이는 관행을 통해 프레이리는 전통적인 교육 관행을 혁명적으로 바꾸고자 시도했다(Bolin, 2017: 757). 그는 문화 서클(cultural circles)이라 불리는 교육 관행을 통해 학생이 학습 과정에 동등하게 기여하도록 함으로써 교실의 전통적인 위계 구조를 바꾸었다. 문화 서클은 학습자의 살아 있는 경험에서 교육과정을 구성한다. 왜냐하면, 교육과정은 학습자의 사회적·정치적·역사적 맥락에 적응하는 것이어야 하기 때문이다. 주제 생성, 문제 제기, 대화, 문제 해결, 행동의 중요한 순환 과정을 통해 문화 서클은 작동한다. 이러한 과정의 목표는 행동에 대한 방향과 함께 지역적·세계적 맥락의 변증법적 관계에 대한 인식을 발전시키기 위해 문화적으로 그리고 지역적으로 관련된 문제를 제기하는 것이다.

4 프레이리의 교육 사상에 대한 주요 비판

프레이리는 20세기의 가장 중요한 해방 사상가 중 한 명으로 여겨진다. 그의 사상은 시민교육을 포함하여 교육 분야에 지대한 영향을 미쳤지만, 우리는 그의 생각을 맹목적으로 또는 비판 없이 받아들여서는 안 된다. 프레이리는 독자들에게 세계의 다른 지역에서 오는 어떤 아이디어도 액면 그대로 받아들이지 말 것을 촉구한 바 있다. 그의 조언은 한 문화가 다른 문화에 강요되는 것을 피하기 위해서는 어떤 아이디어를 다른 사회적 맥락으로 이식하기 전에 그것의 적합성을 다시 검토하라는 것이다. 프레이리의 교육 사상에 가해지는 대표적인 몇 가지 비판 사항을 제시하면 다음과 같다(Nuryatno, 2011: 12-14; Beckett, 2013: 55-56; Shih, 2018: 68; Sanders, 2020: 4).

첫째, 프레이리는 지나치게 단순한 이분법에 빠져 있다. 프레이리는 지나치게 양극화된 현실관을 가지고 있는데, 그것은 그에게 항상 은행식 교육 대 문제 제기 교육, 억압자-피억압자, 지배자-피지배자, 주체-대상 등과 같은 두 가지 범주로 나뉜다. 이 극단적인 양극화는 그가 한쪽을 선호하고 다른 쪽을 거부한다는 것을 분명히 보여준다. 또한, 이것은 그가 세상을 흑백이나 좌우 논리로 다루는 경향이 있음을 잘 보여준다. 하지만 현실은 매우 복잡하기에 그가 제시한 두 가지 범위로 환원될 수 없다. 정반대 입장이나 극적인 대립에서 입장을 제시하는 것은 단순한 분석을 생성하는 데 그치고 만다. 왜냐하면 세상은 사실 이렇게 단순하지 않기 때문이다. 이러한 사고방식은 동일 인물이 어떤 상황에서는 주체나 억압자가 될 수도 있고, 다른 상황에서는 대상이나 피지배자가 될 수도 있다는 가능성을 무시한다.

사회를 두 개의 극단적인 관점에서 파악하는 프레이리의 경향은 일관성 부족이라는 또 다른 비판에 직면한다. 그는 억압의 세계는 구조적인 관점 외에는 볼 수 없다고 믿는 것 같다. 이 견해의 문제는 다음과 같다. 만약 사람들의 이야기가 억압의 이론과 일치하지 않는다면? 만약 사람들의 고통이 구조적 억압으로 야기되지 않는다면? 따라서 우리는 구조적 억압은 사람들이 겪는 고통의 많은 원천 중 하나일 뿐이지 유일한 것은 아니라고 주장할 수 있다. 자연재해, 인종과 종교 갈등, 질병, 부패한 관료주의, 빈곤, 성폭력, 그리고 세계 시장과 같은 다른 원천들이 있다. 이 모든 것이 지배와 억압 때문에 야기된 것은 아니다. 따라서 그의 방법이 구조적 억압이 아니라 다른 문제를 가진 학습자 집단에 적용될 수 있을지는 의문이다. 학생들의 실존적 현실이 학습 과정의 진입점 역할을 해야 한다는 그의 이론과 일관되게 프레이리의 모델이 모든 상황에 적용될 수는 없다. 게다가 억압자—피억압자의 사고방식이 사회생활의 의미를 해석하는 데 항상 정확한 것은 아니다. 세상을 두 개의 범주로 나누는 것은 삶의 복잡성에 대한 이해에 불충분하므로 계급 투쟁, 가부장제, 페미니즘, 신체적 차이 등의 개념을 포함하도록 그 범주를 확장할 필요가 있다. 물론 이러한 범주들은 사람들이 그들의 실존적 현실의 일부를 질문하고 비판하는 데 도움을 줄 수 있지만, 전체 현상을 설명할 수 있는 단일 접근법이 존재하지 않기 때문에 현실에 대한 전체는 아니다.

둘째, 프레이리는 단순한 분석에 그치고 있다. 프레이리는 우리가 현실을 이해하는 것이 행동으로 이어진다는 점에서, 아는 것과 행동하는 것 사이에는 밀접한 관계가 있다고 주장한다. 그는 "그것은 모든 이해에서 발생하며, 조만간 행동에 상응한다. 인간은 일단 도전을 인식하고, 그것을 이해하고, 반응의 가능성을 인식하면 행동한다."(Freire, 1973: 44). 여기서 프레이리는 비판적 이해, 비판적 의식, 비판적 행동 사이의 자동적인 관계를 본다. 하지만 이것이 정말 사실일까? 아는 것이 자동으로 행동으로 이어진다는 프레이리의 견해는 비판의 대상이 된다. 비판적 의식이 항상 사회적 행동과 유의하게 연결되어 있다는 가정은 너무 안이한 분석이다. 개별 요소는 항상 상호 연결된 것은 아니므로 그 사례가 이처럼 간단하지 않다. 비판적 의식과 사회적 행동이 항상 연결되지는 않는다. 비판적 의식과 사회·문화적 행동 사이에는 일종의 연결 요소가 있어야 하는데, 이 요소 없이는 후자를 만들어내기가 어렵다. 프레이리는 현실을 비판적으로 인식하는 순간과 그 현실을 변혁하는 순간을 제대로 구분하지 못했다. 따라서 이러한 그의 실패는 "현실을 발견하는 것은 그것을 변화시키는 것을 의미했다."라는 결론을 수반했다(Freire, 1975: 15).

셋째, 우리는 프레이리의 교수 방식에서 이론과 실천 간의 비일관성 문제를 지적할 수 있다. 프레이리는 학습 과정에서 대화의 중요성을 강조했다. 앞에서 살펴보았듯이, 프레이리는 대화를 '세상에 이름을 붙이기 위해 세상에 의해 매개되는 인간 간의 만남'이라고 설명했다. 그는 비판적 사고를 필요로 하는 대화만이 비판적 사고를 만들어낼 수 있다고 보았다. 대화 없이는 소통도 없고, 소통 없이는 진정한 교육이 있을 수 없다(Freire, 1970: 81). 그러므로, 대화가 없는 상황에서 민주적인 학습을 하는 것은 불가능하다. 대화를 통해, 모든 것을 알아야 할 선생님과 아무것도 모르는 학생 사이의 이분법은 존재하지 않는다. 두 사람은 모두 가르치고 배우는 학습자가 된다. 따라서 권위에 근거한 언사는 타당하지 않다. 이러한 개념이 교사의 기능을 단순히 촉진자의 역할로 환원하는 것은 아니며, 이것은 프레이리가 교사의 임무를 학생과 함께 지식의 생산에 기여하는 것으로 보았기 때문에 그가 명백하게 거부한 입장이다. 프레이리는 교사들이 담당하는 과목에서 지식의 깊이와 폭을 통해 일정 수준의 권위를 유지한다고 주장했다. 그러나 그는 권위주의가 본질적으로 그의 투쟁의 핵심인 민주주의의 정신과 모순되기 때문에 권위의 의미는 권위주의와 동등하지 않다고 주장했다. 학습 과정에서 대화를 강조하는 것은 내러티브 교수(narrative teaching)를 피하는 것을 목표로 하며, 이것은 결국 주체-대상 관계에 달려 있다. 내러티브 교수에서 학습의 내용은 일방적인 소통의 형태로 전달되기 때문에 생명력이 없다. 내러티브 교수에서 지식은 정적인 실체, 즉 현실과의 살아 있는 연결성이 없는 죽은 지식이나 정보의 시체로 여겨지기 때문에 지식 생산이 존재하지 않는다. 가르치는 활동은 단지 기술적인(technical) 문제로 간주되고, 학습자의 의식을 계발하는 것과는 무관해진다. 내러티브 교수는 은행식 교육의 전형이다.

그러나 그의 후기 저서 『해방을 위한 교육학』(*A Pedagogy for Liberation*,

Freire, 1987: 40)에서 프레이리는 "은행식 교육을 비판함으로써 우리는 모든 종류의 강의가 은행식 교육이 아니라는 것을 인식해야 한다."라고 주장했다. 그는 강의가 나중에 학생들과 교사에 의해 해독될 구두 성문화(oral codification)로 사용될 수 있다고 주장한다. 여기서 우리는 프레이리가 학습 과정에서 대화적 방법과 지식 생산과 관련하여 일관되지 않음을 엿볼 수 있다. 다시 말해, 그는 특정한 방법론을 제안하고 주장하지만, 실제로 실행하지는 않는다. 사실 프레이리 자신은 학습 과정에서 강의와 설명을 자주 활용하였다. 프레이리는 자신의 주장과는 달리 교실을 지배했다. 프레이리가 가르치는 교실을 관찰했던 학자들은 프레이리의 실제 교수 방식은 소통의 방식으로 독백을 사용함으로써 그의 원칙을 스스로 저버렸다고 비판했다(Nuryatno, 2011: 14).

5 결론

20세기의 위대한 교육학자였던 프레이리의 아이디어는 여러 장소와 맥락에서 실행되었다. 이제껏 우리가 살펴본 내용을 요약하면, 프레이리의 교육 사상은 크게 보아 세 부분으로 나눌 수 있다. 첫째, 프레이리의 인간에 대한 철학은 기독교 마르크스주의적인 인본주의이다. 그는 인류에 대한 심오한 사랑을 드러냈고, 그의 교육 이론은 인간에 대한 믿음과 신뢰에 바탕을 두고 있다. 이에 그는 좋은 교육자가 되려면 무엇보다도 인류에 대한 신뢰를 지녀야 한다고 한다고 주장했다. 한편, 인간은 다른 사람과의 대화적인 만남을 통해 자신이 사는 세상을 비판적으로 바라볼 수 있는 능력을 구비하게 된다. 불완전한 존재로서 인간은 더 완전한 인간이 되기 위한 존재론적·역사적 소명을 갖고 있다. 이렇듯 되어감(becoming)의 과정에서 인간은 다른 사람들과 함께 행동-성찰에서 세상을 명명함으로써 스스로를 인간화하도록 지속적으로 요청받는다. 인간화는 선물이 아니라 자신의 의식적 능력을 제고하고 억압의 환경을 바꾸는 것을 포함하는 투쟁을 통해 우리가 완수해야 하는 하나의 의무이다.

둘째, 의식의 고고학은 의식의 근본적인 형태에 관한 연구를 포함한다. 프레이리는 의식은 인간이 세상에 대해 대상화하고 행동하는 변증법에서 구성된다고 주장한다. 그는 마르크스주의 입장에서 사회적 세계가 개인의 의식 구조 형성에 기여하고, 개인의 의식이 사회적 세계의 조형에 기여한다고 보았다. 사회적·경제적·문화적 맥락과 개인의 의식 구조 간의 관계는 근본적으로 변증법적이다. 세상에 대한 사람들의 의식은 그들이 자신의 실존적 실재를 인식하는 방식, 즉 그들이 그것을 순진하게 보는지, 미신적으로 보는지, 비판적으로 보는지 등을 통해 관찰될 수 있다. 의식화의 중요한 요점 중 하나는 세상을 주어진 세계로서가 아니라 만들어가는 세계로서 인식하도록 사람들을 자극하는 것이다. 따라서 학습의 과정은 사람들이 세상을 비판적으로 보는 능력을 개발하여 그들이 세상과 함께 살 수 있도록 하기 위한 것이다.

셋째, 교육과 정치의 관계에서 프레이리는 교육은 가치 중립적이지 않고 정치적이라고 주장했다. 그는 정치나 혁명에 교육적 내용을 부여한 것이 아니라 교육에 정치적 내용을 제공했다. 그에 따르면, 교육자들은 그들의 실천의 정치적 성격을 알아야 한다. 정치적 행동이 교육적이라고 말하기에 충분하지 않듯이, 교육이 정치적 행동이라고 말하는 것도 충분하지 않다. 그래서 교육의 정치적 본질과 성격을 진정으로 가정하는 것이 필수적이다. 프레이리가 교육의 정치를 강조하는 이유는 그의 교육철학이 성찰과 행동의 진실하고 변증법적인 관계인 프락시스 철학을 바탕으로 하고 있기 때문이다. 특히 시민교육과 관련하여, 그는 교사들은 그들의 정치적 선택과 가치관에 부합해야 한다는 사실을 강조했다. 교사들이 수업 시간에 개인의 목소리를 억압하면서 민주주의와 정의를 선포하고 가르치는 것은 어불성설이다. 학생들과 권위주의적 관계를 유지하면서 민주주의, 평등, 평등주의 원칙을 옹호하는 교사를 받아들이기는 어렵다. 교육자는 말하는 것과 행동하는 것 간의 일관성을 유지하는 것이 제일 중요하다. 또한, 정치 행위로서의 교육은 교실에서 배우는 것이 단순히 지식 습득과 전달의 문제가 아니라, 기존의 지식과 권력이 지속적으로 의문시되는 비판적 주체성을 개발하는 과정이라는 것을 의미한다. 학습의 과정에서 중요한 것은 지식을 소유하고 축적하는 방식이 아니라, 현실을 변혁하는 수단으로써 지식을 이해·비판·생산·활용하는 방법이다. 그리고 이것은 우리가 시민교육의 교수·학습에서 절대 놓쳐서는 안 되는 사항이다.

참고문헌

추병완(2022), "프레이리(Freire)와 평화교육", 추병완·추정완·박보람, 『평화교육 핸드북』, 춘천: 춘천교육대학교 출판부.
Apple, M. (1982), *Education and power*, London: Routledge.
Bajaj, M. & Hantzopoulos, M. (2016), *Peace education: International perspectives*, New York: Bloomsbury.
Bajaj, M. (2015), "'Pedagogies of resistance' and critical peace education praxis", *Journal of Peace Education*, 12, 154-166.
Bartlett, L. & Schugurensky, D. (2021), "Reinventing Freire in the 21st century: Citizenship education, student voice and school participatory budgeting", *Current Issues in Comparative Education*, 23(2), 55-79.
Bartlett, L. (2005), "Dialogue, knowledge, and teacher-student relations: Freirean pedagogy in theory and practice", *Comparative Education Review*, 49, 344-364.
Beckett, K. S. (2013), "Paulo Freire and the concept of education", *Educational Philosophy and Theory*, 45, 49-62.
Behizadeh, N. (2014), "Enacting problem-posing education through project-based learning", *English Journal*, 104, 99-104.
Berger, P. (1974), *Pyramids of sacrifice: Political ethics and social change*, New York: Basic Books.
Bhattacharya, A. (2011), *Paulo Freire*, Rotterdam: Sense Publishers.
Bolin, T. (2017), "Struggling for democracy: Paulo Freire and transforming society through education", *Policy Futures in Education*, 15, 744-766.
Butte, S. (2010), "Freire: Informal education as protest", *The Journal of Critical Education Policy Studies*, 8, 161-180.
Carr, P. (2008), "Educators and education for democracy: Moving beyond thin democracy", *Interamerican Journal of Education for Democracy*, 1, 147-165.
Crawford-Lange, L. (1981), "Redirecting second language curricula: Paulo Freire's contribution", *Foreign Language Annals*, 14, 257-268.
Cremin, H. & Bevington, T. (2017), *Positive peace in schools: Tackling conflict and creating a culture of peace in the classroom*, London: Routledge.
Dale, J. & Hyslop-Margison, E. J. (2010), *Teaching for freedom and transformation (Explorations of educational purpose, 12)*, Dordrecht: Springer Science and Business Media.
Darder, A. (2015), *Freire and education*, New York: Routledge.
Ellsworth, E. (1989), "Why doesn't this feel empowering? Working through the

repressive myths of critical pedagogy", *Harvard Educational Review*, 59, 297-325.

Frankenstein, M. (1983), "Critical mathematics education: An application of Paulo Freire's epistemology", *Journal of Education*, 165, 315-339.

Freire, P. (1970/2005, 35th anniversary edition), *Pedagogy of the oppressed*, New York: Continuum.

Freire, P. (1972), *Cultural action for freedom*, Harmondsworth: Penguin.

Freire, P. (1983), *Education for critical consciousness*, New York: Seabury Press.

Freire, P. (1985), *The politics of education: Culture, power, and liberation*, South Medley: Bergin and Garvey.

Freire, P. (1994), *Pedagogy of hope*, New York: Continuum.

Freire, P. (1996), *Letters to Cristina*, London: Routledge.

Freire, P. (1998), *Pedagogy of freedom*, New York: Rowman & Littlefield.

Freire, P., & Shor, I. (1987). *A pedagogy for liberation*, London: Macmillan.

Gadotti, M. (1994), *Reading Paulo Freire*, Albany: State University of New York Press.

Gibson, R. (2012), "Paulo Freire and pedagogy for social justice", *Theory & Research in Social Education*, 27, 129-159.

Giroux, H. (1983), "Theories of reproduction and resistance in the new sociology of education: A critical analysis", *Harvard Educational Review*, 53, 257-293.

Giroux, H. (1988), *Teachers as intellectuals: Toward a critical pedagogy of learning*, London: Praeger.

Giroux, H. (1997), *Pedagogy and the politics of hope: Theory, culture and schooling*, Boulder: Westview Press.

Giroux, H. (2010), "Rethinking education as the practice of freedom: Paulo Freire and the promise of critical pedagogy", *Policy Futures in Education*, 8, 715-721.

Glass, R. D. (2001), "On Paulo Freire's philosophy of praxis and the foundations of liberation education", *Educational Researcher*, 30(2), 15-25.

Glassman, M. & Patton, R. (2014), "Capability through participatory democracy: Sen, Freire, and Dewey", *Educational Philosophy and Theory*, 46, 1353-1365.

Grain, K. & Lund, D. (2016). "The social justice turn: Cultivating critical hope in an age of despair", *Michigan Journal of Community Service Learning*, 23, 45-59.

Hahn Tapper, A. (2013), "A pedagogy of social justice education: Social identity theory, intersectionality, and empowerment", *Conflict Resolution Quarter-*

ly, 30, 411-445.

Harris, I. & Morrison, M. L. (2003), *Peace education*, Jefferson: McFarland.

Horton, M. & Freire, P. (1990), *We make the road by walking: Conversations on education and social change*, Philadelphia: Temple University Press.

Jackson, S. (2007), "Freire re-viewed", *Educational Theory*, 57, 199-213.

Johnson, L., & Morris, P. (2010), "Towards a framework for critical citizenship education", *The Curriculum Journal*, 21, 77-96.

Kester, K. & Aryoubi, H. (2020), "Paulo Freire: Citizenship and education", In A. Peterson et al. (Eds.), *The Palgrave handbook of citizenship and education* (pp. 95-111), New York: Springer.

Kester, K. & Booth, A. (2010), "Education, peace and Freire: A dialogue", *Development*, 53, 498-503.

Kincheloe, J. (2008), *Critical pedagogy: Primer*, New York: Peter Lang.

McCowan, T. (2006), "Approaching the political in citizenship education: The perspectives of Paulo Freire and Bernard Crick", *Educate: The Journal of Doctoral Research in Education*, 6, 57-70.

McLaren, P. (2006), "Some reflections on critical pedagogy in the age of global empire", In C. Rossatto, R. Allen, & M. Pruyn (Eds.), *Reinventing critical pedagogy* (pp. 79-98), New York: Rowman and Littlefield.

Muro, A. (2012), "Pedagogies of change: From theory to practice", *International Journal of Critical Pedagogy*, 4, 2-17.

Narita, F. & Green, L. (2015), "Informal learning as a catalyst for social justice in music education", In C. Benedict, P. Schmidt, G. Spruce, & P. Woodford (Eds.), *The Oxford handbook of social justice in music education*, Oxford: Oxford University Press.

Nuryatno, M. A. (2011), "Critical remarks on educational philosophy of Paulo Freire", *Cakrawala Pendidikan*, 30(1), 1-16.

Phipps, A. (2019), *Decolonising multilingualism: Struggles to Decreate*, Bristol: Channel View.

Portelli, J. & McMahon, B. (2004), "Why critical democratic engagement?", *Journal of Maltese Education Research*, 2, 39-45.

Reardon, B. & Cabezudo, A. (2002), *Learning to abolish war*, New York: Hague Appeal for Peace.

Reardon, B. & Snauwaert, D. (2015), *Betty A. Reardon. A pioneer in education for peace and human rights*, Basel: Springer International Publishing.

Roberts, P. (2007), "Ten years on: Engaging the work of Paulo Freire in the 21st century", *Studies in Philosophy and Education*, 26, 505-508.

Sanders, K. (2020), "A critique of Paulo Freire's perspective on human nature to

inform the construction of theoretical underpinnings for research", *Philosophers for Nursing*, 21(3), 1−11.
Schugurensky, D. & Madjidi, K. (2008), "Reinventing Freire: Exceptional cases of citizenship education in Brazil", In J. Arthur, I. Davies, & C. Hahn (Eds.), *The SAGE handbook of education for citizenship and democracy* (pp. 109−123). London: Sage.
Schugurensky, D. (2011), *Paulo Freire*, London: Continuum.
Schugurensky, D. (2016), "Social pedagogy in North America: Historical background and current developments", *Pedagogia Social: Revista Interuniversitaria*, 27, 225−251.
Shih, Y. (2018), "Rethinking Paulo Freire's dialogic pedagogy and its implications for teachers' teaching", *Journal of Education and Learning*, 7(4), 230−235.
Shih, Y. (2018), "Some critical thinking on Paulo Freire's critical pedagogu and its educational implications", *International Education Studies*, 11(9), 64−70.
Shor, I. (1980), *Critical teaching and everyday life*, Boston: South End.
Shor, I. (1992), *Empowering education: Critical teaching for social change*, Chicago: University of Chicago Press.
Smidt, S. (2014), *Introducing Freire: A guide for students, teachers and practitioners*, Oxon: Routledge.
Tuck, E. & Yang, K. W. (2012), "Decolonisation is not a metaphor. Decolonisation: Indigeneity", *Education and Society*, 1, 1−40.
Veugelers, W. (2017), "The moral in Paulo Freire's educational work: What moral education can learn from Paulo Freire", *Journal of Moral Education*, 46(4), 412−421.
Zembylas, M. (2014), "Affective, political and ethical sensibilities in pedagogies of critical hope: Exploring the notion of critical emotional praxis", In V. Bozalek, B. Leibowitz, R. Carolissen & M. Boler (Eds.), *Discerning critical hope in educational practices* (pp. 11−25), New York: Routledge.

» 찾아보기

M
MZ 세대__16

ㄱ
가상적인 상황__336
가치 그 자체(der Wert an sich)__252, 266
개인과 사회__225
객관주의__385, 386
객관주의 윤리__387, 390
건설적 논쟁__141
게오르크 빌헬름 프리드리히 헤겔(Georg Wilhelm Friedrich Hegel)__236
결과적 평등__343
계약적 책임__263
고전적 자유주의__378
고전적 정의론__375
공동체의 도덕성__351, 352, 353
공동체주의__335, 347, 349
공론(公論)__18, 34, 37, 51
공리주의__277, 332, 336, 341
공자__6, 20, 29, 48, 57, 58, 60, 61, 62
공적 시민(public citizen)__232
공정으로서의 정의__335
공정한 기회 균등의 원칙__340, 341, 342, 345, 367
공정한 협동 체계__346, 349
공평성__287
공포의 방법(Heuristik der Furcht)__261
과거(科擧)__25, 28, 37, 49
과거지향적 책임개념__246
교화__297
교환자 원칙__402, 404

구조적 억압__436
「국가론」__102, 116
국가와 개인__234
국가의 중립성__360, 363
국가 정체성__360
국민국가__362
국제 정의__346
군자(君子)__18, 19, 27, 51, 64, 65, 66, 67, 68, 69, 70, 73, 74, 78, 79, 80, 81, 82, 83, 84, 88, 89
군자의 유덕함__63, 64, 65, 66, 67, 69, 70, 73, 74, 75, 78, 80, 82, 83, 84, 92, 93
권리__391, 394
권리 과잉 시대__49
권위의 도덕성__351, 353
규정성__282
규정적 의미__279
규정주의__280
규정주의 도덕 교육__303
근본 이념__349
기본적 자유__359
기술__255
기술주의 도덕 교육__303
기술주의의 오류__276
기회 균등의 원칙__341

ㄴ
네오스토아운동__187
노직__335
논리적 가정__106
「논어」__20

ㄷ

다민족주의__362
다원주의__366
당송(唐宋) 변혁__27
당위적 책임__262, 265
『대학』__49
대화__417
대화편__98, 116
도구적 인간(homo faber)의 지배__257
도덕적 사유의 두 수준 이론__278
도덕적 완성__394, 395, 399, 400
도덕적 직관주의__336
동양적 시민__17
동양적 시민교육__46
동양적 시민사회__18
두갈래치기점__339
두 수준 공리주의__277

ㄹ

로크__332, 337
루소__332, 337

ㅁ

마르틴 루터 킹__335
마음의 일치__150, 155, 166, 175
막스 베버(Max Weber)__235
만민법__333, 335
말콤(Malcolm)__334
매키__323
매튜 효과__429
맥아더__333
맹자__52
명법__249
무연고적 자아__350
무지의 베일__336, 338, 339, 357, 376
문인 리터라띠__26, 31, 52
문인-시민__18, 26, 34, 41, 49, 51
문인 지식인__23, 27, 42

문제 제기 교육__425
문제화 과정__420
문화 서클__435
미래윤리__248, 266
미래지향적 책임 개념__246
민본 덕치__69, 70, 75, 76, 78, 79, 81, 83, 88, 89, 93
민족국가__362
민주주의적 평등__341, 345
밀__276

ㅂ

반(反)완전주의__360, 379
벌린(Berlin)__334
범기계주의__250
범생명주의__250
범중엄(范仲淹)__31
보편적 규정주의__276
보편적 이익의 원칙__341
보편화가능성__276, 282
복수 근대성__53
복합체계론__339
부모의 책임__265
부분적 정의__155
붕당(朋黨)__37
비기술적 화행__276
비존재(das Nicht-Sein)에 대한 존재(das Sein)의 우선성__265
비트겐슈타인(Wittgenstein)__334
비판적 사고__140, 141
비판적 사유__289
비판적 의식__415

ㅅ

사__64, 70, 73, 74
사대부(士大夫)__18, 23, 27, 37, 48, 51
사림(士林)__37
사무라이__36

사적 시민(private citizen)__232
사창(社倉)__33, 37
사해동포주의__209
사회계약론__332, 337
사회적 기본 가치__353
사회적 자아__349
사회 정의__433
산파술__122, 126
상대주의__281
상호 무관심의 합리성__337
상호적 책임__263
샌델__335, 356, 376, 379
생명외경의 윤리__270
생명(das Leben)__250, 251, 252
생존__387, 388, 389, 390, 391, 404, 405
생태 시민성__63, 75, 84, 85, 86, 87, 89, 91, 92, 93, 246, 272
『서경(書經)』__20
서원(書院)__32
선관 형성의 능력__350, 364, 371
선비__17, 63, 64, 70, 73, 74, 75, 76, 77, 78, 84, 88
성리학(性理學)__18, 27, 40, 52
성인__58, 64, 65, 66, 67, 68, 69, 70, 74, 78, 81, 82, 83, 89
세네카__186
소크라테스__97, 98, 105
소크라테스 교육론__105
소크라테스 교육 방법__128
소크라테스의 교육론__97, 132
소크라테스의 사상__98, 100
『소학(小學)』__49
수기__75, 79, 81, 83, 88
수반성__283
수범지교__321
스토아 사상__185
스트라이크(Strike)__372

『시경(詩經)』__20
시기심__337
시민교육__97
시민교육론__135
시민도덕(civic morals)__218, 220, 228, 234
시민성과 도덕성__231
시민적 덕__149, 151, 173, 174
시민적 우정__142
시민적 정의__151, 154, 164
시지윅__277
신자유주의__343
실천적 지혜__173, 174, 175
싱어__277

ㅇ

아리스토텔레스__276
아리스톤__212
아우렐리우스__186, 191
아인 랜드__383
『아틀라스』__385, 393, 395, 397
아파테이아__200
안백성__75, 78, 79, 80, 81, 83, 88, 89
안인__75, 79, 80, 81, 88
양극성__250
양명(陽明)__40
엄격한 평등주의__338
에밀 뒤르케임__218
에피쿠로스학파__186
에픽테토스__186, 190, 193, 210, 212
역지사지__288
영혼__108
오리엔탈리즘__17, 41, 46, 51
오킨(Okin)__367
옳음__349, 360
완전설__336
완전주의__374
요나스적 정언명법__271

우선성__282
운명론__194
원리의 도덕성__351, 352, 353
원초적 입장__336, 337, 338, 339, 357, 376
윌리엄 리 롤스(William Lee Rawls)__332
윌리엄스__323
윤리적 공백__249
윤리적 기술주의__279
윤리적 비기술주의__280
윤리적 시민성__166
윤리적 지식의 근거들에 대한 연구__334
은행식 교육__422
의무론적 도덕론__376
『이기심의 미덕』__385
이성(logos)__189, 191
이원성(Zweiheit)__250
이원적 통일성__251
이원(중)적 통일성__250
인격적 우정__149, 164, 165
인과적 책임__262, 265
일렌쿠스__121, 124

ㅈ

자기 완성__388, 389
자연적 자유 체제__345
자연적 책임__263
자연주의__279
자연주의적 오류__281
자유주의__231, 347
자유주의적 침묵__372, 373
자유주의적 평등__345
자유지상주의자__335
잠정 협정__348
절서 정연한 사회__346
절차적 자유주의__356, 376
정념__200

정서__200
정의감의 능력__350, 371
정의의 학교__367
정의적 의미__280
정의주의__276
정의 추론__143, 168, 169
정이(程頤)__37, 41
정자산(鄭子産)__48
정치적 자유주의__335
정호(程顥)__30, 37
제논__186, 212
조식(曺植)__30
존재가치__252
존재당위__247, 252
존재론적 당위__264
존재론적 책임__252, 264
존재의 우선성__253
존재책임__264
존재(das Sein)__250
좋은 삶__149
좋음__349, 360
죄와 믿음의 의미__334
주권적 시민__357
『주역(周易)』__20
주희(朱熹)__30, 37, 52
중첩적 합의__347, 378
지역적 정의__346
지혜(Weisheit)__261
직견적 도덕 원리__289
직관적 사유__289
『직업윤리와 시민도덕』__218, 228
직관주의__279
직업집단__239
질서 정연한 사회__378

ㅊ

차등의 원칙__340, 341, 343, 344, 345, 346, 378
참되고자 함__82, 83, 89
참됨__82, 83, 89
참여적 시민__233
책임모델__267
책임윤리__248, 272
책임의 규범성__272
책임의 원칙__254
책임의 원형__265
천인합덕__69, 70, 75, 79, 81, 82, 84, 89, 93
천인합일__69, 79, 81, 83, 89
초개인(supra-individual)__222
최대도덕__16, 19
최소 극대화 규칙__342
최소도덕__16, 19, 48
최소주의적 자유주의__360, 379
축차적 서열__336, 346
축차적 우선성__345

ㅋ

칸트__225, 276, 332, 336, 337, 350, 360, 377
칸트적 공리주의__278
칼버트__334
캘런(Callan)__361
켄트__334
코스타(Costa)__364
콜버그(Kohlberg)__336, 351, 353, 371
쾌락__192
크리스포스__191
키케로__196, 197

ㅍ

『파운틴헤드』__385, 388, 395, 396, 400, 406

판단의 부담__356, 369
평등한 기본적 자유__341
평등한 자유__359
평등한 자유의 원칙__340, 345, 376
포괄적 교설__347, 355, 356, 369, 372, 377
폭스(Fox)__333
프락시스__421
플라톤__98, 135, 195, 276, 375
플라톤 사상__98
플라톤의 사상__100
피아제(Piaget)__351, 353

ㅎ

하트(Hart)__334
합당성__349, 369
합리성__387, 388, 389
합리적 의사 결정론__378
합리적인 인간__337
해방교육__425
행복__197, 389, 390, 391, 395, 399, 400, 404, 405
행위능력(Tunkönnen)__269
행위당위__269
행위필연(Tunmüssen)__269
향리공간__33
향약(鄕約)__33
헤어__275
형이상학적 책임__263
홉스__337
휘그—클리오소픽__334
희생__396
힘과 지식의 상관관계__261
힘의 변증법__259
힘의 양심__262

» 저자소개

추병완

강원 원주고를 졸업하고 서울대학교 사범대학 및 대학원에서 윤리교육을 전공하였다. 미국 조지아대학교에서 도덕교육을 전공하여 철학박사 학위를 취득하였다. 1998년부터 춘천교육대학교 윤리교육과 교수로 재직하고 있으며, 한국초등도덕교육학회 회장을 역임하였다. 2019년부터 교육부와 한국연구재단의 지원을 받아 춘천교육대학교 시민교육 역량 강화 사업단장을 맡고 있다. 대표 저서로 『시민성 이론과 시민교육』, 『기후변화 시대의 시민교육』, 『옴니버스 시민교육』, 『미디어 리터러시 교육의 이론과 실제』, 『세계의 시민교육』, 『민주 시민을 위한 평화교육 입문』, 『디지털 시민성 핸드북』, 『신경윤리학과 신경도덕교육』, 『도덕교육 탐구』, 『긍정 도덕교육론』, 『회복탄력성』, 『도덕교육의 이해』, 『도덕교육의 새 지평』, 『문화 감응 교육학』, 『다문화 사회에서 반편견 교수 전략』, 『다문화 도덕교육의 이론과 실제』 등이 있고, 대표 역서로 『행동윤리학』, 『시민공화주의와 시민교육』, 『4차 산업혁명 시대의 혁신 교수법: 건설적 논쟁의 이론과 실제』, 『긍정심리학의 강점과 약점』, 『신경과학과 교육』, 『평화교육』, 『미래사회를 위한 준비: 도덕적 생명 향상』, 『도덕 발달 이론』 등이 있으며, '포스트 트루스 시대에서 시민적 덕'을 비롯하여 100편 이상의 논문을 등재학술지에 게재하였다.

김병환

고려대학교 철학과를 졸업하고 국립대만대학교에서 석사, 애리조나주립대에서 동양철학을 전공하여 철학박사 학위를 취득하였다. 한국외국어대 교수를 거쳐 서울대학교 윤리교육과 교수로 재직 중이며, 한국공자학회 회장을 역임하였다. 현재 北京소재 國際儒敎聯合(International Confucian Association) 상임이사이다. 대표 저서로 『유가명상의 이론과 실제』, 『생명공학과 유가윤리사상』, 『김병환교수의 동양윤리강의』, 『김병환교수의 신유학강의』, 『공자와 한 시간』, 『역사 속의 중국철학』, 『중국 철학의 이단자들』, 『한국인의 생명관과 배아복제윤리』, 『한국지식지형도: 중국철학』 등이 있고, 대표 역서로 『주희의 사유세계: 주자학의 패권』, 『불씨잡변』,

『공리주의 유가』, 『여영시의 동양문화 다시 읽기』 등이 있으며, '关于儒家仁之生命观的新诠释'을 비롯하여 다수의 논문을 학술지에 게재하였다.

이경무

전북대학교 인문과학대학 철학과를 졸업(1986)하고, 동 대학원 석사 및 박사 과정(1988-1992)에서 동양철학을 전공하고, 「선진유가철학의 정명사상에 관한 연구 : 정명논리를 중심으로」로 박사학위를 받았다. 서원대학교 사범대학 윤리교육과 교수(1992-1915)를 거쳐, 현재는 춘천교육대학교 윤리교육과 교수로 재직하고 있다. 저서로는『기후변화시대의 시민교육(공저)』,『고전과 윤리 : 지혜가 있는 삶 금강경(공저)』,『청소년 시민성 척도 개발 및 타당화(공저)』,『예비교사를 위한 인성·도덕교육(공저)』,『인성교육론 이론편(공저)』 등이 있다.

이영문

서울대학교 사범대학 교육학과에서 학사와 석사학위를 취득하였으며 미국 오하이오 주립대학교에서 철학박사 학위를 취득하였다. 대학원 석사과정에서 학위 논문으로 「키에르케고르의 주관적 지식과 도덕교육」을 썼으며, 미국 오하이오 주립대학교에서는 『소크라테스의 일렌쿠스와 교육과정 개발』(Socratic Elenchus and Curriculum Development)의 제목으로 박사학위 논문을 썼다. 주요 저서로는『지식교육과 인간교육』,『도덕과교육』,『도덕교육의 이론과 수업』 등이 있고, 주요 논문으로는 "도덕교육에서 지행의 괴리 문제에 대한 소크라테스의 해법 연구", "소크라테스의 도덕교육론 정립을 위한 기초 연구", "도덕과 인성교육의 해법: 소크라테스의 관점을 중심으로" 등이 있다. 현재 춘천교육대학교 윤리교육과 교수로 재직하고 있으며 한국도덕교육학회 회장을 역임하였다.

정창우

정창우는 서울대학교 사범대학 윤리교육과 교수이다. 현재 한국도덕윤리과교육학회 학회장을 맡고 있으며, 서울대학교 인성교육연구센터장, 국가 인성교육 진흥위원회 위원, 국회인성교육실천포럼 자문위원, 한국교육과정평가원 교육과정 자문위원 등을 역임했다. 주요 저서로는 『변혁적 도덕 역량 증진을 위한 도덕교육론』, 『도덕교육의 새로운 해법』, 『21세기 인성교육 프레임』(2019세종우수학술도서), 『인성교육의 이해와 실천』(2016세종우수학술도서), 『교사, 인성교육을 생각하다』(공저), 『도덕과 교육의 이론과 쟁점』, 『도덕과 교재연구 및 지도법』(공저), 『도덕과 교수·학습 방법 및 평가』(공저), 『윤리와 논술 Ⅰ』, 『질문하는 십대, 대답하는 인문학』(공저), 『행복은 어디에서 오는가』(공저), 『Teacher Effectiveness』(공저), 『Critical Perspectives on Values Education in Asia』(공저) 등이 있고, 주요 역서로는 『논쟁 수업으로 시작하는 민주시민교육』(공역: 2019세종우수학술도서), 『도덕 발달의 이론과 적용』, 『도덕철학과 도덕교육』, 『도덕심리학과 도덕교육』, 『도덕적 민주적 역량, 어떻게 기를 것인가』(공역), 『도덕·가치교육을 위한 100가지 방법』(공역), 『무엇을 위해 살 것인가』(공역), 『정의와 배려』(공역), 『실패하는 학교』(공역: 2009대한민국학술원 우수학술도서), 『날마다 만나는 10분 윤리 동화』(공역), 『다문화주의 윤리학』(공역) 등이 있다.

추정완

서울대학교 사범대학 윤리교육과에서 학사, 석사, 박사학위를 취득하였다. 이화여대 생명의료법연구소 박사후연구원, 한양대 조교수, 목포대학교 부교수를 거쳐 현재 춘천교육대학교 윤리교육과에서 부교수로 재직 중이다. 대표 저서로는 『도덕성과 윤리교육(공저)』, 『사랑(공저)』, 『마음을 마음대로 조절할 수 있을까(공저)』 등과 번역서로는 『생명의료윤리의 원칙들』 등이 있고, 주요 논문으로는 '메타윤리학의 도덕교육적 함의', '대학생명윤리위원회의 심의 기준에 관한 연구', '장애와 의료 기술의 관계에 대한 윤리적 성찰', '실험동물과 윤리' 등이 있다. 현재 서양윤리학 일반과 생명의료윤리 분야를 중심으로 한 응용윤리 영역, 메타윤리 분야에 관심을 두고 연구 중이다.

박보람

한국교원대학교 사범대학 윤리교육과 및 동 대학원을 졸업하여 교육학박사 학위를 취득하였다. 2019년부터 강원대학교 윤리교육과 교수로 재직하고 있으며,

최근에는 한국연구재단의 지원을 받아 「청소년 집단 극단화의 심리적 요인 분석에 기초한 시민교육 방안 연구」에 주력하는 중이다. 대표 저서로는 『세계의 시민교육』, 『옴니버스 시민교육』, 『시민성 이론과 시민교육』, 『고등학교 생활과 윤리』 등이 있고, 대표 논문으로는 「주체적 시민성을 학습하는 시민교육」, 「시민교육을 위한 성적 시민성 개념 연구」, 「초·중학교 디지털 시민성 교육과정 개발」, 「다문화 경험 학습을 통한 글로벌 리더십 발달」 등이 있다.

변순용

서울대학교 사범대학 및 대학원에서 윤리교육을 전공하고 독일 칼스루헤대학교에서 철학박사학위를 취득하였다. 2005년부터 서울교육대학교 윤리교육과 교수로 재직하고 있으며 주요 관심 분야는 실천 및 응용 윤리학이다. 현재 서울교육대학교 어린이철학교육센터 센터장, 인공지능윤리 표준화 포럼 위원장, 한국인공지능윤리협회 AI윤리연구센터 센터장, 한국초등도덕교육학회 편집위원장과 한국윤리학회 부회장으로 활동 중이다. 대표 저서로는 『책임의 윤리학』, 『삶의 실천윤리적 물음들』, 『삶과 철학 이야기』, 『인공지능윤리하다』, 『윤리적 AI 로봇 프로젝트』, 『로봇윤리란 무엇인가?』, 『음식윤리』, 『융합기술시대의 윤리』 등이 있고, 대표 역서로는 『레비나스』, 『생명윤리학 1,2』, 『로봇윤리』, 『철학·도덕교육의 교수법』 등이 있다.

류지한

서울대학교 사범대학 윤리교육과를 졸업하고 동대학원에서 「헤어(R. M. Hare)의 합리적 비기술주의 도덕 추리론 연구」로 박사 학위를 취득하였다. 현재 한국교원대학교 윤리교육과 교수로 재직하고 있으며, 주요 관심 분야는 메타윤리학, 공리주의, 응용 윤리학이다. 대표 저서로는 『거시윤리학』, 『거시응용윤리학』, 『웰빙 시대의 행복론』, 『성윤리』, 『서양 근·현대윤리학』, 등이 있고, 대표 역서로는 『공리주의 입문』, 『윤리학의 분류: R. M. 헤어의 도덕 철학』, 『윤리학: 옳고 그름의 발견』, 『악의 남용』, 『누가 세계를 약탈하는가』, 『인간복제 무엇이 문제인가』, 『칸트 읽기』, 등이 있다.

이범웅

　충북대학교 교육학과를 졸업한 후 서울대학교 대학원 윤리교육과에서 정치사상 및 민주시민교육을 전공하여 교육학 석사 및 교육학 박사 학위를 취득하였다. 1999년부터 공주교육대학교 윤리교육과 교수로 재직하고 있으며, 도덕교육 이론 및 도덕과 교육 지도법, 통일교육론, 민주시민윤리교육론 등을 강의하고 있다. 최근까지 공감, 행복, 감사, 긍정심 등을 주제로 도덕교육과 연관 지어 논문과 저서 및 역서를 집필하고 연구해왔다. 그리고 북한이해교육 및 통일교육 등과 관련된 논문과 책을 저술하였다. 한국윤리학회 및 한국초등도덕교육학회의 부회장을 역임하였으며, 현재『정신전력 연구』지 편집위원장을 맡고 있다. 저서로는『도덕과 교육론』,『도덕과 교육의 실제』,『21세기 북한학』,『통일 시대의 북한학』,『인문고전 군주론』,『정치사회사상』,『고통과 공감의 연대』,『시민성 이론과 시민교육』,『옴니버스 시민교육』,『세계의 시민교육』등이 있고, 대표 역서로는『넥스트』,『인성교육』,『마르크스의 생태학』,『감사와 행복한 삶』, 등이 있다. "프랑스 시민교육의 탐색을 통한 한국 민주시민교육의 함의에 대한 고찰"를 비롯하여 30편 이상의 논문을 등재 학술지에 게재하였다.

김진선

　동국대학교 문과대학 윤리문화학과를 졸업하고 동대학원에서 윤리이론전공으로 철학박사 학위를 취득하였다. 현재 춘천교육대학교 시민교육역량강화사업단의 전임연구원으로 재직하고 있다. 역서로『자비 결과주의』(공역),『불교의 시각에서 본 AI와 로봇윤리』(공역)가 있다. 대표 논문으로는「윤리적 가치 개념으로서 "선"과 "악"의 한계와 활용」,「선의 편협성과 객관주의적 극복」및「도덕행위자로서 생태 인공지능」(공동연구) 등이 있다. 공학 및 생명과학의 기술의 발전에 따라 나타나는 인간의 변화에 대한 윤리적 쟁점에 관심을 두고 연구를 진행하고 있다.

한국문화사 시민교육 시리즈

시민교육 탐구

1판 1쇄 발행 2022년 11월 11일

| 지 은 이 | 추병완·김병환·이경무·이영문·정창우·추정완·박보람·변순용·류지한·이범웅·김진선
| 펴 낸 이 | 김진수
| 펴 낸 곳 | 한국문화사
| 등   록 | 제1994-9호
| 주   소 | 서울시 성동구 아차산로49, 404호(성수동1가, 서울숲코오롱디지털타워3차)
| 전   화 | 02-464-7708
| 팩   스 | 02-499-0846
| 이 메 일 | hkm7708@daum.net
| 홈페이지 | http://hph.co.kr

ISBN 979-11-6919-050-3 93370

· 이 책의 내용은 저작권법에 따라 보호받고 있습니다.
· 잘못된 책은 구매처에서 바꾸어 드립니다.
· 책값은 뒤표지에 있습니다.

오류를 발견하셨다면 이메일이나 홈페이지를 통해 제보해주세요.
소중한 의견을 모아 더 좋은 책을 만들겠습니다.